Romance Mediúmnico

LA ABADÍA DE LOS BENEDICTINOS

Dictado por el Espíritu
CONDE J. W. ROCHESTER

Psicografía de
VERA KRYZHANOVSKAIA

Traducción al Español:
J.Thomas Saldias, MSc.
Trujillo, Perú, Diciembre, 2023

Traducido de la 1ra Edición Portuguesa

© Vera Kryzhanovskaia

Traducción al Portugués de Manoel Quintão

Traducido al Español de la 11ᵛᵃ edición portuguesa, 1998

World Spiritist Institute
Houston, Texas, USA
E-mail: contact@worldspiritistinstitute.org

De la Médium

Vera Ivanovna Kryzhanovskaia, (Varsovia, 14 de julio de 1861 – Tallin, 29 de diciembre de 1924), fue una médium psicográfa rusa. Entre 1885 y 1917 psicografió un centenar de novelas y cuentos firmados por el espíritu de Rochester, que algunos creen que es John Wilmot, segundo conde de Rochester. Entre los más conocidos se encuentran "El faraón Mernephtah" y "El Canciller de Hierro."

Además de las novelas históricas, en paralelo la médium psicografió obras con temas "ocultismo–cosmológico." E. V. Kharitonov, en su ensayo de investigación, la consideró la primera mujer representante de la literatura de ciencia ficción. En medio de la moda del ocultismo y esoterismo, con los recientes descubrimientos científicos y las experiencias psíquicas de los círculos espiritistas europeos, atrajo a lectores de la alta sociedad de la "Edad de Plata" rusa y de la clase media en periódicos y prensa. Aunque comenzó siguiendo la línea espiritualista, organizando sesiones en San Petersburgo, más tarde gravitó hacia las doctrinas teosóficas.

Su padre murió cuando Vera tenía apenas diez años, lo que dejó a la familia en una situación difícil. En 1872 Vera fue recibida por una organización benéfica educativa para niñas nobles en San Petersburgo como becaria, la Escuela Santa Catarina. Sin embargo, la frágil salud y las dificultades económicas de la joven le impidieron completar el curso. En 1877 fue dada de alta y completó su educación en casa.

Durante este período, el espíritu del poeta inglés JW Rochester (1647–1680), aprovechando las dotes mediúmnicas de la joven, se materializó y propuso que se dedicara en cuerpo y alma al servicio del Bien y que escribiera bajo su dirección. Luego de este contacto con la persona que se convirtió en su guía espiritual, Vera se curó de tuberculosis crónica, una enfermedad grave en ese momento, sin interferencia médica.

A los 18 años comenzó a trabajar en psicografía. En 1880, en un viaje a Francia, participó con éxito en una sesión mediúmnica. En ese momento, sus contemporáneos se sorprendieron por su productividad, a pesar de su mala salud. En sus sesiones de *Espiritismo* se reunieron en ese momento famosos médiums europeos, así como el Príncipe Nicolás, el futuro Zar Nicolás II de Rusia.

En 1886, en París, se hizo pública su primera obra, la novela histórica "Episodio de la vida de Tiberio", publicada en francés, (así como sus primeras obras), en la que ya se notaba la tendencia por los temas místicos. Se cree que la médium fue influenciada por la Doctrina Espírita de Allan Kardec, la Teosofía de Helena Blavatsky y el Ocultismo de Papus.

Durante este período de residencia temporal en París, Vera psicografió una serie de novelas históricas, como "El faraón Mernephtah", "La abadía de los benedictinos", "El romance de una reina", "El canciller de hierro del Antiguo Egipto", "Herculanum", "La Señal de la Victoria", "La Noche de San Bartolomé", entre otros, que llamaron la atención del público no solo por los temas cautivadores, sino por las tramas apasionantes. Por la novela "El canciller de hierro del Antiguo Egipto", la Academia de Ciencias de Francia le otorgó el título de "Oficial de la Academia Francesa" y, en 1907, la Academia de Ciencias de Rusia le otorgó la "Mención de Honor" por la novela "Luminarias checas."

Del Autor Espiritual

John Wilmot Rochester nació en 1ro. o el 10 de abril de 1647 (no hay registro de la fecha exacta). Hijo de Henry Wilmot y Anne (viuda de Sir Francis Henry Lee), Rochester se parecía a su padre, en físico y temperamento, dominante y orgulloso. Henry Wilmot había recibido el título de Conde debido a sus esfuerzos por recaudar dinero en Alemania para ayudar al rey Carlos I a recuperar el trono después que se vio obligado a abandonar Inglaterra.

Cuando murió su padre, Rochester tenía 11 años y heredó el título de Conde, poca herencia y honores.

El joven J.W. Rochester creció en Ditchley entre borracheras, intrigas teatrales, amistades artificiales con poetas profesionales, lujuria, burdeles en Whetstone Park y la amistad del rey, a quien despreciaba.

Tenía una vasta cultura, para la época: dominaba el latín y el griego, conocía los clásicos, el francés y el italiano, fue autor de poesía satírica, muy apreciada en su época.

En 1661, a la edad de 14 años, abandonó Wadham College, Oxford, con el título de Master of Arts. Luego partió hacia el continente (Francia e Italia) y se convirtió en una figura interesante: alto, delgado, atractivo, inteligente, encantador, brillante, sutil, educado y modesto, características ideales para conquistar la sociedad frívola de su tiempo.

Cuando aun no tenía 20 años, en enero de 1667, se casó con Elizabeth Mallet. Diez meses después, la bebida comienza a afectar su carácter. Tuvo cuatro hijos con Elizabeth y una hija, en 1677, con la actriz Elizabeth Barry.

Viviendo las experiencias más diferentes, desde luchar contra la marina holandesa en alta mar hasta verse envuelto en crímenes de muerte, la vida de Rochester siguió caminos de locura, abusos sexuales, alcohólicos y charlatanería, en un período en el que actuó como "médico."

Cuando Rochester tenía 30 años, le escribe a un antiguo compañero de aventuras que estaba casi ciego, cojo y con pocas posibilidades de volver a ver Londres.

En rápida recuperación, Rochester regresa a Londres. Poco después, en agonía, emprendió su última aventura: llamó al cura Gilbert Burnet y le dictó sus recuerdos. En sus últimas reflexiones, Rochester reconoció haber vivido una vida malvada, cuyo final le llegó lenta y dolorosamente a causa de las enfermedades venéreas que lo dominaban.

Conde de Rochester murió el 26 de julio de 1680. En el estado de espíritu, Rochester recibió la misión de trabajar por la propagación del *Espiritismo*. Después de 200 años, a través de la médium Vera Kryzhanovskaia, El automatismo que la caracterizaba hacía que su mano trazara palabras con vertiginosa velocidad y total inconsciencia de ideas. Las narraciones que le fueron dictadas denotan un amplio conocimiento de la vida y costumbres ancestrales y aportan en sus detalles un sello tan local y una verdad histórica que al lector le cuesta no reconocer su autenticidad. Rochester demuestra dictar su producción histórico-literaria, testificando que la vida se despliega hasta el infinito en sus marcas indelebles de memoria espiritual, hacia la luz y el camino de Dios. Nos parece imposible que un historiador, por erudito que sea, pueda estudiar, simultáneamente y en profundidad, tiempos y medios tan diferentes como las civilizaciones asiria, egipcia, griega y romana; así como costumbres tan disímiles como las de la Francia de Luis XI a las del Renacimiento.

El tema de la obra de Rochester comienza en el Egipto faraónico, pasa por la antigüedad grecorromana y la Edad Media y continúa hasta el siglo XIX. En sus novelas, la realidad navega en una corriente fantástica, en la que lo imaginario sobrepasa los límites de la verosimilitud, haciendo de los fenómenos naturales que la tradición oral se ha cuidado de perpetuar como sobrenaturales.

El referencial de Rochester está lleno de contenido sobre costumbres, leyes, misterios ancestrales y hechos insondables de la Historia, bajo una capa novelística, donde los aspectos sociales y psicológicos pasan por el filtro sensible de su gran imaginación. La clasificación del género en Rochester se ve obstaculizada por su expansión en varias categorías: terror gótico con romance, sagas familiares, aventuras e incursiones en lo fantástico.

El número de ediciones de las obras de Rochester, repartidas por innumerables países, es tan grande que no es posible tener una idea de su magnitud, sobre todo teniendo en cuenta que, según los investigadores, muchas de estas obras son desconocidas para el gran público.

Varios amantes de las novelas de Rochester llevaron a cabo (y quizás lo hacen) búsquedas en bibliotecas de varios países, especialmente en Rusia, para localizar obras aun desconocidas. Esto se puede ver en los prefacios transcritos en varias obras. Muchas de estas obras están finalmente disponibles en Español gracias al **World Spiritist Institute**.

Del Traductor

Jesus Thomas Saldias, MSc., nació en Trujillo, Perú.

Desde los años 80's conoció la doctrina espírita gracias a su estadía en Brasil donde tuvo oportunidad de interactuar a través de médiums con el Dr. Napoleón Rodriguez Laureano, quien se convirtió en su mentor y guía espiritual.

Posteriormente se mudó al Estado de Texas, en los Estados Unidos y se graduó en la carrera de Zootecnia en la Universidad de Texas A&M. Obtuvo también su Maestría en Ciencias de Fauna Silvestre siguiendo sus estudios de Doctorado en la misma universidad.

Terminada su carrera académica, estableció la empresa *Global Specialized Consultants LLC* a través de la cual promovió el Uso Sostenible de Recursos Naturales a través de Latino América y luego fue partícipe de la formación del **World Spiritist Institute**, registrada en el Estado de Texas como una ONG sin fines de lucro con la finalidad de promover la divulgación de la doctrina espírita.

Actualmente se encuentra trabajando desde Peru en la traducción de libros de varios médiums y espíritus del portugués al español, habiendo traducido más de 280 títulos así como conduciendo el programa "La Hora de los Espíritus."

Índice

- CAPÍTULO I 10
  - LA NARRATIVA DEL PATER SANCTUS 10
- CAPÍTULO II 177
  - INFORME DE HUGO DE MAUFFEN 177
  - EL ESPÍRITU DE HUGO DE MAUFFEN RECUERDA: 1242 179
- CAPÍTULO III 284
  - LA NARRATIVA DE LOTÁRIO DE RABENAU 284
- EPÍLOGO 363

CAPÍTULO I
LA NARRATIVA DEL PATER SANCTUS

El cuerpo que me sirve de envoltura para vivir y luchar, en este año de 1884, descansó tranquilo; y nadie que lo viera así sospecharía de él algo más que un hombre dormido. Sin embargo, la verdad es que tengo desconectado parcialmente los hilos materiales que me unen a este cuerpo y lo hacen funcionar. Entonces dejémosle descansar y coger fuerzas vitales, mientras con el periespíritu me elevo a la atmósfera transparente - patria del espíritu - que la retina humana no puede entender. Este espacio más cercano a la Tierra está destinado a la actividad de los espíritus en relación con los encarnados; y solo con la ayuda de sus amigos invisibles podrá la criatura terrenal ahondar en los secretos del pasado, inmemorial y neblinoso. Así que yo, hoy S. M., me encuentro frente a Rochester, quien me dice:

- ¿Quieres, Pater Sanctus de la Abadía de los Benedictinos, retroceder hasta la época de 1242 y confiarme algunas páginas de aquella época remota, para que pueda transmitirla a los vivos en la Tierra?

Al escuchar ese nombre - personificación de un criminal del pasado - me estremecí en mi periespíritu; como si un velo se rasgase ante mis ojos y, como a través de una linterna mágica, me vi de pie frente a mí su roca, la antigua abadía rodeada de muros almenados, con estrechas ventanas góticas, largos pasillos, celdas oscuras, pequeñas y vacías, pero aun así, lleno de pensamientos criminales. Luego, en desfile la pantalla animada, el jardín, la cafetería, etc. Un escalofrío sacudió mi cuerpo espiritual y también vi las mazmorras y trampillas que se abrieron allí para tanta gente desafortunada. Y ese monje de hábito negro y rasgos afilados era yo, Pater Sanctus, que pasaba humilde, con la cabeza gacha, los ojos entrecerrados y los labios en oración, maquinando ¡un crimen! Allí, al final del pasillo, la biblioteca con sus tesoros: estanterías llenas de volúmenes macizos, encuadernaciones preciosas y manuscritos polvorientos; el alto escritorio en el que trabajé, toda la noche, a la luz de la lámpara tenue. Allí también se presentó a mí, que a menudo compartía mi tarea y que me había hecho un amigo y mano derecha en los planes oscuros. Con solo pronunciar el nombre Pater Sanctus, escenas y más escenas ante mis ojos, me pareció que todavía estaba estrechando la mano de ese monje delgado y pálido, impenetrable y profundo, y que, solo por la cruz de oro que colgaba de su cuello, se distinguía de los quinientos hermanos que lo rodeaban. Era el más tranquilo y discreto d todos. Nunca estuvo abiertamente molesto; se diría que solo si se movía y vegetaba... Y; sin embargo, prior del convento, fue él quien sostuvo y desdobló con mano de hierro todas las tramas de intrigas y crímenes que tuvieron lugar fuera de la comunidad. También Rochester se transfiguró ante mis ojos, y el conde de Rabenau, uno de los actores principales de aquel antiguo drama, se me dio a conocer. Aplastado, entonces, por recuerdos, incliné la cabeza y consentí en dictar mi confesión de culpabilidad.

Cuando comencé a sentir que era una persona, en el momento en que comienzo esta narración; es decir, a principios del siglo XIII, yo era solo un niño de entre 4 y 5 años, sin saber quiénes eran mis padres y dónde nací. Vivía en la torre de un viejo castillo en ruinas, bajo el cuidado de un soldado veterano y su esposa, quienes me amaban mucho, pero no eran mis padres. La parte aun habitable del imponente edificio permaneció estrictamente cerrada y todo lo que sabía era que, en la caja fuerte de mi tutor, había un juego de llaves de esos compartimentos donde nunca ha entrado. Mi existencia fue descuidada, relativamente feliz y no me faltaba nada; comía y jugaba libremente, a veces trepando a los árboles para recoger frutas o nidos, a veces corriendo por los jardines y atravesando las habitaciones de la parte en ruinas: el castillo de Rabenest. Entonces llegué a los 12 años.

Una noche nos reunimos para cenar, junto a la estufa, donde una llama clara ardía y crepitaba, mientras afuera silbaba el viento y llovía a cántaros - un concierto lúgubre mezclado con el ulular de los búhos anidados en la torre - oímos, de repente, una estampida de caballos nos alarmó. A continuación, voces de hola, hola, ¡oh guardia! Mi padre adoptivo tomó de la pared una antorcha y se fue. Yo lo acompañé. El fuerte viento apagó la luz, pero pudimos distinguir un grupo de caballeros.

- Acércate - dijo el caballero más cercano a mi padre, en tono imperativo, y mostrándole el anillo, añadió:

- En nombre del conde de Rabenau, ordeno la apertura del castillo.

Mi padre se inclinó con humildad y reverencia, diciendo:

- Enteramente a sus órdenes, dígnese seguirme.

Corrió a buscar el juego de llaves y ordenó al mozo de cuadra que cuidara los caballos. Entonces me di cuenta que el grupo estaba formado por seis personas, incluidos cuatro hombres armados, todos con las vísceras bajadas. El hombre que habló con mi padre era un tipo imponente, de mirada severa y frente altiva. El segundo mantuvo la cabeza gacha y me pareció que quedaba algo debajo de su capa. Los cuatro hombres de escolta nos acompañaron desde la distancia. También tomé mi antorcha y ayudé a aclarar las estrechas y tortuosas escaleras que conducían a los compartimentos aun habitables, hasta que nos detuvimos frente a una puerta enorme. Entramos.

Era una habitación grande como nunca antes la había visto. Techo bajo, formado por enormes vigas y estrechas ventanas, o mejor dicho, troneras, que apenas se filtraba la luz del día, en el centro, una gran mesa de roble oscuro y sillas del mismo color, con respaldos altos engalanados. Frente a las ventanas destacaba la gran chimenea. Mis padres adoptivos, asistidos por zagal, se apresuraron a arreglarlo todo y pronto el oscuro salón adquirió un aspecto más hospitalario. Encendieron el candelabros de plata, añadieron leña a la estufa y ya había una temperatura agradable en la habitación.

De los seis personajes, solo dos se habían sentado. Cuando los dos jinetes levantaron sus viseras, los miré con curiosidad: el que me parecía el jefe, tenía un rostro insinuante, de palidez mate, pero no enfermiza, enmarcado por una barba corta, sedosa y rizada. Los grandes ojos negros, que exudaban energía y autoridad, tenían un brillo difícil de confrontar. De repente, al verme, preguntó:

- ¿Quién eres tú?

- Yo... yo... - Respondí tartamudeando, porque ese hombre no me inspiraba confianza –, e intenté huir.

- Sí, tú, mi ranita - dijo, agarrándome del brazo.

- Lo soy – grité en un tono ya alterado por el miedo y la indignación que provoca el epíteto - Soy Ângelo, hijo adoptivo del padre Hilberto.

Al escuchar mi nombre, el noble se estremeció, me soltó el brazo y, tomando un candelabro, me iluminó la cara con una luz, como si quisiera mirarme bien. Después, frunciendo el ceño, dejó escapar un ¡ah! y continuó:

- Mira, Bruno, a ver si descubres rastros de alguien...

El otro levantó la cabeza, me miró con ojos cansados, se estremeció también y dijo emocionado:

- Es el retrato de Rosa...

- Cállate - respondió, echando un vistazo a los cuatro hombres del séquito. Luego, inclinándose hacia su compañero, comenzaron a hablar en voz baja. Esto me llevó a examinarlos y concluir que quien me había hablado era un joven de unos 22 años, en el mejor de los casos, mientras que el otro debía tener más de 40. Muy pálido, con los labios retraídos, daba la impresión de amargura y tristeza. Solo entonces me di cuenta que tenía en su regazo a una niña de cinco o seis años, profundamente dormida. Su cabello rubio, espeso y rizado, parecía un halo, lo que me dio la impresión que estaba viendo un ángel. Cuando terminó la conversación, me despidieron abruptamente. Me alejé, como soñando, y solo noté cuando se me aparecieron allí en la torre los buenos viejos. Luego, al concluir la modesta cena, de repente interrumpida, mi madre Brígida dijo que los dos caballeros habían discutido acaloradamente después que ella fue a acomodar a la niña, muy dócil y encantadora, por cierto. Me fui a dormir nervioso y solo me desperté al día siguiente, sacudido por mi madre Brígida, gritándome:

- Sal de aquí, idiota, ya están todos levantados y los invitados ya se han ido.

- ¿Cómo?¿Se fueron? - Repetí decepcionado.

- No todos; cálmate - y riendo -, se quedan el noble mayor y la niña viviendo aquí. Idea estúpida para los ricos, ¿no? - Añadió alzando los hombros - ¡viviendo en estos bosques y en un castillo en ruinas!

Esta antigua mansión de Rabenest solo puede servir a los pobres de nuestra especie, que se consideran felices, siempre que tengan un techo sobre sus cabezas y algo de pan para calmar el hambre.

Pasaron unos días sin regresar a ver al noble y a la niña. Nuestra vida había retomado su ritmo habitual. El único cambio consistió en la cuidadosa preparación de manjares destinados a los nuevos invitados, a cargo de mi madre Brígida, y en mi labor de transporte de las botellas desde la bodega de vino añejo. Madre Brígida contó las maravillas del candor y la belleza de la mimosa Nelda, honrada con el encargo de vestirla y mecerla. Un día me aventuré al jardín y allí vi a la niña sentada en el pasto, jugando con sus flores. Al verme con un pajarito en la mano, me llamó y me senté a su lado, para mostrarle el pajarito que acababa de ser atrapado. Nelda le acarició la cabeza con sus dedos rosados y me pidió que se lo diera.

Yo consentí de buena gana y ella quedó encantada.

- Vamos - dijo tomando mi mano - vamos a buscar a papá; él nos dará algunos dulces.

De la mano, subimos las escaleras y caminamos por el pasillo, hasta detenernos frente a una puerta entreabierta.

Nelda se asomó al interior y me condujo a una habitación cuyo aspecto me impresionó: iluminada por una única ventana, había muchos libros esparcidos por los muebles e incluso en el suelo. Junto al gran escritorio, sentado, con el rostro apoyado en las manos, el anciano noble leía un enorme alfabeto.

- ¡Papá! - Gritó la pequeña -, ¡mira este hermoso pajarito, que me regaló el niño! ¿No me das un cariño para él? - Al oír la voz de su hija, el caballero se volvió y al encontrarme, se sonrojó; luego, se levantó e, inclinándose, puso su mano en mi espalda, mientras yo le notaba el semblante alterado y los ojos castaños, de extrema dulzura.

- Toma y diviértete con tu nuevo amiguito...

Nelda no lo dudó, se subió a una pila de libros y entramos a degustar los finos chocolates confitados.

Luego empezó a mostrarme sus juguetes y todo lo que le parecía interesante.

- ¿Qué hay ahí? - Pregunté curioso, señalando los libros. El caballero, que caminaba a gran paso, escuchó la pregunta, se detuvo y me habló sonriendo:

- Hay allí muchas cosas hermosas y útiles. ¿Ya sabes leer?

- ¡No! - Respondí.

- ¿Y te gustaría aprender? Conocer otras lenguas, saber lo que pasa en otras tierras, entender porque hay estrellas en la noche, conocer la virtud de las plantas para manipular las medicinas, saber; en definitiva, lo que hicieron los hombres antes que nosotros; es decir, la historia de los pueblos?

Me quedé sin palabras, mi pecho estaba oprimido, pero, finalmente, solté:

- ¡Oh! si quiero... ¡Sí! Saber algo más que saltar muros y saquear nidos; ¡entender lo que hacen las estrellas en el cielo!

Mi entusiasmo desató una expresiva sonrisa en los labios del noble y la siguiente invitación:

- En este caso búscame diariamente y te enseñaré todo; pero mira, no es fácil.

A partir de entonces pasé la mayor parte de mi tiempo con el señor Teobaldo, un nombre que solo más tarde supe que no era legítimo. Una vez que adquirí el gusto por la lectura, empecé a vivir exclusivamente de los libros, valorándolos como tesoros preciados. Desde que comencé estudiar el tiempo pasó volando a la velocidad de los meteoritos y trabajé incansablemente. El maestro, competente y amable, estaba feliz con el progreso del discípulo. Familiarizado desde el principio con el latín, pronto quedé absorto en el estudio de la Medicina y Astronomía. Las horas libres estaban dedicadas a Nelda y a un pequeño huérfano que el destino había enviado al castillo de Rabenest. En ese momento, el único hijo de mis padres adoptivos regresó a casa, gravemente enfermo, a consecuencia de una herida sufrida en combate, por ser soldado. Casado, lejos de sus padres, y debido a que también falleció su esposa, llevaba consigo a su pequeña hija Gertrudis, una niña robusta y hermosa, de aproximadamente la edad de Nelda. Semanas después, después de la muerte de su padre, la niña Gerta quedó al cuidado de sus abuelos. El señor Teolbaldo decidió colocarla con Nelda, servirla y distraerla; Nelda, aunque cariñosa y buena, veía a la huérfana más como un sirviente que como una compañera y amiga de la infancia, a pesar de la disparidad de genios. Viva, caprichosa y cautivada, la pequeña Gerta se encariñó muchísimo conmigo. De hecho, tenía control absoluto sobre esa criatura impulsiva, hasta el punto que con una simple mirada calmaba sus frecuentes arrebatos de ira.

Pasaron así más de siete años, de vida tranquila, sin episodios dignos de mención. Entonces completaría mis 19 años y había adquirido muchos conocimientos y buenos modales al estar cerca del Sr. Teobaldo que - cosa rara en un hombre de noble cuna -, nunca abandonó el castillo ni recibió visitas. En ese momento, la llegada inesperada de un invitado trajo gran alegría al solitario castellano. El recién llegado, un hombre de aspecto apuesto, se dio a conocer con el nombre de Edgar; pero pronto deduje por su porte altivo y sus modales elegantes que era un hombre de noble linaje. También noté su gran cariño por el Sr. Teobaldo, que era, supongo, su compadre, o relativo. Sorprendido por el desarrollo y los atractivos de Nelda, en el esplendor de sus trece años, el señor Edgar propuso llevar a la joven a la compañía de su abuela para - dijo - presentarla en sociedad y darle el broche de oro indispensable para las mujeres jóvenes en su condición. En esto, como en todo, siempre me abstuve de intervenir, manteniéndome discretamente, hasta que un día el Sr. Edgar vino a hablar conmigo y nuestra charla fue interesante para ambos, ya que, a partir de ese día, nos hicimos amigos inseparables.

Permaneció en el castillo por más de tres meses, ese tiempo fue más que suficiente para cimentar una amistad indestructible entre nosotros. Una mañana, el Sr. Teobaldo me llamó a su oficina y dijo, estrechándome la mano:

- Querido Ângelo, la suerte te favorece; el amigo que solo conoces por su nombre, Edgar, es hijo del conde de Rouven, uno de los nobles más poderosos de esta región. Bueno, él quiere llevarte para lograr una posición social para ti y no puedo ni debo dejar de aconsejarte que lo sigas.

Lo entendí.

Sería una locura rechazar la invitación y, un buen día, conteniendo las lágrimas, dejé, en compañía de Edgar, el viejo techo que me había albergado los sueños más tranquilos de mi existencia. Edgar había llegado al castillo de Rabenest escoltado únicamente por algunos soldados veteranos; pero, en cierto punto del camino, le esperaba una gran comitiva de escuderos y hombres de armas: una procesión verdaderamente digna del heredero de Rouven. Se borran las diversas impresiones de un primer viaje de ahí en adelante las penas dolorosas. Cuando el amigo me advirtió que estábamos llegando, no pude evitar una curiosidad impaciente y vivaz. Salimos de la última estación de descanso, al amanecer, y estábamos hablando a caballo, un poco por delante de la escolta, cuando, al doblar una curva del camino, apareció ante nuestros ojos un magnífico paisaje. Era un valle de colinas boscosas. Sobre una enorme roca que se alza sobre los alrededores, el ¡edificio vasto y lúgubre!

- ¿Ves? - Dijo señalándola -. Ahí tienes una joya de nuestra región: la Abadía de San Benedicto.

Este rico monasterio es un pequeño ducado; allí se acogen quinientos hermanos, ¡y en qué condiciones...! Allí, segregados del mundo, elevándose por encima de todas las debilidades humanas, reside la santa comunidad. Sin embargo, el Reverendo Prior tiene una mano de hierro, cuyo peso se siente por todas partes.

Levanté la cabeza y examiné con interés la imponente construcción rodeada de muros, erguida sobre su pedestal de granito. Pero, sin saber por qué, la visión de ese convento me dio un sentimiento de angustia y tristeza, nunca antes sentido. Mi corazón latía dolorosamente, como si la mera visión del edificio negro hubiera corrido un espeso velo sobre mis años de juventud feliz y descuidada. Edgar también había bajado la cabeza, como absorto en pensamientos tristes. Y así continuamos, en silencio, nuestro viaje. Horas más tarde, paramos en el puente levadizo del castillo de Rouven, vasta fortaleza rodeada de profundos fosos y enormes torretas. Cuando Edgar se dio a conocer, el puente se vino abajo y entramos a la mansión, siguiendo al joven conde, quien respondió con indiferencia a las actitudes respetuosas de los sirvientes.

Desmontando en el patio de honor, un escudero pronto le anunció a Edgar que sus padres estaban en la mesa, por lo que inmediatamente subimos al comedor, algo parecido al de Rabenest, aunque más rico y mejor conservado. Como estábamos a finales de otoño, un gran fuego ardía en la estufa y proyectaba resplandores rojizos sobre la madera de las paredes. Al centro de la habitación estaba la mesa, de tamaño regular, exhibiendo preciosas vajillas; sentados, en sillas blasonadas, se enfrentaban tres comensales: una señora muy bien vestida, un hombre maduro, orgulloso y de apuesto rostro, y un niño de unos doce años.

- Bienvenido, hijo mío - dijo el castellano, levantándose y abrazando a Édgar. Entonces, al encontrarme, me miró con orgullo y asombro. Me sonrojé y, por primera vez en mi vida, experimenté la amargura de no tener jurisdicción por nacimiento. Edgar; sin embargo, había tomado mi mano.

- Papá, este chico es mi amigo Ângelo, que quiere quedarse ignorado, pero respondo por su nobleza.

- Basta - dijo el conde, tendiéndome la mano e invitándome a sentarme.

Continuamos nuestra cena. Edgar besó la mano de su madrastra, abrazó a su hermano pequeño y se sentó a mi lado. Empezó, luego, una animada conferencia, orientada al campo de la Astrología, que interesó mucho al conde Hildebrand de Rouven.

Muy versado, por no decir profundamente conocedor del tema, mi charla encantó al noble y gané su amistad.

- Te felicito, mi joven amigo – dijo, cuando, después de terminar la comida, nos reunimos alrededor de los fogones.

- Eres un hombre sabio, algo poco común a tu edad, especialmente entre la gente de tu clase, pero dime: ¿Sabes también esgrima con lanza y espada, equitación, etc.? Pregunto porque aquí tendremos torneos – sonrió -, y supongo que querrás brillar ante el buen sexo, por tu destreza y valentía, tanto como ante los hombres sensatos, por tu inteligencia y sabiduría.

Me sonrojé, no respondí. La destreza con las armas, un atributo de nobleza de la época, la carecía por completo. Edgar intervino:

- Padre, ves que Ângelo ha llevado una vida sabia, en lugar de un guerrero, y es demasiado joven para cambiar uno por otro.

- Sí, claro - dijo Hildebrand, sin mostrar sorpresa -, pero este fallo involuntario es fácil de reparar; y para eso ya tiene mi equipo a su disposición. El viejo Bertrand, ya sabes, es un maestro de armas como pocos, y nuestro joven amigo pronto aprenderá todo lo que un caballero debe saber. Además, tendremos que realizar cacerías frecuentes. Todo esto constituye un ejercicio beneficioso, restaurador de energía, después de los pensamientos agotadores del espíritu.

Y volviéndose hacia mí:

- Pronto te tendremos fuerte en cuerpo y alma…

Le hice una reverencia, le agradecí su amabilidad y, al terminar la cena, Edgar me acompañó al dormitorio.

En cuanto nos quedamos solos, le dije:

- Mira, me estás haciendo ver como si no lo estuviera, y me siento confundido y avergonzado.

- No te preocupes, yo responderé de lo que pase; ni tú mismo sabes quién eres y bien podría pasar que florezca en ti el brote de un tronco ilustre. Anímate, Ángel mío, verás que todo acabará bien.

A partir de ese día comencé una vida activa y enérgica para compensar mi sedentarismo estudioso hasta entonces: - cazaba, montaba a caballo, empuñaba una lanza y una espada, adquiriendo rápidamente la destreza y el vigor necesarios. El viejo Bertrand estaba encantado con mi progreso e incluso me felicitó tanto como pudo.

A veces, en las noches de luna, subía con el conde a la torre más alta del castillo y me entretenía explicándole las maravillas del firmamento y sus relaciones con los destinos humanos. Edgar, que nunca descuidó un proyecto planificado, dispuso en buenos términos con la madrastra, para darle la bienvenida a Nelda. Enviar un porteador al castillo de Rabenest dentro de siete meses, tuvimos a Nelda en Rouven, acompañada de Gertrudis. No hablaré de la alegría de nuestro reencuentro, excepto para señalar que el ambiente doméstico quedó muy animado por la presencia de la joven, que supo cautivar todos los corazones con la dulzura de su carácter y la vivacidad de su inteligencia. Un día, mientras estábamos cenando, sonó la bocina anunciando una visita.

El escudero se apresuró a declarar que era el conde Lotario de Rabenau, acompañado de su hijo. Al escuchar pronunciar ese nombre, me estremecí. Lotario era el dueño del castillo de Rabenest, y apenas entró, identifiqué el rostro pálido, sus ojos negros y la expresión inquieta del joven caballero que había acompañado al señor Teobaldo en la memorable noche en que lo vi por primera vez. El señor de Rabenau había cambiado poco en los ocho años transcurridos. Se acercó orgulloso y despreocupado, de la mano de su hijo, un niño de nueve a diez años, rubio, ojos azules, un niño bonito, en todos los aspectos. Excepto doña Matilde, todos se levantaron para saludar al visitante. Lotario besó galantemente la mano de la castellana y estrechó cordialmente la de Hildebrand.

- Les traigo a mi hijo – dijo – mi heredero, o sea, lo más caro que tengo en el mundo; esto porque no has tenido la oportunidad de conocerlo todavía, porque este Kurt mío es tan débil y enfermizo que me obliga a tenerlo en casa.

Al expresarse de esta manera, el conde puso en sus ojos y en su voz una nota indefinible de ternura paternal, mientras acarició el sedoso y rizado cabello del niño con sus dedos.

- ¡Oh! Señor Edgar – exclamó extendiendo su mano hacia el joven conde -, hace mucho que no te veo y he aquí que te encuentro ya adulto y, ciertamente, a punto de recibir las espuelas de caballero.

Me sentí abrumado e incómodo. ¿El conde revelaría mi verdadera identidad y condición?

A pesar de los años que habían pasado, tal vez pueda reconocerme... Mi corazón se detuvo cuando su mirada me envolvió, como que analizando mis rasgos. Como antes, una singular preocupación apareció en sus ojos; y no fue sin que eso los desviara, cuando intervino Nelda presentándome:

- Ângelo, mi mejor amigo.

Pero el conde ya dominado dijo:

- Perfectamente - dijo - y extendiendo la mano - Recuerdo haberlo visto antes y me alegro de verlo aquí.

Antes de cenar, el conde de Rabenau aprovechó un momento en que estábamos solos para decirme con chispas de fuego en su mira:

- Ellos para ellos, muchacho; conozco al señor Ângelo y respaldaré la nobleza de su nacimiento; pero Dios no lo quiera para recordar a Rabenest, su huésped solitario y el conde Rabenau, que pasó allí una noche... repito, por lo tanto: silencio, porque, "ellos para ellos." ¡Me quedé asombrado! Sin querer me encontré enredado en una red de misterios y debía guardar en secreto cosas cuyo significado encontré en la dependencia del conde de Rabenau; pero, incluso si ese no fuera el caso, ¿cómo y por qué traicionaría al señor Teobaldo, a quien tanto valoraba? Prevenido por Edgar, me había abstenido de hacer cualquier insinuación o referencia al solitario huésped de Rabenest. Nelda y Gertrudis también mantuvieron la mayor reserva al respecto. Durante la cena me detuve a observar al conde de Rabenau y, aunque inspiraba simpatía, lo admiraba y me sentía involuntariamente abrumado por una singular fascinación. Él sería capaz de arrojar a sus pies a quienes experimentaran su mirada ardiente y dominante.

En ese momento parecía poseído de una alegría manifiesta, con el rostro entreabierto e iluminado por una sonrisa espiritual; palabra fácil, colorida, que evoca episodios imprevistos, originales e interesantes. Al día siguiente se despidió y salió con su hijo, acompañado de una numerosa escolta. Muchas semanas después, el escenario de aquella noche y el perfil del personaje único.

Llegados a este punto, cabe mencionar algunos episodios e impresiones, que produjeron, en el futuro, grandes acontecimientos y cambios profundos en mi vida, así como en la de Edgar.

Al vivir muy cerca de los Rouven, hacía tiempo que se había dado cuenta del odio profundo y apenas contenido entre su madrastra y el hijastro, odio solo superficialmente disfrazado por apariencias engañosas. Muchas veces, cuando doña Matilde pensaba que estaba sin ser observado, me sorprendieron las miradas implacables fijadas en el joven conde; y éste, a su vez, no se refería a su madrastra sin dejar de traicionar los mismos sentimientos. Para mí, la condesa siempre mostró la mayor benevolencia. De hecho, podía alardear de ser un joven apuesto en aquella época, alto, esbelto, de tez gruesa y negra, cabello y ojos color acero. Tampoco ignoraba el valor de tales predicados, pero lo cierto es que, dotado de un temperamento frío, las mujeres me interesaban poco. Nelda; sin embargo, por su carácter dulce y raro, y belleza, abrumaba mi corazón. Y ese amor era tanto más intenso y vivo cuanto más tenía que ocultarlo con cuidado. En primer lugar, la había admirado, como artista, por su porte clásico, sus grandes ojos cristalinos, su forma esbelta y flexible, admirablemente proporcionada. A pesar de haber cumplido dieciséis años, continuó tratándome como a un amigo de la infancia. Así pasábamos horas y horas, en la más dulce intimidad, y de repente, poco a poco el amor se infiltró en mi corazón. Gertrudis, que continuó con Nelda en su papel de amiga y sirvienta, ella también había ganado cuerpo y parecía ser una morena robusta, con ojos y cabello negros, un tipo de belleza sensual, en todos los sentidos.

Nelda, rubia clara en contraste. Ella también, Gerta, se consideraba mi amiga de la infancia y su mirada amigable era el fuego que me acompañó a todas partes, aunque la subalternidad de su condición le imponía las mayores reservas. Un día, a solas con la dueña del corazón, empezamos a hablar del gran torneo que se avecinaba y al que el duque reinante había invitado a la nobleza.

La familia Rouven no pudo evitar asistir. Edgar había sido nombrado caballero un año antes y deseaba participar en las justas y Nelda tuvo que aparecer en público, por primera vez, en el estrado de la condesa Matilde.

Con la simple conjetura que tantos hombres tendrían la oportunidad de contemplar a la criatura que amaba, los celos negros se apoderaron de mí.

- ¡Oh! Nelda – dije con amargura –, preveo lo que sucederá; verás muchos caballeros hermosos, que quedarán deslumbrados, enamorados; entonces te casarás y entonces habrá sonado la hora de nuestra separación.

- Me casaré con el hombre que sea mi favorito - respondió bajando la cabeza.

- Sin duda – respondí –; pero la verdad es que verás y amarás, tal vez, a uno de los nobles caballeros que allí se encontrarán.

- Ya hice mi elección - tartamudeó.

Me sobresalté; mi corazón quería salirse de su pecho... ¿A quién podría amar? Edgar... tal vez. Él era hermoso, potente, seductor. Las ideas daban vueltas en mi cerebro, estiré la mano y balbuceé emocionado:

- ¿Quién será el afortunado elegido? Dime cómo se llama, confía en mi amistad.

Un intenso sonrojo cubrió sus mejillas, se sumergió en sus ojos claros y dijo sonriendo:

- Y si fueras tú, Ângelo, ¿no me querrías como castellana?

Me pareció un sueño, la abracé en transportes de loca alegría e intercambiamos votos de amor y fidelidad eterna. Hora de felicidad embriagadora, los momentos que me regalaste fueron los mejores de toda mi vida; pero también fueron un rebote para el despertar de mi alma a punto de aniquilarse en la desesperación. incluso con el corazón ciego, no previste cuán pronto tendrías que ser asfixiado y comprimido entre las paredes de un claustro, para que tu impotente rabia busque una válvula de escape de todos los crímenes. Desde ese día, el universo parecía que ya no existía para mí. Empecé a vivir en un mundo fantástico, lleno de sueños y esperanzas.

Preocupado por mí mismo, apenas podía prestar atención al entorno que me rodeaba. Pero al final siempre pude darme cuenta que Gertrudis había cambiado extraordinariamente. Muy pálida, silenciosa, indiferente, como si me estuviera evitando. Suponiendo que fuera de cualquier disgusto interior, traté de tratarla con mayor ternura, ya que, por muy feliz que me sintiera, quería que ella sintiera que todos eran iguales. La misma noche del coloquio y confesión de Nelda, le revelé todo a Edgar, quien me escuchó.

Me ayudó, como siempre, y prometió protegerme si fuera necesario. A su vez, me confió las preocupaciones que comenzó a ensombrecer su futuro. Él también amaba y era amado, pero las circunstancias le impidieron proclamar su elección. El padre del barón Falkenstein, un hombre malvado e irascible, albergaba una antigua enemistad hacia su familia.

Rouven y mi amigo previeron un rival peligroso en la persona de un caballero que nos visitaba mucho. Este chico se llamaba Ulrich de Waldeck y era sobrino de la condesa Matilde. Aunque era muy rico, era odiado en toda la región, por su codicia, orgullo y conducta desordenada. En lo físico, tan repelente como en el alma; corpulento, malvado desproporcionado, una cara siempre cubierta de granos, pelo rojo. Por supuesto que no podía dejar de odiar a Edgar a pesar de la hermosa apariencia de mi noble amigo. Solo muy tarde pude descubrir, en su totalidad, las intrigas del cual este hombre fue instrumento. Con el ardor de su pasión, Edgar me describió la rara belleza e inteligencia de su amada María, llegando a mostrar varias composiciones poéticas propias. Además de la ansiedad que provocó la rivalidad de Waldeck, tuvo que protegerse contra el odio de su madrastra.

Hacía tiempo que acudían a él insinuando, un tanto de soslayo, que sería aconsejable renunciar a su herencia en beneficio de su hermano menor y recibir órdenes en el convento benedictino, dejando entrever, en el futuro, la investidura suprema de la abadía. Esta perspectiva no era para tentar al joven Rouven, ávido de amor y libertad. También sabía que el plan solo podía venir de su madrastra quien, impaciente por consumirlo, lo había dejado escapar unos días antes. Entonces, después de una larga conversación, ella misma intentó persuadirlo y él, indignado, repugnado por tanta audacia, no solo rechazó la idea, sino que también quiso casarse, sintiendo que el conde lo apoyaría.

Pasaron algunos días después de estas confidencias recíprocas, cuando una mañana un hombre se anunció. Era un mensajero de María de Falkenstein, quien le informó que había sido llamada por su padre y le advirtió que se casaría con Waldeck. La joven doncella había protestado, declarándose comprometida con Edgar, el barón había respondido con estúpidas risas y proporcionó una citación para que la boda se celebrara dentro de unos días. Al recibir dicha información, Edgar no pudo contenerse; hizo ensillar su montura para buscar a su rival y conseguir la reparación por las armas. Viéndolo así exacerbado, no quería dejarlo ir solo. El señor Ulrich nos recibió en su comedor, rodeado de feliz compañía. Tan pronto como vio a Edgar, gritó insolentemente: conde de Rouven, supongo que conozco el motivo de su visita; pero créanme, es inútil, porque tengo la palabra del barón y la bella María será mi esposa, le guste o no.

* ¡Nunca! - Dijo Edgar sacando la espada -, porque estoy aquí para detenerte.

- Pero ¿de qué manera? – Chasqueó Ulrich -. ¿Quieres robarme a mi novia?

- Sí, si es necesario - respondió Rouven fuera de sí.- Lo haré; pero, antes quiero matar, como a un perro, al indigno caballero que se impone a una mujer en lugar de protegerla...

Luego, lanzando una mirada de descarado desprecio a quienes lo rodeaban, el amigo se alejó y volvimos a la carretera, ya que intentar entrar en la residencia de Falkeinstein sería una locura. Mi amigo estaba exasperado y su última esperanza dependía del próximo torneo. Allí, delante del duque y de toda la nobleza, provocaría a su rival en un combate a muerte. Estos días fueron tan angustiosos para mí que ni siquiera pensé en mi problema amoroso.

El día esperado con impaciencia llegó por fin. Auspicioso día de alegría para miles de criaturas, pero para mí sobrecargado de ideas siniestras y oscuras premoniciones. Por eso no me separé de Edgar ni un solo momento, hasta que montó a caballo para ir al torneo. Mientras los escuderos lo armaban, observé alarmado que una palidez extraña e intermitente visitó su espíritu...

- ¿Estás mal? ¿Sientes algo? - Previne.

- Nada, no es nada; solo un ligero peso en la cabeza, que la figurade Waldeck será suficiente para curar. Dicho esto, saltó a la silla y me dirigí hacia el andén de la condesa Matilde.

Sin nombre y sin linaje confesable, los juegos me estaban prohibidos. Al llegar allí me senté detrás de Nelda, quien, con su vestido de brocado azul y una diadema de perlas en su cabeza rubia, me parecía un ángel. Después de intercambiar una mirada apasionada, comencé a examinar el espléndido cuadro: banderas ondeando al viento, tribunas ricamente alfombradas regurgitando de caballeros y damas nobles cubiertas de joyas; en la lista y en las puertas, la multitud de escuderos y pajes con sus túnicas multicolores, los caballeros de brillantes armaduras y soberbias monturas que relinchaban en impaciencia.

Edgar se mantuvo a distancia, ya que Waldeck aun no había llegado. Cuando el duque y su familia estuvo lugar en el escenario de honor bajo un palio dorado, comenzaron los juegos. Algunas peleas menores ya habían comenzado cuando, de repente, el caballero Waldeck apareció en la entrada, cubierto de polvo. El caballo que montaba, rozando, corrió hacia Edgar y el caballero golpeó su escudo con su lanza y comenzó a desafiarlo en voces fuertes, revelándole el secuestro de su esposa, llevado a cabo por mercenarios de la casa de Rouven, como lo demostraba una moneda encontrada en el sitio. Y añadió que el joven conde lo había amenazado con este secuestro, en su propio castillo, ante testigos.

Edgar protestó indignado... No, él nunca realizaría una acción indigna de un caballero. Pero Waldeck insistió, furioso, y el duque pareció indeciso. Fue entonces cuando el acusador estalló:

- Entonces que el caballero de Rouven se obstina en negar la verdad, apelo al juicio de Dios y lo reto, confiado en la victoria de la verdad y la inocencia, sobre la mentira y el crimen.

Una agitación febril sacudió a la asamblea: cada grupo susurraba y comentaba. En nuestra cabaña estaba claro que reinaban los sentimientos más tumultuosos. El señor Hildebrando salió del estrado para unirse a su hijo y yo, no sé por qué, centré toda mi atención en la señora Matilde. Noté que un intenso rubor llenaba su rostro; sus ojos brillaban y sus labios se contrajeron en un grito nervioso, al mismo tiempo que agarraba y apretaba la mano de su hijo. La vacante sospechosa me avergonzó el corazón y caí abrumado, tratando de acercarme a mi amigo quien, tranquilamente, me tendió la mano y dijo:

- Soy inocente, debo triunfar: pero ¿qué han hecho con mi pobre María? Mientras tanto, los heraldos evacuaron el líder, plantaron dos banderas, anunciaron los nombres y condiciones del combate. Sería a pie, ambos con la espada, completamente armados.

Regresé al podio con el corazón acelerado, anticipando la inminente victoria. El duque, que tenía en gran estima y afecto a Hildebrando, lo invitó a presenciar el duelo a su lado, en el estrado ducal.

A la primera señal, los campeones se enfrentaron formando un contraste perfecto. De un lado, Ulrich, retocado, macizo, brazos gigantes; por el otro, el rival esbelto, elegante, frágil, pero con una inusual habilidad y destreza a su favor. A un gesto del duque, los contendientes chocaron: jadeantes, fascinados, incapaces incluso de formular una oración.

Para mi amigo, seguí la imagen en movimiento con asombro. Al principio la lucha se mantuvo equilibrada, estaba claro que Waldeck intentó fatigar a su oponente, mediante falsos golpes, lo que le obligó a permanecer cubierto. Rouven; sin embargo, impulsivo y nervioso por temperamento, se volvió cada vez más impaciente y, avanzando, ¡culminó en un choque indescriptible! En el lugar reinaba un silencio de muerte, solo roto por el ruido de las armas, mientras la sangre fluyó y enrojeció la arena. De repente, Waldeck se descubrió y apuñaló a Edgar con tanta brutalidad en el pecho que lo vi tambalearse y caer de rodillas. Ulrich aprovechó el momento y le arrancó la espada de las manos. ¿Mi amigo herido? ¿Simplemente aturdido? Sea lo que fuere, lo cierto es que claramente se estaba debilitando. Y Waldeck se arrojó sobre él y lo derribó de una vez por todas. ¡Oh, oh! ¡De sorpresa y asombro escaparon de cada boca! El ganador apoyó su rodilla en el pecho del hombre derrotado, que parecía inconsciente. Luego, alzando su espada, se volvió hacia el duque, quien, solo de quien, dependía de decidir el destino del perdedor. Edgar, según las leyes vigentes, derrotado en combate, acababa de perder nombre, nobleza y derechos de descendencia. ¡Un momento de lo más solemne e inolvidable! La multitud silenciosa parecía haber dejado de respirar, petrificada.

Solo el conde de Rouven, más lívido que un espectro y con los ojos desorbitados, balbuceaba frases incoherentes.

El duque, visiblemente conmovido, estrechó la mano de su desdichado padre y pronunció en voz alta la palabra "gracia."

Mi amigo fue retirado de la arena, inconsciente y el partido perdió todo atractivo. La familia ducal se retiró, los espectadores y los campeones se dispersaron tumultuosamente. Los Rouven, a su vez, regresaron a su casa, excepto el señor Hildebrando quien, incluido en la respectiva procesión, acompañó a su hijo hasta el convento de los Benedictinos.

En cuanto a mí, desesperado, impaciente, esperaba noticias de mi desgraciado amigo, preguntándome si debía desearle vida o muerte. La condesa intentó aparentar que estaba sufriendo mucho, pero la verdad es que no vi señal alguna lágrima en sus ojos.

A los pocos días el conde regresó abrumado, sombrío y encanecido. Me dijo que Edgar estaba gravemente enfermo y; sin embargo, el caritativo monje que lo atendió esperó salvarlo. Es cierto que para el mundo, deberíamos considerarlo definitivamente perdido; pero aun así, en su egoísmo de padre, quería que viviese y haría todo lo posible para demostrar su inocencia, ya que sabía que Edgar estaba libre de culpa. El tiempo fluyó, melancólico, sin que me permitieran volver a ver a mi amigo. Solo lo visitó el conde, hasta que un día me informó que se encontraba fuera de peligro; sin embargo, en un estado de indescriptible exaltación. Ahora, el heredero del nombre, título y fortuna de la casa de Rouven, era Alberto, el hermano menor de mi infortunado amigo. Doña Matilde se regocijó, contenta y apenas podía parecer triste delante de su marido. Esa actitud de la noble dama me molestó el corazón. También me obsesionó el descubrimiento del secuestro de María. Una empresa imprudente y difícil que requiere perspicacia y al mismo tiempo, todos los planes que había concebido me parecieron poco prácticos. Entonces me acordé de consultar al conde de Rabenau, con quien me había reunido varias veces y que, por su agudeza espiritual y su profundo conocimiento de la vida, Siempre me había impresionado. Para ello fui a su castillo y, como el tema era el plato del día en cada boca; no fue difícil provocarlo y explicarle mis intenciones.

- Esto es lo que pienso - dijo el conde de Rabenau, después de meditar por un momento -, cualquier idea de penetrar en el castillo de Waldeck, donde todo está previsto y prohibido, es inútil para un robo. Lo mismo ocurre con la mansión del viejo Falkeinstein. Mira; sin embargo, el límite extremo de las tierras de la Abadía, un conocido albergue, por cierto, y muy conocido como Estrella de la Noche. El posadero, a quien llaman Linda Berta, es una criatura ambiciosa, capaz de vender su propia alma; una conciencia sin escrúpulos, en definitiva.

Esta criatura es la amante de un tal Bertrand, alcohólico y espadachín de la peor calaña. Este tipo, que también se dice descendiente de una familia ilustre, es amigo de Waldeck y, como tal, tiene acceso a ambos castillos. Si por lo tanto, si logras interesarlo en tu causa, será posible obtener la información deseada. Te advierto; sin embargo, que para conquistar a Betrand solo a través de Berta. Dinero es lo que ella quiere y probablemente necesitará, ya que el señor en Mauffen, su "protector" y frecuentador, no es fácil de convencer.

Le agradecí el excelente consejo y ese mismo día fui a la Estrella de la Noche, un edificio grande y en ruinas, rodeado de establos, en el cruce de dos caminos. Até la montura delante de la puerta y entré al gran salón, donde estaban reunidos algunos hombres de mala fama. Sociedad sospechosa y promiscua. Una mujer todavía bella, de fisonomía enérgica y cabello negro, atendía a los clientes, asistida por un camarero alegre y rápido. Era la posadera. Me acerqué y, después de intercambiar algunas palabras, solicité una entrevista privada.

- A sus órdenes - respondió rápidamente, y dirigiéndose al muchacho:

- Gaspar, que a los clientes no les falte nada.

Me hizo entrar en una pequeña oficina y fue luego, interrogándome, al mismo tiempo me examinaba con ojos penetrantes, de pies a cabeza.

- Dime en lo que te puedo ser útil.

- Me gustaría - respondí sin más preámbulos -, que me presentara al señor Bertrand, amigo de los caballeros Waldecky Falkeinstein.

- Pero... ¿de qué se trata esto? – Aventuró con recelo.

- Un dato sencillo; sé que tiene gran ascendencia sobre Bertrand, pero, digamos: ¿será posible que decida traicionar a sus dos amigos, si es necesario?

Berta se puso las manos en las caderas, abrió los labios en una típica sonrisa y respondió:

- Esta pelea está llena de amor y creo que seré capaz de traicionar no a dos, sino a diez amigos, si lo hago. Solo tengo una exigencia - añadió con un guiño -, necesito convencerme de la importancia del negocio.

El dinero no me importa. Edgar siempre fue pródigo e incluso la víspera del torneo me había regalado una caja fuerte que contenía una gran suma de dinero, diciendo que lo hizo en caso que sucumbiera en la pelea. Dejé la bolsa sobre la mesa y la mujercita se fue inmediatamente…

- Dame tus órdenes - dijo, en actitud humilde y reverente -, dime si es necesario matar o robar y, de todos modos, cuenta conmigo.

En ese momento, una voz áspera y grosera resonó en la habitación.

- Aquí está, el mío.

- Querido Bertrand. Por favor espera aquí mientras voy a hablar con él.

Después de un tiempo, regresó. Lo acompañaba un hombre alto, gordo, mal vestido y envuelto en un gran manto. El rostro cuadrado, algo tumescente y vestido con una barba roja, traicionaba el vicio de la borrachera. Me saludó y se quedó un momento jadeando.

- Querido Bertrand - dijo la posadera -, este señor quiere de ti un servicio por el cual te dará un estipendio como el que me diste, solo para poder presentarte.

- ¡No! - me dije -, ¡es simplemente una presa, pero, para saber la verdad, que venga el asalto!

El bruto miró con avidez la bolsa que la posadera se cansaba de acariciarlo con sus carnosos dedos, y todo su rostro se iluminaba mientras me decía babeando:

- Caro y noble señor, permítame presentarme: Bertrand de Eulenhof, para servirle; quiero tener una espada y una cabeza que no se deben tomar a la ligera...

Berta se fue y hablamos libremente. Después de acordar el monto a pagar, Eulenhof prometió facilitarme toda la información y volvería de allí. Regresé a casa satisfecho, pero

Me abstuve de comunicar mis esperanzas al conde, porque sobre todo quería pruebas. En el transcurso de esta diligencia duró algunos meses. Ya había hecho dos visitas al albergue y Bertrand solo me había informado que Ulrich, muy orgulloso de la derrota de Edgar, se preparó con gran pompa para asistir al torneo que el duque pretendía ofrecer a la nobleza y a su pueblo, en compensación por lo anterior, tan imprevisto y tristemente interrumpido por el duelo judicial.

Ahora bien, ya había oído hablar de esta fiesta y sabía que ningún miembro de la familia Rouven asistiría.

Cuando, por tercera vez regresé al albergue Estrella, Bertrand me recibió con manifestaciones de triunfo, diciendo que todo hubiera sabido. María se había casado a la fuerza con Waldeck y permaneció bajo custodia en el castillo de su padre. Su marido la visitó diariamente, pero en secreto, por lo que la presencia de la joven en el castillo era un secreto. Por esta información pagué un buen precio y luego le pedí a Bertrand que encontrara una manera de liberar a la prisionera. Me gustaría que asistiera al torneo y allí testificara ante el duque que nunca había sido secuestrada sino obligada a casarse, asiendo secuestrada en la casa de su padre. Sabía que, para rehabilitar a Edgar, ella no escatimaría sacrificios. Pero para eso, necesitaba libertad, ya que no bastaba con denunciar su encarcelamiento: ella misma necesitaba testificar libre y públicamente. Así, esperanzado y satisfecho, llegó a mis manos la siguiente carta:

"Ángelo, amigo mío, tienes derecho a despreciarme, sabiendo que vives y que he pronunciado votos, pero solo para vengarte.

Y una voz interior me dice que lo lograré. Como un topo, abriendo un camino subterráneo, llegaré hasta los desdichados y es daré una muerte que los mismos demonios del infierno envidiarán. Esta es la única esperanza que me sostiene en esta vida miserable. No intentes visitarme y creas que solo después que mi odio haya sido satisfecho, solo después que se haya desmoronado en mis manos ensangrentadas el corazón del enemigo mortal, solo así querré verte.

Edgar Benedictino."

¡Estaba devastado! La reparación llegó tarde. Sin embargo, tenía que demostrar, a cualquier precio, la inocencia de mi amigo, y darle, al menos, este consuelo a su corazón ulcerado. Días después, Bertrand me informó que la fuga de María estaba decidida, disfrazada de sirvienta. Solo entonces informé al conde de Rouven de lo que estaba pasando y él, abrazándome eternamente, decía:

- Mi pobre hijo ya no puede luchar, pero sabré provocar y enfrentar al infame Waldeck.

Habiendo recibido la advertencia acordada por parte de Bertrand, fui al albergue de Berta y encontré allí a María. Me dijo que por Edgar estaba dispuesta a sacrificarlo todo, denunciando públicamente la infamia de su padre y su marido. Bertrand debería guiarla en secreto al torneo, para que apareciera allí en el momento exacto. Doña Matilde quedó muy sorprendida por la resolución del conde, y trató de disuadirlo de asistir a la fiesta; pero al no encontrar nada, decidió acompañarlo.

En la mañana del día fijado para el inicio de las justas; es decir, el tercer día de la fuga de la joven, el conde de Rouven la recibió y se la llevó en primer lugar, al duque, diciéndole toda la verdad. Luego la llevó a su plataforma, donde ella permaneció con el rostro velado, para no ser notada antes de tiempo. Por supuesto, los dos cómplices aun desconocían la fuga - Bertrand me había dicho que había abandonado el castillo dos días antes -, porque el barón de Falkeinstein parecía muy tranquilo en su plataforma, anticipando las hazañas de su yerno que, luciendo una magnífica armadura, estaba allí celebrando caracoleando y desafiando a los jinetes más intrépidos.

Tan pronto como el duque subió al estrado, el conde de Rouven apareció en la arena y acusó a Waldeck de delito grave, maldad y sacrilegio, ya que se había atrevido a invocar el nombre de Dios para encubrir un secuestro falso e infame.

El acusado tembló y trató de hablar; pero el duque, imponente, lo interrumpió diciendo:

- Lo sé - y señaló la plataforma de la condesa de Rouven, donde María, de pie, saludó y confirmó el vehemente reclamo. Los oponentes se retiraron a sus tiendas para prepararse para el combate; pero solo el conde volvió a la lista. El caballero Waldeck, llamado tres veces por el heraldo, se había eclipsado. Un escudero enviado a la respectiva tienda, vino a decir que la tienda estaba desierta y el caballero había desaparecido sin dejar rastros. El conde de Rouven avanzó entonces hasta la tienda del barón Falkeinstein, que había respaldado y diseñó el complot innoble y le arrojó su guante de hierro. Enojado, el barón se levantó y declaró que aceptaba el desafío.

No entraré en los detalles del combate. Solo diré que el barón, gordo, pletórico, agotado por una vida disoluta y, además, poco ejercitado en las armas, rápidamente se agotó; amenazado implacablemente por la espada enemiga, acabó cayendo.

El ganador se llevó la rodilla al pecho y le clavó el puñal en la garganta. Luego, sacando la plancha ensangrentada, exclamó con voz resonante: ¡el sinvergüenza está muerto!

Resonaron vítores frenéticos, mantillas y llovieron flores sobre el conde, un delirio contagioso se extendió entre la multitud.

Solo la pobre María se desmayó al ver sucumbir al padre. Pero en medio del tumulto de vítores colectivos, ese incidente pasó casi desapercibido.

Encargado de llevarle a Edgar la noticia de su rehabilitación, aproveché el momento en que todos estaban enfocados en el heraldo que caminaba, proclamando que "el poderoso señor Edgar de Rouven estaba inmune a cualquier sospecha y restituido en todos sus derechos", para escabullirse y salir al galope.

Unas horas más tarde, me topé con el caballo, jadeando, en la puerta oscura del convento. Tiré nerviosamente de la cuerda de la campana, cuyo sonido estridente me hizo estremecer. Escuchar ese toque constante, debió ser una tortura - reflexioné… Poco sabía entonces que tendría que acostumbrarme un día. Un tintineo de llaves me avisó que el portero se acercaba y entonces apareció el rostro delgado y austero del fraile en la puerta. Le dije quién era y a qué venía, quería hablar con mi hermano Benedicto, antiguo caballero de Rouven.

- Solo con autorización previa; pero por favor entre y acompáñeme a la presencia de Su Reverendísima.

Abrió la pesado puerta, atravesamos el patio enlosado para pasar por la segunda puerta y subir una escalera de caracol. Comencé a sentir ciertas molestias. Esas bóvedas oscuras, esos pasillos largos y poco iluminados, esas ventanas estrechas de estilo gótico, que parecía más bien troneras, todo eso me abrumaba. Algunas figuras negras con las que más nos topamos aumentó mi angustia indefinible. Finalmente nos detuvimos frente a una puerta y el guía llamó suavemente.

El novicio apareció, discretamente, en la escasa abertura, y tras informarse, desapareció. Al cabo de unos minutos, reabrió la puerta y me indicó que lo siguiera. Cruzamos otros pasillos y compartimentos, hasta que llegamos a la pequeña sala, en cuyo centro estaba puesta una magnífica mesa. Platos preciosos y delicias finas.

Sentado en un sillón de respaldo alto, con una cruz dorada colgando del cuello, un hombre gordo estaba cenando. Él era el prior.

Después de concederme la bendición solicitada, trató de averiguar el motivo de mi venida. Inmediatamente noté que su fisonomía no revelaba nada inusual, aunque destilaba benevolencia y bonhomía. Teniendo por naturaleza sentido analítico, descubrí en aquel rostro bonachón una boca de labios expresivos, cuyas esquinas retraídas delataban una energía de hierro y los ojos entrecerrados, en los que se veía astucia, ingenio y crueldad. Mientras intentaba explicar en términos adecuados mi deseo de ver a Edgar, el prior jugó con la cruz de oro; pero apenas dije ese nombre, me interrumpió con vehemencia: -

- ¿Quieres decir, el hermano Benedicto, este precioso hermano de nuestra comunidad de hoy, a quien amo con particular afecto, por su celo y piedad que lo llevó a liberarse de toda conexión con el mundo, renunciando a posesiones y títulos temporales?

Cuando hablé de su rehabilitación, el abad juntó las manos, levantó los ojos hacia arriba y dijo con unción.

- Ya lo había predicho. La inocencia siempre triunfa.

Terminó permitiendo la entrevista y me llevó otro fraile que, deteniéndose finalmente dijo:

- Ahora, por favor quédense aquí mientras voy a avisar al hermano Benedicto.

Una vez me acerqué a la ventana y miré hacia afuera. ¡Qué magnífico panorama se revelaba desde allí, cubriendo una vasta región!

El camino sinuoso se despliega, como una serpiente roja, y en el lejano horizonte la masa negra: ¡las altas torres del castillo de Rouven! Suspiré profundamente, pensando en la ironía del destino que, despojando al heredero de todas sus posesiones de los Rouven, lo había fijado allí para poder contemplar constantemente la casa ancestral y los ricos dominios perdidos para siempre.

El ruido de la puerta al abrirse me hizo dar media vuelta y confieso que apenas reconocí a Edgar en el pálido monje que se me acercaba.

Extrañamente transfigurado y vestido con aquel burel negro, parecía más alto y más delgado.

Nos abrazamos de forma estrecha, lenta y conmovedora. Tan cerca que sentí los latidos desordenados y violentos de su corazón.

- ¡Edgar! – Dije, soltándolo y tomando sus manos –, te traigo una buena noticia; estás aliviado, rehabilitado, de poder, por fin, disfrutar de todos sus derechos y privilegios. En el torneo de hoy todo quedó revelado.

Se puso pálido, dudó y, apoyándose en la ventana, exclamó:

- ¿Justicia? Pero... es demasiado tarde... ¡es demasiado tarde!

Luego, en tono confidencial:

- ¡Justificado, sí, pero definitivamente condenado, Ângelo! Mira estas esposas, irrevocables, que ahora me acompañan a todas partes!

Se le quebró la voz y, agarrando el hábito con ambas manos, era como si quisiera arrancarlo. Impresionado, sin palabras, no sabía cómo calmar la tormenta. Pecho agitado, rostro contraído, con los ojos llameantes, Edgar era la encarnación de la desesperación. Finalmente, se dejó caer pesadamente en el alféizar de la ventana y enterró su rostro entre sus manos, permaneciendo en silencio por algún tiempo. De repente levantó la cabeza y ya no era la misma fisonomía: la ira había sido sustituida por una expresión de fría crueldad, los ojos tenían un brillo sobrenatural.

- Lo único que me queda es la venganza - dijo tocándome el hombro -; ellos, los enemigos, no tendrán tiempo de olvidar. Pobrecitos, quisiera castigarlos como se merecen; ahora; sin embargo, justificado, sabré destruirlos.

En ese momento, el prior apareció en la puerta y su mirada penetrante se fijó en Benedicto, quien inmediatamente guardó silencio y bajó la cabeza.

- Hijo mío, aquí estoy para felicitarte y recordarte que el Señor también dijo que solo a Él le correspondía la venganza.
No olvides el precepto y no caigas en las pasiones del mundo.

Abrió los brazos y Benedicto se arrojó en ellos precipitadamente. Ese monje estaba mintiendo; su ternura me pareció dudosa. La mirada que intercambiaron era entre aliados que se entendían. ¿Qué significaría todo eso? - Consideré.

- Como el abad nosotros nos sentimos honrados con tu presencia.

Intenté despedirme y regresé pensativo al castillo, convencido que el prior no era más que un astuto compinche, cuya fama era, de hecho, bien conocida en toda la región. Está bien, él siguió a cualquier parte de sus propias intrigas, utilizando en esta tarea instrumentos jóvenes y dóciles. Ahora Edgar era astuto e inteligente; pero; sin embargo, infeliz y quizás ingenuo al enfrentarse a un hombre astuto y hábil como el padre Antônio.

Era un caso para pensar y prevenir. Cuando llegué al castillo, era de noche. Inmediatamente buscando mi habitación, respiré relajado y tranquilo, intentando borrar de mi memoria las bóvedas lúgubres del convento. Al día siguiente miré a Nelda; hablamos de los acontecimientos del día anterior y supe que María había pedido al duque que le permitiera regresar al castillo de Falkeinstein, con el cadáver de su padre, para que allí lo enterrase con todos los honores. También me dijo, con cierto orgullo infantil, que el duque la había felicitado por su belleza, llenándola ostentosamente de bondad. Esta actitud hacia la dueña de mi corazón me impresionó mucho, lo confieso. Es cierto que el duque estaba casado y algo anciano; pero, no por ello, exento de la fama de mujeriego aventurero. Una vaga inquietud se apoderó de mí y nunca lamenté tanto la oscuridad de mi nombre y las incertidumbres del futuro. La idea de penetrar en el misterio de mi lugar de nacimiento nunca me abandonó. Sabía que los dos guardianes del castillo de Rabenest no eran mis padres: ¿quién entonces me habría confiado a ellos? También recordé la impresión que causé a los dos caballeros la noche en que el Sr. Teobaldo. Este, al menos, debería saber la verdad. Las cosas llegaron a un punto en el que ya no podía soportarlo más y decidí irme a Rabenest y descubrir el misterio a cualquier precio. Pretexté el cumplimiento de un voto religioso y Nelda, que era la única persona a quien le informé de mi destino, me colmó de besos y añoranzas por su padre. Viaje rápido y agotadoramente, hasta que por la noche me detuve frente a la antigua torre de mi infancia. Ante mi apelación, la voz de mi padre adoptivo no se demoró.

- ¿Quién está ahí?

- Soy yo - respondí riendo -, ¿y no llegaré a tiempo?

Fue rápido, el buen anciano, y exclamó radiante:

-¡Oh! Plaga de niño, ¿por qué no lo dijiste?

Nos abrazamos y fuimos a la habitación de mi madre Brígida, que me recibió con lágrimas de alegría. Las primeras emociones se calmaron, tras entregar los regalos, míos y de Nelda, fui a buscar al señor Teobaldo. Mi impaciencia era tal que no podía esperar a que llegara el día siguiente. El viejo caballero me recibió con la paternal bondad que siempre me había mostrado; me felicitó por lo bien que me veía y entró pidiendo noticias de todo y de todos. Luego le conté, sucintamente, los terribles acontecimientos de los últimos meses, añadiendo que mi viaje a Rabenest tenía como objetivo aclarar mi origen y conocer los nombres de mis padres.

Al oír esto, el Sr. Teobaldo palideció y se tapó los ojos. Al verlo así, tan conmovido, tomé su mano y le dije:

- Por amor de Dios, dime la verdad...

Como un espectador ansioso ante un telón corrido y espeso, mi corazón latía precipitadamente; ¡se me quebró la voz! ¿Qué cuadro, qué sorpresas me depararía el telón levantado? Y luego, cada vez más efusivamente, estrechaba la mano del caballero mudo y profundamente concentrado. Después de minutos que me parecieron eternas, se descubrió el rostro pálido y habló con tristeza:

- Sí, hijo, conozco tus orígenes; pero, no me preguntes nada, porque no obtendrás nada reconfortante y beneficioso.

Mi curiosidad; sin embargo, no me permitió cualquier consideración, por sensata que sea.

- Cuéntamelo, cuéntamelo todo - insistí - porque prefiero la más cruda verdad a esta duda que me devora, a estas conjeturas que me asaltan a cada momento. Considero que, nacido, no querían perderme de vista, porque aquí tengo la marca de un escudo en el brazo. Es evidente, por tanto, que alguien por mí estaba interesado, para no quedar irrevocablemente confundido entre la gente común.

Teobaldo se levantó, se alejó de lado a lado, hasta que se detuvo frente a la estufa, se cruzó de brazos y se tomó un momento para contemplar el fuego.

Pareció indeciso y suspiró profundamente. Lo estaba observando angustiado, cuando se me ocurrió una idea sin sentido, de un cerebro con problemas; ¿quién lo hubiera pensado si no fuera por él, Teobaldo, el padre que intentaba identificar? Sí...

Porque si le conmovió hablar de mis orígenes, ¿por qué siempre me trató con cariño paternal? Casi mecánicamente fijé mis ojos en la imponente figura del caballero, cuyo noble rostro, enmarcado por su barba gris, bañado por la luz de la cocina. Comparé mentalmente nuestros rasgos faciales y concluí que había afinidades morfológicas entre nosotros. En ese momento lo interrumpí y vino a sentarse a mi lado.

- Si así lo quieres, escucha - empezó diciendo - pero no me interrumpas ni anticipes conclusiones, porque, al final de mi narración, lo sabrás todo.

Un poco concentrado, continuó:

- El nombre con el que me conoces es apócrifo. Mi verdadero nombre es Bruno, conde de Rabenau, legítimo titular del título y de los dominios que le corresponden. Para todo el mundo; sin embargo, estoy definitivamente muerto y un rico mausoleo marca el lugar de mi descanso. Mi sobrino Lotário heredó mi fortuna y lo valoro sinceramente, como digno representante de mi linaje.

Hubo un tiempo en que ostentaba con orgullo el nombre ilustre de mis antepasados, amando celosamente los privilegios que este nombre que me habían concedido, y cuando, más tarde, vi a uno de mis hermanos - un año menor que yo, y; sin embargo, ya casado, mi cuñada Rosa -, incrementé mi riqueza, porque Rosa era pobre y vivía a costa de su hermana.

Me enamoré locamente por esta adorable criatura que, por desgracia, era muy física. Nuestro matrimonio tuvo lugar con toda la pompa y bajo los mejores auspicios, pero la verdad es que la fortuna fue efímera y fugaz, y pronto me convencí que Rosa no me amaba y buscaba todas las excusas para alejarse de mí. Sobre todo, continuamente en peregrinaciones a un convento de las Ursulinas, que tenía como prior a una de sus amigas. Esas frecuentes evasiones terminaron despertando mis sospechas. La abadesa, la Madre Bárbara, era una muchacha de entre veintidós y veintitrés años, elegida, se decía, gracias a la protección ducal. Esta criatura me dio un asco increíble, pero no tenía idea ni razón para impedir las relaciones de Rosa con ella, porque su fama de virtuosa merecía el consenso general.

Por años, me sentía cada vez más enamorado de mi esposa y estábamos esperando el nacimiento de Nelda, cuando circunstancias imprevistas y grandes negocios me obligaron a ausentarme durante algunas semanas.

En este punto, el conde hizo una pausa, y yo, que acababa de escuchar el nombre de Nelda, después de seguir en silencio la narración, sentí que el pulso me latía con más fuerza.

- Tenía prisa por volver - prosiguió - y de hecho lo hice diez días antes de lo previsto. Con el fin de causar una grata sorpresa, me distancié de la escolta y, seguido solo por el viejo y fiel campesino Juan, entré en la casa, por una de las bocas de la galería que se disimulaba en el jardín, detrás de una enorme piedra cubierta de musgo.

Hice los primeros pasos en el jardín, me detuve en shock: escuché voces y no tardé en reconocer a la condesa, que entretenida con alguien amando la conversación. Escabulléndome entre arbustos y matas, me acerqué a un banco y vi, ni siquiera imaginando, ¡al propio duque! El duque que, después de un año de ausencia, había regresado y que mi esposa lo había acogido allí! En ese preciso momento, por lo que decían, estaba seguro que esa intimidad venía de hacía unos años, porque hablaban de un hijo, fruto de su amor... Esa revelación me hizo perder la cabeza.

Aparté el puñal y me lancé contra el duque, pero antes que pudiera golpearlo, silbó y se puso en guardia. Hombres de su escolta, apostados allí, me atacaron por detrás con dagas y, gravemente herido, caí inconsciente. Cuando desperté, estaba en la cabaña de un carbonero y mi fiel Juan estaba al lado de mi cama. Por él, supe lo que había sucedido durante mi desmayo. Él también había oído el infame coloquio; pero, durante la pelea, comprendiendo que contra el duque y, sobre todo, contra el número de sus guardias no podía intentar nada, se quedó distante. Al caer, la condesa se sintió mal y el duque se la llevó consigo, acompañado de toda la guardia.

Después, el fiel Juan me llevó bajo tierra, curó mis heridas lo mejor que pudo y, temiendo que me masacraran o envenenaran, si permanecía en el castillo, fue a buscar a su hermano el carbonero y al amparo de la noche me llevaron al bosque. Tan pronto como pude regresé al castillo, donde me esperaban nuevas desgracias.

Rosa había huido, días antes, abandonando a su hijo recién nacido, al mismo tiempo que un sirviente me avisaba que venía el duque al castillo y arreglé con él mi muerte. Como la desaparición de la condesa había permanecido en secreto entre los sirvientes difundí la noticia que había muerto al dar a luz y - ¡oh! ironía de la suerte - improvisé una tumba para ella con lápida y epitafio mentiroso, tal como me pasaría a mí, años después. Al principio, el niño rechazado me inspiraba gran repulsión. Sin embargo, poco a poco comencé a conectar con él. No podría, verdad, considerarlo mi hijo, pero ¿quién podría saberlo? Nunca más volví a saber de Rosa. El duque también parecía haberse olvidado de mí.

No era el mismo, se llevó bien conmigo. Sí. Pensé en él, quería volver a verlo, vengarme. Solo tenía que esperar la oportunidad, ya que atacar al soberano era una empresa difícil y peligrosa. Sin embargo, se presentó esta ocasión tan esperada, cuatro años después, cuando cruzando mis tierras, seguido de unos cuantos hombres, lo ataqué y lo herí gravemente.

Sin embargo, no tuve mejores oportunidades porque fui arrestado y encarcelado. Las cosas podrían terminar mal si mi sobrino Lotário no habría preparado mi fuga y me hizo saber, a petición mía, que había sucumbido a una caída, cuando huyó. Alguien, desconocido, fue enterrado en mi lugar. Muerto para el mundo, eso no me servía de nada, porque todo en el mundo me parecía odioso. Mi sobrino me acompañó hasta la antigua casa solariega de Rabenest y, de paso, recogí a Nelda, a quien amo como a una hija y quizás realmente lo sea. Lotario entró en posesión pacífica de mis bienes y el duque no se le creó dificultades porque no quería saber más de nuestro caso. El resto ya lo sabes; es decir, sabes que eres hijo del duque y mi esposa. La madre de Lotário me confesó que, para ocultar tu existencia a los ojos del mundo, te habían entregado a los viejos guardianes de Rabenest.

Apenas había escuchado las últimas palabras de la narración sentí que me estaba volviendo loco. ¡Pues Nelda era mi hermana! Pero eso significó la muerte de mi amor, de mi vida. Inclinado por el peso de mis emociones, me arrojé a los pies del hombre cuya fortuna se había hecho añicos con mi nacimiento, gritando desesperadamente:

- ¡Oh! ¡Maldición! Nelda es mi hermana y la quiero con locura, ¡con locura!

Con un gesto cariñoso, Bruno me abrazó, como no lo haría el padre más afectuoso, en idénticas circunstancias. Sí, porque ese a persona a la que acariciaba era, simple y llanamente, el hijo de su rival. Nada; sin embargo, podría consolarme en ese trance, porque todavía lloraba las lágrimas de la infancia con mi primera esperanza destruida.

Las exhortaciones de Teobaldo terminaron calmándome. Inmediatamente decidí huir de Nelda, sin decirle la verdad. Sin embargo, me sentí muy mal. El shock había sido demasiado violento; se declaró una encefalitis. El señor Teobaldo se dedicó al cuidado paterno y poco a poco me recuperé. Solo entonces supe que durante mi enfermedad había estado allí un personaje misterioso, buscando información detallada sobre mi persona y domicilio, desde que dejé Rabenest. El viejo nada escondió y el individuo desapareció inesperadamente. La noticia de ese tardío interés por mí, poco me molestaba, ya que la relación entre mis orígenes me hacía odiarme. Una noche, hablando en la esquina de la estufa, el Sr. Teobaldo me dijo:

- Recibí una carta de Nelda exigiendo noticias tuyas y pidiéndome consentimiento para casarse contigo; su único deseo - añadió - es que los tres estemos juntos en este retiro, segura que tus pensamientos son más bien los de ella.

Más sabia que un guerrero. Lo que más la anima a abandonar el castillo de Rouven, digamos, es la actitud del duque, que aparentemente la persigue, haciéndose odioso. Necesitamos sacarla de esta persecución. Tan pronto como te sientas fuerte, la pondrás bajo la protección de Lotário quien, estoy seguro, la acogerá con alegría. Y, respecto a tu futuro, esto es lo que propongo: busca una audiencia con el duque. Te daré un anillo que tu madre olvidó y que él lo identificará, porque corresponde a la marca que tienes en tu brazo. Ni una palabra sobre mí...

Recuerda que estoy muerto para todos los efectos.

Abrió un cofre, sacó un anillo y unos pergaminos. Aquí tienes lo que Rosa dejó; pero escucha bien esto:

- Primero que nada, busca el convento de las Ursulinas y averigua el nombre de la actual abadesa. Si la Madre Bárbara sigue viva, enséñale el anillo y los pergaminos, ya que debe saber mucho sobre tu nacimiento y podrá brindarte información valiosa.

Días después me despedí del caballero y me dirigí hacia el indicado el convento, que estaba, por cierto, muy cerca de la abadía donde se había refugiado Benedicto. Era de noche cuando llegué al final del viaje. Agotado, al ver aparecer un albergue al costado del camino, me detuve allí sin prestar atención a lo que parecía sospechoso. Al entrar a la habitación, inmediatamente reconocí que estaba en la posada y pedí una habitación para quedarme por la noche. Tiré un escudo dorado sobre la mesa y ordené que sirvieran la cena. Sentado en un rincón e inclinado sobre la mesa, me sumergí en mis pensamientos tristes: cuando un ¡ah! un ruido ahogado me hizo estremecer y levantar la cabeza. Era el anfitrión que se acercó con una jarra y un vaso, al mismo tiempo que miraba insistentemente el anillo ducal.

Aparté mi mano, bruscamente, ella no pudo contenerse:

- Disculpe caballero: pensé que ya había visto ese anillo, hace un tiempo, muchos años, en el dedo de un personaje poderoso.

- Es posible, respondí con calma, ya que soy un mensajero de un caballero de alto linaje.

Después de una rápida conversación, ella se fue y no la volví a ver esa noche. Al día siguiente fui al convento y el anillo alivió todas las dificultades, abrió todas las puertas, para que, pronto me enfrentara a la abadesa. La Madre Bárbara era una mujer de cuarenta y cinco años, alta, bien conservada, pero nunca podría considerarse hermosa. Fisonomía vulgar, mostró gran bondad; pero sus ojitos marrones azulados eran impenetrables. Muy cortésmente me preguntó el motivo de mi visita y le respondí sin preámbulos, que conocía su antigua relación con la condesa Rosa de Rabenau. Después empezó a cuestionarme en los detalles más insignificantes y yo, ingenuo, sin apenas sospechar que lo hacía de mala fe, en todo respondió con la mayor franqueza. Finalmente, notando mi gran emoción, dijo:

- Sé franco conmigo, muchacho: ¿qué puede el dolor secreto aplastar un corazón tan joven? No creo que la mera sospecha de su afiliación pueda molestarlo hasta tal punto.

Engañado por esa compasión traicionera, terminé confesándole mi pasión por Nelda, y que quería saber del propio duque si ella era realmente mi hermana.

- Espero su ayuda, mi santa Madre, estoy seguro que tú conoces, más que nadie, los hilos de esta desafortunada historia.

- ¡Ay de mí, hijo mío! Por mí misma no sé nada; es cierto que he visto muchas veces a la condesa de Rabenau, mi amiga de la infancia; entiende; sin embargo, a una mujer en mi condición, una mujer que ha renunciado al mundo, la condesa nunca le confiaría secretos de amor. Pero Nelda es su hija, después de todo... ¡Ah! pobre huérfana, cuanto me gustaría verla y ¡meterla en su corazón! En cuanto a lo que te concierne, prometo recopilar toda la información posible, pero déjame primero estos pergaminos, que te devolveré más tarde.

Salí angustiado. La abadesa no me había desagradado enteramente, tan buena, tan dulce me pareció; pero ¿quién podría garantizar que no había ningún motivo secreto para ocultar la verdad? Decidí buscar al conde Rabenau para pedirle que acogiera a Nelda; pero al llegar al castillo pasé por la desilusión de saber que Lotário estaba ausente y solo podía hablar con su madre, o con su hijo, pues el conde era viudo. Aun así, me anuncié y me condujeron a una habitación donde una respetable matrona, ricamente vestida, estaba trabajado sobre una alfombra. A su lado, sentada, una niña galante de unos diez años, más o menos, jugando con un viejo perro de caza que, desde el momento en que entré, no se cansaba de mirarme con curiosidad con sus grandes ojos negros.

La vieja condesa se mostró muy cortés y me dijo que su nieto estaba de caza, en compañía de un amigo, el barón Wilibald de Launay.

- Esta pequeña es tu hermana, Rosalinda de Launay, alumna de Lotário - añadió, designando a la chica interesante. Continué explicando el final de la visita, la acogida de Nelda en esa casa. obviamente la vieja noble no sabía nada del pasado, como dijo con admiración y con tal o cual frialdad:

- Francamente, no entiendo tu pretensión, cuando apenas conozco a esta chica y no hay motivo para que ofendamos a la condesa de Rouven, quitándole una criatura a la que trata como si fuera su propia hija.

- Noble señora - respondí bajando la voz -, esta Nelda merece su protección; es hija de la condesa Rosa de Rabenau, aunque no legitimada por el difunto conde.

La anciana tembló, llamó a una sirvienta y le ordenó que se llevara a la pequeña Rosalinda.

- ¿Quién te dijo tal cosa? - Preguntó, tan pronto como estuvimos solos. Como única respuesta levanté la manga de mi jubón y mostré el escudo impreso en el brazo.

- ¡Ángelo! - Exclamó palideciendo y retrocediendo aterrorizada.

- ¡Sí! ¡Ángelo! - Repetí amargamente -, y ahora sabe por qué exijo su protección para Nelda, mi hermana, ya que el duque pretende conquistarla y necesitamos defenderla.

Con los ojos ya llenos de lágrimas, la anciana matrona me abrazó, me besó en la frente y continuó:

- ¡Pobre hija, qué destino tan triste le tiene reservado su madre! Ten la seguridad; sin embargo, que haré todo lo posible para garantizar su futuro, brindándole protección definida en la sociedad. Cuando todo esté listo, te presentarás ante el duque, quien te estimó mucho cuando eras pequeño. Aquí podrás sentirte como en casa. Lotário es bueno, es generoso; en cuanto a Nelda, sin embargo, nuestro castillo no es un refugio aconsejable, dado que necesitamos aislarla por completo de la convivencia del duque, quien como bien sabes es un gran amigo de Lotário y nos visita constantemente. Pero tengo otro plan: conozco a la abadesa de las Ursulinas, una criatura de costumbres austeras, digna, desde cualquier punto de vista, y en quien podemos confiar a Nelda, hasta que la situación mejore.

La entrevista fue interrumpida en ese momento con la llegada de Kurt y Wilibald, este último un hermoso chico de dieciocho años, muy parecido a su hermana pequeña, el mismo cabello negro, sedoso y rizado; los mismos ojos grandes, vivaces y ardientes. Kurt había crecido bastante, desde que lo vi en el castillo de Rouven. Ahora tenía unos quince años, era un chico guapo, aunque la piel rosada, el pelo largo y rubio y los ojos azules lo hacían parecer algo afeminado. Inmediatamente quedó claro que la abuela lo adoraba, por la ternura con que lo abrazaba y trataba de informarse sobre su salud. Presentado a los dos chicos, pequeños, hablamos porque mis pensamientos vagaban por otra parte. Mientras intercambiaba frases raras con Wilibald, Rosalinda corrió hacia Kurt, quien parecía valorarla mucho.

- ¿Sabes que el padrino de Rosalinda es Edgar? - Dijo la anciana condesa -. Su padre, enfermo en ese momento, envió al joven conde para que lo representara en el evento. ¡Pobre, infeliz Edgar! La última vez que estuvo aquí, parecía muy contento de tener una ahijada tan hermosa.

Darse cuenta que solo tenía nueve años y parecía mayor. Al escuchar pronunciar el nombre de Edgar, Rosalinda se detuvo frente a mí, diciendo:

- Cuando estés con mi padrino dile que lo quiero mucho y lo veré muy pronto, en compañía de Wilibald. Es lo correcto, porque lo quiero y Wilibald no puede olvidarme.

Me reí, prometí no olvidar el mensaje, pero estaba lejos de imaginar que esa misma Rosalinda se convertiría, algún día, para Edgar y para mí en objeto de atención de mayor interés, aumentando nuestros cuidados y grandes preocupaciones por salvarla. Quería retirarme, me obligaron a quedarme; y mientras comíamos, oímos las trompetas que anunciaban el regreso del castellano.

La alegría que se esparció por todos los rostros, señores y sirvientes, me convenció que el conde era sinceramente estimado. Todos se levantaron y cuando Rosalinda, que había corrido al encuentro de su tutor, apenas había llegado a la puerta, ésta se abrió y el Sr. Rabenau se detuvo en el umbral.

Para gran pesar de la niña, Kurt se adelantó y fue el primero en abrazarlo. Éste, muy halagado por la disputa, tomó a la pequeña en brazos y la besó en ambas mejillas, sonriendo.

Luego saludó a su madre, me estrechó la mano y se sentó a la mesa. La conversación revivió inmediatamente, cuando el castellano, aunque cansado del viaje, inmediatamente le dio el color vivo y original que le era propio. Su brío y el buen humor parecía inagotable, mientras los hermosos ojos negros irradiaban la alegría del encuentro entre los suyos.

Cuando miraba a su hija, decía que era una hermosa doncella, de quien estaba enamorado. Y la fuerza es reconocer que el mismo éxtasis se reflejaba en el rostro de Kurt. Después de la comida, el conde me llevó a su estudio, donde hablamos a gusto. Cuando terminé mi presentación, me estrechó la mano de manera amistosa y dijo:

- Como pariente más cercano y tu mejor amigo, cuenta con mis servicios en los que te pueden ser útiles.

Le di las gracias, me emocioné y él prometió admitir a Nelda en las "Ursulinas." Efectivamente, al día siguiente, la vieja condesa fue a buscarla y cuando le explicaron el motivo de su internación, Nelda accedió de buena gana y salió satisfecha, en compañía de su vieja castellana. Además supimos que la abadesa la había recibido con los brazos abiertos. No hace falta decir que, en total de estos pasos quedé ignorado y escondido, ya que no tuve el valor de ver, como hermana, a la criatura que deseaba como novia. Una vez resuelta la situación me despedí de mis nuevos familiares con la intención de volver a ver a Edgar.

En el momento de salir, Rabenau me dijo con una mirada muy amable:

- Ten cuidado, mi Ângelo; no te fíes del Convento y su gente. No caigas en ninguna trampa, seguro que nada hay más odioso que esos monjes, con su prior al frente… Prudencia, por tanto, mucha prudencia al hablar y proceder.

Cuando llegué a la abadía, el hermano portero dijo que ya era demasiado tarde para hablar con fray Benedicto ese día, y me condujo a una de las celdas reservadas a los viajeros.

Solo, sin dormir, me faltaba aire en aquel ambiente tan estrecho. Busqué el pasillo y una puerta, por suerte no estaba cerrada, me dio acceso al jardín. ¡Magnífica noche de Luna llena, con reverberaciones plateadas en las plantas, en las flores, en los callejones arenosos! Después de unos pocos pasos, me di cuenta que estaba en el cementerio, al lado de la iglesia del Convento. Cruces, monumentos de bronce y mármol, por todas partes proyectan sombras extrañas y fantásticas a lo lejos. Caminando tranquilamente, doblando por un callejón, me encontré magnífico panorama, que me hizo detenerme fascinado: la roca sobre la que se alzaba el convento estaba tallada a plomo, ésto de lado, y se enfrentaba a otra roca similar, sobre la que se alzaba el monasterio de las "Ursulinas", solo separado por una gruta profunda. Los altos y gruesos muros que rodeaban los dos edificios parecían confirmar que no tenían nada en común.

Muy cansado, una extraña melancolía me asaltó en aquel lugar de descanso. Me senté en la terraza de una vieja tumba y dejé que las lágrimas fluyeran. Absorto en mis pensamientos, no noté que nadie se acercaba y, de repente, sentí que alguien me tocaba el hombro. Aterrorizado, grité; pero al abrir los ojos vi a un monje alto, con una larga barba negra y rostro demacrado, mirándome con compasión y serenidad. Rígido, impasible, se diría una estatua, si los ojos, simplemente, no brillaran de forma extraña en sus órbitas profundas.

- No te alarmes: no pertenezco al número de los que están allí. Ellos descansan y no tienen nada más que ver con nosotros. Soy el padre Bernardo, miembro de esta hermandad y lo que pasa es que veo muchas cosas que otros no ven.

Se perfiló, señalando los monumentos funerarios, y continuó:

- Veo a todos los que están ahí debajo de esos pizarrones y su impasibilidad me repugna. Sí. Una gran sociedad está aquí: gente que vivió, amó, odió; que participaron en cacerías, torneos, guerras...

Ahora, todos estos cuerpos, antes llenos de vida, yacen allí ricamente amortajados, inertes y ajenos a todo. ¡Aun quienes se amaron y fueron sepultados juntos, guardan silencio! ¡Oh! - resopló con fuerza -, esto es lo que me vuelve loco: ¡este silencio, esta sociedad clandestina, estos rostros inmóviles! No importa lo hermosa que sea la Luna que los baña, ni lo violento que sea cualquier tifón que los azote, permanecen impasibles, ¡siempre rígidos e impasibles! A veces el espíritu que él ánima viene a visitarlos, pero eso tampoco los conmueve.

Se quedó en silencio, encerrado en sí mismo. Escuché estas cosas confusamente, sin comprender su significado, aunque esté teñido de miedo supersticioso.

De repente, el monje levantó la cabeza y me miró de una manera particular.

- ¡Oh! mi niño – dijo en tono profético –, tú también usarás la túnica, no voluntariamente, por supuesto, sino impulsado por la desesperación. ¡Ten cuidado ! – Continuó levantando la mano –, porque a través de tu cerebro, como a través de estas tumbas, veo tus pensamientos y todo lo que habrá negro: réplica de crímenes y llamas de venganza; uno como una pirámide de fuego que se eleva hacia las nubes.

Mezclarás tu sangre con la de tu hermana y acabarás enterrado aquí mismo, impasible y mudo, junto al enemigo del enemigo.

Aturdido, asombrado, escuché la sombría predicción, y cuando recobré el sentido y quise interrogar al monje; se había evaporado.

Luego, atrapado por los pensamientos más deprimentes, regresé a la celda. Pero solo por la mañana logré conciliar el sueño.

Desperté más tranquilo, busqué a Edgar y lo encontré tranquilo y decidido. Me dijo que lo habían nombrado secretario, con muchas responsabilidades y que el prior se había revelado como un verdadero amigo.

- Estoy satisfecho y resignado porque espero vengarme - dijo con los ojos extrañamente iluminados. Luego intentó conocer mi caso y me dio excelentes consejos, incluido el de no presentarme al duque. ¡Ay, ay! no estaba en condiciones de servirle.

Quince días después de mi regreso al castillo de Rouven recibí una carta de Nelda, en la que me informaba que había decidido profesar. Gracias, dijo, a las razones que le impusieron esta decisión, pero a pesar de su amor por mí, no quiso confesárselos y solo le pidió que no la olvidara, aunque renunciando a toda esperanza temporal. Grande fue mi sorpresa. ¿Quién diría? ¿Nelda tan joven, tan hermosa, enterrada en un claustro? ¿Qué factores habrían permitido una resolución similar? ¿Habría sabido el origen de mi nacimiento, que fue mi hermana? Ésto solo la abadesa podía revelar... Sí, esa mujer de semblante plácido y ojos tan dulces ahora me resultaba más que sospechosa. En cualquier caso, era necesario advertir a Nelda todo lo que podía admitir, a menos que ella lo profesara. Sin duda, el egoísmo y los celos susurraron en mis oídos: ¡ni los tuyos ni los de nadie más! Pero no; esta hipótesis no podía tener éxito. Fui a las "Ursulinas" y allí me bloquearon la entrada, alegando que Nelda se había negado a recibirme y la Madre Abadesa, enferma, permaneció en reposo. ¿Qué hacer? Considerándome envuelto en una red de intrigas, decidí presentarme al duque, pero me enteré que había emprendido una cacería larga y lejana.

Esperar, ¿cuánto? ¿Cada día me parecía un siglo? Otro intento de franquiciar el convento, otro fracaso. Al regresar de esta nueva intentona, mientras cargaba, el caballo que montaba se asustó, se resistió y me caí, dislocándome un pie. Así que me retiré al castillo y allí permanecí postrado en cama durante tres semanas. En cuanto me recuperé, fui a buscar al duque y, como no me podían anunciar, si no por el nombre de Ângelo, me negaron la entrada. Luego usé el anillo; un paje lo llevo y a los pocos minutos me encontré solo con el árbitro de mi destino. Entre miedo y curiosidad, me quedé mirando al hombre que consideré mi padre y de quien dependía mi salvación o mi pérdida. El duque se quedó allí, con el ceño fruncido examinando el anillo. Cuando entré, se giró y me miró con recelo.

- ¿Quién te dio este anillo? Mi corazón latía violento y yo respondí, tímido y respetuoso:

- Soy hijo ilegítimo de la condesa Rosa, esposa del difunto conde Bruno de Rabenau, y...

- ¡Mentira! - Exclamó lívido, negándose -. ¡La condesa de Rabenau nunca tuvo hijos espurios!

Me sentí golpeado mortalmente en mi orgullo y yo le respondí amargamente:

- ¡Alteza! No estoy aquí para que me reconozcas, porque sé que mi vida o mi muerte nunca le ha interesado; pero se trata de Nelda, segunda hija de la condesa y que seguramente no ignoras. Bueno: esta chica está en el Convento de las Ursulinas y quiere profesar, por razones que no sé. Es por ella que vengo a interceder, para que la liberes de tan ingrato futuro.

Su alteza se puso violeta y cayó en el sillón, exclamando con voz estentórea:

- ¡Nelda, hija de la condesa! ¿Será posible?

- Es la pura verdad, que la prior podrá confirmar, pues fue ella quien me lo reveló, diciéndome que posee documentos valiosos al respecto.

Un rugido de ira escapó de su garganta.

- ¡Oh! ¿Es eso? ¡La desgraciada intrigante! ¡Ella sabía que yo soy su padre! ¿Qué he hecho, oh Dios?

- Pero esta no fue mi intención...

Enterró su frente entre sus manos y comprendí, de un vistazo, que algo horrible había sucedido entre Nelda y el duque.

- ¿Qué hiciste - Exclamé fuera de mí -. Lo siento, sé que la sedujiste, ¿no?

- Ya sabes... - murmuró, como confirmando. En un instante me faltó el aliento, mis piernas se debilitaron, pero triunfó la ira:

- Bandido, infame, te arrancaré la máscara ante el mundo, para que todos sepan quién es esta abadesa y su duque.

Desesperado, sacó un silbato dorado de su cinturón y sopló con fuerza. La sala regurgitó con escuderos y pajes.

- ¡Arresten a este loco que se atreve a insultarme!

Y antes que pudiera defenderme, manos de hierro me sometieron, me encerraron en una habitación, o mejor dicho, en una habitación provista de muebles ricos pero viejos, e iluminada por una sola ventana con barrotes. Agotado de alma y magullado de cuerpo, me dejé caer en un sillón. ¿Quién se beneficiaría después de todo, con ese intento? ¿Qué destino me depararía ahora?

Llegó la tarde, cayó la noche, ahí me quedé. Me sumí en la oscuridad, hasta que una llave chirrió en la cerradura y apareció alguien. Se acercó a la mesa, encendió la lámpara y sacó de debajo de su manto una vasija de vino, pan y un trozo de carne; luego, sin decir palabra, se retiró. El hambre y la sed insistieron, no rechacé la comida y entonces comencé a divagar en el viejo sillón. Extraño letargo invadió todos mis miembros y me hundí en un sueño pétreo, solo para despertar trágicamente. Sí, porque cuando abrí los ojos, después de un período de tiempo que no podría haber necesitado, ¡estaba en una celda y vestido como un monje!

Di un salto salvajemente, me lancé contra la puerta. ¡Encerrado! Me recosté contra la pared, aniquilado, y fue entonces cuando se me ocurrió la predicción del "padre" Bernardino, en el episodio del cementerio. "También usarás la túnica", había dicho, ¡y la predicción allí fue en la expresión de la cruda realidad! Y no por mi voluntad, sino por desesperación. Sí, la desesperación, la imprudencia, me volvieron loco. Entendí que estaba perdido. Tratando de calmarme, me di cuenta que el hábito que tenía era de novicio y llegué a la conclusión que no habría pronunciado ningún voto en su estado inconsciente. Así que todavía había tiempo de resistir, tratar de escapar, si es posible, escondiéndome con el Sr. Teobaldo, para dedicarme solo al trabajo y estudiar. Aquella celda estrecha y lúgubre me asfixiaba; era preferible perderlo todo antes que la libertad. Pero después de todo, ¿qué había hecho para merecer semejante desgracia? ¿Dónde estaba la justicia divina? ¿Dónde está este Dios protector de los inocentes?

¡Un terrible huracán se desató en mi alma y rugió sordamente contra Aquel quien tenía el derecho a regular los destinos humanos! ¡Y fue por él, en su servicio, que tuve que sacrificar mi vida! ¿Todas mentiras entonces? A la mayoría de hombres allí reunidos, segregados de la sociedad, apartados del número de los vivos, condenados a aniquilar sentimientos humanos, eran víctimas - lo sabía bien -, de las que el mundo intentaba liberarse hábilmente, ¡después de haberles arrancado el corazón con mil torturas morales! Y todas estas víctimas deberían reunirse allí para servir a Dios y cantar alabanzas; dominar todas las pasiones, del cuerpo y del alma, en nombre de este verdugo invisible, ¡cuya exquisita crueldad llegó incluso a quitarnos el sentido de comprensión! Así que conjeturando, todo un infierno para mí burbujeó en el alma; yo era solo uno de esos ángeles rebelados contra el Creador.

El sonido de la puerta abriéndose corta los pensamientos. De pie en el marco de la puerta, vi la figura esbelta y negra de un monje envuelto en una capa, sosteniendo en su mano una bombilla. ¡Por la cruz de oro que colgaba de su pecho, identifiqué al prior! Colocó la lámpara sobre la mesa y caminó hacia mí, con los brazos cruzados. Con las pupilas en llamas, clavó su mirada en la mía y delineó su extraña sonrisa, habló en tono de superioridad:

- Pobre loco, lo puedo adivinar por la expresión de tu rostro, que he venido a interrumpir una declaración de guerra contra Dios y los hombres: sé entonces, pobre niño doblemente loco, que nada podemos hacer contra los gobernantes del Cielo y de la Tierra. Y ahora hijo, cálmate y escucha lo que te voy a decir, no como una criatura a merced de mi voluntad, sino como un ser consciente y racional. No estás aquí por mi orden, ni por mi voluntad, créelo; pero, comprometidos con tu conversión y aceptación, todos los recursos que emplee, en este sentido, están justificados de antemano. Fuera de estos muros, siempre serás la liebre contra la cual se reunirá la manada, ya que tuviste la imprudencia de identificarte como resultado de un error de juventud, y los potentados de la Tierra quieren ser infalibles. Además, difamaste al Convento de las Ursulinas, desentrañando un crimen atroz... Está claro, por tanto, que el duque y la Abadesa no te darán tregua, hasta que consigan aniquilarte. Aquí, en cambio, como miembro de la comunidad, el hábito te dará una posición definida, tendrás independencia; la estima, el concepto público te abrirá todas las puertas, el confesionario devastará sus conciencias, incluso las más culpables. Sé que eres inteligente, que tienes una sólida formación y, en estas condiciones, podrás superar las tres cuartas partes de los monjes se reúnen aquí. Dependerás solo de mí, de mí, tu abad, que sabe valorar el valor de cada uno, sus dotes intelectuales y linaje social. Suelo castigar a los imbéciles con ayuno y oración; a los inteligentes; sin embargo, me reservo la persuasión y se someten voluntariamente al régimen monástico. Es mi deber designarlos en tareas dignas de sus necesidades espirituales, que les eviten el desaliento y la desesperación. Mis hermanos, las personas inteligentes no son mis esclavos, sino luchadores conscientes, en pie de igualdad conmigo, por los derechos de nuestra comunidad. Y ahora pregunto: ¿quieres someterte libremente a lo ineludible, no para satisfacerme a mí, sino para satisfacerte a ti mismo?

¿Perdonar las torturas que odias infligir?

Me quedé fascinado: me había equivocado con este hombre, que acababa de demostrar un conocimiento tan perfecto del corazón humano. Pero esa voz metálica, esa mirada coruscante, serían buenos conmigo? No; no me equivoqué; la espesa barba negra, los ojos acerados eran muy de él; solo había perdido peso, como podía comprobar por la mano apoyada sobre la mesa, en realidad la auténtica mano de un prelado, blanca, dedos cónicos.

- Me someto - terminé diciendo sin dudarlo -, porque reconozco que tienes toda la razón.

- Muy bien, hijo mío, la biblioteca ya está abierta para ti y allí encontrarás todo lo que la ciencia y la historia tienen para ofrecernos hasta el día de hoy. Allí, tu espíritu encontrará alivio y medicina para olvidar. Además, todavía volveremos a hablar del tema.

Me dio su bendición y se fue. Con los ojos fijos en la puerta, consideré la impresión que acababa de recibir, en comparación con nuestra primera reunión. ¿Quién podría entonces suponer que todavía habría de rendirme a la fascinación por este hombre, solo por el timbre de su voz y su programa de antecedentes de sentido común? Podría ser que apareciera así, otro, frente a los hermanos novicios, pero la verdad es que todo esto que me dijo fue la pura verdad. Sintiéndome aliviado, me tumbé en el estrecho y duro catre y me quedé dormido profundamente. Al día siguiente, colocado entre los novicios, fui con ellos a oír misa en la magnífica iglesia del convento, y allí lo que buscaban mis ojos no era el cumplimiento del ritual, ni la magnificencia del templo, sino a él, hasta que lo vi sentado en una silla alta, con la frente gacha, en actitud de orante. Empecé a compararlo mentalmente con el entrevistado del día anterior y concluir que era el mismo hombre. Tampoco vi a Benedicto, y cuando pregunté por él, me dijeron que estaba en la enfermería, privado de visitas un día más.

Por la tarde fui a la biblioteca y allí encontré tesoros de consuelo. Luego encontré un gran volumen cerrado con un candado y con una hoja superpuesta que decía: para ser leída por el hermano Ângelo. Al lado, la llave. Lo abrí con muchas ganas, ¿y qué no?

Fue mi alegría, reconocer que era una obra muy rara y preciosa de Alquimia y Magia. Uno entero suficiente cuero para absorber y nutrir las facultades espirituales. No hace falta decir que me emborraché con esa lectura, solo interrumpida para cumplir con los deberes de la vida monástica. Aun así, no descuidé los problemas que pude ver cada paso del camino en mi estudio, solo lamentando la falta de un laboratorio que me diera la oportunidad de experimentar y resolver algunos problemas científicos fascinantes. Dada mi conducta ejemplar, el noviciado fue breve y no duró.

El día solemne de los votos se retrasó. Nunca tuve otra oportunidad de hablar a solas con el prior, pero debo confesar que la austera ceremonia que me despojó de todos los derechos sociales, para solo darme el hábito y el nombre de Pater Sanctus, no me causó ninguna sorpresa importante. Tras recibir la bendición del prior y las felicitaciones de la cofradía, me retiré a la celda, en compañía de Benedicto. Allí, cuando estábamos solos, nos abrazamos y ya no pude contener las lágrimas, recordando la libertad perdida. Recapitulé nuestro primer viaje y la dolorosa impresión que me había causado el panorama del monasterio.

- Pobre amigo - dijo estrechándome la mano -, tú también estás aquí, obligado por una suerte despiadada, pero yo no.

Estaremos absolutamente abandonados y juntos mataremos el tiempo.

- ¿Qué opinas de nuestro prior, Benedicto?

- ¡Cállate la boca! Aquí debemos tener mucho cuidado con nuestras opiniones.

Nuestro abad es una esfinge - continuó tranquilamente -, se diría que hay dos almas en un mismo cuerpo: hay ocasiones en que la entonación de la voz, los gestos, las miradas parecen transfigurarlo; astuto, con una astucia verdaderamente brillante, es; sin embargo, amable y delicado, aunque muchas veces por cálculo. Pero cambiemos de tema.

- Entonces, dime:

¿Sigues firme en tus planes de venganza?

- Sí, sigo, mi Ângelo. Pero noto que solo abordas temas peligrosos. Hablaremos de esto más tarde, en nuestro tiempo libre, en el laboratorio.

- ¿Un laboratorio aquí?

- ¿Y qué creías? Pero mírate, repito: ten cuidado. Con el tiempo lo sabrás todo.

Al día siguiente, durante los servicios vespertinos, Benedicto me escondió y escuché:

- Cuando todos se vayan, quédense aquí detrás de cualquier columna.

Una vez hecho el trabajo, me deslicé hacia la sombra de un confesionario y esperé a que el último hermano en retirada cerrara las puertas del templo. Poco a poco, a la luz se fue apagando.

Después de perderme la pequeña lámpara que parpadeaba frente al altar principal, comencé a notar sombras deslizándose entre las columnas. Benedicto no tardó. Tenía en la mano una especie de capucha y dijo:

- Toma, póntela.

Era un amplio poncho de lana, con solo dos aberturas para los ojos. Igualmente avergonzado, me invitó a seguirlo.

Se dirigió al altar mayor, allí recogió algo que no pude ver y se acercó a una de las grandes columnas que apoyó el brazo. De repente, se abrió un gran hueco en el pozo.

- Aférrate a mi hábito y cuenta hasta 27 - dijo, deslizándose por la abertura. El pasaje se cerró sin hacer ruido y bajamos veintisiete escalones, en completa oscuridad. Mi guía se detuvo frente a una pared, llamó y se escuchó un sonido metálico.

- ¿Quién es? - Preguntaron del otro lado.

- "Hermanos vengadores" - respondió Benedicto.

- ¿A dónde vas?

- Al purgatorio.

Se abrió una estrecha puerta falsa y entramos en un pequeño subterráneo redondeado, débilmente iluminado por una lámpara, que apenas dejaba ver un jergón de paja, una mesita y, sobre ella, una jarra de agua y pan.

Evitando mi mirada curiosa, noté que la puerta se había cerrado de tal manera que no dejaba rastro. Nadie lo diría, no había manera de salir de esa cripta.

- Pasa, hermano - dijo un anciano gordo y de larga barba blanca.

Por lo que ya veo, ¿tenemos un novato?

- Es verdad - respondió Benedicto. El anciano nos entregó dos antorchas; y cuando terminé encendiendo la mía, vi que había otra puerta abierta detrás de nosotros. Salimos por ella y después de pasar por escaleras y pasillos, que me parecieron interminables, nos hicieron detenernos frente a otra puerta, donde varios hombres disfrazados nos pidieron la contraseña. Esta puerta conducía a un largo pasillo que conducía a una pequeña habitación completamente vacía. Allá nos detuvimos y entonces una voz, que venía de no sé dónde, resonó por la habitación.

- Sí, incluso por tu cuenta salvación - respondí sin dudarlo.

- Debes, entonces, nombrarlos sin miedo. Dudé un momento, pero luego con firmeza:

- Quiero vengarme del potentado que me negó su paternidad; de la mujer que me parió y me repudió, si aun vive; de la Madre Abadesa de las Ursulinas.

- Perfecto, pero dime: ¿puedes hacerlo sin ayuda?

- No.

- ¿Entonces necesitas aliados?

- Sí, efectivamente.

- ¿Quieres entonces prestar juramento de alianza a los "Hermanos Vengadores"? Te ayudarán, pero debes saber que el pacto es de ayuda mutua.

- Nada más justo.

- El hermano Benedicto – dijo la voz oculta te llevará al "purgatorio."

Benedicto se acercó a una puerta que tenía una calavera tallada y varios signos cabalísticos. Cuando se abrió esa puerta, ¡me quedé asombrado! Era una habitación enorme y muy iluminada; con en el centro un altar cubierto de terciopelo rojo y sobre él un crucifijo dorado rematando un corazón acribillado de flechas y un gran libro abierto. Había cerca de cien personas reunidas allí, todas vestidas como nosotros.

Detrás del altar, sentado en un taburete, un personaje igualmente enmascarado, en quien creí reconocer al anterior.

- Escucha las condiciones del juramento - comenzó diciendo el supuesto líder -. Jurarás, no por Dios, sino por tu honor; claro, pero ya sabes que el perjurio te costará la vida en cualquier momento, a manos de cualquiera de estos hermanos conjurados que escuchan tu juramento. Si entre ellos encuentras un enemigo mortal, puedes provocarlo a duelo a muerte, ante nosotros; pero nunca podrás, bajo ninguna circunstancia, utilizar los recursos que la comunidad te proporcionará en su contra. Ahora arrodíllate y escucha la fórmula.

Me arrodillé en silencio y escuché:

- "Todo aquel que jura aquí sobre este corazón traspasado debe, mirándolo, considerar su propio corazón atravesado por mil flechas morales. Recordando el propio sufrimiento que le llevó a vestir el hábito, cada uno comprenderá el sufrimiento de sus hermanos."

Ahora extiende el brazo y repite conmigo:

- "Juro, por mi corazón torturado y por mis angustias pasadas, que pretendo vengarme e infligir los mismos dolores que me causaron mis verdugos, a saber: el duque, mi madre y la madre abadesa de las Ursulinas. Interés igualmente que, desde este momento, pertenezco en cuerpo y alma a la "Venganza"; pero nada puedo hacer por mí solo, invoco la ayuda de los hermanos aquí reunidos, para que me proporcionen moral y materialmente, hasta poder alcanzar mis propósitos. En compensación, hipoteco a todos en general, y a cada uno en particular, mi persona física y moral, considerándome a partir de ahora desconectado del juramento de castidad impuesto a sacerdotes y monjes, permitiéndome, lograr mis objetivos, renovar las relaciones con el mundo femenino. Desde medianoche hasta el primer canto del gallo me quedo autorizado a usar vestimenta secular fuera de la Abadía. En todo lo demás, estoy de acuerdo y prometo dedicar mi tiempo a intereses de la comunidad, estimando al amo soberano en la persona del jefe, para obedecer sus órdenes, aunque sea con riesgo de mi propia vida."

Este juramento fue pronunciado en voz alta, breve y lentamente.

- Muy bien - dijo el antes - ahora recibe el sello de nuestra hermandad...

Sentí un dolor muy agudo en el hombro y no pude contener un grito. Es que dos monjes me habían golpeado sutilmente en la espalda con un hierro al rojo vivo. Pero yo no podría parecer cobarde. Me mordí el labio, dejé que ellos se encargaran de la quemadura. Después todos me estrecharon la mano, repitiendo: servicio por servicio, cuentan conmigo.

Finalmente, el prior, me dio una pequeña llave atada a un cordel de oro, diciendo:

- La caja fuerte del convento está abierta para ti y puedes sacar de ella lo que necesites; y que pasa con el bajo tierra, también están a disposición de los hermanos para su trabajo y entretenimiento. Ahora vamos a cenar.

Benedicto me tomó del brazo y entramos en un gran subterráneo contiguo como el primero. En el centro, la mesa amueblada con ricos platos de oro y servido por ocho monjes.

- ¿Cómo? - Dije asombrado - ¿Porque aquí hay sirvientes?

- Sí – dijo Benedicto riendo -, pero no hay que temer ninguna traición, ya que son hijos imbéciles del pueblo llano, condenados a prisión por delitos comunes. En lugar de pudrirse allí, vegetan aquí sin esperanza de volver a ver la luz del sol, pero aun así, satisfechos porque comen, beben, duermen...

- Me senté al lado de mi amigo y noté que todos estaban disfrutando, pero ninguno se levantó las capuchas. La hermandad observaba el ayuno con el mismo respeto que tenía por la castidad, como profusión de buena caza, buenos vinos y excelentes mermeladas que allí se encontraban. Una vez terminada la comida, se procedió a la dispersión rápidamente. El prior se acercó a Edgar y le dijo:

- Muéstrale el subsuelo al nuevo fraile, para que tenga una idea perfecta de su nueva investidura.

Agitó su mano amiga y desapareció. El amigo tomó una antorcha y dijo satisfecho:

- Puedes ver que no somos uno de los amos menos ricos del mundo, pero sí uno de los más poderosos.

Atravesamos una galería abovedada, que daba a un lado numerosas puertas bajas. Abriendo una de ellas, Edgar me llamó la atención sobre una horrible mazmorra, apenas iluminada por una luz blanca, filtrada por una diminuta tronera.

Nos llegaron rumores extraños, como venidos del extranjero.

- ¿Qué es esto? - Pregunté.

- Entra y verás.

Yo lo acompañé. Abrió una puerta, subió unos escalones; luego otra puerta más resistente y ¡me retiré! La muestra frente a ella se extendía una enorme masa líquida, cuya superficie azulada lloraba bajo los rayos de la luz de la Luna.

Lo entendí, estábamos a la orilla del lago que bañaba un lado del acantilado. Edgar se había cruzado de brazos, absorto en sus pensamientos.

- Aquí - dijo, sonriendo, significativo: algún día arrastraré el cadáver de Ulrich para arrojarlo a estas aguas profundas, borrarán las manchas de sangre... Aquí también hay una alcantarilla que, si se descubre, provoca inundaciones. Pero el proceso es que me gustan los jueces. En cualquier caso, aquí es donde se hacen los pedidos y por eso llamamos a este cementerio calabozo. Además de ésta, tenemos otras tres salidas al lago. Se trata, como puedes ver, de cuevas primitivas, posteriormente amuralladas, pero con tal perfección que se mimetizan con la propia roca. En general, estas construcciones son muy interesantes, por la habilidad con la que aprovecharon cada hueco y cada cueva, articulándolas en un vasto y perfecto laberinto.

De allí pasamos a otra sala subterránea, llena de enormes estantes llenos de pergaminos. Dispuestos en círculo, innumerables pupitres, todos numerados y algunos ocupados por frailes disfrazados, leyendo o escribiendo.

- Esta es la sala de oficinas, donde se realizan registros, se escriben cartas, se hacen falsificaciones de documentos y todo lo que sea necesario, ya que allí arriba no puede quedar rastro de actividad alguna, excepto religioso. Allí, en esa esquina, a la derecha, están juntas nuestras mesas de trabajo. ¿Ves tu número?

Siempre que un hermano te necesite, dejará sobre tu mesa una especie de carta abierta, y tú estás obligado a responder con tus consejos y opiniones. Hago un gran uso de N° 52, un personaje muy inteligente, que me ha dado excelentes consejos y, a su vez, a menudo recurre a mí. Finalmente, en estos recuadros encontrarás resúmenes, biografías de todos los hermanos, así como los nombres de sus enemigos y la lista de personas con las que estaban relacionados en la sociedad profana. Su historia aquí también será archivada. Entonces, siempre que encuentres a alguien que, por sus relaciones anteriores pueden ayudarte, le escribirás y recibirás toda la información necesaria, como debemos ayudarnos unos a otros de la mejor manera posible. Ese anciano que viste allí en la primera cripta, así como los que nos pidieron la contraseña, son cohermanos ya hartos de venganza, que ahora sirven a la comunidad con devoción y absoluta discreción. Aquí, por tanto, debemos trabajar por nuestra "venganza"; pero no hoy.

Ahora quiero llevarte a lo que llamaré el paraíso de tus sueños; es decir, el laboratorio, para que conozcas al padre Bernardo, excelente criatura, que se dedica a la fabricación de oro y cree en las almas del otro mundo, presumiendo saber evocarlos.

Luego pasamos a una cueva circular llena de humo que desprendía un olor acre. Un gran horno, retortas, todo un arsenal de campanas de vidrio y matraces de diversas formas y tamaños. El monje, de pie junto al secretario, parecía absorto en la lectura del enorme alfabeto.

- Buenos días, padre Bernardo - dijo Edgar - y perdóneme.

Te molesto, pero quiero presentarte al amigo del que te he estado hablando.

El fraile se volvió y me levantó la lámpara.

Se iluminó el rostro. ¡Oh! ¡sorpresa!

- ¡Era el mismo que había predicho mi destino!

- ¡Oh! - Exclamó sonriendo -. ¿Eres tú? Creo, entonces, que acerté; pero sé bienvenido y dime en qué puedo servirte, con la condición que no cuestionamos el destino, ya que siempre es mejor no conocer el futuro.

Después de mirarlo con gran simpatía, dada mi inclinación innata por las cosas misteriosas y la Alquimia:

- Padre mío, solo soy un principiante, ansioso por aprender y me encantaría ser tu discípulo y compartir tus experiencias.

Se cruzó de brazos y habló con convicción:

- Hijo mío, la existencia humana es demasiado corta para ahondar en estas cosas; esta es una ciencia fascinante y fatal, ya que continuamente nos enfrenta a obstáculos insuperables; dudamos de las maravillas que se esconden detrás de la cortina; y; sin embargo, la punta ya erguida nos deslumbra. Lo único que podemos saber es que un hilo continuo conduce a la verdad y que cualquier descubrimiento es garantía de otro descubrimiento. Si lo deseas trabajaremos juntos. ¿Quieres saber? Mi enemigo murió antes que pudiera vengarme; ahora sacrifico mi vida para descubrir una manera de atraerlo a la Tierra, de verlo, tocarlo y torturarlo con mis provocaciones. Entonces tú sabes, que he visto muchas de estas criaturas errantes y desconocidas, y nunca la que busco para enmendar las cosas. Y; sin embargo, debo llegar hasta el final, como está registrado en las Escrituras y en los libros de Astrología, que los muertos regresaron y fueron tocados. Lo que queda son los medios para hacerlos visibles y tangibles.

Se quedó en silencio, pensativo, con la mirada perdida en el espacio y Edgar me hizo una señal que traduje como – "dejémoslo así -, lo cual, en este caso particular, está desequilibrado..."

Bastante intrigado, casi interrumpió la conferencia en ese momento.

- Dígame, por favor, padre Bernardo: excepto la ausencia del alma en cuestión, ¿qué otra cosa podría obtener del Más Allá? ¿Pudiste atraer otra alma?

- Solo he podido atraer espectros de animales.

- ¿Y puedes darme solo una prueba de ello?

- De muy buena gana y nos vemos inmediatamente.

Edgar quiso interrumpirme, pero lo obligué a entrar en una cueva al lado igualmente lleno de dispositivos y utensilios de alquimia, incluido un gran horno al rojo vivo y sobrecalentado.

- Mira - dijo Bernardo -, aquí hay tres gallinas negras, muy vivas, como puedes ver. Voy a ponerlas en esta mesa.

Tomando unas brasas, las puso delante de los pájaros, cuyas patas y alas estaban atadas, arrojándoles una pizca de polvo blanco, que inmediatamente se incendió y proyectó una luz tan brillante que apenas podíamos verla. Luego, extendió sus brazos por encima de las gallinas y dijo:

- Criaturas inferiores, puestas por el Creador a nuestra disposición, te ordeno que llames a un ser de tu especie.

Cuando se apagó la llama, el fraile acercó la lámpara y vimos que las aves estaban completamente quietas, como dormidas, mientras el operador las miraba fijamente cargado. Nosotros también estuvimos atentos y entonces vimos aparecer sobre la mesa un cuarto pollo, negro como los otros y evidentemente vivos!

- Mira - es la sombra de este pollo que maté esta mañana - y estaba señalando un haz. En él, un pollo, muerto y absolutamente igual a los que hay sobre la mesa.

Este pájaro extendió sus alas y, sin volar, se desdobló en forma de vapor, que se disolvió en el espacio. Edgar, santiguándose, no pudo contenerse: -

- ¡Tremendo, padre Bernardo! - Exclamamos al mismo tiempo.

- Pero este es el a b c de la ciencia que me absorbe días y noches; y; sin embargo, todavía no he podido lograr mis fines. Allí obtuve este mismo fenómeno con los gatos, por ejemplo; pero ¿qué sentido tiene cuando lo que busco es el alma del enemigo? En cuanto a ti, hijo mío, puedes venir aquí cuando quieras, puedas y lo permitan. No te faltarán libros. ¿Sabes latín?

- Si lo sé...

- Mucho mejor, ya que así se facilitará la tarea. Y ahora muy buenas noches, porque tengo que trabajar hasta el amanecer. La noche siempre es más adecuada para invocar lo invisible.

Nos despedimos y nos fuimos. -

- Curioso personaje – dijo Edgar.

- ¿Sabes lo que predijo para mí?

- ¿Qué harías para vengarte?

- Sí - confirmado satisfecho: todos mis verdugos serán aniquilados. Waldeck perecerá en mis manos; la herencia de la condesa de Rouven pertenecerá a nuestro Convento y... - en ese momento se enderezó con orgullo - un día la cruz de oro brillará en este cofre. ¿Entiendes, Ângelo, el alcance de estas palabras? Valen tener cetro y corona invisible; tener poderes casi ilimitados; ser prior y jefe de nuestra organización secreta, dirigir todo, ayudar a vengarse de todos y al mismo tiempo disfrutar de toda libertad, nadando en oro. ¡Eso es vivir! ¡Oh! El mundo ya no despierta en mí envidia ni anhelo. Un simple caballero de Rouven, no sería ni más ni menos que un señor entre caballeros, tan ricos y poderosos como yo. Entonces hice un gran problema. Solo hay una cosa que no entiendo.

La profecía de Bernardo, cuando me dijo que "lucharía y derrotaría al gigante por la traición de mi antecesor..." No sé quién podría ser el gigante.

Subimos por el mismo camino por el que habíamos bajado y, quince minutos después, acostado en mi catre recordé todo lo que había visto y oído, me parecía que estaba soñando y temía que el sueño desapareciera conmigo.

Al día siguiente no vi a Edgar, pero fui a ver a Bernardo y estuve allí unas horas trabajando.

Confieso que los nuevos trabajos científicos me absorbieron hasta el punto de olvidar, por un tiempo, mis planes para vengarme. Además, no sabía cómo ni por dónde empezar para llegar al duque. Hojeé atentamente las biografías de los cohermanos, pero solo encontré uno que me pareció útil, ya que era un hombre que se había ganado su confianza, evidentemente depositario de altos secretos y quien, a consecuencia de vil traición, había sido encerrado en el Convento.

Le escribí a este hombre y, en lugar de responder, se me apareció una noche, frente a mi escritorio, diciendo:

- Te conozco; es decir, estuve presente en tu nacimiento, ya que entonces era paje del duque y en realidad sé muchas cosas.

Tu madre, cuando desapareció, tenía veinticinco años. Se casó muy joven con el conde de Rabenau y cuando se casó descubrí el segundo escándalo, tenías siete años. Entonces, si ahora tienes veintidós años y ella todavía vive, debe estar acercándose a los cuarenta. Además de su aventura con el duque, tuvo otra conexión romántica con un tal Eulenhof quien, por actos criminales, supongo, había perdido sus títulos nobiliarios y acabó huyendo. ¿Qué hizo en el exilio solo Dios lo sabe; pero lo cierto es que un día reapareció y se llevó a la condesa, sin que nadie jamás los viera. Sin embargo, debes actuar con mucha cautela, mantener absoluta reserva en todo esto, como lo es nuestro prior; al parecer, el hermano gemelo de Eulenhof. También puedo añadir que el duque no es tan invulnerable como supongo, ya que fue descubierto en sus recorridos nocturnos por los albergues de mala reputación. En cuanto a la abadesa de las Ursulinas, creo que deberías dejarla de lado por ahora, ya que no veo cómo atacarla sin levantar sospechas. Solo intenta averiguar si ella sabe algo sobre su gran amiga Rosa.

Le agradecí la información e inmediatamente fui a entenderme con Edgar, ya que prometimos no guardar secretos entre nosotros.

- Escúchame - dijo, después de reflexionar un momento -. Cuando me contó los detalles de la liberación de María, creo que mencionaste el nombre de Eulenhof.

- Es cierto, pero lo que no sé es cómo lo olvidé por completo. Mañana estaré allí en el albergue. En ese tiempo, recordé un incidente menor: un simple ¡ah! del ventero, al ver el anillo ducal. Le di algunos treinta y cinco años, pero nada le impedía tener cuarenta, en buen estado. Entonces vino a mí para tener en cuenta el ascendiente de su autoridad sobre el aventurero. ¡Oh! Si pudiera obtener la clave del misterio...

Ese día me pareció interminable y, al día siguiente, por la tarde, fui donde el prior y le dije que por primera vez que quería salir de noche.

- ¿A dónde? - Preguntó con calma. Puesto que le era lícito saberlo todo y estaba sujeto, bajo juramento de absoluto secreto, le confié todo, omitiendo únicamente, por delicadeza, el nombre de Eulenhof y mencionando únicamente al posadero. Cuando terminé la confianza, él hizo un gesto repentino y bajó la cabeza, meditativo. Finalmente, dijo:

- Sí, hijo, puedes irte apenas termine el día. Oficina nocturna; Pídele al número 13 la llave del guardarropa y asegúrate de regresar a la hora habitual.

Cuando llegó la noche, me puse ropa de civil y barbas postizas, salí por el subterráneo que terminaba no lejos del camino donde se encontraba el albergue. Caminé lentamente y no pasó mucho tiempo antes que la mansión apareciera en el cruce de la ruta, destartalado, en el que una ventana débilmente iluminada anunciaba que la Estrella de la Noche permanecía abierta a viajeros tardíos. Una anciana me abrió la puerta. No había nadie en la habitación. Una figura femenina que, en un principio, me pareció la ventera, vino a mi encuentro, preguntándome qué quería y pronto reconocí mi error, porque tenía frente a mí a una hermosa niña de formas bien nutridas, que por cierto, se parecía mucho a la joven Berta.

Ante mi mirada penetrante, ella bajó sus grandes ojos negros y, cuando le dije que quería hablar con el dueño de casa, suspiró tristemente:

- Mi madre falleció hace un mes y me dejó aquí sola, porque mi tío se llevó lo que tuvimos de mejor y no sé dónde está. Entonces, con lo que quedaba de vino y provisiones, me lancé a la lucha, ayudada por mi madre, y vivimos Dios sabe cómo.

- ¿Desde cuándo te conoce tu nodriza? ¿Madre sustituta?

- ¡Gilda! - Gritó y pronto apareció una anciana sucia, bizca y antipática; la mismo que me abrió la puerta.

- A sus órdenes - dijo mirándome con recelo. Le di un escudo de oro que ella guardó con entusiasmo y le pregunté:

- ¿Conocías a la madre de esta niña antes que naciera? ¿Qué sabes, finalmente, sobre Berta y su fondo?

- Sin duda conozco su historia, porque tengo cincuenta años y cuando ella tuvo a la niña, tendría no más de treinta y uno. Conocí a su padre, que, por cierto, era hotelero. Berta, a los dieciséis años, se fugó con un trovador; cuando regresó me pidió que cuidara de Godeliva, ya que su vida aventurera no le permitía criar a la pequeña.

- Pero, habiendo adquirido previamente este albergue, ¿cómo y por qué no vivió aquí?

- Ese es precisamente su secreto. Ahora que ha muerto no sé cómo, que Dios la tenga en buen lugar.

- Pero dime algo cosa más: ¿quién era ese Eulenhof, su ayudante, su mano derecha?

- ¡Oh! - estalló furiosa -. Lo sé bien, ese sinvergüenza, ese ladrón, ese desafortunado espadachín, que nos ha estado robando y maltratando mucho. Y mira como su cinismo llega incluso a autodenominarse barón de Eulenhof, como si el nombre y el título no hubieran sido robados a un señor Eulenhof, de quien era novio, que desapareció tras una serie de desgracias inmerecidas. Este sinvergüenza, un borracho nunca fue noble. Por favor, finalmente, perdona esta exaltación mía; pero la verdad es que se me sube la sangre a la cabeza con solo escuchar ese nombre pronunciado.

La mujer había hablado torrencialmente y con tal convicción que no pude sospechar que era un fraude; probablemente me equivoqué y sería una locura intentar identificar, en un posadero vulgar, al amante de mi madre, una mujer elegante y de alto linaje. Mientras la otra mujer se desahogaba, Godeliva no soltó los ojos de mi cara.

- Señor - dijo sonrojándose -, permítame ofrecerle mi cena, ya que debe estar cansado por el viaje.

No supe qué decir aparte que esos hermosos ojos me deslumbraron cuando tenía veintidós años. Me quedé y ella era toda sonrisas y me sirvió para que no se acabara el vaso. Aunque disfrazada, la tierna mirada de la joven no engañó su encanto conmigo. Inclinándose sobre la mesa, mirándome a los ojos allí, en una habitación poco iluminada, la figura de Godeliva, derrochando voluptuosidad, exaltó mis sentidos. Cuando me sirvió el tercer vaso, le estreché la mano y su respuesta fue:

- ¿Qué sentido tiene dejarme arrestar así, si te vas a ir pronto para no volver y simplemente extrañarme?

No dejé de considerar tanta facilidad y precipitación, pero la fatuidad halagada me hablaba más fuerte que aquella muchacha hermosa, exuberante de savia, que aspiraría a algo más que rústica clientela de su taberna. Evidentemente había algo en mí que le agradaba y creo que, en tales circunstancias, ningún hombre es insensible. Además, mi juramento aseguró inmunidades hasta el primer cántico del gallo.

- Bela Godeliva - dije levantándome y acariciándole la mano -, me hablas un lenguaje enigmático, preguntas si volveré: permíteme, entonces, preguntarte: ¿si vuelvo, encontraré tus brazos y tu corazón abierto?

Di que sí y te prometo que volveré.

Levantó sus grandes ojos húmedos y tembló:

- Sí, vuelve a amarme, tanto como yo te amo, sin saber quién eres, aparte de eso siempre serás bienvenido.

La abracé, la besé y Nelda, el monasterio, todo lo demás se eclipsó en ese momento... Salí del albergue prometiendo volver y no me perdí la palabra. Esta conexión duró mucho tiempo, hasta que un día, saciado, rompí con ella y perdí de vista a la interesante Godeliva. Mi plan de venganza estaba entonces estancado; mi madre permaneció de incógnito y la priora de las Ursulinas invulnerable en su astucia. A Edgar y a mí nos consolaba la convicción que en asuntos de esta naturaleza hay que tener paciencia, porque quien más espera consigue lo mejor. Las horas más felices fueron las del laboratorio del padre Bernardo, donde podría trabajar y olvidarme de todo. Pasaron así tres años, sin mayores novedades, hasta que un buen día llegó la noticia que el conde Rouven había muerto, dejando todos sus bienes a su hijo menor. Edgar se quedó profundamente impresionado por la muerte de su padre, pero me pareció extraño que el conde no legara nada al convento, de la herencia por Edgar. Meses después de la muerte del conde, Edgar vino a verme por la noche, en mi celda, y se reveló muy esperanzado, diciendo que había llegado el momento de la venganza y que yo sería quien le sirviera de instrumento. Dicho que el capellán del castillo de Rouven había fallecido y la condesa donadora había pedido a nuestro abad un nuevo confesor, estando establecido mi cometido, con el fin de investigar, controlar y, posiblemente, encontrar la pista de traición, que atribuyó a su madrastra. Hábil confesor, me correspondía extraer los secretos poco a poco de la matrona y conocer finalmente el paradero de su sobrino Ulrich.

Hacía cuatro años que la señora Matilde me había perdido de vista, debí haber cambiado mucho, ya no era el adolescente jovial y esperanzado, vestido como un caballero; mis rasgos resentían la profunda revolución que se estaba produciendo en mi interior. Me había dejado barba. Padre Sanctus, característicamente tallado en su forma confesional, semblante austero y modales graves, era bastante otro personaje y, como tal, debía convertirse en el confidente íntimo de la condesa. Y concluyó la entrevista con estas palabras:

- Ângelo, no renuncies a tu puesto, seguro que aquí trabajaré igualmente para ti. Quédate amigo.
Ten cuidado de no descuidar nada. Haz mucho más allí, muele, aprovecha todos los huecos, incluso porque el prior también tiene sus planes al respecto.

La víspera de mi partida fui llamado a la presencia del prior. La habitación estaba solo iluminada por la llama que salía de la gran estufa y, al fondo, en el sillón de respaldo alto, resaltaba la imponente figura del jefe.

- Hermano Sanctus - dijo en tono serio -, he aquí que estás a cargo de una gran tarea: los bienes de la familia Rouven son bastante considerables y espero que nadie pueda heredarlos, lo sé, de buena fuente, que hay planes para que la hija menor del duque se case con el señor de Rouven. El conde Alberto es, como ya sabemos, una criatura débil y enfermiza, que podría morir sin descendencia y el duque desea, a toda costa, incorporar una herencia tan opulenta a la de su familia. Tu papel, por lo tanto, es frustrar este plan...

- Lo entiendo: el duque tendrá que ver todo con un solo ojo - respondí con calma.

- Entonces intenta cancelar estos proyectos, pero ten cuidado; no actúes de tal manera que violes el juramento monástico, excepto cuando quieras quedarte como dueño absoluto de la situación y tiene poco o nada más que desear. Recuerda que necesitas dominar con la mano el alma mundana de la condesa, penetrando en todos sus secretos, para que ella no haga nada por su propia voluntad o sin tu consentimiento. Y para lograrlo, recuerda utiliza tus prerrogativas de caballero, del calcetín de noche hasta que cante el primer gallo.

Dicho esto, me bendijo y al día siguiente llegué al frente, donde se encontraban mis nuevas ovejas, me acogieron en su oratorio. Como predije, ella no me reconoció. Atento al papel que juzgué realizar, comencé con un examen sutil pero profundo y me aseguré que había cambiado poco. Siempre bella, ¡una bella mujer! No a pesar de su expresión facial, algo rígida y altiva, no inspiraba simpatía. A veces, en los ojos, destellos de enamorada indicó que podía verse dominada por el lado sentimental. El terreno me favoreció. Luego hablamos, pero, dicho sea de paso, guardando ambos la más absoluta reserva, atendiendo solo a razones de santidad y de humildad, que deben despertar en el corazón humano la idea de una gran pobreza moral. Cuando me contó la muerte de su marido, se llevó la mano a los ojos; pero cuando los descubrió, no vi ni una sola lágrima en ellos. Intenté despedirme y volver a mi alojamiento: nada menos que dos habitaciones majestuosamente amuebladas, al lado de la capilla. Una escalera secreta y pequeña.

Un pasillo conectaba estas habitaciones con el oratorio. Inmediatamente tranquilizándome y satisfecho con mi papel, entré.

Trabajamos lento, pero seguro para llegar al final colimado. Entonces, orientándome en todas direcciones, la observé a la condesa, su hijo y cuántos visitantes se presentaron. El conde Alberto de Rouven era ahora un apuesto muchacho de dieciocho años, pero de tez delicada, carácter maleable, desconfiado y taciturno. Le tenía mucho cariño al barón de Wilibald de Lunay y cortejó a su hermana, Rosalinda, de admirable belleza, cuando ésta tenía catorce años. A menudo el hermano y su hermana, acompañados por Kurt Rabenau, pasaron semanas en el castillo de Rouven y me hice muy cercano a él.

Rosalinda, quien, piadosa e ingenua, me brindó mucha atención y confianza ilimitada. Rosalinda amaba a su hermano con todas las verdades del alma, incluso porque, siendo huérfana desde muy joven, era el único pariente que le quedaba en la Tierra.

Un día, el joven Kurt, que también me honraba con su confianza, vino a mi habitación, angustiado y avergonzado, terminando por declarar que había venido a pedir un gran favor, por el cual me estaría eternamente agradecido.

Era un matrimonio secreto con una criatura de su pasión.

- Me temo - añadió - que Vuestra Reverendísima me niegue su consentimiento, porque solo tengo veinte años. Pero crea que su negativa será mi sentencia de muerte.

- Escucha, mi querido conde: no te involucres en esta aventura, ya que tu padre seguramente no te casará en contra de su voluntad; como temes revelar a su padre el nombre de la mujer que eligió, es posible que ella no esté al nivel de tu clase.

Semejante estigma en sus escudos de armas sería una ofensa que nunca perdonaría. En cuanto a un matrimonio secreto, no puedo ni quiero involucrarme en asuntos tan serios.

El muchacho parecía exasperado: lloraba, movía manos y se fue maldiciendo. Después ya no lo vi hablar más de eso y supuse que todo había terminado. Pero, al cabo de unas semanas, el conde de Rabenau se me apareció por sorpresa diciendo que tenía intención de casar a Kurt con Rosalinda, que, hermosa e inteligente, le parecía calmar la excitación y modificar el genio del chico. Es cierto que Rosalinda era todavía muy joven; pero, para descartar otros candidatos, era aconsejable anticipar el matrimonio. Kurt últimamente había desaparecido y eso le preocupaba mucho. Al día siguiente se presentó ante mí pálido y desfigurado:

- Aconséjeme, sálvame Reverendo Sanctus, que no sé confesar a mi padre que estoy casado.

- ¿Casado? - Exclamé aturdido.

- Sí. Te dije que estaba perdidamente enamorado y necesitaba casarme. Pero la historia es complicada, porque mi esposa es hija del barón Eulenhof quien, por motivos de intrigas políticas, perdió su fortuna y sus escudos de armas.

- La baronesa, una criatura excelente, me ayudó en todo lo que pudo y ahora lo que tengo que hacer es trabajar para devolver a la familia a la situación que por derecho les corresponde.

Cabeza gacha, mientras reflexionaba sobre la extraña confesión, no había notado la presencia del conde de Rabenau, que había entrado silenciosamente y, allí, estaba de pie en la puerta, pálido y con los ojos ardientes.

- ¡Te casaste con la hija de Eulenhof! - Se arrojó sobre el muchacho y lo sacudió por el cuello -. ¿Cómo te atreves a deshonrar mi nombre, hijo indigno y traidor imbécil? ¡Contesta pues...!

Aquella escena me dejó atónito. ¿Cómo podía un padre amoroso maltratar así a un hijo tembloroso? Pero, ¿dónde habría escuchado el timbre metálico de esa voz?

- ¿Dónde está esa mujer, esa condesa de Rabenau? - Insistió el frenético conde -, y ¿cómo se llama esta matura?

- Godeliva - respondió el chico fuera de sí.

-¡Godeliva! - Yo también exclamé, fuera de mí.

-¿La conoces? - Preguntó el conde?

- Sí, pero no como hija del barón.

Una intensa palidez cubrió el rostro del muchacho y el conde, al verlo tímido y acobardado, se emocionó y lo soltó.

Se secó el sudor que bañaba su rostro y dijo con más calma:

- Irás directo al castillo conmigo y allí te quedarás en paz, custodiado hasta nuevo aviso – dijo.

- Padre - exclamó Kurt con las manos juntas -, al menos puedo ver a mi esposa.

El conde se enderezó, terrible en su ira, y murmuró entre dientes:

- Cállate, si no quieres que te estrangule aquí mismo; que ese nombre nunca venga a tus labios; no cuentes conmigo para nada en este particular.

Y ¡ay de ti! si me desobedeces.

Kurt perdió el conocimiento. Lo sentamos en una silla.

- Niño loco, cuanto abusaron de tu debilidad - suspiró Rabenau, ya conmovido.

- Nos vemos Pater Sanctus; también necesitamos hablar; pero por ahora, haré los arreglos para que se lleven al chico.

Ese mismo día pedí dos días de permiso a la condesa y me dirigí al monasterio, deseoso de estar con Edgar. En primer lugar, quería saber cómo iba su negocio en relación con mi madrastra y yo podíamos, en conciencia, informar que nuestras piadosas conversaciones no eran en absoluto improductivas. Doña Matilde se suavizó cuando la miré, así que esperaba una confesión completa pronto. A su vez secretó que acababa de recibir orden de permanecer a disposición del prior, para acompañarlo en una diligencia nocturna. Él dijo más aun, una vez, mientras subía a escondidas las escaleras junto al despacho del mismo prior, le sorprendió una extraña conversación y una voz desconocida que decía:

- ¡Deshazte de mi ira, desgraciado! Te saqué de la nada, te di poderes inmensos y ¿es así cómo me pagas, perro? ¿Qué has hecho? Al día siguiente regresé a mi puesto y, poco después de llegar allí, una dama de honor de la condesa fue a decirme que la noble dama me esperaba en el oratorio.

Lancé miradas furtivas en el espejo metálico, me alisé la sedosa barba y, seguro de agradar, fui al encuentro de mi hija espiritual. Abrí la puerta del conocido compartimento y me detuve en el marco de la puerta. Afuera, el anochecer apenas comenzaba a caer; sin embargo, la luz de la habitación se filtraba tan apenas a través de la estrecha ventana que la oscuridad se volvió casi completa. Dos velas encendidas sentadas en el reclinatorio, arrojan una luz tenue y rojiza, dejando entrever a la condesa arrodillada, con la cabeza sostenida por sus manos y completamente absorta en oración. Llevaba un hermoso vestido blanco, ceñido a la cintura con un cordón de seda, cuyas mangas flotantes, abiertas hasta los hombros, dejaban los brazos al descubierto. El pelo suelto cayó en ondas por su espalda. La analicé con íntima ironía y concluí que no me había equivocado con las miradas que me dirigía.

Había estado acostado en las últimas reuniones. Mi respetuosa autoridad la habría irritado y por eso había prohibido los vestidos pesados que la moda imponía y que resaltaban bien sus esbeltas formas, pero ocultaban sus brazos y bien como el tocado, que disimulaba su cabello... Luego, estaba doña Matilde, en el esplendor de sus treinta y ocho años, recibiéndome por primera vez de esa manera, cuyo carácter sugestivo le habría sido bien conocido y previamente calculado. Me detuve en la puerta, considerando mentalmente el alcance del servicio que le iba a brindar a Edgar, sacando preciosas confesiones de la condesa, así como el placer de una conexión con una mujer que todavía era hermosa y deseable, y no pude evitar concluir que me había convertido en un instrumento digno de mi comunidad. Ningún escrúpulo me avergonzó, ningún dolor me contuvo. Estaba dispuesto a mentir, a asumir el papel de amante apasionado; pero sin dejar de ajustar mis sentimientos a la gravedad de los secretos por descubrir. ¡Sí! Desgraciadamente ya no poseía la inocencia de la juventud e iba deslizándome hacia esa degradación del alma que lleva al crimen. Estas reflexiones no duraron más de unos segundos. Abrí la puerta con fuerza y entré. Doña Matilde se estremeció y levantó la cabeza:

- ¡Oh! Mi padre, ¿eres tú? - Ella volvió a bajar la cabeza, como si estuviera confundida.

- Sí hija - dije acercándose a mí y dándole la bendición.

Fui al confesionario en el taburete donde escuchaba a los penitentes y me senté. Viendo que seguía con la cabeza gacha, me incliné y le dije fingiendo conmovido:

- Noto alguna perturbación en tus ojos y en tu rostro con toques de tristeza; debes tener absoluta confianza en tu confesor y, cualesquiera que sean las penas de vuestro corazón, viértelas en el mío, que es sepulcro inviolable. Sepan que no hay mortal que esté exento de sufrir una caída. Cada uno experimenta tentaciones a las que se deja arrastrar; pero recuerda que la confesión fue instituida para tranquilizar las conciencias y reparar, mediante el arrepentimiento, las culpas del pasado. Somos los dispensadores de los beneficios legados por el Salvador a la posteridad y, por tanto, renunciamos al mundo con sus pasiones y debilidades; hacemos votos de completa abnegación y humildad, para ser pastores del Señor, guiando su rebaño a las moradas eternas. Piensa en los derechos que nos dio Jesús cuando dijo: Lo que desatéis en la tierra, será desatado en el cielo. Habla sin miedo, hija mía, que hace tiempo que sospecho que me ocultas algo, pobre ovejita, quién sabe, te ha desviado del camino de la salvación.

Permanecí en silencio y la miré amablemente, dejándome; sin embargo, ver en la austeridad del fraile un poco la admiración del hombre.

- ¡Oh! – Murmuró, padre tapándose la cara - que culpable era yo. ¡Yo reconozco! Dime si los grandes crímenes se pueden perdonar con una confesión sincera, y si no me repelerás indignado, por haber cometido pecados horribles, que me han atormentado y quitado el descanso. Sin embargo, yo estoy dispuesta a someterme a tu juramento, abriéndote mi alma, ya que en ti tengo confianza ilimitada.

Levantó el rostro, tenía las mejillas húmedas y sus grandes ojos color turquesa irradiaban una ternura manifiesta. Unido a las manos blancas y las puse sobre mis rodillas:

- Habla, padre mío, porque de ti depende la salvación.

Su meliflua voz y las actitudes elegantes realmente me encantaron. Empecé a conjeturar cuánto se diferenciaba esta mujer superior de las amantes vulgares que había conocido hasta entonces. Acaricié sus manos nevadas, y con ojos ardientes murmuré:

- Querida hija, para curar una herida es necesario que te vea el médico; habla, pues, confiésame tus pecados por muy graves que sean, y si pierdes las fuerzas para hacerlo, aquí estoy para sostenerte en mis brazos y llevarte al corazón paterno; habla sin demora, porque las palabras de consuelo y de perdón que te ofrezco, en nombre del divino Maestro, pronto también secarán tus lágrimas y desharán las arrugas de esa hermosa frente.

Con sus manos quemado entre las mías, me incliné y rocé sus labios con mi mejilla.

- Cometí un gran y odioso crimen contra la naturaleza, pero lo que me llevó a hacerlo fue el miedo a ver gran parte de la herencia de Alberto perdida, ya que el conde, mi marido, quería legar grandes bienes a su convento, como herencia de su hijo mayor, que allí ingresó. En tales circunstancias...

En ese momento, se quedó en silencio y bajó la cabeza por completo. A mi vez, conteniendo la respiración, esperé la chispa del misterio.

Tomó un tiempo...

- Vamos... dime: ¿qué hiciste?

- Envenené al conde, para frustrar su decisión - concluyó con una voz casi imperceptible. La buena ética dictaba que lo dudase, pero necesitaba desempeñar mi papel para lograr el resto.

Salté rechazándola y me retiré hacia la puerta.

- ¡Oh! ¡Vergonzosa, cómo pudiste perpetrar un crimen tan monstruoso! ¿Fue para despojar al Convento, institución piadosa, de bienes que por derecho le pertenecían? ¡Oh! ¡Nunca podría asumir eso culpable! ¡Impediste que la iglesia recibiera un beneficio... La Iglesia, que es la única que puede darte paz y salvación! Si aun así hubiera cometido el error por impulso personal, o por una pasión amorosa, incluso ilegítima, habría sido perdonable, pero defraudando a la Iglesia...

Y apretándose la frente con las manos:

- Ya no puedo quedarme aquí, tu confesión me aterroriza.

Hice ademán de irme. Ella, que me había escuchado con asombro, se arrojó a mis pies.

- ¡Padre mío, no me abandones! Quiero abrirte toda mi alma, contarte todos los motivos de mi acto. Quédate, por piedad y por mí, perdona por el amor de Dios.

- Hija - dije fingiendo estar más tranquilo -, solo una confesión completa puede llevarme a conceder mi cariño; y aun más - para preservar el amor mundano que me inspiró, pobre exiliado, privado de todos los placeres de este mundo -. Soy demasiado monje, demasiado apegado a mis votos para atreverme a perdonar cosas tan perniciosas ataques a los intereses de la comunidad. Solo ex culpado ante la Iglesia podré convertirme en tu amigo, tu confidente y finalmente cooperar para obtener el perdón del cielo.

Mientras hablaba así, con creciente entusiasmo, la expresión de terror de la condesa cambió como por arte de magia. Se levantó, tomó mi mano y dijo:

- Las palabras que acabo de escuchar transforman mi infierno en paraíso, porque la verdad es que lo amo con locura, perdidamente, y quiero justificarme ante tus ojos, con mi amor maternal. Escúchame, pues, padre mío, amigo mío, confesor.

Se arrodilló; retomé mi puesto. Comenzó a hablar de su odio hacia Edgar, con quien siempre había soñado desenredarse; dijo que Ulrich de Waldeck, un rapaz consumado, se ayudó a sí mismo a idear un complot tan exitoso.

Ella fue quien sugirió a María de Falkeinstein como la manzana de la discordia. Finalmente, temiendo la destreza de Edgar, se había unido Gerta, al prometerle casarla con un joven aventurero llamado Ângelo, que se había unido a Edgar, y a través del cual la muchacha se moría de amor. Confesó que odiaba a ese tal Ângelo, el tipo que no sabía dónde lo había descubierto Edgar, y quien tuvo una gran influencia en mi hijastro. Waldeck desapareció y nunca más se supo de él. Por lo que a él respectaba, consiguió lo que quería: el conde murió sin dejar testamento. Pero no lo creas, padre mío – dijo -, que pretendía dañar al Convento y sí, y solo, a Edgar, a quien odio; pero... - sus ojos ardientes fusionados con los míos -, si pudiera obtener el perdón de un benedictino donando estas tierras, estoy dispuesta a hacerlo.

He aquí... Responde, padre: ¿Me perdonas?

Como única respuesta, la tomé en mis brazos y le susurré al oído:

- Sí, hija mía, preciosa oveja de mi rebaño, que espero traer de vuelta al redil.

Casi sin darme cuenta, en el afán de poseer a esta mujer, nuestros labios pegados por el lenguaje del amor. Cuando regresé a mi habitación, los primeros rayos de Sol iluminaban el horizonte. Me alisé el pelo y la barba, y asomándome a la ventana me bañé la frente con las auras matinales, fresco y fragante. Pensamientos dispares me perseguían; un desprecio incoercible por la condesa y, al mismo tiempo, ¡la convicción de dominio absoluto sobre ella! Pero... ¿cuál es el mejor camino a seguir? ¿Como proceder? ¿Qué pedir?

En ese momento se me ocurrió la idea de obtener toda la fortuna de Rouven para la comunidad, y a partir de ahí, toda una serie de combinaciones complicadas… Pero rápidamente me di cuenta: si lograba enriquecer el Convento con tanta opulencia, ¿cuál sería mi beneficio personal?

Siempre envuelto en mi hábito negro – mentira - desnudarme vivo delante de los hombres - no habría, después de haber hecho dos o tres cadáveres, más que el vacío de un futuro sin propósito. Quería vivir, disfrutar de la libertad, no ser obligado a mentir, fingir, quitarle a los demás secretos y luego dañar a quienes confiaron en nosotros. Esta vida era odiosa y la religión que me había enseñado el señor Teobaldo no era eso. ¡Todos estos males los hice en el nombre de Jesús, que murió perdonando a sus verdugos! ¡Y no éramos más que un grupo de criminales, revestidos con el título de hijos de la Iglesia! Lo que todavía había de bueno en mi corazón surgió en ese momento y una vaga intuición pareció decirme: fracasaste en la prueba; vuelve a la virtud; resiste… Las cadenas de mi círculo eran; sin embargo, lo suficientemente fuertes como para que los hombres las rompieran, eran del corazón. Mi conciencia se oscureció y una noche oscura envolvió toda mi alma. Sacudí la cabeza con disgusto y me dije: ¡loco que estoy! Mi vida está destruida, el futuro está perdido y los escrúpulos me atormentan son imaginarios… ¡Vamos! Quiero, necesito vengarme y ayudar a otros a hacerlo. Dios también dijo eso – ojo por ojo y diente por diente. Seguiré este precepto hasta el final. Entonces con calma cerré la ventana, me acosté y dormí profundamente. Al día siguiente, por la tarde, me monté en mi mula y me enrumbé hacia el Convento, después para reclamar a doña. Matilde que necesitaba visitar a un hermano enfermo. Caminé la ruta escondido en mi capucha, no por humildad, como tal vez imaginarían los estúpidos campesinos que encontré, sino para absorberme más a gusto en mis planes de venganza y disfrutar de la embriagadora certeza de haber conquistado a una esclava sumisa en la condesa de Rouven.

Esta vez, al tocar la campana del Convento, no se me puso la piel de gallina. Nos acostumbramos a todo. Una vez dentro, me perdí en uno de nuestros pasillos y bajé al subsuelo. En la biblioteca, algunos monjes estaban trabajando y pedí el número 85. Era Edgar. Pero como nadie podía decirme dónde encontrarlo, fui a buscar al padre Bernardo. El anciano monje se dedicaba a fundir metales, los cuales desprendían un olor acre y desagradable.

- Tú me abandonaste, Sanctus - dijo -, ahora no tengo a nadie que me ayude; esto significa que, si hago un gran descubrimiento, no tendré con quién compartir los laureles de la victoria.

Apenas me senté, me crucé de brazos y luego escuchamos:

- Buenas noches, hermanos...

Era la voz del prior. Me levanté y ahí estaba él, imponente, con la capucha puesta. Descendió, apoyándose contra el portal.

- Tranquilos, chicos; ¿Cómo va el trabajo? ¿Oro pronto, padre Bernardo?

- Así espero que el problema se aclare día a día - respondió el alquimista con convicción. Una leve sonrisa se escuchó bajo la capucha del prior, una sonrisa que no me pareció extraña.

- Sabe lo que pienso, padre Bernardo, hay fuerzas inteligentes dirigiendo nuestra vida y nuestras acciones, nunca producirás oro, porque en ese caso la vida misma perdería su razón de ser. Sí, porque el oro es el único motivo de nuestras acciones y para poseerlo llegamos a extremos, nos esclavizamos a nosotros mismos. Y la riqueza inagotable, una vez encontrada, lo destruiría todo. Ni el diablo ni los ángeles ya tendrían motivos para perdernos o salvarnos. A este metal están unidos todos los placeres y goces de la vida, y al adquirirlo, el hombre se entrega a los pensamientos más profundos, mueve todas las energías del alma. Los espíritus luchan en esta tarea, tal vez indigna, pero indispensable para el progreso intelectual de la humanidad. Si, por tanto, mi hermano fabricara este metal precioso, haciéndolo común, se depreciaría y los hombres no tendrían otra opción, preocupación que fabricarlo y desperdiciarlo. El hermano Bernardo quedaría con la gloria de patrón de la inactividad, de la pereza y la brutalización sistemática de la especie. El hombre se convertiría en un animal, devorando su comida, sin pensar en de su origen su cerebro se atrofiaría por falta de trabajo y no puedo creer que mi querido Bernardo tenga la desgracia de obstaculizar el progreso de las naciones. Es la necesidad y no la abundancia lo que engendra descubrimientos, que dan fama y hacen héroes.

Sumamente interesado y admirado por tanta lógica y profundidad filosófica, me repetí: ¡nadie como este hombre para mantener y dirigir nuestra organización secreta!

El padre Bernardo había dejado caer la cabeza sobre el pecho, en silencio.

- No te dejes impresionar, no te desanimes por lo que digo - prosiguió el prior -, investigar siempre, porque en esta tarea tal vez encuentre algo más útil para la humanidad que liberarla de todo trabajo. De hecho, no vine aquí para molestarlo, aunque solo sea porque, de paso, se me ocurrió la idea de entrar. En cuanto a ti, hermano Sanctus, deseando ver a tu amigo, ve a la cueva 4 en el subsuelo que conecta con el lago y comprueba que podría necesitar tu ayuda.

Entendí que el prior quería estar a solas con Bernardo; me levanté, cortejé, me fui, rumbo a esa cueva conocida como cementerio. Llamé a la puerta que me pareció encabezada por la número 4, y desde adentro escuché la voz de Edgar:

- ¿Quién es?

- Soy yo, Sanctus.

Después de cerrar el cerrojo, entré y vi, a la luz de una antorcha que ardía en el primer compartimento, Edgar de pie, más pálido que nunca y con un manuscrito en la mano.

- ¿Qué estás haciendo aquí? - Fue mi primera pregunta.

- Eso espero - respondió - pero... ¿a qué vienes y cómo supiste que estaba aquí?

- Fue el prior quien me lo dijo; pero, de todas formas, como estamos solos, quiero contarte grandes cosas. En primer lugar: la condesa vomitó una comida de culpa completa.

- Sí. Cuéntamelo – dijo con ojos ardientes.

- No te lo imaginas. Solo te digo que está en ratonera, atada de pies y manos. ¡Safá! Que hasta me pareces un brujo... Me atrajo a su lado a un banco de piedra y contó. Cuando le mencioné el envenenamiento, se levantó de un salto y exclamó:

- ¡Pobre padre! Tú también serás vengado; ahora, todo lo que tenemos que hacer es idear un plan.

- Gracias, Ângelo, por el servicio que me acabas de brindar - interrumpiéndose repentinamente -; pero, creo que es hora de...

- ¿Qué? - pregunté asombrado.

- Ya lo verás...

Abrió una puerta y, acercándose a una viga de madera, comenzó a activar un rodillo como los que se usan en los pozos, pidiéndome que lo ayude, mientras el sudor goteaba de su frente. Obedecí y escuché el sonido del agua cayendo y esparciéndose por el suelo.

- Ya te hablé de la posibilidad para inundar estas cuevas; detrás de esta puerta hay una cavidad, que actualmente está sumergida y necesitamos vaciarla.

Al cabo de 15 a 20 minutos, el ruido del agua cesó; tomó la antorcha y abrió dicha puerta, por la que pasamos para bajar unos escalones completamente empapados. De repente, me retiré temblando… ¡Es solo que, estirada en una pequeña plataforma yacía el cuerpo de una mujer ahogada!

-¿Qué es esto? - Exclamé en shock.

- Son órdenes del prior – explicó Edgar, encogiéndose de hombros -. Pero cálmate, porque no hay por qué alarmarse ante enemigos aniquilados.

Dicho esto, se inclinó y reveló un rostro pálido y contraído, parcialmente cubierto por un cabello negro despeinado.

- ¿¡Godeliva!? - Grité asombrado.

- ¿La conoces? Pero mira, eso lo dejamos para más adelante.

- Ahora, ¿qué hay que hacer?

- Ahora me ayudas a subirlo - Luego levantamos el cadáver, subimos, con dificultad, las escaleras hasta la puerta que daba al lago y allí lo tiramos con una piedra a sus pies. Para los ojos humanos, todos las huellas del crimen. La superficie del lago iluminado por la luna estaba tranquila y pulida como la cara de un espejo.

En la pared, con los brazos cruzados, pensé en aquella Godeliva del albergue, la que había visto por primera vez. Después, me acordé de Rabenau y que tenía motivos para aniquilar a esta criatura. Ella acababa de ser consumida allí, por lo tanto, nuestro grupo debería saberlo... Esta sospecha me dejó frío. ¡No, no era posible! Absorbido en estos pensamientos, dejé que Edgar volviera a poner cada cosa en su lugar, hasta que me dijo:

- *Consumatum est.* Vamos.

Nos fuimos en silencio, él estaba completamente absorto en sus planes de venganza, yo estaba dándole vueltas a mil y una conjeturas.

Bien, Rabenau conocía los misterios de la clandestinidad y por eso había eliminado a su nuera no deseada. Pero, ¿sería miembro de nuestra sociedad?

¿Cómo, si solo los profesores tuvieran este derecho? Finalmente interrogué a Edgar:

- ¿Qué plan concebiste respecto a tu madrastra?

- Como bien puedes juzgar, no hay tiempo que perder; necesito actuar lo antes posible.

Se detuvo y noté que sus ojos brillan de odio.

- Es sencillo: adquiere todo para el convento, "arráncaselo", del mismo modo ingenioso que me lo hizo a mí; y que pasa con su dulce hijito, este tendrá que ser mi hermano en San Benedicto, y cuando todos estén muertos o desheredados, yo, el hermano que tan regiamente enriqueció a la comunidad, tendré derecho a la cruz de oro del priorato, en la primera oleada. Allí tienes mi plan, en términos generales; sin embargo, antes de revelarte todos mis pensamientos, necesito reflexionar.

Tú debes convenir que, en este momento, debo estar perturbado por las revelaciones, hasta tal punto que se me olvidaba decirte que también tengo noticias que te preocupan, como por ejemplo que la bella posadera Berta se encuentra sana y salva.

Al contrario de lo que te han dicho, ella es muy amiga de la abadesa y lo único que podemos hacer es encontrarla.

Eulenhof, él también está vivo y ellos son como un perro; pero sin paradero conocido.

En ese momento, una figura se destacó de la pared, deshilachado como un fraile disfrazado e hizo una señal a Edgar, quien pronto se acercó a él, haciéndome un gesto de despedida con la mano, diciendo:

- Hasta pronto; ahora necesito hablar con este hermano.

Salí intrigado. ¿Quién era ese monje? No recordé nunca haber visto esa silueta y; sin embargo, no tardé mucho en abstraerme en mis propios pensamientos sobre mi situación.

La noticia de la hotelera había despertado en mí la idea que ella podría ser mi madre y mi corazón se quedó helado, porque en ese caso Godeliva hubiera sido mi hermana, habría cometido incesto, ni más ni menos.

Y, por si fuera poco, ¡ay! ¡Cielos! ¡Acababa de arrojar su cadáver al lago! Decir que era Berta fue quien me había puesto en relación con Godeliva para desviar sospechas... ¡Simplemente horrible! Mi desesperación era tal que, si Berta apareciera allí, la estrangularía.

Al día siguiente salí del convento y nadie lo sabría, al ver al sacerdote, que abandonó sin dudarlo un antro donde se cometían los crímenes más atroces.

Volviendo a Castillo de Rouven, nada me apuraba; pude descansar en cuerpo y alma; si el futuro no se viera brillante, tampoco quise decirlo amenazadoramente. Al cabo de unos días, un caballero, que se hacía llamar conde Léo de Loevenberg, llegó al castillo. Era un joven apuesto y elegante, de modales aristocráticos, que pretendía con esto visitar para resolver amistosamente una disputa sobre tierras limítrofes con las de Rouven. Estaba viendo la entrevista de los tres - la condesa, Alberto y Léo - cuando Rosalinda irrumpió en la habitación con un halcón en la mano, cuando regresaba de un paseo a caballo. Rostros sonrojados, excitados por el ejercicio y las emociones de su carrera, Rosalinda se mostró más seductora que nunca y los ojos del caballero se fijaron en ella con ostentoso deslumbramiento. La condesa los presentó y la conversación se generalizó sobre caza, paseos y diversiones. Rosalinda estaba en la plenitud de sus quince primaveras y era consciente que era verdaderamente hermosa, pero fue la primera vez que noté su preocupación por agradar. Era evidente que el esbelto conde de Loevenberg había causado una impresión irresistible. A esta primera visita siguieron otras. Pero un buen día, el conde de Rabenau se llevó a Rosalinda y pasaron unos meses sin que la volviera a ver. Mi autoridad crecía día a día en la mansión Rouven, la condesa me obedecía ciegamente y Alberto, que también era mi pupilo espiritual, no necesitaba pruebas de su mayor reverencia. Este falso melancólico era todo un fanático, confesaba a menudo y pasaba horas y horas orando. Por ese lado todo iba bien; pero la verdad es que mi emprendimiento se había detenido, no había podido descubrir el escondite de Berta para arrancarle las revelaciones que me permitieran alcanzar mi objetivo, el duque, a quien odiaba más que a nadie. También resultaron infructuosos los esfuerzos por descubrir las relaciones de Rabenau con el Convento. Y así pasó todo un año de intrigas y combinaciones improductivas.

Un día estaba leyendo junto a la ventana, cuando escuché la estampida de los caballos al galope. La condesa estaba fuera, visitando a un pariente anciano y enfermo, y nosotros, se suponía que Alberto y yo nos encontraríamos con él en unos días. Supuse que era algún vecino que llegaba a visitar al joven conde y ya casi había olvidado el incidente, cuando se abrió la puerta y vi entrar a Alberto muy angustiado, diciendo:

- Padre, vengo a consultarle: acaba de llegar Rosalinda, prófuga de su tutor que, dice, quiere casarla con Kurt; ella; sin embargo, ama al conde Léo y quiere casarse con él en secreto, por eso viene a pedirte que consumas y bendigas esta unión.

Sin embargo, quiero decirles que me opongo. En primer lugar - y frunció el ceño – porque yo también la quiero para mí; y luego, porque aborrezco las uniones secretas y creo que ella actúa indignamente, viola una promesa ya hecha. Le pido, por tanto, padre mío, que no se involucre en este negocio...

- Pero, mi querido conde - le respondí -, si Rosalinda ama al señor de Loevenberg, que es un hombre tan agradable, ¿por qué obstaculizar el matrimonio?

Expresándome así, consideré, avergonzado, que era lamentable impedir la felicidad de aquellos dos jóvenes y hermosas criaturas nobles, cuando la suerte es tan tacaña que permite la conjunción de dos corazones afines. Temí, por un momento, hacerles daño por exceso de celo y también recordé que Edgar era el padrino de Rosalinda. Pero la evitaba.

Llevó tiempo y Rabenau pudo maniobrar para hacer fracasar el acuerdo. Tomé, listo una resolución, me puse de pie con severidad y dije:

- Hijo, no te corresponde permitir o impedir el ejercicio de mi santo ministerio; oh, tú y tu madre son los dueños de esta casa, pero en la capilla el cura está a cargo. Bendeciré el amor de Rosalinda - levantando la frente -, y responderé de mis acciones delante de todo y de todos. Lo que te toca, hijo mío, es someterte a la decisión de tu confesor.

El conde estaba lejos de ser un espíritu audaz y no ignoró mi ascendente sobre su madre; para que no opusiera mayor resistencia. A petición mía, me llevó al apartamento de la condesa, donde fui a encontrar a Rosalinda llorando; al vernos, corrió hacia mí, tomando mis manos, suplicó:

- Pater Sanctus, no seas malo; cásame con Léo, que viene aquí para reunirse conmigo; una vez casados, me quedaré garantizada y protegido en su castillo, porque no te imaginas el terror que me causa este infame caballero Mauffen, con quien pretenden casarme a la fuerza. Me persigue y atormenta con increíble perseverancia, aunque mi tutor lo rechazó tres veces. No hay nada que temer de Kurt, porque él me ama y no parece demasiado apresurado.

- Cálmate hija mía, en cuanto el Sr. de Loevenberg, yo realizaré la boda.

En una hora, dos caballeros acompañados de escuderos y hombres de armas se detuvieron en el patio de honor. Eran Léo y Wilibald. Detectando al hermano, Rosalinda gritó y corrió a su encuentro.

- No tengo palabras para expresar mi agradecimiento por el inmenso beneficio que me brinda. Si algún día puedo serte útil, tenme como hijo.

Se apresuraron las medidas, se iluminó la capilla y, aun por sugerencia mía, Alberto presenció y firmó el término que el escriba del castillo había escrito rápidamente. Hecho esto, subí al altar y no esperé mucho tiempo para que núbil, Rosalinda, que había traído su ajuar - ¡una mujer siempre es mujer! -, estaba sencillamente encantadora. La belleza de dos se arrodillaron con reverencia y yo, extrañamente conmovido, recordé que, desheredado de la fortuna personal, todavía podía hacer felices a los demás, pronuncié las palabras sacramentales que los unirían para siempre. Después de la ceremonia, felicité a la joven pareja y todos nos dirigimos al comedor a tomar una copa de vino. Desde allí escuchamos adentro en el patio se oía poco ruido de paseos a caballo. Corriendo hacia la ventana, Alberto gritó confundido:

- ¡Es el conde de Rabenau!

Rosalinda palideció y abrazó a su marido; Wilibald se mantuvo erguido, de pie junto a su hermana. Alberto, siempre astuto y tímido, dijo con una sonrisa maliciosa:

- En lo que a mí respecta, soy inocente, porque no hice más que cumplir las órdenes del confesor de mi madre, que se enorgullece de la obediencia que le brinda, y, en este caso, mi influencia es nula.

Expresándose de esta manera, me lanzó una mirada de odio y de rencor. Consideré: ¿sospechas de mis relaciones con tu madre? ¿Sospechas que pretendo extraer parte de tu fortuna en beneficio del convento?

La entrada inoportuna del conde de Rabenau me impidió darle a Alberto la respuesta necesaria. El conde estaba emocionado.

Debido al esfuerzo del viaje: con la cabeza en alto, los ojos llameantes, se detuvo frente a nosotros y no dejé de sentir un cierto miedo de haber contradicho a aquel hombre que, contra mi voluntad, siempre me fascinó. En lugar de enfado legítimo que todos esperaban, una sonrisa desdeñosa apareció en sus labios y dijo mirándome con ironía.

- Pater Sanctus, al apresurarse a celebrar este matrimonio, tal vez imaginaste quitar a Rosalinda de mi tutela; pero, vale decir que no eres más que un simplón, porque con esta temeridad no hiciste más que dar origen a mi hijo una alianza mucho más brillante, ya que sé que el duque desea casar a su sobrina, la princesa Ursula, con Kurt; y, por tanto, si el duque muere sin dejar hijos, la fortuna de Rabenaus revertirá a su familia. Es imposible no saber que acabas de prestar un servicio a nuestro querido soberano, servicio por el que también te agradezco.

Luego añadió en voz baja:

- El amor se paga con amor, servicio por servicio...

¡¿Las palabras del juramento?! Retrocedí, petrificado: era uno de los nuestros, lo sabía todo...

Dirigiéndose a Rosalinda, continuó:

- Conocía tu plan y te dejé escapar porque nunca te obligaría a casarte contra la voluntad; pero, dada tu deslealtad, actuando sin consultarme, siento, a mi pesar, que soy desinteresado de ti al dejarte a tu suerte. Ahora casada, que tu marido te defienda y te sostenga; no tengo nada más que ver contigo.

Rosalinda corrió hacia él extendiendo sus manos suplicantes:

- Perdóname, no pude adivinar tus pensamientos.

- Vete, no tengo nada más que decirte.

La apartó suavemente y trenzó la capa. Haciendo una pausa por un momento se paró frente al novio, se mordisqueó el bigote y dijo:

- Lo felicito, señor de Loevenberg; y no le guardo rencor; las mujeres son nuestra perdición, ya que el mundo es el mundo; este es el caso de Adán.

Hizo ademán de irse abruptamente, cuando Alberto intervino, diciendo:

- ¡Ay! Señor conde, no me culpe de nada en todo esto, porque yo incluso me opuse, pero no podía desobedecer al confesor de mi madre.

El conde se detuvo y midió al muchacho con evidente desprecio:

- Realmente tenías que obedecer - enfatizó con una sonrisa maliciosa -, es curioso; que tu madre obedezca, entiendo y estoy de acuerdo; pero tú que eres el dueño de la casa... Si todavía tuvieras por confesor a alguna monja de las Ursulinas, vamos; pero por lo demás es singular. Además...

- Conde Alberto, permítame decirle que soy un caballero experimentado y práctica en el disfrute de la vida y que no es prudente confesar una obediencia ciega, más aun cuando el deber impone proteger a quienes se refugiaron en su mansión, armas en mano, si intentaba violarlo. Es una pena que un descendiente de Rouvens desconoce tales deberes de la caballería.

Los jóvenes novios y Wilibald reiteraron su agradecimiento y se retiró después de saludar fríamente al anfitrión. Regresé a mi habitación completamente desorientado. ¡Qué gran error había cometido! La idea nunca abandonó mi mente haber favorecido al duque en su proyecto de acumular la inmensa fortuna de los Rabenaus. Resolví ir al convento y consultar a Edgar. Una vez allí, aproveché un momento de mala suerte y le conté todo. Después de escuchar muy atento me dijo:

- Es realmente extraño, porque nunca logré ver aquí al conde de Rabenau y no puedo imaginarme cómo llegó a conocer nuestros secretos. ¿A quién he visto aquí, a veces, y por qué desde hace mucho tiempo en conferencias con el prior, es el señor de Mauffen; y siempre me gustaría saber qué razones llevan a esta antipatía al personaje para buscar a nuestro jefe.

- ¿Mauffen? - Dije sorprendido -. Me parece que el nombre no es extraño...

¡Oh! Es cierto ahora que lo recuerdo. Es conocido del dúo Berta-Eulenhof y, probablemente, de su amante. Por eso pido que no lo pierdas de vista. Quizás pueda sacar algo de estas fabulaciones. Quién sabe, tal vez le ofrezcan un rastro de esta infame condesa a quien no puedo reconocer como mi madre, aunque algo me dice que ella y el hotelero están unidos a una y única persona.

Habiendo obtenido la promesa de hacer todo lo posible en esta dirección, comenzamos a ocuparnos de lo que le preocupaba, me explicó el plan ideado para aniquilar a su madrastra.

- Sabes que tengo la intención de pagarle a la condesa las delicias de esta vida monástica que ella tan generosamente me regaló; pero la verdad es que solo el hijo puede llevarla a profesar. También es cierto que está harto de su dominio y tiene sed de independencia y dominio. Es una circunstancia que nos favorece, como ves. Tú permanecerás neutral y él la llevará para expiar su pecado en el claustro de muerte del marido. Para obtener nuestro deseo de Alberto, hay que indignarse por sus frecuentes escapadas del castillo, obligándolo, en cualquier caso, a venir a confesarse y rezar aquí, seguro que la devolveré a ti, lista y preparada para desempeñar su papel. Una vez Ursulina, doña Matilde seguirá siendo el instrumento de tu venganza, sobre la innoble abadesa, que hasta ahora no has podido lograr. Una vez dentro, la condesa permanecerá fiel, ya lo verás, sobre todo si le haces entender que algún día podría ser la sucesora de la Madre Bárbara. Así que intenta enviarme a Alberto lo antes posible y confía en mí, estoy seguro que te proporcionaré pronto una alegría tan grande como imprevista. Solo te pido una cosa: que no me preguntes nada, porque debo permanecer en silencio.

Conocía su ingenio y seguridad de los cálculos, para confiar plenamente en lo que dijo. Me despedí, solo recordándole que no lo se olvidara de Mauffen. Estaba ansioso por retomar mi puesto y comenzar mi tarea. La esperanza de vengarme de la abadesa me llenó de coraje y satisfacción.

Empecé mostrándole al joven conde una reserva glaciar, negándome a acompañarlo cada vez que intentase ver a su madre. Cuando regresó al castillo, esperé una ocasión en que me encontraba a solas con mi hijo, para darle mis saludos. Mostrándome insensible a las lánguidas miradas que ella me dirigió, le dije en términos severos que al joven conde no le agradaba profundamente. Le hablé de los acontecimientos de la boda celebrada en su ausencia, añadiendo que en vista de aquella gente extraña, el sr. Alberto se había atrevido a hablar de ella y de mí de un modo ofensivo y capaz de provocar sospechas. ¿Qué habíamos hecho, después de todo, que justificara esta conducta? Y concluí declarando que desde ese día dejé de ser su confesor y ya no quiso tener nada que ver con un hombre que prometía volverse impío, ya que, así joven, ya se atrevió a ofender gravemente a su padre espiritual. Fuera de sí, rompiendo a llorar, regañó a su hijo y le exigió que se disculpara, porque cualquier bien que quisiera para él, lo amaba más que a mí.

Al principio se negó; pero, temiendo la ira de su madre, acabó pidiéndome perdón. A su vez comencé a rechazar cualquier entendimiento; y, solo después de muchas súplicas, cediendo a las súplicas y lágrimas de la condesa, acepté las disculpas, para imponerle una penitencia de dos semanas en el convento - gracias a oraciones, ayunos y tres confesiones -. Estaba seguro que me obedecerían, porque la condesa se esforzó en calmarme. En efecto, al día siguiente una vez que el chico fue al convento y que hizo o le hizo ahí, no sé, aparte que volvió raro cambió. La mirada esquiva y dudosa que le dirigió a su madre me dijo que Edgar había dado en el blanco. En cuanto a mí, me abstuve de ir al convento durante esas dos semanas, para evitar sospechas.

Después de los primeros saludos, el joven conde se declaró muy cansado y pidió a la condesa que le concediera una entrevista por la noche, con mi presencia, ya que necesitaba hablar con él sobre asuntos de suma importancia.

Cuando estuve contento asistí al oratorio y poco después entró Alberto, muy pálido, mostrando en su gran rostro una decadencia moral. Se sentó, frunciendo el ceño, y después de una breve reflexión, dijo:

- Permíteme, madre mía, decirte cosas serias que me preocupan y me quitan todo el descanso. Durante el retiro y penitencia en el convento pensé que debería visitar la tumba de mi padre y orar allí por su alma. En el momento del Ángelus fui solo al mausoleo, donde reposan los restos de nuestros abuelos y, de rodillas, me absorbí en oración. Cayó la noche y el lugar simplemente estaba dibujando a la tenue luz de una lámpara cuando, de repente, se escuchó claramente una voz debajo del pizarrón diciendo: "¡Alberto, hijo mío!" - y lo que me dijo mi padre – pues era su voz -, lo sabrás cuando termine esta afirmación que, según veo, te alarma, en cuanto a mí... Sí, veo que estás pálida y temblando. Entonces bueno: como puedes imaginar, quedé atónito y lo que me dijo esa voz de ultratumba me asombró y me acosté en mi cama, corrí asustado.

La condesa, pálida como la muerte, se pasó las manos por la frente, inundada de sudor, mientras yo buscaba parecer indiferente, aunque interesado.

- Al día siguiente - continuó - le dije a mi confesor, un monje sabio y respetable, el hecho insólito, sin por ello detallarlo; y el santo varón, después de madura reflexión, dijo:

- Hijo mío, repite dos veces esta visita y si se reproducen los mismos fenómenos, debemos aceptarlos como un aviso providencial. En este caso conviene consultar a un piadoso ermitaño, a quien Dios concede, por su vida ejemplar, los dones de la clarividencia.

Convencido del gran alcance de este consejo, no dudé en regresar dos veces a la tumba, allí escuchando la misma voz y las mismas palabras de mi venerable padre. En vista de esto, el confesor me envió al mencionado ermitaño, anciano respetable, de larga barba blanca y ojos negros y penetrantes.

Inmediatamente asumí que era el padre Bernardo.

- Pedí a Dios que me disuadiera de la veracidad de las palabras que escuché - prosiguió el joven conde - pero, ¡Ay de mí! que no pude recibir asistencia. El buen ermitaño me preguntó qué quería, pero en cuanto comencé a hablar, me interrumpió y dijo:

- Fue tu difunto padre quien habló; y en ese caso te dirá lo que quiere, en voz alta, ya que no me interesa saber nada.

Dicho esto, echó carbón en un gran fuego y comenzó a orar.

Extrañas llamas multicolores, seguidas de un espeso humo, salieron de la estufa y, de repente - juro que no me engañé: ¡el espectro de mi padre apareció frente a mí, con un pergamino en la mano! Ante la macabra aparición, perdí los sentidos. Cuando desperté, el ermitaño me entregó el pergamino, diciendo:

- Aquí está el pergamino que trajo tu padre. Acércalo a los fogones y verás lo que quiere comunicarte.

Me levanté aturdido y examiné el pergamino por todos lados, concluyendo que no había nada escrito en él. Sin perderlo de vista, lo acerqué a la estufa y empecé a distinguir letras y frases enteras que surgían como por arte de magia del fondo blanco del pergamino, para formar los mismos conceptos escuchados en el cementerio.

La condesa, más muerta que viva, apenas podía sostenerse de la silla.

Alberto la agarró de los brazos, sacudiéndola violentamente y gritando:

- ¿Puedes negar que envenenaste a mi padre?

¡Ha llegado el momento de ver en tu rostro la señal de tu crimen!

Doña Matilde cayó de rodillas.

- ¡Es la justicia de Dios! ¡Los muertos se levantan para acusarme! Sí, culpable, pero no me juzgues, tú, hijo mío, por quien me convertí en criminal, víctima de mi corazón materno.

Extendió sus manos suplicantes hacia su hijo, pero él las rechazó horrorizado.

- ¿Por mi causa? ¿Quieres hacerme cómplice? Porque sabes que no desearía ningún tesoro en el mundo por tal crimen.

Ella dio un grito ahogado y cayó inconsciente. Alberto se volvió hacia mí en tono de reproche:

- ¿Sabías de todo esto, padre mío, y tú no dijiste nada... Vi claramente por las miradas que te dio, que te lo había confesado todo.

- Dices bien, hijo mío, yo lo sabía todo; pero mi hijo también sabe que los oídos del cura, en estos casos, son como una tumba. Considera; sin embargo, que si mi juramento te ordenó guardar silencio, la Providencia te permitió descubrir la verdad. Y ahora dime: ¿todavía crees?

¿Dijo que podría haber conexiones culpables entre yo, un siervo de Dios, y esta desgraciada criatura cuya única responsabilidad es deplorable y cuya sumisión y humildad solo provenían de la certeza que conocía su atroz crimen?

- Perdóname y no me niegues tu bendición - concluyó, besándome la mano y saliendo apresuradamente.

Finalmente, a solas con la condesa desmayada, no era ella lo que me preocupaba, era solo mi situación personal. Había llegado a mi fin, liberado de una tarea que empezaba a agobiarme. Ahora lo más inmediato era buscar a Edgar y conocer sus últimas intenciones, ya que, en la primera entrevista con la castellana, tendría que resolver definitivamente su destino, prescribiéndome lo que más me convenía. Por lo tanto, llamé a una de las criadas y le recomendé que tuviera el máximo cuidado con la condesa. Dicho esto, ensillé el animal y me dirigí al convento. Edgar me recibió de brazos abiertos y, agradecido, entrando a contar, sonriendo, cómo había engañado al estúpido de Alberto.

- Esto es lo que hace una parte de mi venganza - dijo con los ojos brillantes -. Cuando ella esté allí en el convento, cuando haya perdido su nombre, títulos, libertad, entonces la veré y le diré cara a cara: - ojo por ojo, diente por diente.

Suspiré, puse mi mano sobre mi pecho. Envidiaba a mi amigo los placeres de la venganza que había probado de antemano. ¿Cuándo llegaría mi turno? - murmuré suavemente...

- Hablas de una entrevista con tu madrastra y creo que es muy justo, pero, como lo conseguirás?

Me miró con ojos profundamente tranquilos:

- Sé lo que digo y por qué lo digo; solo te pido que tengas paciencia, porque te garantizo una venganza total. Por ahora no puedo decir nada, pero después de haberlo hecho Madrastra mía, lo sabrás todo.

Alimentando nuevas esperanzas, regresé al castillo, donde la condesa permaneció invisible por tres días. En la mañana del cuarto día mandó llamarme y cuando apareció me sorprendió su apariencia.

Tratando de ocultar su rostro pálido y las ojeras moradas, me habló en tono lastimero:

- ¡Padre, aconséjame sobre mi desgracia, por el amor de Dios!

- Hija amadísima, cree que tendrás en mí al consejero y protector que te prometí. Sé tu misma; habla, descarga tu corazón; soy el médico del alma y encontraré el bálsamo para tu conciencia.

- Padre, tengo en ti mi salvavidas, mi única esperanza en este mundo. Sé que eres misericordioso como aquel Señor que encaja.

Mi corazón se rompió involuntariamente: esa mujer era una gran criminal; pero en ese momento hablaba con sinceridad y convicción; mientras yo, siervo de Dios y de Jesús, había traicionado el secreto confesionario, tras fingir estar enamorado, con la intención de aniquilarla. Incliné la cabeza y me pareció algo así como la voz de la conciencia me dijo: cobarde, traidor, perjuro, ¿cómo te presentarás en el tribunal del Señor? La condesa no podía leer mis pensamientos, pensamientos que yo mismo consideraba un signo de debilidad y rechazaba como tales. Comenzó entonces le pregunté qué pensaba hacer antes de darle mi opinión.

- No lo sé, mi hijo está loco, exigente, me pide que profese. Yo, a mi vez, me siento aterrada ante una prueba tan evidente de la sentencia divina y estoy dispuesta a hacer todo lo posible para expiar mi falta. El convento me aterra; pero, dime: podré suplir mi falta de medios profano, sacrificando tiempo y fortuna en beneficio de los pobres y los enfermos, ¿o debo amargar al resto de mi existencia en un claustro religioso?

Le respondí sin dudarlo:

- Correcto, tu hijo donará a la Iglesia la herencia que recibió, pertenece y que por tanto beneficiará a los pobres... ¿Y quién mejor los conoce, con sus necesidades, que los ministros de Dios? Si mi hija quiere asignarme esta sagrada tarea, la realizaré con alegría, para competir por tu salvación. Debes por ti misma renunciar al mundo, tomar el velo y, como una humilde servidora del Señor, para borrar la mancha del horrible crimen que cometiste. Solo detrás de los muros de un convento puede el ser humano recuperar la tranquilidad que había perdido.

Mentira innoble, porque es precisamente allí donde toda paz y se crea un infierno dentro del alma; la verdad; sin embargo, es que había prometido encerrarla y ella estaba allí a mi discreción.

- Me someto - dijo bajando la vista -. Tomaré el velo...

Me levanté electrizado y tomando su mano con la cabeza entre las manos, dije en voz alta:

- Bendita seas hija mía, y que Dios y sus ángeles te guarden en este edificante propósito. Tú también puedes contar con mis oraciones a este respecto. Sin embargo, no olvides regularizar tus asuntos temporales, considerándote como un viajero que continúa en busca de una región lejana. Tu fortuna requiere cuidado, evita discordias y malentendidos después del internamiento.

- Sí, haré todo y me permitirá contar con tu asistencia en este particular.

Pasamos los siguientes días arreglando el gran asunto. Todo lo que le pertenecía personalmente en dinero, joyas, etc., me fue confiado para distribuir entre los pobres; una gran propiedad era concedida al Convento de las Ursulinas, afectando a nuestra comunidad una importante suma de dinero y tierras de viñedo, como parte de la herencia de Edgar. Esta porción correspondía, más o menos, a lo que pretendía el recuento legado, y queriendo la condesa, en la medida de lo posible, reparar el mal, exigí que se hiciera la disposición del difunto.

Así, con el descubrimiento del crimen de su madre, el joven Alberto sufrió un gran malversación de sus bienes.

Cuando le informé de las resoluciones de la condesa quiso comentarlas y bloquearlas, pero le advertí:

- Hijo, exigiste que tu madre profesara; para impedir esta donación sacrificó a tu padre; por lo tanto, es justo que ahora mismo, para expiar su crimen, quiera ejecutar los deseos de la víctima. En cuanto a su fortuna personal, tiene derecho a dársela a los pobres, para que oren por ella y su marido. La Iglesia, como sabes, tiene derecho consagrado, sobre la fortuna de tus hermanos; por lo tanto, no hay nada que embargar, especialmente cuando queda mucho dinero, tierras y castillos, al señor de Rouven. Además, tienes la libertad, las riquezas, todos los bienes mundanos y podrás, como un águila con las alas sueltas, volar sobre las dos rocas, sobre las que vivirán, secuestrados del mundo la ex condesa de Rouven y su noble hijastro Edgar.

Pasaron catorce días, rompiendo las brumas de la mañana, acompañé a doña Matilde al convento de las Ursulinas, después de haber dimitido como capellán del castillo, advirtiendo al joven conde que, a su regreso, definitivamente iría a mi monasterio. La condesa se presentó toda vestida de negro y, tras despedirse de su hijo y de su familia, a quienes había repartido regalos el día anterior, ella descendió, sostenida por mi brazo, esa misma escalera de honor que yo había subido un día, lleno de esperanza, de la mano de Edgar. El séquito, formado por apenas unos pajes, la fuerte niebla pronto cubrió la silueta del castillo con un velo gris. Pensativa, con la cabeza gacha, mi compañera de viaje no dijo una palabra. Después de tres horas de caminata vimos el Convento de las Ursulinas. Para demostrar humildad, la condesa desmontó y continuamos a pie.

Tocando la campana de la puerta, me vino a la mente la primera visita que hice allí. Una vez que entré, tuve que apoyar a doña Matilde, que parecía a punto de desmayarse. La abadesa la recibió con los brazos abiertos, abrazándola contra su pecho y llamándola hermana.

La abadesa no había cambiado: era la misma figura beatífica, de mirada serena. Noté que me miraba fijamente con insistencia, pero no me reconoció y me saludó muy afablemente. Le dije que era confesor de la condesa y quería continuar ayudándola, también, porque, como ejecutor de sus disposiciones testamentarias, tendría que rendir cuentas ante ella.

Al mencionar el opulento legado destinado a su comunidad, la celosa pastora de la Iglesia me estrechó efusivamente la mano, diciendo en tono melifluo:

- Muy bien, padre; ven, cuando quieras, a consolar a nuestra hermanita y creo que así serás siempre bienvenido.

Me despedí y, como no tenía nada más que hacer en el castillo de Rouven, me dirigí a la Abadía para entenderme con Edgar. Me escuchó radiante pero, pasada la primera emoción, dijo que había sorprendido una entrevista del prior con Mauffen, pero en términos tales que lo dejaron indeciso y confundido, sin saber qué pensar.

El gran caso es que el abad había utilizado el lenguaje de un cabotino y no el de un hombre de su clase. Y ellos también hablaron de un líder, sin nombrarlo, se ve. Aparte de eso, adquirí la certeza que Berta era la misma Condesa Rosa, y que este Dilauffen planeaba vengarse de Léo de Loevenberg, ya que lo había amenazado. Como vi, ya había algunas cosa y con paciencia también me tocaría recoger las cuentas de la Madre Bárbara y de mi madre.

Unos días después, por la tarde fui a las Ursulinas y estuve allí con la condesa, ya vestida con su hábito de novicia. Resignada, me declaró que su amor por mí era su único consuelo en este mundo *"Intra Muros."*

Para distraerme y matar el tiempo, volví a trabajar con el padre Bernardo, el sabio infatigable, siempre tras la pista de algún descubrimiento y tan absorto en cosas trascendentes, que se olvidó de todo, incluso de sus propios planes de venganza. Dos secretos, sobre todo, quería quitarle a los arcanos de la naturaleza: la fabricación del oro y la manifestación de las almas desencarnadas.

Para lograr este objetivo, estudié día y noche y por eso pasábamos el tiempo estudiando manuscritos antiguos, que contenían extrañas experiencias y relatos de nigromantes egipcios y caldeos. Bernardo actuó como un asceta, alimentándose estrictamente de lo indispensable, hasta el punto de parecer exento de todas y cada una de las necesidades fisiológicas. Su vida fue tan espiritualizada que incluso olvidó que tenía un cuerpo. El prior lo visitaba de vez en cuando en el laboratorio.

Bernardo hablaba poco y leía mucho, anotando en pergaminos lo que leía; pero si tuviera que hacer alguna explicación o comentario, fue magnífico en verdad y erudición. Un día, ocupado pesando algunos ingredientes que queríamos fundir, siempre con el afán de obtener oro, mientras el prior sentado frente a una mesita leía un viejo tratado, lo vimos interrumpir de repente y decir con esa voz metálica, toda suya:

- Hermanos, vean qué ciego y todavía llegamos tarde; escuchen esta maravillosa narración de un visionario caldeo, que acabo de traducir en este antiguo alfabeto: "Habiendo, en la medida de lo posible, desacostumbrado el cuerpo a todas las necesidades materiales, especialmente comida, que embota la inteligencia - me había dado cuenta varias veces que, después de una comida copiosa, me sentía angustiado -. Logré, a fuerza de ayunos periódicos y de concentración mental en cuestiones abstractas, logré, repito, salir y volver al cuerpo a mi voluntad. Y lo hice colocándome en un lugar bien iluminado, mirando el Sol. Los primeros experimentos fueron infructuosos; no perdí nada con esto, ya que los rayos de la estrella alrededor hacia donde gravita nuestro planeta, deberían purificarme. Cuando logré concentrarme persistente e ininterrumpidamente un rayo luminoso, ya no podía quitarle los ojos de encima, y poco a poco comencé a ver una luz radiante penetrar en mi cuerpo y el llenado de masas nebulosas, para que, presionada por ellas, el alma poco a poco se escape de ella, en una amalgama igualmente brumosa, pero plateada, como una cascada descolorida bajo la luz del Sol. Tenía razón en ser el alma que destacaba, porque esta masa nebulosa era el molde exacto del cuerpo, ya que era más diáfana, más bella, como se presume que es peculiar de todo espíritu al que se le permite levantarse. Solo un cordón luminoso, muy grueso y sólido, unía el espíritu al cuerpo, proporcionándole moverse a voluntad, pero impidiéndole liberarse por completo. Entonces pude distinguir todos los objetos a mi alrededor, vi una gran roca a mi lado, al mismo tiempo vi su núcleo; vi que el mismo rayo solar penetró allí y pareció descomponerse en millones de gotas multicolores. Después, mi espíritu visitó las entrañas del globo y allí percibió los mismos rayos del sol vivificante. Noté que, siempre después de las llamas policromadas, había algo que parecía humo. Había regiones donde todo burbujeaba, en forma de agua hirviendo, destripándose poco a poco en chispas después, humo negro que al disolverse dejaba líneas visibles como cristales, algunos de oro, otros de metales, otros de piedras preciosas. Era como si los estuviera mirando su formación."

En este punto, el prior guardó silencio y nos dijo:

- Hasta ahora solo he podido hacer la traducción, porque el texto es casi ilegible y muchas palabras me resultan desconocidas; sin embargo, el significado general está en lo que acabo de leer. Que pensemos en todo esto, hermanos míos, que necesitaríamos conocer las manipulaciones de lo invisible, que producen el oro, y no mezclar, como hacemos nosotros, elementos ya formados. Para lograr este objetivo, necesitaríamos ser capaces de observar y producir sustancias gaseosas, como las veían los caldeos y esto nunca será posible, ya que se trata de materia tan sutil como la que constituye nuestra propia alma.

Es fácil comprender el interés con el que seguimos la lectura y los comentarios del prior que, teniendo base de verdad, dieron mucho que pensar y levantaron mil problemas.

- ¡Ojalá pudiéramos tener a alguien capaz de solucionarlos! Sí, eran gigantes que perseguíamos, sin jamás alcanzar, estos misterios de la naturaleza, que hormiguean a cada paso, a cada mirada, tanto en el presente como en el pasado o en el futuro. El hombre mismo era un abismo insondable. ¿Cómo se unió y separó en el cuerpo, este ego invisible que pensó, sufrió, estudió y aun pudo tener afectos, odios, ira, celos, cuando de él no quedaba más que masa inerte, como aquel cadáver de Godeliva que también había amado, sufrido, hablado? ¡Misterio! Todo esto escondido en este espacio transparente; pensándolo bien, todo parecía insignificante, inútil, mezquino, incluso yo mismo, con todos mis planes de venganza. ¡Detrás de nosotros, cuántos siglos y generaciones extintas!

¿Cuántos grandes hombres con sus hazañas y glorias desaparecieron, envueltos en este invisible donde, evidentemente, había lugar para todos? Enterré la cabeza entre las manos, abrumado, abrumado por innumerables enigmas que me preocupaban sin saber si podría solucionarlos. Mi cerebro parecía comprimido, experimenté un completo desorden funcional del pensamiento, como si chocara contra una pared inamovible. ¡Oh! ¡Dios! Pensé que si me hubiera sido posible levantarme, en cualquier momento, una punta de ese velo, sacrificaría mi propia vida por esa victoria.

- Fray Sanctus - dijo la voz del prior en ese momento -, no te preocupes tanto; nuestros cerebros no están hechos para funcionar como queremos, pero... - se acercó, se puso de pie, puso su mano en mi hombro y dijo en tono firme -, fuimos creados para trabajar y no para soñar; entregados a quimeras tan hermosas, que nos parecen prometedoras y ricas en descubrimientos, y que no son más que trampas traicioneras, pesadillas que solo desaparecen cuando aquí - golpeándose la frente -, todo se para. La vida nos es dada para vivir... Lo vivimos, entonces.

- Sí - murmuró el padre Bernardo -, podrá hacerlo con su alma de gigante, con su inteligencia infatigable, pero nosotros los pigmeos, al menos yo... también me levanté dentro y fuera de mí, todo parecía incoloro: el futuro sin propósito, mis planes de venganza mezquinos y ridículos. ¡Me adelanté a tiempo y en el espacio, como si todo estuviera cumplido, verme a mí mismo, sentirme roto, envejecido, enfrentarme a un resultado desolador para finalmente volver a entrar en la nada incognoscible, la patria de mi alma!

Incapaz de seguir trabajando le pedí permiso al padre Bernardo y regresé a mi celda. Me quedé allí unos días, agobiado y apático pero, poco a poco, el joven reaccionó, la impresión se desvaneció y el aburrimiento de la vida monástica me llevó de nuevo al laboratorio del padre Bernardo. Todo siguió su ritmo habitual. Pasaron semanas y meses sin acontecimientos dignos de mencionar.

Menciono, hasta que una mañana, Edgar entró en mi celda con una sonrisa enigmática.

- Ângelo, hoy es cuando la condesa Matilde hace un acto de profesión. Por la tarde la visitaré y tú, después del trabajo de la noche, me esperarás allí en el viejo subterráneo. Después de volver a ver a mi madrastra te daré la gran alegría que te vengo prometiendo desde hace mucho tiempo.

Quería interrogarlo, pero pronto se alejó, afirmando que estaba ocupado. Un vago malestar me invadió todo el día.

No se había encariñado con doña Matilde y, sin duda, esta criatura soberbia y criminal había estado a la altura de su destino; pero a mi pesar, no podía sacarme de la cabeza la idea que en Dios tenía un juez superior a Edgar, y que el terrible trance que enfrentó, así como la terrible entrevista en la que iba a perecer, fueron obra mía. Esperé impaciente la hora y tomando una antorcha me dirigí al punto marcado. La antigua catacumba era una gran cripta subterránea, ya completamente llena de tumbas. Nadie bajó allí y estaba seguro que no me molestarían. Sostuve la antorcha en un gancho de hierro y me senté al borde de una tumba. Desde todos lados y hasta donde alcanza la vista, se levantaron monumentos funerarios y las propias paredes se cubrieron con losas de mármol o bronce. La luz parpadeante de la antorcha hizo que la silueta de un caballero arrodillado apareciera en la oscuridad, ahora la cabeza de una mujer con las manos juntas, o algún escudo, el último signo de la estúpida vanidad humana. Y lo consideré melancólicamente: todas aquellas criaturas, cuyas efigies estaban allí litografiadas, llevaban siglos muertas, ¡se habían sumergido en la nada desconocida y también habrían sondeado su misterio! Este problema de la muerte, que tanto me molestaba.

Me interesó, me emocionó de nuevo. No sé cuánto tiempo soñé allí, aparte que me estremecí cuando sonó la campana de media noche. Edgar llegó tarde. ¿Habría sido detenido en la Secretaría? Pero... en ese momento, escuché pasos al fondo del bajo tierra y se me apareció Edgar, que venía de no sé dónde. Por la expresión de su rostro deduje la satisfacción del odio saciado.

- Gracias, Ângelo - dijo estrechándome la mano -, las horas pasadas hoy me han calmado y reconfortado.

- ¿La viste? - Pregunté, sintiendo la misma impresión dolorosa que me había molestado todo el día.

- Sí, vi lo que no es más que una sombra de lo que fue: la soberbia condesa de Rouven. Tembló al reconocerme, sintiendo la ironía con que me dirigía a ella. Mi venganza, así como su nombre y su traición. Ahora, estoy bastante seguro que ella experimenta los mismos sufrimientos que padecí, privándome de todo: nombre, honor, libertad, sacrificados en una vilísima intriga. Que también prueba los horribles momentos en que el burel me parecía de plomo y quería partirle la cabeza a una persona.

Encuentro estos muros, hechos la tumba de mi vida.

Por ahora te basta que entiendas lo que sufrí; a ella que, acostumbrada a mandar y gobernar, no será más que un instrumento servil en manos de una criatura como la Madre Bárbara. Pero mira, también te traigo buenas noticias, amigo. Quedan para después; sin embargo, ya que ahora quiero dar esta prueba de mi reconocimiento y que disfrutes de los restos del amor que aun pueden permanecer en tu corazón desgarrado. En ese momento, dos figuras hasta entonces inadvertidas, se despegaron de la pared y dos monjas aparecieron en la habitación, apenas iluminadas por la antorcha. Una de ellas se acercó a mí dejando caer su velo, ¡simplemente me deslumbró! Borracho de amor, loco de alegría, la sostuve en mis brazos. ¡Era Nelda! Sí, Nelda, mi hermana y; sin embargo, criatura de mi pasión. Una nube para mi pasado a través de sus ojos.

- ¿Estás aquí? ¿Qué milagro es este?

Di un paso atrás, sin soltarle las manos, y comencé a examinarla.

- Sí, estoy bien.

Ella, con su tez pálida, cambiaba de facciones, pero siempre hermosa. Entonces, ebrio, solo después de un tiempo regresé a la realidad, y vi a Edgar apoyado en él y, junto a él, a la otra monja, María de Falkeinstein, cuya fisonomía reflejaba profundo sufrimiento moral, solo aliviado por la presencia del hombre amado.

- Sentémonos y hablemos de lo que importa - dijo el compañero, dando ejemplo.

- Explícame todos estos misterios, Nelda. Eso lo dejamos para mañana - intervino Edgar -, y ahora escuche las noticias serias que tengo que compartir con ustedes. No he sido descuidado, y llegará tu día, porque ya tenemos todos los hilos en la mano. Basta pensar que Nelda y María están ahí, en las Ursulinas, y nada de lo que allí ocurra se nos escapará en la trama. Toda la cofradía está harta de la Madre Bárbara, de su falsificada hipocresía, y María tiene los elementos para destronarla. En este caso no necesito decir nada más, aparte que también tenemos una galería de comunicación con el convento, tan seguramente como aquí estamos reunidos. Tampoco somos los únicos que tenemos allí atrapado el corazón. Ya sabemos que la condesa Rosa se refugió con su amiga Bárbara; suerte que no será difícil agarrarlas. Sin embargo, antes que nada, debemos capturar a la abadesa y luego tendrás dos presas en la mano, promesa de venganza. También me quedan muchos otros: - Waldeck y mi hermano. Eliminando a ellos, podré cuidarme sola, y luego... ¿quién sabe? Tal vez pueda hacer realidad mi sueño... Pero...

- Es hora que nos separamos – dijo levantándose -. Hasta pronto, porque ahora podrás ver a Nelda cuando quieras.

Nosotros dijimos adiós; hasta que las monjas desaparecieron. Edgar se tensó y, con los ojos brillantes, dijo:

- ¿Sabes lo que sueño y me duele noche y día?

- ¿Cómo podemos imaginarlo, además de tu venganza, que vemos tan bien encaminada?

- Eso es secundario - dijo con vivacidad -. El caso es que estoy tras la pista de una intriga increíble... - se inclinó y me susurró al oído -, nuestro prior no es más que un títere, dirigido por una mano hábil, y todos somos instrumentos de esta voluntad oculta.

Nadie se me escapa de la cabeza que el prior tiene dos personalidades, una que manda y otra que obedece, pasiva y ciegamente. Todo el admirable sistema de la hermandad, triunfos, prestigio, riquezas, se pueden atribuir a los talentos de este hombre desconocido; pero, al final, si no encontró asistentes como nosotros; es decir, trabajadores para todo tipo de delitos secretos, en los que no se ensucia las manos. Ahora, esto me repugna, porque sabes que nací antes para ordenar eso.

Estoy seguro que, si yo estuviera en su posición, con los poderes que tiene, haría mucho más y mejor.

Bernardo me prometió la cruz de oro, antes de pensarlo, y ahora me ronda esta idea:

- El prior tiene que ser depuesto, al igual que la Madre Bárbara, para que seamos dueños de todo, ya que en la actualidad no somos más que esclavos, y qué más es: esclavos de algún aventurero, tal vez.

- ¿Quién podría ser? - Pregunté inquieto -. Porque a mí ya se me había ocurrido la misma sospecha.

- ¡No lo sé! Lo que sí sé es que necesitamos descubrirlo. Con ese fin, he realizado un examen minucioso de todos mis compañeros, estudiando su forma de andar, gestos, timbre de voz, etc.; Es concluye que no está entre nosotros. Yo diría que siempre proviene de la habitación del prior, pero todavía no he encontrado ningún medio para identificarlo.

Preocupado e intrigado por todas estas conjeturas, no pude contenerme y dije:

- Mira lo que estás jugando, un juego arriesgado; la intuición de este personaje que nos dirige es mucho mayor que la nuestra, y si aunque hago justicia a tu energía e ingenio, me temo que no puedes competir con él.

Mi amigo se sonrojó mucho y leí algo de ironía y resentimiento en sus ojos.

- Crees que me falta inteligencia y energía para descubrir esta estafa y lograr mis objetivos? Entonces, quiero hacer un juramento.

- ¿Cuál es?

- No tratar de conquistar el priorato, si puedo, con mis esfuerzos, dejarlo vacante.

Te lo juro por mi honor.

- ¡Gracias! Y ahora, dos palabras más, para que puedas dormir completamente tranquilo: sabes que fui a mi madrastra, entrando por el vestíbulo y diciéndome tu mensajero, ya que sería peligroso - sonrió irónicamente - sospecho la existencia de un camino más seguro y discreto, volver a visitar el Pater Sanctus - camino para mí descubierto mucho antes, cuando espiaba al prior, quien también lo utiliza en sus entrevistas. De hecho, fue gracias a ti a esto que pude volver a ver a María, y también fue de él que obtuve permiso para acercarme a ti con Nelda. En general, los cohermanos que, como nosotros, tienen un antiguo afecto por las

Ursulinas, son los únicos que disfrutan de este privilegio desde el nuevo siglo.

Las relaciones están prohibidas. Y ahora que lo sabes todo, buenas noches.

Pasó un tiempo sin más noticias, hasta que un día recibí la visita inesperada del barón Wilibald de Launey, pálido, desfigurado, visiblemente demacrado de cuerpo y alma.

- De paso por aquí, no quería perder la oportunidad de visitarlo - dijo. Luego dijo en pocas palabras que se había casado, pero no era feliz y la desgracia de su hermana lo entristecía aun más.

- ¿Que paso después?

Pregunté, ansioso e interesado por la hermosa Rosalinda, cuya unión había bendecido.

- ¡Ignoras entonces lo que pasa ahí fuera de boca en boca?

- No sé absolutamente nada.

Continuó diciendo que el conde de Mauffen, después de haber perseguido durante mucho tiempo a su pobre hermana, había cometido contra ella toda clase de infamias. Finalmente, en una reunión, acusó a Loevenberg de haber asesinado, en falsa fe, al caballero Sezefredo Mauffen, su primo, cuando se dirigía, por negocios, al castillo de Loevenberg, añadiendo que el cadáver fue encontrado posteriormente en tierras de Léo. Éste, indignado, protestó y Mauffen siguió, tenía la acusación, insinuando que el acusado heredaría parte del patrimonio de la víctima, cuya madre, tía de Loevenberg, odiaba a Hugo de Mauffen y había puesto a prueba a su sobrino, por si su hijo moría sin dejar descendencia. La discusión degeneró en escándalo y terminó en desafío recíproco, decidiendo los contendientes apelar al juicio de Dios.

Rosalinda, al enterarse, se exasperó e insistió en asistir a la reunión, cuyo resultado fue desfavorable. Al ver caer a su marido, dio un grito que sobresaltó a todos, incluso porque todas las simpatías caían ante Leo. El duque, visiblemente sorprendido, no supo decidir el aniquilamiento de los vencidos, dado que la joven esposa, considerando la gran pasión que los unía. En el primer momento, Rosalinda extendió sus manos suplicantes hacia el duque; pero, de repente, la vimos estremecerse y gritar:

- ¡No, Excelencia! Sería peor enemigo que este desleal asesino, si te pidiera que preservaras una vida deshonrada. ¡Más vale muerto que deshonrado!

Y se quedó en silencio, inactivo.

Dilo, perdí la cabeza. ¡Ver a nuestro amable y querido Léo sucumbir así, sin poder ayudarlo! Nuestro tutor Rabenau, que había ido a ver la pelea desde nuestra plataforma, tomó a Rosalinda en sus brazos para sacarla del escenario del terrible resultado. Esta narración me conmovió profundamente, debido a la simpatía espontánea que los leales al joven siempre me había inspirado.

- ¿Dónde está Rosalinda ahora? - Pregunté.

- En casa de Rabenau, que prescinde de su mayor atención y cuidado. Parece que el heroísmo de mi hermana hizo que Lotário olvidara su falta de confianza en el caso de cónyuges. Imagínese; sin embargo, Pater Sanctus, que este sinvergüenza de Mauffen, no satisfecho con la muerte de Léo, también robó el cadáver que, tras ser llevado a una tienda de campaña y depositado allí, desapareció y no hubo forma de encontrarlo.

No se lo informamos a Rosalinda, quien ardía de fiebre y, afortunadamente, no podía resolver nada por sí sola.

Pero yo espero que llegue el día de ajustar cuentas con ese Hugo de Mauffen, a quien también odio a muerte.

Poco después, Wilibald se retiró. Por la noche bajé al subterráneo y encontré allí a María y a Edgar. Nelda llegó poco después y empezamos a hablar de nuestros asuntos. Las dos chicas revelaron que habían logrado propagar un silencioso movimiento de revuelta contra la abadesa, cuyo exquisito mal se convirtió, durante mucho tiempo, intolerable para toda la fraternidad. Todo estaba planeado y preparado, solo esperando un momento favorable. Además, Nelda había sorprendido al prior en una entrevista con la condesa Rosa, quien estaba más que feliz de comprobar, que se trataba de la posadera Berta, en persona. Para gran sorpresa de Nelda, habían hablado de un jefe y el prior había dicho que la vida en la abadía era una carga insoportable para él, hasta el punto que, si pudiera tomar el control de la bóveda, rompería los grilletes y le daría el resto al diablo.

Al escuchar esto, Edgar se levantó y comenzó a caminar de un lado a otro. Les recordó a los dos amigos que ya era hora de irse y les recomendó que no se perdieran las charlas de Rosa con el prior. Una vez solo, Edgar se levantó y dijo:

- ¿Ves? El prior es un títere y no se guarda nada:

Sin embargo, cuando lo necesitas, ¡nunca te falta dinero! ¿Sabes lo que pretendo hacer? Tengo una suma considerable de dinero, tú aportarás parte de lo que recibiste de mi madrastra y yo intentaré corromper a este testaferro, que debe ser un carácter maleable. Una vez que sea destituido, el puesto, ahora vacante, será mío. ¡Oh! Si pudiera saber quién es este verdadero jefe…

El descubrimiento no fue fácil en ese momento, pero el azar protegió los planes de mi amigo.

Una noche, cuando bajamos al subterráneo, pasando cerca de las habitaciones del prior, en el mismo lugar donde, una vez, ya habíamos sido sorprendidos por una conversación sospechosa, escuchamos el murmullo de dos voces. Nos detuvimos con cautela. Alguien dijo: "perra ingrata, me desobedeciste por segunda vez y de esta manera terminarás comprometiéndonos a todos; abusar de tu posición sin importar lo que te di. Vamos, dame cuenta del dinero que te confié y que desperdiciaste. Libérate de agotarme la paciencia y no creas que podrás burlarte de mí. No me conoces; te romperé como si fueras un cristal.

- Aquí está el jefe - susurró Edgar - y luego resonó la voz del prior en tono servil:

- Pero, conde, soy inocente; ¿qué más puedo hacer? Le he servido durante muchos años, intentando hacer cada una de sus voluntades y nunca está satisfecho.

Dios es testigo de mi gratitud; pero la verdad es que me maltratas mucho…

- Bueno, bueno, conozco tu

- Soy sensible - respondió el otro -, pero escucha: hay que vigilar al hermano Benedicto, que me sigue la pista y cuya mirada ya tengo he sorprendido. Este hombre no me agrada. Ya le he proporcionado los medios para vengarse, ¿qué más se puede pedir?

Edgar me agarró del brazo y continuó diciendo:

- Fue bueno saber que desconfía de mí. Sabré tener cuidado con el redoblamiento de esfuerzos, y sé que sabré quién eres, ¡oh Argos, que oyes crecer las plantas! Porque la justicia sea con él. Realmente es un *tour de force* haber sorprendido mi espionaje.

- Sí - confirmé -, y vale la pena repetir que estás jugando un juego peligroso, enfrentándose a este hombre astuto y sospechoso.

- Ya veremos: el que no arriesga no come y además, - sonriendo significativamente -, no me gusta luchar contra enemigos menos dignos. Has oído bien que esto es un cuento, y eso tiene mucho valor para mí.

Nos separamos. Fui a buscar al padre Bernardo, pero debo confesar que mi trabajo de laboratorio, así como los planes de venganza fueron enfriados por idilios secretos con la encantadora Nelda. Mi pasión por ella había revivido más ardientemente que nunca y fue correspondida sin vacilación ni medidas. No había entre nosotros escrúpulos ni remordimientos, los amores ilícitos florecían maravillosamente, detrás de los gruesos muros de los dos austeros conventos.

Así pasaron unas semanas, hasta que una noche Benedicto me anunció que había llegado la ocasión tan deseada de masacrar a la abadesa. En el convento se había producido un brote de viruela, algunas monjas habían muerto, mientras que otras, ya contaminadas, estaban en peligro. Gracias a un maldito padre Bernardo, la madre Bárbara también parecía muy mal y María y Nelda, que la observaban, declararon que a ella también la atacaron por dentro para evitar el contagio, y nadie pudiera visitarla. La noche siguiente, todo estaba preparado y apareció el efecto deseado. La abadesa, drogada, fue llevada por nosotros al subsuelo y allí depositada en una las de prisiones secretas, donde podía vengarme a voluntad, arrancándole todas las revelaciones relativas a mi madre y mi nacimiento. Mientras actuamos de esta manera, apoyados por otros compañeros hostiles a la Madre Bárbara, generalmente detestada por su maldad, reemplazaron su cuerpo por el de una monja fallecida, cuyo rostro desfigurado debido a la enfermedad, apenas fue reconocido. Al día siguiente, cuando se conoció el incidente, el miedo al contagio y a las precipitaciones del entierro facilitó la no identificación del cadáver, por lo que la Madre Bárbara estaba definitivamente muerta para el mundo y para su comunidad. Sor María de Falkenstein muy estimada por su inteligencia y bondad, así como por la donación íntegra de su enorme fortuna al Convento, fue electa abadesa. Fue una gran victoria para Edgar, que se convirtió así, de una vez por todas, en dueño absoluto de las arcas de las Ursulinas que María siempre estuvo dispuesta a sacrificarlo todo por su amado. Y cuando Nelda asumió como tesorera, no podríamos desear nada más. Nuestro Edgar necesitaba mucho dinero para sacar adelante sus planes y, afortunadamente, en aquella época no existían sistemas de inspección como los que hay ahora.

Habiendo mencionado aquí estos hechos, para mayor claridad del relato, vuelvo a la Madre Bárbara, bajo llave, con una tregua de quince días para pensar y convencerse de su impotencia. Una noche, armándome de un buen bastón y de material para escribir, bajé al calabozo.

Mi intención era escribir primero su biografía, que me pareció muy interesante. En el estrecho cubículo redondo y escasamente iluminado por una lámpara, el jergón de paja, un banco y una mesa de piedra, constituían todos los muebles. Cuando entré allí, pálida y desfigurada, la Madre Bárbara estaba tendida en el miserable jergón.

Cubriéndose la cara con las manos, estalló en sollozos mientras le ordenaba, seca y severamente, que hiciera una confesión completa, bajo pena de pena de muerte de castigo humillante. Le mostré significativamente la vara, retrocedió aterrorizada y dijo:

- ¡Confesaré todo!

- No me di a conocer porque no quería influir en la confesión para poder apreciar mejor su sinceridad.

María me había entregado toda la correspondencia privada de la "buena" abadesa y así fue como supe que había amado locamente al señor Teobaldo y, por despecho, se había desilusionado, y profesado. Después protegiera los amores de la condesa Rosa con el duque. Finalmente, una nota suya agradeciéndole por denunciar los planes vengativos del señor Teobaldo; es decir, el conde Bruno de Ratenau. En general, estos rollos mencionan muchos hechos cuyo significado se me escapó, porque los temas habían sido destruidos intencionalmente. Sentándome, preparé mis cuadernos y, colocando la antorcha de tal manera que iluminara su rostro completamente, le ordené que comenzara, agregando que me habían ordenado una investigación sobre los antiguos amores de Rosa con el duque, así como al final tuvo un hijo de esta relación adúltera. En voz baja, entre suspiros, l escuché:

- Huérfana desde muy temprana edad, fui criada por una tía que era muy buena amiga de la condesa de Rabenau, madre del Sr. Bruno, a quien conocí, se podría decir, en la adolescencia. Ricos y bien nacidos, hubo quienes planearon nuestro matrimonio, que yo comencé a desear con todo mi corazón. Bruno era realmente un joven hermoso y me inspiró una pasión como nunca había encontrado en mi vida. La verdad; sin embargo, es que no me respondió e incluso me trató con indiferencia. Cuando su madre le dijo que había aprobado el matrimonio, se excusó perentoriamente y, para evitar disputas y controversias con mi tía y con su madre, decidió emprender un largo viaje, sin avisar a nadie. Este procedimiento me indignó hasta el punto que decidí profesar y donar toda mi fortuna al Convento. Sin embargo, mi pasión fallida se convirtió en odio sin nombre, y la idea de venganza me perseguía día y noche. Una oportunidad se presentó más rápido de lo que podría haberlo hecho. Ese es el caso. Bruno tenía un hermano menor, ya casado, y con quien vivía su cuñada Rosa, quien, a pesar de ser dos o tres años menor que yo, se convirtió en mi amiga íntima. Cuando entré al convento, ella vino de visita muchas veces; pero, de repente, desapareció y meses después supe que se había casado con el hombre con el que yo me habría casado. Lo amaba con locura. Lo que pasó entonces, en mi corazón, solo Dios lo sabe... Más tarde, cuando ella retomó sus visitas, quería envenenarla, no solo para alejarla de su marido, a quien adoraba, sino también para herir su corazón.

Sin embargo, un incidente fortuito me hizo cambiar de decisión. Había observado que la condesa, frívola y sensual, no respondía absolutamente al amor de un marido tan hermoso como generoso; Tanto es así que, en nuestras conferencias, solo hablaba de la corte que el duque, también joven y seductor, tenía por aquel entonces para ella. Un día tuve la diabólica idea de resolver el asunto y preguntarle si le gustaría conquistar al amable duque y no se dio la respuesta afirmativa sin la menor vacilación. Por lo demás, supe cómo actuar. Habiendo mantenido algunas amistades en la Corte, las utilicé para conseguir una entrevista con el duque y, con la debida cautela, le hice comprender las buenas disposiciones de la condesa. El duque se enfureció y pronto todo salió según mis deseos.

Hice más fáciles sus encuentros con Rosa, quien, frívola y vanidosa por naturaleza, se dejó llevar por esta conexión. Estaba el duque igualmente rendido en esta aventura, cuando Rosa comenzó a quejarse que no sabía cómo escapar de la vigilancia del marido. "Intercambiemos roles", propuse. Representarás aquí la de abadesa, recibiendo a tu duque; te diré dónde y cuándo y mientras tanto interpretaré a la esposa del conde Bruno. Para explicar la posibilidad de este proyecto, diré que el conde padecía una enfermedad ocular que le impedía ver nada por la noche, como lo habían hecho recomendé baños de inmersión fría en el lago, además de vivir una temporada en su castillo de Lothersee que, el que ya sabes, está cerca de nuestro convento. Sería demasiado largo decir por qué había descubierto una galería subterránea entre el castillo y el convento. Dónde comenzaría esta galería, nunca me atreví a investigar. Rosa recibió mi propuesta y se rio, pero acabó aceptándola con ilusión... Visitó personalmente la galería y vio que iba a ser el oratorio, al lado del dormitorio. Todo lo demás sucedió como lo había propuesto. Omito los detalles, solo para decir que al año Rosa tuvo un niño y, con poca diferencia, a mí me nació otro. El hijo de Rosa, que había permanecido oculto en el convento murió. Era conveniente; sin embargo, hacer arrestar al duque y a mi rival, y con ese fin les oculté la muerte del hijo del duque, reemplazándolo por el mío, debidamente marcado en la cuna. Posteriormente, Rosa se lo entregó a su hermana, la condesa de Rabenau, quien lo crio y lo hizo educar en secreto en un antiguo castillo. Después de eso, solo una vez tuve la oportunidad de ver a este hijo, ya un hombre adulto, pero sin poder decirle qué lazos nos unían...

Al oír esto, me quedé sin aliento, todo daba vueltas y yo grité, casi asfixiado:

- ¡Mentira! ¡No soy, no puedo ser tu hijo!

Y ella retrocediendo asombrada:

- ¿Tú? Pero ¿quién eres?

Levanté la manga de mi hábito, mostrando mi brazo desnudo.

- ¡Ángelo! - Exclamó.

- ¡Evidencias! ¡Evidencias! Quiero pruebas...

Y la sacudí. Se levantó, sacó de debajo de su capa un enorme relicario atado a una cuerda de oro y desenroscando el fondo, sacó y me entregó dos diminutas tiras de pergamino.

Las desdoblé y las leí en silencio:

- *"El niño está enterrado en un lugar seguro; la mujer que lo solicita estará allí a la hora señalada... Lo hice, sin más obstáculos, el anillo para marcar al niño y lo recogeré cuando lo decida. Eulenhof."*

En la segunda tira, en caracteres grandes, estas palabras casi ilegibles:

- *"Recibí la cantidad prometida. La abadesa dio a luz a un hijo. Gilda."*

- Esta última carta – continuó Madre Bárbara – la obtuve de Eulenhof por su peso en oro. Pero no le respondí nada. Angustiada, deprimida, me puse las manos en la cabeza.

- Sí, ya no podía dudarlo: era hijo de aquella mujer y el hombre generoso que me había criado con bondad y cariño verdaderamente paternales. Y fue ella, mi madre quien yo había ayudado a eliminar y no era tan culpable... ¿Qué debía hacer entonces? ¿Matarla? ¡Imposible! Solo de pensarlo, temblaba de horror.

- ¿Quién es ese Eulenhof que me señala a cada paso; dónde está él? - Pregunté de repente -. Mauffen y Godeliva también me hablaron de él. Ahora te toca a ti y quiero saberlo todo.

Ella bajó la cabeza, confundida.

- Él es... - ¡pero debes mantenerlo en secreto! - el prior de este convento; solo él... - se quedó en silencio, al mismo tiempo que un breve ruido se oía en la pared de enfrente -. Luego me di la vuelta y en el mismo momento se abrió una puerta, cuya existencia ignoraba, y se nos apareció la figura imponente del prior:

- ¡Muy bien! ¡Madre Bárbara! - dijo irónicamente - y luego cerrando la puerta:

- Me pareció que hablaba de un barón de Eulenhof, supuesto prior del convento... Estás contando maravillas, y llego a creer que la soledad ha trastocado tus ideas. ¿De dónde surgió esta idea del barón Eulenhof, como prior?

Que lo que sé es que el abad de este convento es hermano del barón, y además, que es un hombre honorable, no un aventurero de su especie.

Bien hecho, hermano Sanctus: acabas de encontrar una madre y me alegro por tu corazón.

La madre estaba ardiendo. Bárbara le inspiró, en su juventud, ideas tan ingeniosas...

Me quedé sin palabras... ¡Bueno! ¿Ese hombre tendría el don de doble visión para llegar siempre a tiempo y en los lugares y momentos que más le convengan?

- Vamos, señora Abadesa - prosiguió el prior -, acompáñeme porque este lugar es indigno de usted. Abrió la puerta por la que había entrado:

- Sube, sube sin parar - mostrándole la estrecha escalera de caracol -, que seguiremos. Ven con nosotros, Sanctus.

Subimos en silencio la interminable escalera, hasta que se detuvo, presionó un botón, abrió la puerta y entramos en un estrecho pasillo, al final del cual ardía una lámpara. En la boca de la escalera había una hornacina con la imagen de la Virgen.

- Siga, señora, considérese libre.

- ¿Qué hiciste – Pregunté asombrado –, qué dirán nuestros hermanos?

Al cerrar la puerta, se volvió hacia mí con ojos felinos.

- Querido, eres un tonto; esta mujer es un completo desastre. Una abadesa ungida por el Señor, ¿cómo iba a consentir que la mataran? Allí - designando el corredor -, será bien recibida - dijo riendo, irónicamente -, porque hoy es la noche de San Francisco y de la mujer que cae en las garras de cientos de frailes, nunca escapa con vida de ellos... ¿Entiendes?

Di un paso atrás, frotándome los ojos. Sí, entendí... ¡ese hombre era un demonio! Cuando descubrí mis ojos, ya no estaba. Me recosté contra la pared tratando de coordinar ideas; ella, la Madre Abadesa, era mi madre y este descubrimiento significaría que ya no me quedaban otros enemigos.

Sí, porque no tenía ningún derecho a vengarme del duque y de la hotelera Berta. Mi padre era el Sr. Teobaldo. Y solo pensando, mi corazón se llenó de vaga alegría. En cuanto a mi madre; sin embargo, ¡qué terribles secretos tenía para mí!

¿Que la esfinge anterior la condenaría a tan execrable fin? Más que nada, sabía cómo era la noche de San Francisco, por lo que los frailes se entregaron a orgías indescriptibles y de las que nadie les pidió cuentas. Mi corazón latía con violencia; estaba como loco, borracho. Regresé al subsuelo y a la mazmorra vacía, aun iluminada por la luz de la antorcha que había dejado allí; y como si yo mismo fuera un condenado, me tiré sobre el banco de piedra, apoyando la cabeza en la losa fría de la mesa y me quedé dormido, o tal vez desmayado. Cuánto tiempo estuve así, no lo sé; lo que puedo decir es que me despertaron unos golpes violentos en la puerta. Me levanté y la abrí mecánicamente para dejar entrar a Edgar, a quien dejé entrar.

Lo miré con inquietud y asombro.

- ¡Ángelo! - Dijo sacudiéndome del brazo -. ¿Qué está pasando? ¿Cuál es el final de la abadesa?

- Paciencia – respondí sentándome –, te lo diré, pero déjame intentarlo.

Benedicto se sentó a mi lado y le conté todo.

- ¡Oh! exclamó - es simplemente horrible -; pero ¿quién será, después de todo, este personaje omnipresente, que parece saberlo todo y proporcionarlo todo?

Muy abrumado, no respondí.

Benedicto comprendió y me acompañó hasta la celda, obligándome a tomar algo de comida y un sorbo de vino, para luego quedarme dormido en sueño profundo y reparador. Al día siguiente vino a decirme que la abadesa había muerto, pero no quiso entrar en detalles.

Molesto y preocupado, bajé al laboratorio para ver si podía recuperar la calma en el trabajo.

Semanas después de estos tristes episodios, Benedicto me informó que había obtenido una entrevista con el prior, lo cual fue sumamente importante.

Con mucha prudencia lo había sondeado y, dada su condescendencia, incluso lo había tentado francamente con la promesa de valores. Evidentemente propenso a transigir, el prior aun dudaba, pero él, Benedicto, estaba seguro que alcanzaría su objetivo. En ese momento comencé a ver mucho a un monje feo, con ojos crueles, que antes pasaba desapercibido. Noté que este monje hablaba mucho con mi amigo y parecía muy apegado al prior, que le había recomendado. También tuve la impresión que ese rostro horrible no me era extraño, sino dónde y cómo lo había visto, eso es lo que no recordaba.

Una noche, Benedicto me dijo:

- Ven conmigo al despacho del prior, como espero que nuestra entrevista de hoy sea decisiva.

Escondió una caja fuerte llena de oro en su capa y nos dirigimos a la oficina privado del prior, donde había hablado con él por primera vez para comunicarle la rehabilitación de Edgar. Esta vez, nuestro digno director estaba sentado ante una mesa repleta de pergaminos, examinándolos a la luz de una lámpara, con la barbilla atrapada en las manos. Edgar colocó la caja fuerte sobre la mesa y la abrió.

- Esto te pertenece, si quieres hablar; lo mismo te será dado el día que huyas; pero por hoy, solo di quién es el jefe y cómo se llama. Vamos, dime - insistió nervioso.

El prior atrapó con ojos ávidos las monedas cuyo brillo brillaba a la luz de la lámpara.

- Su nombre... - se detuvo, mientras esperábamos ansiosamente -, es... Lotario de Rabenau - concluyó en voz baja.

¡Oh! - Dije tocado en la cabeza -. Ahora identifico esa mirada ardiente y esa voz vibrante y dominante.

- ¡É... él - repitió Benedicto! -. Un hombre laico, mundano, sin privilegios monásticos. Tenemos que ver, entonces, si sigue mandando...

En ese momento se escuchó la voz del enano, aguda y rebarbadora, como la de un loro:

- "*Deseo perderlo porque lo odio; me pegó, solo porque quería besar la mano de la condesa Rosalinda, que me tiene miedo, a ella, porque la amo, la perdono; ¡pero a él, nunca! Él también ama a Rosalinda y mi deseo es matarlo."*

Nos sentamos.

Benedicto acordó con Eulenhof,[1] las condiciones del pacto y siguieron hablando como buenos aliados. El enano dijo quien, espiando al conde, se aseguraba que trabajara de noche y ocultaba cuidadosamente sus documentos en una caja fuerte y que ésta, a su vez, estaba recogida en un armario disimulado por el revestimiento de madera en la pared. Eulenhof fue más lejos: y sé - dijo -, que el conde no ordena nada más que después de consultar estos pergaminos, el cual debe contener notas para todos los proyectos futuros y todo lo demás que concierne a la organización de la hermandad.

Al oír estas palabras, Benedicto exclamó:

- Necesito obtener estos documentos y le prometió al enano el peso en oro de este, si lograra robarlo.

Cuando nos retiramos teníamos la victoria en nuestras manos. Sabíamos quién era el temible jefe, el anterior sutil y valiente. Benedicto parecía transfigurado. Acababa de recordar que había entre los hermanos vengadores, algunos de los cuales albergaban serios agravios contra el conde de Rabenau y deseaban vengarse, sin poder lograrlo.

Desde ese día Benedicto desarrolló una intensa actividad, pero siempre guardándose los detalles para sí mismo.

Justamente una noche, tomándome de la mano, me dijo:

- Sanctus, me vas a hacer un gran servicio: es que, por dentro de pocos días se celebrará con gran pompa el cumpleaños del conde Lotário. Irás allí, disfrazado de civil, al castillo, donde nadie te reconocerá entre la multitud de invitados. Observarás todo y tal vez el enano te dé la caja fuerte.

¿Es imposible negarle un favor así a un amigo como Benedicto?

---

[1] Lo nombraremos así de ahora en adelante.

En el día señalado, corazón ansioso, me puse el sencillo pero rico traje de un caballero viajero, me puse una barba gris y me dirigí al castillo de Rabenau.

En el primer pueblo conseguí un caballo, alegando que el mío se había roto y tuve que abandonarlo por el camino.

Llegando por la noche me acerqué al castillo. El puente levadizo estaba caído y una multitud de aldeanos cruzaba el camino. Pedí alojamiento para una noche.

- Entre, señor - dijo el viejo soldado que custodiaba el puente.

- Hoy es el cumpleaños de nuestro más noble y poderoso señor, y todos los que Dios envíe a esta casa serán bienvenidos.

Entré.

Un escudero se hizo cargo del animal y me invitó a subir la escalera de honor. El castillo fue decorado y un torbellino de alegría, luces, flores, toda la nobleza circundante se reunió. Franquiciar todas las habitaciones, pasé por todas, sin llamar más la atención. En el amplio comedor, los preparativos para el banquete, mesa rebosante de rica vajilla, soperas y bandejas de plata y sobre ellas, pavos reales y faisanes asados, un jabalí entero, etc. En otra sala, innumerables damas y caballeros se agrupaban alrededor de un trovador, quien dijo que venía de Provenza y cantaba las canciones de amor más solicitadas. Alegría, en definitiva, animación en todas partes y lo único que me causó extrañeza fue no ver al anfitrión por ningún lado. Terminé bajando al parque y paseando bajo el dosel de los árboles. Magnífica noche de verano, tibia, embalsamada, con luna llena, en todos los matices argentinos.

De repente, un murmullo de voces llamó mi atención. Me escabullí en un bosque y vi un claro con una banca de piedra. Alrededor de la banca, rosales en flor. Este bosquecillo estaba muy cerca de las torres y solo la puerta que conducía al claro estaba abierta, revelando una escalera iluminada. El conde Lotário, tomando del brazo a Rosalinda, bajó las escaleras hablando, y fueron ellos quienes llamaron mi atención.

Me puse en cuclillas detrás de unos mechones de follaje y noté la hermosa pareja que acababa de cruzar el claro. Rosalinda, vestida de blanco, parecía pensativa y caminaba con la mirada baja; el conde, vestido con un jubón de terciopelo gris bordado, exhibía en el pecho las brillantes armas de tu casa. La ropa ajustada, según la moda, perfilaba admirablemente su apariencia, la esbeltez y la perfección de las líneas, que le daban elegancia y agilidad juvenil. Viéndolo de esta manera, no pude escapar de la consideración que el conde, a pesar de sus 45 años, podría rivalizar con cualquier joven de 25.

- Rosalinda - dijo con voz discreta, pero en la que identifiqué la voz del prior -, te retiras de la sociedad y te refugias aquí; pero dime: ¿cuánto tiempo quieres permanecer así? ¿No existe un afecto capaz de consolarte?

Y como ella permanecía muda, él se inclinaba y, con ojos tiernos, le acariciaba las mejillas sonrojadas:

- Entonces, ¿nada respondes?

Levantó los ojos y suspiró, dijo:

- Si traicionara la memoria de Léo, recibiría a cambio lo que él me pedía, ¿el corazón? ¿Podré fijar mis ojos en el águila que volando en las alturas solo toma nota de lo que sucede abajo; que de paso, admira las flores porque son hermosas, pero luego las rechaza por considerarlas superfluas. No, conde, no hablemos de eso.

Intentaré ser fiel a la memoria de mi marido, que solo vivió por mi amor, y no soñaré con las águilas, cuyo amor no es más que placeres terrenales fugaces.

Soltó su brazo y cayó sobre una banca. El conteo fue evidentemente satisfecho con lo que acababa de escuchar. Dejó su sombrero de plumas en el suelo y, cruzándose de brazos, miró hacia adelante y detrás, la señora Lowenberg, cuya expresión apenas disimulaba su profunda emoción.

- ¿Y si yo, respondo que el águila se detiene en su vuelo y, tal vez cansada de la soledad en las alturas, quiere bajar al llano a recoger una flor, no para olvidarla, sino para permanecerle fiel? ¿Y si le dijera a la heroína que un día tuvo el coraje de decir esta frase: ¡más vale muerto que deshonrado! - ven a mi corazón y juntos volaremos en a las alturas?

Su voz se había debilitado gradualmente; más bien se diría que era un suave murmullo. Con las últimas palabras, abrió sus brazos y Rosalinda se arrojó en ellos frenéticamente. Nuestro reverendo prior la ciñó apasionadamente y durante mucho tiempo. En ese instante, un apuesto chico rubio apareció en las escaleras. Ante la inesperada escena, se detuvo como si lo hubieran golpeado muerto.

A partir de la luz de una linterna que iluminó su rostro, pude analizar sus rasgos finos, pero algo afeminados. Después, palideció mortalmente, se tapó los ojos y, con un ¡ah! lamentablemente, desapareció en un instante.

¡Era Kurt de Rabenau! A quien acababa de ver y oír, me dejó asombrado y permanecí mucho tiempo en cuclillas, inmóvil, con miedo de causar algún ruido. La posibilidad de ser descubierto por el prior, me dio escalofríos, ya que, debido a su fuerza de voluntad, él era y siempre fue el jefe. El temible líder de los Hermanos Vengadores hablaban allí un idioma que yo no conocía y que a él le parecía inapropiado.

La voz sonora, sonaba ternura y caricias, a veces vivaces y apasionadas; habló sobre el amor, la felicidad, el futuro radiante, y si no hubiera estado bien informado sobre los gigantescos proyectos que se anidaban en esa frente, no habría identificado en él el laboratorio de tantas intrigas. Al cabo de un rato se levantó. Evidentemente, espíritu dinámico y turbulento, ya habría hablado mucho de amor y pensado en otras cosas.

- Querida - dijo, besando la mano de Rosalinda -, únete a nuestros conciudadanos, mientras aquí me detengo un momento para encontrarme con alguien y resolver ciertos asuntos. Es solo un momento y estaremos juntos. Ve...

Ella se dejó abrazar y ella subió rápidamente y satisfecha. Cuando se encontró solo, suspiró, se pasó la mano por la frente y comenzó a caminar de un lado a otro, ansioso como si realmente estuviera esperando a alguien. Finalmente apareció un paje y le dijo algo que no pude escuchar. Pero lo vi hacer un gesto de sorpresa y lo oí decir:

- "Adelante."

El paje desapareció y luego de minutos un peregrino bajó corriendo las escaleras y se arrojó a los pies del conde. Dio un paso atrás y dijo:

- ¿Qué es esto? ¿Quién eres?

El peregrino se desveló y vi que era una mujer y esa mujer era Gertrudis, mi compañera de infancia y ex compañera de Nelda. Gerta estaba bastante cambiada, pero siempre hermosa.

- ¡Tú aquí! - Exclamó Lotário, tratando de levantarla.

- ¿Cómo pudiste salir del Convento? Dime, ¿qué pasa?

- ¡Oh! Dios mío - sollozó Gertrudis -, por quien seas, no vuelvas más al convento, mi querido señor, porque todo se descubre: Eulenhof ha desaparecido, los hermanos están abiertamente rebelados y si allí te atrapan, sé que te matarán.

¡Ella abrazó sus rodillas, desesperada!

Escucharla repetir una vez descubierto todo, el conde se puso extremadamente pálido y, agarrándola del brazo, estalló:

- Habla, antes. ¡Llora, criatura! Necesito saberlo todo, ¿entiendes?

Y la obligó a sentarse. Con voz débil y apresurada, pero minuciosa, la chica desentrañó toda nuestra trama y conspiración contra Rabenau. Mientras escuchaba, el conde se transformó horriblemente. Expresión del Tigris, con los labios fruncidos, cuando se enteró del plan para robar la caja fuerte, se llevó las manos a la cabeza.

- ¡Maldito convento, nido de víboras! - Exclamó.

Para mí, me sentí cada vez peor en esa situación. Extremidades entumecidas, no había manera de estirarlas para no traicionarme, pensando y diciéndome: si me ataca aquí, estoy perdido.

De repente no sé cómo, se partió una rama, Rabenau se giró, se asomó al matorral y me pareció que sus ojos felinos me habían descubierto. Vi que sacaba un silbato de su cintura y luego un silbido agudo atravesó el aire. Los escuderos corrieron.

- Miren esta puerta y este pequeño bosque; si hay alguien aquí, mátenlo como a un perro.

Gertrudis se había confundido; lo tomó del brazo y subió las escaleras. Finalmente quedé solo allí, pero, como un ratón en una trampa, escuchando el paso rítmico de los centinelas que custodiaban el parque. En ese momento, todas las salidas estarían vigiladas para evitar que roben la caja fuerte.

¿Cómo puedo escapar y avisar a Benedicto? El suelo me quemaba los pies y, aun así, tuve que quedarme inmóvil. Mil pensamientos vibraron en mi cerebro. ¿Cómo pudo saber Gertrudis ?de nuestra conspiración? ¿Por qué estaba allí?

¿Ella en las Ursulinas? ¿Y por qué tanto interés por el conde? La había perdido de vista desde hacía mucho tiempo y estas conjeturas me parecían inexplicable.

Semanas después todo quedó claro. Había pasado más de una hora en esa expectativa, angustiado, cuando el conde reapareció en el claro. Despidió a los centinelas y se quedó allí un rato, con los brazos cruzados. Solo entonces noté cómo sus rasgos habían cambiado. Parecería que había envejecido, pero nada podría afectar esa frente admirable. Empezó a monologar:

- ¡Perdido! ¡Fragilidad humana…! Espere un futuro de amor al borde de un abismo… ¡Ver desmoronarse la construcción de toda una existencia en una hora! Y Kurt también le tiene pasión, él también la quiere. Él fue quien arrancó ese doloroso ¡ah! Bueno, ¡que al menos sea feliz!

Cayó sobre el banco y hundió la cabeza entre las manos. La novia del vestido de seda le hizo ponerse de pie. Fue Rosalina quien llegó, pálida y sin aliento.

- ¿Qué quieres de mí? Kurt me dijo que querías hablar conmigo…

Lo noté tan sobresaltado… El conde la atrajo apasionadamente:

- Rosalinda, ¿todavía tienes ese coraje que me hizo amarte, que me inspiró pasión? ¿Tendrías el mismo valor para repetir: ¿mejor muerto que deshonrado?

Ella dejó escapar un gritar.

- Lotário, no me preguntes tal cosa, porque no sobreviviría a un segundo trance…

- Pobre niña – dijo sonriendo, melancólico -, siempre sobrevivimos a heridas mortales y morimos de un pinchazo. Escúchame, porque no hablaré a la mujer que amo, sino a la amiga de mi alma. Estoy deshonrado, todos mis documentos han sido robados y, tal vez dentro de unas horas, seré desenmascarado como traidor al duque y falso prior de la Abadía de los Santos Benedictinos. Esta deshonra es fatal, es inevitable. ¿Me tendrías vivo, cubierto de oprobio, condenado y degradado, en lugar de rezar ante la tumba de un hombre honrado y venerado por todos?

Dejó que su cabeza colgara sobre su pecho. Contaba y sollozaba como si fuera un niño.

- Sí, sé que dirás por mí lo que dijiste por Léo, porque no lo amas menos que a él. Pues bien: hija mía y amada mía, es a ti a quien lego todo lo que queda de mí en mi vida, de mi tierra, es decir: el nombre, la fortuna y mi hijo Kurt. Acepta este legado, hazte condesa de Rabenau, dedícate a Kurt y hazlo feliz, por amor a mí. Júralo, cariño, como si tuvieras tu mano apoyada en mi frío cadáver.

Ella se puso de pie fuera de sí:

- ¿Qué haces, Lotário? ¿Qué derecho tienes a abandonarme después de confesarme tu amor?

¡Oh! No te juro nada y quiero que vivas, por mí y para mí. Amar, sí, y a nadie más podré amar en este mundo.

El conde también se levantó.

- ¡Sí! - Dijo resueltamente. - ¡Ay de mí! - Respondió melancólico -. Siempre esperé más de ti. ¡Adiós! Me voy sin tu promesa, pero créeme, una muerte así me resultará doblemente dolorosa.

Haciendo mención de retirarse, Rosalinda gritó y le tendió las manos suplicantes.

- Quédate, te lo prometo...

Él la abrazó, se movió, pero para sostenerla en sus brazos, ya que ella pronto se desmayó, la llevó a la banco y allí se sentó, permaneciendo un momento, arrodillado y pensando. Luego, en un repentino gesto alucinado, subió corriendo las escaleras.

Después de un momento de pérdida, dejé mi escondite y corrí a toda prisa por los pasillos del castillo. Necesitaba volver antes que Rabenau llegara allí, seguro que no desdeñaría la muerte. Este hombre por cuya pérdida que había contribuido, de repente me volví comprensivo. La fascinación que ejercía sobre quienes al acercarse a él, me había abrumado y ahora sentía el deseo de salvarlo. Llegué, sin dificultad, a los establos del castillo monté en el primer animal y, una vez cruzado el puente, salí a todo galope. Llegando al Convento, bajé por la galería escondida y quitándome la ropa secular, me puse el burel y corrí a la habitación del subterráneo, destinado a nuestras reuniones, ya que sabía por Benedicto que ese día habría una asamblea. Al acercarme desde la sala donde había prestado juramento, llegó a mis oídos un sonido confuso de voces alteradas. A veces el diapasón del sonido profundo y sonoro de Benedicto parecía dominar el tumulto. Sin aliento, conmovido, entré en la habitación y vi que toda la fraternidad luchaba, presa de una exaltación indescriptible. No sabía lo que había pasado antes, pero pronto ¡en la entrada me encontré con el prior, de pie en los escalones del estrado! Llevaba el hábito, pero tan descuidadamente que dejó al descubierto la túnica de caballero y, sobre su pecho, reluciente, la insignia de Rabenau. Cabeza alta y descubierta, miró a la tumultuosa asamblea con ojos intrépidos, a veces arrogantes. Un poco por delante de monjes, Benedicto, pálido y con los ojos ardientes, lo acusó de usurpador y sacrílego, por ocupar un cargo solo aplicable a los profesantes jurados. A cada paso estallaban aplausos y vituperaciones que interrumpían al orador; muchas de las capuchas entreabiertas o levantadas revelaban rostros feroces y manos nerviosas blandiendo dagas.

El conde, sereno, con los brazos cruzados, permaneció inmóvil. Finalmente, con esa voz metálica y estridente que lo caracterizaba, dijo:

- ¡Son unos tontos! Antes de venir aquí lo sabía todo: por lo tanto, si estoy aquí es porque lo quería. Tú, tú y los demás - designando a algunos cohermanos -, son mis enemigos feroces... Sí, les hice daño, estoy de acuerdo; y ahora quieren matarme. Es justo que se venguen, pero no piensen que permitiré que yo sea masacrado en sus manos – removiendo la cruz de oro de su cuello, la arrojó al suelo; luego, se enderezó con orgullo y continuó -. Trato de lucirlo más dignamente, porque, en lo que a mí respecta, no quiero sobrevivir, por varias razones, pero entiendo que un jefe solo puede morir por sus propias manos. Entonces muero voluntariamente, vengando a mis enemigos. Antes que alguien pudiera detenerlo, quitó la espada simbólica del altar y se lo hundió en el pecho, hasta la empuñadura. Una terrible confusión se sintió tras el acto inesperado. Gritos de admiración y la desesperación resonó en el ambiente, los puñales alzados rodaron al suelo y ¡veinte brazos levantaron al jefe bañado en sangre! Lo reposaron en los escalones de la plataforma, con la cabeza apoyada en el cojín escarlata, sobre el cual realizábamos nuestros juramentos.

¡Ayuda! - Gritaron algunos -. ¡Un médico! – Pidieron otros. Y vi, sorprendido, la profunda y sincera desesperación de todos los hermanos, ante la agonía de aquel hombre que, durante tantos años, los había guiado y por ellos pensado. Todos parecían convencidos de la pérdida de un devoto protector, un verdadero líder. También Benedicto yo parecíamos aturdidos, junto al altar, con los ojos entrecerrados y expresión angustiada. Por mi parte, solo diré que sinceramente lo sentía. Hacía apenas unas horas lo había conocido de cerca y había descubierto en él una sensibilidad tierna y una amabilidad desconocida. No era, pues, el jefe maquiavélico e inflexible. Altivo y caballeroso hasta el final, nos había ahorrado un ¡asesinato y se había suicidado a la vista de todos, sin acusar a nadie! Mientras pensaba esto, él hizo un movimiento de cabeza, como si quisiera levantarla. Lo apoyaron y él, esforzándose por ser escuchado, dijo: "Perdono a todos, no acuso a nadie; esto fue fatal, ya me lo habían predicho..."

Benedicto tomó el collar con la cruz de oro, se acercó y colocándola sobre el pecho del moribundo, dijo:

- Mientras vivas, serás el líder y, como tal, esta cruz aun te pertenece.

Los grandes ojos del prior, ya vidriosos de agonía, se abrieron de nuevo y miraron a Benedicto con asombro. Después, una sonrisa muy ligera apareció en sus labios morados, diciendo:

- Sabes muy bien que ya no haré alarde de ello y que mi venganza consiste en dejarla para poder asumir su carga. Pesé esa cruz soberbia con toda responsabilidad y conocimiento de los crímenes que representa, pero termino aplastado. ¡Hermanos! - dijo, levantando solemnemente su mano derecha – nombro a mi sucesor, ahí lo tienen y mi deseo es que lo elijan – La voz huyó de él de repente, espuma ensangrentada escapó de su boca, sus ojos permanecieron fijos. ¡Ya estaba muerto! Un silencio sepulcral reinó en la habitación durante algún tiempo.

Me quedé como impactado. Benedicto, pálido como un fantasma, se tapó los ojos con las manos. Algunos frailes avanzaron en silencio y besaron la mano del muerto, que colgaba del estrado. De repente, voces roncas resonaron:

- ¡Viva el jefe! ¡Viva el Padre Benedicto!

Benedicto se estremeció, levantó la cabeza y, con el brazo extendido, exclamó:

- ¡Viva la fraternidad!

Luego pasaron a discutir medidas urgentes. Se decidió transportar el cuerpo fuera del convento, depositándolo a la orilla del camino y lo más lejos posible. Su montura, que había permanecido atada a un árbol, la soltaron y se la llevaron. Era necesario arreglar las cosas de tal manera que la muerte de la víctima fuese atribuida a delincuentes. Una vez cumplidas las órdenes del nuevo jefe, subimos a los pisos superiores. Cuando me retiré a mi celda, confieso que me sentí profundamente abatido. La fisonomía y la voz del conde me persiguieron sin descanso y mi conciencia me reprochó haber contribuido a su pérdida. Además. Había impedido a Eulenhof quien, según el acuerdo con Benedicto, continuaría al frente de la comunidad, hasta que concluyera sus negocios, exiliándose. Por el momento, oculto que permanecía, debía pasar por muerto y dejar la vacante al sucesor. Por eso fui a buscarlo a su escondite y le informé de la muerte de Rabenau. Se regocijó de alegría, que me hizo compararlo mentalmente con un perro que había visto destruido el látigo. Confesó que ahora se consideraba completamente feliz, añadiendo que mientras viviera el diabólico conde permanecería bajo su yugo.

Sabía que Benedicto aspiraba al puesto, intentaría irse lo antes posible, sobre todo porque el puesto era suyo.

Con este entendimiento, volvimos a entrar al monasterio y finalmente tuve la oportunidad de tumbarme en mi cama.

Al día siguiente, por la mañana, uno de los hermanos no iniciados vino a verme muy emocionado y me contó una gran noticia: un hermano que se había levantado temprano para visitar a un hombre enfermo, había encontrado el cuerpo de un noble señor asesinado al costado del camino. Buscando, primero que nada, para brindar ayuda, pero, viendo sus esfuerzos en vano, volvió a llamar a otros hermanos, quienes comprobaron que el hombre estaba definitivamente muerto y que era el conde de Rabenau, muy respetado en todo la región por su generosidad, buen humor y valientes aventuras.

- Vengan rápido, dijo el hermano Bavon, porque aquí viene, en este momento, el cuerpo del conde.

Bajé al patio, donde algunos monjes estaban reunidos alrededor del cadáver, curiosos, antes que lo transportaran a la iglesia. Eulenhof, prior imponente y piadoso, provisionalmente llamado a su cargo, ordenó que se enviara un mensajero al castillo de luto. Curioso por ver el efecto de la lúgubre noticia, me ofrecí a llevarla y me fui sin demora. Al llegar allí, lo primero que supe fue que los invitados del día anterior todavía estaban juntos. Sin embargo, había un toque de miedo e inquietud en todas partes, especialmente en la fisonomía de los sirvientes. Un paje me llevó al vestíbulo, que estaba lleno. Un trovador cantó y rasgueó la cítara, pero pronto me di cuenta que le prestaban poca atención. Sentada junto a una ventana, la antigua condesa de Rabenau, nerviosa e inquieta; y a su lado Rosalinda, muy pálida. Al menor ruido, se estremecía y miraba a su alrededor cada puerta, sin duda tratando de vislumbrar a alguien que nunca podría regresar. Kurt estaba parado entre las damas, completamente despreocupado. El paje que me había acompañado se acercó al joven conde y le dijo algo en voz baja, pero los agudos oídos de Rosalinda notaron algo, mientras se levantaba bruscamente, preguntando en voz alta:

- ¿Dónde está el reverendo fraile?

Caminé hacia los hombres agrupados en la puerta y junto a ellos, respetuosamente, pasé. Todos los ojos estaban fijos en mí, que estaba allí como un pájaro de mal agüero, para anunciar la desgracia y sembró el duelo entre los que se habían reunido en el auspicioso festival. Me acerqué a la castellana, la saludé con reverencia y le dije.

- Noble señora, les traigo una trágica noticia; pero, antes de dársela, quiero decirle que a todos nos corresponde inclinarnos ante los designios del Señor, recordando que Job también fue afectado en el transcurso de espléndida fiesta. Su hijo, el ilustre y poderoso conde Lotário de Rabenau, ha muerto esta noche, probablemente víctima de algún ataque monstruoso. Uno de nuestros hermanos lo encontró tirado en el camino y el cuerpo fue trasladado al Convento, donde se encuentra en estos momentos.

A las primeras palabras, la anciana se levantó y apoyó su mano temblorosa en el brazo del sillón.

Posteriormente, las lágrimas brotaron de sus ojos y cayó sollozando. Rosalinda gritó y se desmayó, mientras Kurt, muy pálido, trató de ayudarla. Después no vi nada más, porque fui arrastrado por la multitud que salió de la habitación. Una vez afuera, llovieron gritos y preguntas:

- ¿Está muerto el conde? ¿Quizás simplemente herido? Pero, ¿dónde y cómo? ¿Por quién?

Bueno sospeché... Su ausencia fue sorprendente...

Finalmente, todos guardaron silencio para escucharme y conjeturar la causa o causas del ataque. La opinión general era que el conde, siempre envuelto en aventuras galantes, a menudo imprudente, había sido víctima de algún padre o marido ultrajado. No teniendo nada más que hacer, regresé al Convento.

A la primera oportunidad fui a buscar a Benedicto quien en ese momento se encontraba examinando unos documentos encontrados en la caja fuerte robada.

- ¡Bien!

- ¿Has encontrado algo que valga la pena?

- ¿Cómo no? - Respondió sonriendo -. Primero que nada, descubrí por qué, por casualidad, "él" ocupó el puesto que le quitamos. Aquí tienes la prueba que el verdadero fraile Antônio, hermano del sinvergüenza Eulenhof, fue el fundador de nuestra organización secreta. Antônio también era amigo de Lotário y aprovechó esta amistad para convertir a su hijo en jefe, asumiendo ciertamente, en los predicados del muchacho, un digno sucesor. Y la verdad es que no se equivocó, porque ese Rabenau estuvo verdaderamente brillante en su papel. ¿Qué planes y ¡qué profundidad de visión! Este cofre contiene verdaderos tesoros y nuestro "querido" duque ganaría mucho si pudiera echarle un vistazo.

Sin decir nada más claro, intentó cerrar la caja fuerte y se colgó la llave del cuello, eso nunca dejó de dolerme. ¿Sospecharía de mí? Entonces lo dejé y me fui, con esa impresión desagradable al laboratorio del padre Bernardo, encontrándolo, como siempre, encorvado sobre su mesa, con un gran libro ante sus ojos. Sin embargo, no estaba leyendo, porque estaba mirando la llama de la vela, como si estuviera absorto en pensamientos profundos, pensamientos que le daban un aire de beatitud casi sobrenatural.

- Padre Bernardo, ¿qué buscas? - Dije, tocándolo en el brazo.

- ¿Eres tú, Sanctus? Hiciste bien en venir... Mira, tenía pruebas de la supervivencia del alma.

Lo miré aturdido.

- ¡¿Por qué?! Vino a mí con tal inutilidad, cuando todo el mundo hablaba solo de la muerte del conde, quien, allí había dicho realmente en aquel laboratorio que el dinero era el verdadero motor de la vida.

- Querido hermano, no vine a cuidar nuestra investigación y hablar de la muerte del conde.

- ¡Dios bueno! – Exclamó con ojos ardientes -. ¿A quién me refiero sino a él, el hombre incomparable que a lo largo de su vida me ayudó en estas obras y a quien, mediante su privilegiada inteligencia, adivinó los misterios de la naturaleza? Con su muerte parece que pierdo la mitad de mi cerebro. A él le debo, incluso ahora, el mayor logro de mis esfuerzos, ya que fue él quien me demostró la indestructibilidad del alma. Puedes estar seguro que lo vi, y no fue en un sueño, sino aquí mismo, cuando trabajó con su hermano Roque. Sí, Roque estaba aquí cuando, de repente, el conde se encontró parado a mi lado, que si estuviera vivo. Y, es más, me lo dijo con esa voz de timbre inconfundible.

- "Padre Bernardo, es verdad, el alma sobrevive a todo, anima la materia y nunca perece; sin descanso, sin tregua, el espíritu vaga por la tierra o en el espacio, sin plena comprensión del fin a alcanzar..."

Y cuando me postré frotándome los ojos, en el supuesto que fuese una tentación diabólica, sonrió y tomando la pluma de la mesa, dijo:

- "No hay otro demonio además de nosotros mismos..."

Luego, escribió las palabras que había dicho anteriormente en este pergamino. Luego se diluyó y se evaporó y yo permanecí de rodillas, adorando a Dios y meditando en su omnipotencia y grandeza, inapreciables para nosotros.

Temblando, deslumbrado, me incliné sobre el pergamino y leí, con aquella letra tan conocida, las palabras que Bernardo recién había repetido. Pese a todo, quedaba una duda: Bernardo, de temperamento exaltado, ¿podría haber soñado con esta visión, convenciéndose posteriormente de su realidad?

- ¿Y a fray Roque también lo vio? - Pregunté.

- No porque estaba muy cansado y dormido cuando ocurrió el fenómeno, algo que me había pasado desapercibido y solo lo noté cuando intenté hablar con él.

En ese momento sentí que alguien me golpeaba en el hombro, me di vuelta y vi a Bernardo caer de rodillas, gritando:

- ¡Dios de misericordia! Él también lo demostrará.

Mecánicamente miré hacia atrás y permanecí inmóvil aterrorizado, incapaz de apartar la vista del pálido semblante ¡del conde Rabenau! ¡A mi lado, cerca de mí, estaba el jefe! Sonriendo, pasó su mano por mi hombro y sus labios estas palabras salieron claramente:

- "Es cierto, Sanctus, regresamos constantemente a la Tierra, para luchar contra nuestras pasiones; la muerte, aquí, representa un nacimiento más allá, más alto."

No pude ver nada más, los ojos del espectro me fascinaron; experimenté una sensación de ardor; me zumbaban los oídos, me daba vueltas la cabeza. Rodé y caí, desmayándome. Cuánto tiempo estuve así, no podría decirlo. Lo que sé es que cuando abrí los ojos, estaba en una celda al lado de la enfermería y reservada para pacientes graves. En la penumbra del ambiente vi, sentado en al frente, el buen fraile Teófilo, jefe de la enfermería, ya conocido por mí. No puede hacer ningún movimiento, por mi debilidad, le pregunté qué me había pasado y por qué me sentía tan débil. Oyéndome hablar, Teófilo, que dormitaba mientras deshacía su rosario, sonrió satisfecho y me tendió la mano exclamando alegremente:

- ¡Gracias a Dios veo que estás recuperando el sentido! ¡Oh! Cuánto trabajo nos diste, Sanctus. ¡Cinco semanas así entre la vida y la muerte, en permanente delirio! Pero ahora necesitamos descansar, no hables. Antes de todo, come y duerme, porque el sueño es un excelente restaurador de las fuerzas orgánicas. Aquí tienes este elixir de nuestro padre Bernardo. Tomó un vaso de líquido marrón de la mesa y, sosteniéndome la cabeza, me obligó a beberlo.

Sentí una sensación inmediata de refresco y me quedé dormido de forma incontinente. A partir de ese día comencé a dormir profundamente, solo levantándome para comer. El organismo exhausto por las tremendas y consecutivas emociones de los últimos acontecimientos, parecía querer recuperar el tiempo perdido y dotarse de nuevas energías. Poco a poco, la sensación de letargo disminuyó, hasta que me encontré completamente reintegrado a mí mismo, intelectual y físicamente.

Durante los últimos días de mi convalecencia, el caritativo Teófilo estuvo a menudo ausente durante mucho tiempo; pero, cuando estábamos juntos, evitaba hablar de asuntos domésticos, alegando que eso no estaba permitido. Un día, por la mañana, me sentí de tan buen humor que decidí levantarme de la cama. Y estaba a punto de hacerlo, cuando se abrió la puerta y vi entrar a Benedicto acompañado de Teófilo. Sobre su pecho colgaba la cruz de oro que le había costado la vida a Rabenau. Al verla, todo el pasado y la terrible aparición volvió a mí, pero Benedicto no me dio tiempo para recapacitar más, porque pronto entró corriendo y me estrechó la mano con fuerza, diciendo:

- Alabado sea Dios por verte recuperado, como me informa nuestro hermano Teófilo. Finalmente se me permite visitarte sin violar las estrictas órdenes del padre Bernardo, que te había dado secuestrado.

- Correcto - dijo Teófilo -, todo el peligro ha pasado y nuestro querido jefe ya puede llegar hasta el deseoso.

- Gracias querido hermano Teófilo, también estoy seguro que todos te estamos sumamente agradecidos por tu atención y espíritu de caridad. Que Dios te recompense. Ahora ve a descansar y espera a que alguien te llame, porque necesito hablar con nuestro convaleciente.

El buen fraile comprendió que su presencia era impertinente y después de besar el hábito del prior, recibir su bendición, se alejó con la más amable de las sonrisas. Una vez a solas, Benedicto se sentó en el borde de la cama y dijo con aire agradable:

- Hablemos entonces, porque debes estar hambriento de noticias... Antes que nada - dijo, estrechándome la mano -, acepta mis felicitaciones por lo tanto, por lo que veo, Enlenhoff se preparó rápida y satisfactoriamente.

Benedicto sonrió y reflexionó:

- No tanto porque yo, digamos, porque lo único que el pícaro quería era darme el papel que desempeñó en relación con Rabenau, haciéndome un simple instrumento de su voluntad. Y es más: habríamos desperdiciado incluso nuestro tesoro si, por la felicidad vaya, no había caído enfermo unos días después de la muerte del conde. Este incidente nos permitió secuestrarlo y enterrarlo oficialmente, con todos los honores del cargo. Tal vez, por prudencia, debería haberlo dejado para siempre en su féretro, pero esta crueldad me repugnaba. Entonces decidí, cuando despertara, darle una buena suma, aconsejándole desaparecer. Allí fue y ahora soy el único dueño de mis dominios. Mi nombramiento no planteó dificultades, de modo que hoy me tienes aquí, como un duque más, en mi ámbito eclesiástico.

- Sí - confirmé -, grande es tu poder, pero, amigo mío, dame primero noticias de Nelda.

- Ha estado muy molesta por tu enfermedad; pero entiendes que no era posible dejarla venir aquí. A cambio, le daba noticias diarias de tu condición y prometió que la verías bajo tierra tan pronto como te recuperaras. Una pregunta más, Benedicto. - ¿Cómo Gertrudis habría tenido conocimiento de nuestro conjuro y qué motivo la habría llevado a advertir a Rabenau?

- Muy simple: Gertrudis es una muchacha hermosa y el conde, a pesar de su educación, era un hombre disoluto; en vano, la hizo su amante. Aburrido, no dudó en abandonarla, pero, haciendo uso de su poder de fascinación, la indujo a ingresar en el Convento, donde serviría como informante. Así, notó una conversación entre María y Nelda, enterándose no solo de nuestra conspiración, sino también que el conde era un líder y un falso prior. El resto ya lo sabes.

- Sí - estuve de acuerdo que Rabenau era, en efecto, un hombre extraordinario y procedí a contarle la visión que casi me llegó a fulminar. Muy pálido y emocionado, Benedicto intentó convencerme que ya estaba enfermo y, por eso mismo, predispuesto a aceptar una imagen alucinatoria como real. Por mi parte, sabía bien que había visto el recuento objetivamente y en realidad; pero como no quería discutir, me callé. Sabía, además, que no hay nada más difícil que convencer a un escéptico, y quizás la idea que el ex jefe siguiera en sus dominios no agradó a su sucesor. Rápidamente entonces en adelante, se dio mi curación. Me sentí rejuvenecido y en cuanto pude busqué al padre Bernardo para agradecerle su cuidado. Sin embargo, evité hablar de la aparición y no pude evitar sentir un ligero escalofrío al ver el lugar donde había aparecido el espectro del difunto jefe. Bernardo también se abstuvo de hablar del tema, tal vez porque notó mi palidez, por miedo a impresionarme. Del laboratorio fui directo al subterráneo, esperando a Nelda, cuya alegría al verme de nuevo fue otra prueba de su gran cariño. Totalmente restablecido, se me asignó el importante puesto de hermano tesorero y también retomé mi rol de secretario privado y confidente de Benedicto. Las horas de ocio se dedicaban a lecturas o traducciones interesantes, ya que Benedicto tenía sed de conocimiento. Las bellas artes tampoco eran para él indiferentes y cantaba a menudo, con dulce voz, los oficios divinos, o, inclinándose sobre las páginas de un misal, las ilustró con elegantes y delicadas miniaturas que, aun hoy, son admiradas por anticuarios. Estas ocupaciones; sin embargo, no le llevaron a descuidar nada. Así mantuvo el poder con la mano de hierro conquistada. Receloso y discreto, pontificó entre sus monjes, velando, como Argos, por las propiedades del Convento. Los potentados de la región, incluido el duque, lo saludaron con gran respeto, ya que era un príncipe de la Iglesia y, en aquellos tiempos antiguos, esto por sí solo representaba un gran prestigio.

En aquella ocasión sucedió algo que pudo haber sido fatal para mi amigo. Una noche, mientras trabajaba solo en su estudio, al lado de su dormitorio, mientras estaba ocupado traduciendo en la celda de al lado y escuché un ruido extraño en la oficina. Alarmado, corrí sin demora, y cuál fue mi sorpresa cuando vi a Benedicto atacado por un hombre que, armado con un puñal, intentaba someterlo. De un salto, me lancé sobre el intruso y, agarrándolo por detrás, le di un tremendo puñetazo en la cabeza. El tipo se mareó y se cayó, entonces lo atamos. Solo entonces, con gran asombro, reconocí al señor de Mauffen.

- ¿Qué es esto? – Pregunté a Benedicto, mientras se limpiaba la frente ensangrentada.

- Vamos a averiguar. Este sinvergüenza pretendía asesinarme y lo habría hecho, si el suelo no hubiera crujido a tiempo para girarme y desviar el golpe. Cuando Mauffen volvió en sí, Benedicto lo hizo confesar. Al principio se mostró obstinado; se negó a responder, pero terminó declarando con arrogancia que conocía todos los secretos del Convento que le vendió Eulenhof, y que si no lo liberábamos inmediatamente, su viejo amigo revelaría el secreto de la clandestinidad al duque. Sin embargo, si Benedicto quisiera compartir con él el poder y permitirle disfrutar de los privilegios de jefe adjunto de la Sociedad Secreta, ambos permanecerían en silencio. Ante tan insolente propuesta, los ojos del prior ardieron mientras respondía irónicamente:

- Señor de Mauffen, los días se suceden, pero no se parecen entre sí; yo no soy un Eulenhof y a usted le faltan las cualidades para representar a un Rabenau. Aun así, no me niego a concederte, en parte, los privilegios de un hermano vengador, pero, por supuesto, si te haces monje.

Loco insolente, ¿crees que dejaré libre a un hombre peligroso? Sin embargo, los homicidios son repugnantes y trato de evitarlos siempre que puedo. Elige, entonces: profesar voluntariamente o llevar al fondo del lago todos tus secretos. Nadie sabe dónde estás, nadie intentará averiguarlo. Las amenazas de Eulenhof no me intimidan, ya que sabe muy bien que la hermandad tiene un brazo largo y un buen oído, y antes de poder hablar con el duque, tendrás que callarte para siempre. Ahora, villano asesino, tienes dos minutos para decidir.

Esto dijo, tomando la propia daga de Mauffen y apuntándola al corazón. El rostro del conde desarmado cambiaba de color a cada momento; la actitud decidida de Benedicto le dejó sin dudas que su vida estaba en juego.

- Vamos, decídete...

Mientras decía eso, vi que se estaba poniendo la daga.

- Estoy de acuerdo - declaró Mauffen -, con los labios echando espuma por la ira. Muy bien.

- Ahora, Sanctus, ve a llamar a Conrado y Sebastián.

Estos hermanos, verdaderos hércules, fueron los carceleros de la fraternidad. Merecedores de toda confianza por su fidelidad, tenían la costumbre de obedecer ciegamente las órdenes recibidas.

Corriendo rápidamente, besaron el hábito del prior y pidieron su bendición.

- Aquí tienen a este nuevo hermano – les dijo Benedicto, señalando a Mauffen -, cuídenlo como a la niña de sus propios ojos. En quince minutos tomará el hábito de novicio y serán como su propia sombra. Si es recalcitrante, saben qué disciplina está reservada a los rebeldes. Sin contemplación, ¿entienden?

Los monjes se inclinaron en señal de reverencia; desató a Mauffen, quien no se atrevió a enfrentarlos y los tres se fueron.

- ¿Que piensas sobre todo esto? - Le dije a Benedicto, cuando estábamos solos - ¿Cómo podemos perdonarle la vida a un criminal tan peligroso?

El amigo, que iba y venía a grandes zancadas, se detuvo frente a mí, cruzando los brazos.

- Porque, sin duda, nunca saldrá de aquí, y nunca podrá hacernos ningún daño. Además, yo no disfruto cometiendo crímenes inútiles. También debemos considerar que la vida de Mauffen, por ahora, es preciosa para nosotros porque tiene propiedades que voluntariamente cederá a la comunidad. Deja que se convierta en monje y estoy a punto de hacerlo. Creo que, gracias a los dos guardias que le dimos, pronto será felicitado. Entonces conocerá el régimen de nuestro Convento...

Tampoco sabe que todavía tengo otras armas contra él, como es cierto que cuenta enemigos entre sus hermanos vengadores, de quienes se enteró de crímenes sin precedentes cometidos en su castillo; delitos contra la naturaleza y que, una vez descubiertos, le granjearían la pena de muerte.

Tranquilizado, reanudé mi trabajo y pasé por un momento relativamente tranquilo. A veces pensaba en mi padre, el noble barón Bruno de Rabenau, y quería volver a verlo, pero los embargos se interpusieron en el camino y la costra de indiferencia que atrofiaba mi corazón, siempre propicia para la intriga y el crimen, estos buenos deseos pronto desaparecieron. Entonces, en el Convento comenzaron a circular historias de almas del otro mundo... A veces, era un monje corriendo por los pasillos, santiguándose y gritando que había visto al conde Lotário de Rabenau, asesinado en las proximidades del monasterio, y que andaba vigilando las celdas, apagando luces, derribando muebles y arrancando los mantos de los frailes. Cuando estos hechos llegaron a oídos de Benedicto, éste prohibió severamente para publicitarlos, declarándolos abusos legítimos preparados para impresionar a los tímidos. Y, como temían mucho al prior, nadie más se atrevió a dar la alarma, limitándose a comentar en silencio las apariciones. Así, muchos monjes ancianos me juraron que vieron el espectro tan claramente como me vieron a mí.

No tendría por qué no creerles, ya que mantenía en mente la visión del laboratorio y oraba a Dios para que no volviera a suceder nunca. El padre Bernardo, que no compartía mis temores, me confesó que el "gran hombre" solía visitarlo, y que, una vez, yendo a orar sobre su tumba, vio muchas llamas que brotaban de ella.

Después de un muy breve noviciado, Mauffen acabó emitiendo su voto, sin mayores desganas. Se habló mucho de esta conversión en todo el país; pero, como la reputación del conde no era la mejor, creyeron que había sido tocado por la gracia divina, buscando redimir los errores de su juventud, ofreciendo a Dios su fortuna y el resto de sus días en este mundo. Casos como tal, digamos, no eran raros en aquellos tiempos. Benedicto y yo teníamos una opinión menos halagadora sobre el nuevo cohermano, estoy seguro que esa docilidad apenas ocultaba el plan de una venganza ejemplar. Benedicto tampoco esperaba más que una oportunidad tan afortunada para deshacerse del enemigo y lo observa de cerca. Él; sin embargo, no se sorprendió, siempre taciturno, silencioso, impenetrable.

Así iban las cosas cuando un hecho inesperado puso al pobre en manos del prior. Y en este caso, muchas familias de la región, incluidos los barones de Launou, tenían sus tumbas perpetuas en el cementerio del monasterio, y una mañana llegó como un rayo la noticia que el apuesto y seductor Wilibald, en plena exuberancia de su juventud, acababa de morir repentina y extrañamente. Su viejo escudero, al darle al infortunado novedades y preparándose para recibir el cuerpo, le contó a Benedicto una horrible escena ocurrida entre Wilibald, su esposa y un joven alquimista italiano, cuyo cadáver fue encontrado posteriormente en el tanque, junto a la torre y que, esa misma noche, murió Wilibald con todos los síntomas de envenenamiento. Dos días después, ya entrada la noche, Benedicto al frente de un grupo de cohermanos, se situaron a la entrada del monasterio para recibir el cortejo fúnebre. Ante aquel espectáculo confieso que sentí, no pude superar la dolorosa tristeza al ver pasar el féretro que contenía, tan prematuramente, a aquel chico que yo había conocido en plena floración de vida y esperanza. ¡Él también estaba sumergido en esa nada intangible – misteriosa del retiro de nuestra alma!

En la procesión iba la joven condesa Rosalinda de Rabenau, acompañada de su solterona.

Con mucho pesar nos dijo que su esposo aun desconocía el lamentable hecho, debido a que había partido para una cacería en una región muy lejana. Se había enviado un mensajero y se suponía que llegaría en cualquier momento para asistir a funerales. No dijo una palabra sobre la esposa del muerto - de quien se decía que estaba prófuga -; pero pidió permiso para pasar la noche en la capilla, en compañía de la criada para velar el cuerpo de su hermano, lo que le fue concedido.

Al verme de nuevo, la joven Rosalinda no pudo contener las lágrimas y tuvimos la oportunidad de hablar de Lotário y Léo de Venberg, que me pareció haber recuperado el primado en su corazón. Cuando el cuerpo fue colocado en la finca y la ceremonia terminó, todos se fueron y yo fui a reunirme con Benedicto en su oficina. Lo encontré muy atento, examinando una pequeña caja fuerte italiana, llena de oro, que le había regalado Rosalinda. Como se entiende, examinamos y alabamos la elaboración artística del objeto y terminamos contando las monedas. Luego, cuando empezamos a lidiar con la muerte de Wilibald, escuchamos un grito ahogado, pero evidentemente de una mujer. Aquí vale decir que, en el despacho privado desde antes se utilizó la acústica para escuchar los ruidos más lejanos.

- ¿Qué es esto? – Exclamó Benedicto con ojos brillantes -, ¡este grito viene del pasillo y no del subsuelo! ¿Quién se atrevería a arrastrarse aquí?¿Una mujer? Vamos a ver…

Me arrastró y nos deslizamos cautelosamente por el pasillo, deteniéndonos en cada puerta y no escuchamos nada, además de la respiración de uno u otro hermano dormido. De repente, se escuchó un grito más claro.

- ¡Oh! - Rugió Benedicto lanzándose contra una de las puertas -, está aquí. Entonces escuchamos claramente una voz femenina que decía:

- ¡Monstruo, infame, si das un paso, te mataré!

- ¡Es Rosalinda - dijo Benedicto asombrado - y Mauffen, el desgraciado, tuvo la osadía de arrebatársela de la capilla! Sí, fue ella quien dio el primer grito ahogado... Intentó abrir la puerta, sin conseguirlo.

- ¡Oh! Lo sé, se atrincheró dentro - y golpeó la puerta; gritó:

- Abre, hermano Bruno, que te ordena el prior.

Al oír la voz de Benedicto, Rosalinda gritó de alegría:

- ¡Padrino mío, sálvame!

Al mismo tiempo se levantó un gran revuelo en el interior, intentamos, una vez más, derribar la puerta y el ruido mismo nos trajo ayuda. Se abrieron otras puertas y de todos lados llegaron monjes angustiados y asustados.

Uno de los primeros fue Sebastián, que pronto comprendió que su "discípulo" intentaba hacer algún daño.

Con un choque, la puerta cedió con estrépito y el pesado cesto y el oratorio que la reforzaba cayeron lejos. Allí estaba el cuadro que nos cruzó: Rosalinda, pálida como la muerte, apoyada contra la pared, sosteniendo una pequeña daga, defendiéndose de Mauffen, quien, furioso de rabia, intentó agarrarla. Cuando vio al prior, naturalmente exhausta, dejó caer la daga y le tendió las manos. Sin perder un segundo, aprovechando el hueco, Mauffen agarró el arma, sin que nadie pudiera detenerlo y se arrojó sobre la chica como un loco gritando:

-"¡Ni mío ni de nadie!"

E incrustó la daga en su pecho y ella, dando un grito sordo, cayó ensangrentada. Benedicto, con manos de hierro había sometido a Mauffen, pero lamentablemente no a tiempo para impedir el ataque. Petrificados, inmóviles, allí permanecimos, unos cuantos. En la puerta, los monjes se agolpaban, sosteniendo velas y lámparas, lo que daba al ambiente un tono siniestro; es decir, Rosalinda en el suelo, con el rostro en agonía, y Mauffen de pie, transfigurado por la ira, todavía sosteniendo el puñal teñido de sangre en la mano. De repente, se dio vuelta y quiso lastimar al prior, pero solo rozó su hábito, porque Sebastián lo derribó con un puñetazo.

- Traigan las cuerdas - gritó Benedicto - y átenlo para que no pueda moverse.

Esto dijo el prior, en un arrebato de ira, que nunca había visto en él y que contrastaba mucho con su habitual serenidad. En una apertura y cierre de ojos, ataron al bandolero, que se había atrevido a levantar la mano al prior, tras violar las leyes conventuales, arrastrando a la celda, con innobles intenciones, a una mujer, y a una mujer del más alto linaje, esposa de uno de los más grandes potentados de la región. Mientras se ataba al criminal, Bernardo, nuestro probado Esculapio, acudió servicial a su lado para proporcionar sus servicios. Ayudado por mí, levantó a Rosalinda y la colocó en una estrecha camilla. Sin perder el tiempo, se desató la capa ensangrentada y examinó la herida. Nunca habíamos tenido un caso similar en nuestro austero convento. Por eso tuve la oportunidad de ver la mirada de más de una cabra fija en el cuerpo de aquella mujer, desde un modelando plástico, y en ese rostro inmóvil, aureolado de cabello negro despeinado. Benedicto también había notado el alboroto de los hermanos y, con un gesto, les ordenó retirarse; pero aun la puerta y el pasillo regurgitado por los espectadores.

- Agua y vendas - gritó Bernardo -; la herida es grave, pero no mortal.

- ¿Que haremos? - Exclamó Benedicto, frunciendo el ceño -, ¿ya que no podemos retenerla aquí? ¿Dónde llevarla, cuándo el más mínimo accidente puede resultar mortal para ella?

Pero antes que alguien pudiera responder, se desató una gran conmoción en el pasillo y escuchamos gritar el nombre de Kurt de Rabenau. Los monjes abrieron sus alas y él, tal como estaba, pronto apareció en el umbral de la puerta. Lo reconocí de inmediato, aunque sus rasgos habían cambiado mucho. Una sedosa barba rubia enmarcaba su rostro y dio a sus líneas afeminadas una expresión más viril. Sin duda había recibido la noticia de la muerte de su cuñado y vino a reunirse con su esposa. Cuando la encontró inerte, tendida y cubierta de sangre, se puso lívido.

- ¡Muerta! - Exclamó, lanzando una mirada feroz a su alrededor, como si quisiera descubrir al malhechor.

- Tranquilo, Excelencia - dijo Benedicto con énfasis -, la mano del Señor dejó escapar el golpe, para que pudiéramos salvar a la noble víctima.

El conde corrió hacia Rosalinda y quedó poseído cuando notó su corpiño desgarrado.

Volviéndose hacia Benedicto, le dijo con expresión siniestra:

- Reverendo Prior, más tarde me dará cuenta de todo esto, explicando cómo, contrariamente a todas las leyes sociales y humanas, un ataque de esta naturaleza. Por ahora el lugar de mi esposa no está aquí; tiene que ser manejado por mujeres, monjas.

Y, sin siquiera darle tiempo a Bernardo de aplicar el primer vendaje, levantó a su mujer, la envolvió en el manto y, volviéndose hacia nosotros, preguntó:

- Muéstrenme el camino más corto al Convento de las Ursulinas.

Un hermano ofreció guiarlo; los monjes se hicieron a un lado, dándole paso y él desapareció en el pasillo con su carga ensangrentada.

Benedicto hizo una señal a todos para que se dispersaran y nos dirigimos a nuestras habitaciones a lavarnos las manos, que estaban cubiertas de sangre.

- ¿Qué piensas hacer con el sinvergüenza? - Pregunté.

- Que se pudra en el descanso eterno por el resto de su vida, y entonces nos desharemos de él. Lo que deploro sinceramente es que Rosalinda y su marido, ambos inocentes, fueran víctimas de este sinvergüenza, que solo merece el riguroso castigo. ¿Recuerdas los rumores que circularon en el pasado sobre la loca pasión de Mauffen por Madame de Rabenau? Y señala que también fue él quien asesinó al desafortunado Léo.

Luego, sonriendo:

- Y decir que hubo quien atribuyó su piadosa conversión al despecho, ante la segunda boda de Rosalinda...

Al día siguiente, temprano en la mañana, el joven conde se presentó en el Convento y mantuvo una larga entrevista con el prior. Anunció que el padre Bernardo había visitado a la paciente y había confirmado que la herida, aunque grave, no era mortal y, por tanto, existía la mejor esperanza de salvarla.

Mauffen ni siquiera fue juzgado; el crimen fue tan flagrante que el descanso fue la solución; lo encerró en una de las mazmorras especialmente designadas para tal fin. La vida conventual retomó su ritmo pacífico durante algunos meses, hasta que se vio nuevamente perturbada por toda una serie de graves acontecimientos.

En primer lugar, la misteriosa desaparición de Mauffen.

Esta fuga, absolutamente inexplicable, nos preocupó mucho al principio; pero, como la sacripanta no pudo ser encontrada por ningún lado, ni daba señales de vida, un encuentro inesperado terminó por tranquilizarnos.

Una noche, Benedicto y yo, estábamos revisando algunas cuentas del monasterio, cuando un hermano llamó a la puerta y anunció quedos monjes, de regreso al Convento, habían encontrado en el camino a un hombre medio muerto de hambre y en harapos, pero, cuyo lenguaje y modales no serían los de un plebeyo. Condolencias, trajeron consigo al infortunado y esperaron la opinión y órdenes del prior.

Benedicto les ordenó que cuidaran del desconocido, dándole todo lo necesario para ponerse bien, fortalecerse y añadiendo que lo vería en su momento, para decidir qué sería lo mejor. Unos días después, estábamos caminando por la cafetería, antes de cenar, cuando noté, cerca de la puerta, a un individuo que no era extraño para mí. Era un tipo de mediana edad, de rostro cuadrado, con evidentes estigmas de una vida revoltosa y viciosa. Barba y el pelo rojo quemado completaba la poco atractiva figura, que creía haber visto ya en alguna parte. Me volví hacia Benedicto con la intención de llamar su atención, cuando lo vi palidecer y pasarse la mano por el rostro. Sin embargo, estuvo dominado y siguió adelante, bendiciendo al extraño, quien se inclinó reverentemente. Solo después que lleguemos al pasillo, Benedicto se detuvo y, agarrándome con fuerza del brazo, me susurró suavemente:

- ¿Lo reconociste? Mira: vino a caer con razón en la trampa para ratones. Se acerca el momento de la venganza y me alegro que sea él quien nos busque. De esta, nadie lo libera.

- Pero, ¿es realmente él? Será...

- Waldeck, sin quitárselo ni ponérselo - exclamó Benedicto con un destello de alegría en los ojos.

A partir de ese momento, mi amigo quedó completamente absorto en el plan de venganza que deseaba saborear voluptuosamente y por largo tiempo. Primero, Waldeck desapareció y supe que estaba moldeando en una de esas mazmorras donde la vida era mil veces peor que la muerte. Benedicto, en persona, bajaba a menudo allí y, cuando regresaba, había algo en su expresión facial que hablaba de una ferocidad satisfecha.

- Dime - le pregunté un día -, ¿por qué la ceguera aleatoria de Waldeck regresaba al país, en este estado de miseria?

- Muy sencillo: él mismo me lo confesó, esperando quizás conmoverme con el relato de sus desgracias.

No pudiendo vivir aquí, vagó por tierras extrañas, recibiendo recursos de la buena señora Matilde, con quien había servido con tal dedicación; pero, cuando mi "querida" madrastra decidió profesar, la fuente se detuvo, sin que él pudiera descubrir la causa. Jugador y libertino, acabó agotando sus últimos recursos y llegó aquí para quejarse de la condesa el precio de la traición. Nadie más podía ayudarlo y, por otro lado, no se atrevía a acudir a Alberto.

Desesperado entonces, vagaba sin rumbo, cuando los hermanos lo encontraron y lo llevaron ante la persona que se suponía destruiría su vida.

Pasaron las semanas. Una noche, mientras trabajaba bajo tierra, Benedicto entró y me indicó que lo acompañara a la galería. Solo cuando llegamos allí, vi que estaba muy cansado y tenía algunas manchas en el hábito.

- ¿Qué es esto? ¿Qué pasó? - Pregunté angustiado.

- Nada serio; solo quiero merecer un favor tuyo: estoy harto de venganza y el enemigo me desagrada; no quiero verlo más y necesito que me ayudes a resolverlo. Le reservé un tipo de muerte digna de su alto nacimiento, pero no puedo, solo, llevar a cabo mi plan, porque cuando lo intenté para colgarlo, reaccionó intentando estrangularme, arrancándome el hábito, como puedes ver.

- Estoy a tus órdenes, lo que sea, pero dime:
¿Es para hoy?

- Para cualquiera de estas noches; Te avisaré a tiempo.

De hecho fue. Una noche, cuando todo el monasterio dormía, excepto algunos "hermanos vengadores" inclinados sobre sus mesas de trabajo, bajamos las escaleras al calabozo de Waldeck: un cubículo en el que apenas cabía un hombre de pie y lo suficientemente estrecho como para que él pudiera yacer allí, y cuyas paredes viscosas albergaban ratas e insectos repulsivos. A la luz de la antorcha vi, en cuclillas en ese agujero nauseabundo, un ser humano cubierto de pústulas espantosas, gimiendo dolorosamente.

- Ayúdame a arrastrarlo afuera - dijo Benedicto y, con algo de esfuerzo, levantamos y llevamos la extraña carga, a través de escaleras y pasillos, hasta una pequeña puerta, que pronto abrió el prior. Esta puerta conducía a la pared del contorno, lindando por ese lado, con un campo desértico. En el tronco marchito de una vieja hoja muerta estaba un magnífico caballo castaño atado, con crin dorada, nutriendo y cavando la tierra, impaciente. Solo entonces entendí el plan de Benedicto: de este lado la roca que sostenía el monasterio, se prolongaba en una rampa que terminaba, cortada hacia abajo, en un precipicio llamado Baño de los Demonios, por el impetuoso torrente que rugió en el fondo y desembocó en el lago. La víctima estaba atada a la espalda del animal… Confieso que ni pestañeamos y que el viento que silbaba y sacudía la vegetación no dio lugar a la más mínima vacilación en una tarea tan deprimente. La antorcha, sujeta a la parte superior de la pequeña puerta, ilumina intermitentemente la cruz dorada del prior, y esa misma cruz, rozando el cordón que la sujetaba colgada de su cuello, emitía sonidos extraños, como si quisiera decir, con su voz metálica, que ¡Aquel de quien nos llamábamos servidores había expirado en la cruz, perdonando a nuestros enemigos, mientras nosotros, que habíamos jurado amor y perdón, pisoteábamos a la humanidad completamente! Pero… ¿qué valor podría tener esa voz débil, para los corazones endurecidos, a la que todo escrúpulo, conciencia y toda la noción del deber llegaron atrofiadas con el paso de los siglos. Benedicto tomó dos candados de estopa inflamada y los introdujo en las fosas nasales del animal, al mismo tiempo que cortaba su cabestro.

Enloquecido, el animal se encabritó, se resistió y corrió pendiente abajo, como un huracán. Caballo y jinete desaparecieron por un momento, pero luego escuchamos un grito ahogado por la grava de las piedras rodantes, confirmando que uno y otro avanzaban el uno hacia el abismo. Permanecimos allí por un momento, mirando el punto que indicaba el grito. Después, regresamos en silencio… ¡Nuestras figuras se destacaban macabramente en las paredes, mientras nos deslizábamos como dos malhechores, nosotros, a quienes se nos ha dado el derecho de perdonar los pecados y de presentar la copa, y que acabábamos de perpetrar un crimen atroz! Yo, francamente, me sentí mal, y Benedicto, a mi lado, caminaba mudo y cabizbajo. ¿Estaría satisfecho o tendría remordimientos? No sabría decirlo, porque no me reveló nada.

Nos despedimos con un apretón de manos silencioso. Muchos años después, este episodio me venía a la mente con frecuencia. Los campesinos contaron que cada año, una noche determinada, aparecía cerca del "Baño del Diablo" un caballo humeante, montado por un horrendo espectro, que se precipitaba hacia el abismo, con una risa estridente. Y agregaron que todos los que tuvieron la mala suerte de ver el fenómeno sufrieron una muerte desastrosa. Al día siguiente, por la noche, fui bajo tierra para extrañar a Nelda, a quien no había visto desde hacía muchos días. Ya estaba cansado de esperar, cuando escuché pasos apresurados y apareció una monja avergonzada, entregándome un paquete largo, envuelto en una franela oscura, diciendo algo angustiado:

- Aquí te dice Nelda, con la recomendación que desaparezcas, ya que esto es para salvarla. También ordena que se advierta a Benedicto que el obispo, debido a ciertos rumores que llegaron a sus oídos, está haciendo una inspección minuciosa allí y luego vendrá a los benedictinos, por lo que es necesario ocultar estos subterráneos.

Después de esta rápida expresión, María de Falkeinstein -la había reconocido -, desapareció como una sombra y me dejó aprensivo y nervioso, con aquel paquete que, supuse, contenía documentos comprometedores.

Sin perder el tiempo, corrí a avisar a Benedicto, para que pudiéramos acordar las medidas que requería la visita episcopal. Al cruzar el desierto de un largo pasillo, un extraño aullido me hizo detenerme... ¡Entonces me di cuenta que era el débil llanto de un niño!

Desconcertado, temblando, me apoyé contra la pared, sin saber qué hacer con el niño, que seguía llorando y cuyo llanto resonó a través de las bóvedas de sonido. En ese momento vi pasos acercándose... Si es uno de los hermanos, no pertenecía a la hermandad? - Pensé. Si me encuentra aquí, en brazos con un recién nacido, estoy perdido...

Sudando un frío helado cayó sobre mi frente y, casi mecánicamente, apreté la cabeza del niño... Él dejó de llorar y lo abracé. Lo presioné contra mi pecho hasta aplastarlo. Los pasos también se detuvieron y vi que alguien se detenía a mi lado.

Levanté los ojos, perturbados y solté un ¡ah! de alivio. ¡Era Benedicto! Con su mano aterciopelada y su mirada penetrante apoyándose sobre mí, me susurró:

- ¿Qué haces aquí? - Pero al verme incapaz de responder, me tomó del brazo y me llevó a su oficina.

- ¿Qué te pasa, Sanctus, qué es esa cara?

Tomó el paquete de mis manos, lo desató.

Las cuerdas y el cuerpo morado de una niña aparecieron ante mis ojos, todavía vivo con débiles espasmos convulsivos.

- ¡Uno más!

- Probablemente el tuyo - murmuró Benedicto -. Si me hablaste de la enfermedad de Nelda y ahora entiendo. Pero lo que no entiendo es la imprudencia de traer a este niño aquí.

Yo estaba realmente aturdido. ¿Y ahora qué? ¿Había matado entonces a mi propio hijo? Pobre Nelda, ¿qué le diría? Corrí hacia la mesa, con la intención de ayudar al niño, sin pensar que ya era demasiado tarde, pues ya estaba muerto. Angustiado, levanté mis ojos puestos en Benedicto, buscando apoyo y consuelo en mi amigo, confidente, cómplice. Él; sin embargo, ya habría ciertamente galvanizado el corazón. Frío, impasible, mudo, arrancó las vendas del diminuto cadáver, y su pericia y habilidad con la que lo hizo me hizo entender que no lo hacía por primera vez. Sabía demasiado que María le había dado más de un fruto. Esa mirada y esa actitud tranquila de mi acompañante terminaron por calmarme.

Después de todo, a pesar de mi temperamento nervioso e impresionable, yo también estaba demasiado endurecido para el crimen, de modo que cedió a una desesperación inútil, y quizás ridícula, frente a su compañero. Criminal también, sabía sin embargo, se controlaba y había adquirido suficiente energía para no dejarse perturbar por desgracias irremediables. Me controlé, por lo tanto, y dijo, secándose la frente empapada de sudor:

- Tienes razón, realmente soy un idiota; pero escucha ahora cómo sucedió algo. Primero que nada, María te dice que el obispo está en el Convento de las Ursulinas y pronto estará aquí.

Dice que se deben tomar las mayores precauciones para ocultar el subsuelo, ya que existen sospechas de comunicaciones secretas entre los dos Conventos. Fue la propia María quien me entregó el paquete, sin revelarme el contenido; y como, según nuestros cálculos, todavía faltaban algunas semanas para el niño, supusimos que solo se trataban de documentos preciosos que proteger. Entonces, para avisarte urgentemente, bajé por el pasillo cuando el niño empezó a llorar y al oír pasos perdí la cabeza e hice lo que hice, por miedo a ser descubierto.

Benedicto me escuchó en silencio, y en silencio empezó a caminar de un lado a otro, ensimismado. Yo fui quien lo rompió.

- Escucha – le dije – ¿qué vamos a hacer con este lío? ¿No crees que sería bueno que lo arrojáramos al lago?

- Sospecho que no estás pensando... ¿Cómo puede quedar este cuerpo delictivo entre los dos Conventos? ¿Si por algún diabólico azar las aguas lo rechazaron, o se enredó en los juncos de tal o cual orilla? ¡Oh! - golpeándose la frente -. Tengo una idea mejor.

Y dicho esto, abrió la puerta del despacho, ya mencionado con ocasión del ataque de Mauffen. En el fondo había una gran estufa con llamas claras brillando.

- El fuego lo consume todo - dijo - y tomando el paquete, sin siquiera pedirme permiso, lo arrojó al fuego y le trajeron más leña. Luego cerró la puerta y vino a sentarse a mi lado.

Podemos predecir fácilmente cuál será la corrección del obispo y debemos ocultar cualquier cosa que pueda parecerle sospechosa. Abrió el escritorio y sacó varios pergaminos y algunos objetos.

- Ahora, voy a pasar a la clandestinidad y tú, Sanctus, recuerda que eres el tesorero de la comunidad y que el obispo debe encontrar nuestras cuentas en orden. No te preocupes por nada más, porque pronto estaré aquí y me toca a mí apagar cualquier residuo de nuestro fuego.

Comprendí la justicia de las palabras de mi compañero y me levanté para responderle.

Un cuarto de hora más tarde ya estaba en mi celda, completamente entregado a la lectura de grandes libros y documentos de tesorería. Ya de madrugada, la gran campana anunció la inesperada visita del prelado. La numerosa cofradía corrió a su encuentro, mientras Benedicto, yo y otros dignatarios le esperábamos en la puerta de la iglesia. Nuestro encuentro, hay que decirlo, estuvo cubierto de la más exquisita hipocresía, por ambas partes. Los ojos asustadizos y penetrantes del obispo no pasaban por alto el más mínimo objeto, marca o accidente en puertas y paredes. Elogió todo, tocó todo, admirando la sólida construcción del edificio y su perfecto estado de conservación, que, aun durante muchos años, prescindiría de reformas. Benedicto, tranquilo y altivo, se encargó de mostrarle y explicarle todo personalmente, deteniéndonos preferentemente en los lugares más peligrosos y que, precisamente por ello, eran de menor interés para el visitante, deseoso de prestar mayor atención a lo que su guía descuidó. Ambos satisfechos:

Benedicto, con ocultar al obispo lo que precisamente le gustaría sorprender; y el obispo esperando atrapar al prior desaparecido, cada momento. Finalmente, después de molestarnos durante dos días, Su Eminencia se fue de allí, sin regatear elogios. Y todos nos sentimos aliviados de una gran carga. Es fácil de entender, durante esos dos días no pude ver a Nelda. Y sin embargo, después del incidente criminal, más me enamoré. Por la noche, en conversación con el prior, le anuncié que la vería. Intentó disuadirme y me di cuenta que me miró con algo de tristeza, lo que me llevó a darme cuenta del trágico final que le dimos al niño. Sin querer posponer la visita, fui bajo tierra y volé por la galería hasta el Convento de las Ursulinas. Al llegar a la puerta de entrada, golpeé y llamé a la puerta convencionalmente, apareció una monja y me hizo una señal para que la siguiera. Sin embargo, en lugar de dirigirse hacia las pequeñas celdas aisladas destinadas a conversaciones románticas, atravesó varios pasillos desconocidos para mí, hasta que subió una escalera y se detuvo frente a una puerta de hierro. Tuve un mal presentimiento. ¿Sucederá que Nelda fue encarcelado? La monja sacó una llave de su manto y abrió la puerta con la mayor precaución, dejándome entrar en una especie de tumba, cuyo ambiente húmedo y frío me hizo retirarme. Solo una vela, incrustada en la pared, iluminaba el ambiente siniestro. Aterrado, sin darme cuenta, me detuve en el umbral y vi una larga mesa de mármol y, encima de ella, ella, algo cubierto con un paño blanco.

- Hermano Sanctus, quieres ver y no te asustes...

Una nube pasó sobre mí a través de mis ojos y lo que vi me pareció una horrible pesadilla. ¡Nelda muerta! ¡Ay de mí! No fue un sueño... Un peso enorme, mi corazón se contraía, mi garganta estaba bloqueada, me arrodillé sollozando junto al cadáver. La frialdad del mármol en el que se sostenía mi frente me hizo despertar. Me levanté, miré el bello rostro de la querida muerta, sin poder soltar una lágrima, sin decir una palabra, nada que pudiera transmitir la angustia que desgarraba mi alma. Había, por así decirlo, flotando ante nuestros ojos, el cadáver estrangulado de la pobre, como haciéndome responsable de la muerte de la mujer adorada, que así dejó este mundo, sin escuchar la mentira que le tenía preparada. Ahora ella lo sabía todo...

Sí, estaría allí en ese plano inaccesible, que es como un abismo cavado entre nosotros y nuestros seres queridos. Una vez engullido en este océano misterioso, una vez liberados de esta prisión carnal, ellos, los queridos muertos, parecen negarnos, olvidan y abandonan, indiferentes y ajenos a la desesperación en la que nos encontramos, rebelión silenciosa contra Dios se apoderó de mi espíritu. Apretando mi frente ardiente con mis manos, coloqué mis labios secos en la mano de la muerta. En ese momento, otra mano se posó en mi hombro y escuché una voz vibrante y compasiva, que me decía:

- ¡Ángelo! - Me estremecí. ¿Será la muerta que se apiadó de mi desesperación y habitualmente me llamaba así? Pero no podría ser. Me di vuelta y luego vi a la monja muy pálida, inclinándose hacia mí. Ella también estaba llorando, continuando en voz baja:

- Veo que no me reconoces y sin embargo siempre he sido tu dedicada amiga. Todavía en este trance, aquí estoy sufriendo por ti y contigo. Así que escucha las palabras de consuelo de tu compañera de la infancia. Soy Gertrudis, sí. Gertrudis, nieta de los guardias de Rabenest. ¿Te acuerdas?

Esas palabras me dieron un mundo de recuerdos. Vi, como en un sueño, todo el pasado lejano, la vieja torre medio derruida, donde el viento silbaba entre las ruinas y esa noche memorable cuando un grupo de caballeros se detuvo allí, pareciendo escuchar la voz del anciano Hidelberto gritando:

- ¿Quién viene ahí? - Luego, el gran salón donde se me apareció Nelda, una niña pequeña, dormida a su lado, en el regazo del señor Teobaldo. ¡Y luego esta misma Nelda, una visión celestial, como compañera de infancia, ideal de juventud, ahí así, muerto! ¡El prólogo y epílogo de nuestra vida, de nuestra pasión! Me levanté de repente, mi espíritu parecía queriendo romper las ataduras de la carne, golpeándose la cabeza contra las paredes. Gertrudis intervino en mis planes, con coraje varonil; me conjuró a afrontar, como hombre, mi lamentable situación. Sus peticiones y consejos terminaron calmándome. La compasión y la ternura con la que buscó aliviar mi sufrimiento tuvieron un efecto profundo, sedante. Al verme más en control de mí mismo, Gertrudis se levantó del banco de piedra donde nos habíamos sentado y dijo:

- Vamos, Ângelo, dejemos este ambiente deprimente; necesitas descansar y la presencia de los queridos muertos solo puede revivir tu herida.

Después de un largo y silencioso adiós a la mujer muerta, nos fuimos y Gertrudis cerró la puerta con cuidado, guiándonos hasta la persiana de la galería secreta. Al despedirnos, sentí que debía agradecerle el testimonio de su dedicación y amistad, diciéndole:

- Buena Gertrudis, permíteme abrazarte fraternalmente y creer, querida amiga de la infancia, que nunca olvidaré tu ayuda en el momento más difícil de mi vida. La besé, ella me devolvió el beso y dijo:

- Tus palabras exceden mi merecimiento y te lo agradezco, pero quiero concederme el placer de verte. Yo también me encuentro segregada del mundo y desolada; cuando te sientas triste, pasa a la clandestinidad y nos consolaremos recordando el pasado y nuestra querida muerta.

- Sí, lo haré.

De allí me dirigí directamente al apartamento de Benedicto, con quien quería hablar, por si acaso todavía estaba despierto. Lo encontré encorvado sobre su escritorio, trabajando.

- Realmente te estaba esperando – dijo, y al notar mi apariencia alterada, me estrechó la mano -. Confórmate con el destino, amigo mío; la ley de la muerte es inexorable y nos afecta a todos. No hay, ni ha habido nunca, tesón de sentirse capaz de retener a su presa. Muchas veces he experimentado cuán mezquinos, impotentes y frágiles nos revelamos ante esta fuerza.

Me dejé caer en una silla y pensé que mi compañero tenía razón; también para nosotros llegaría el momento de la partida, el día en que, como la pobre Nelda, nos quedamos inertes, rígidos, indiferentes a todo lo que nos había sucedido de interesante y caro en este mundo. Y después de esta fatal transición, ¿qué quedaría? Un escalofrío me hizo estremecer. En ese instante, Benedicto se inclinó hacia mí y hundió su mirada magnética e impetuosa en la mía:

- Ângelo, confía en mi experiencia; el trabajo intelectual sigue siendo la mejor medicina para repeler ideas conmovedoras y dolorosas. Solo puede restaurar y preservar el equilibrio del espíritu. El padre Bernardo es el mejor guía que encontrarás en este camino, que él suele llamar: camino de la eternidad. Identifícate con él en su trabajo serio y tal vez logren atraer el espíritu de Nelda, ya que sabemos que la manifestación de los muertos es el único ámbito de su tarea.

Me levanté como electrizado, pero Benedicto me detuvo:

- Hoy no. Estás demasiado cansado para trabajar.

Bebe un poco de este vino, ve y descansa; mañana saldremos a caminar juntos y por la noche buscarás al padre Bernardo.

Y así fue. Al día siguiente, agobiado y triste, fui al laboratorio y encontré a Bernardo sentado en la mesa de trabajo, ocupado pesando varios ingredientes. Le dije, entre lágrimas, mi infelicidad.

- Hermano mío - respondió con calma -, si pudiera impregnar tu conciencia con la gran verdad que es la supervivencia del alma, y que la muerte solo representa la desintegración del cuerpo y, por tanto, que vivamos eternamente, no te entregarías, entonces, a semejante desesperación sin sentido. La verdad es que todo demuestra que sobrevivimos a la muerte, con un cuerpo vaporoso, sí, pero lo suficientemente compacto como para volverse tangible, bajo una serie de condiciones favorables; y más aun, por efecto de nuestra voluntad, podemos atraer estas sombras del pasado.

- Pero - advertí -, es un consuelo muy vago y del que, por lo demás, no hemos tenido pruebas.

- Ingrato que eres, Sanctus… ¿ya no recuerda la aparición del brillante hermano Rabenau, que hace un momento me ayudó? ¿También te olvidas de la prueba de pollo? Bueno, mira, he descubierto muchas cosas hermosas, que me hacen sentir la muerte. Pero me alegro de poder mostrarte, en este momento, una experiencia muy interesante. Ven de ahí.

Se levantó, tomó la lámpara, lo seguí, impresionado y curioso. Cruzamos el compartimento del horno y el padre Bernardo levantó una cortina de cuero y me condujo a una habitación ya iluminada por una lámpara; sobre un canapé descansando, vi a un hombre acostado, probablemente enfermo, ya que respiraba ansiosamente y exhalaba profundamente suspiros.

- ¿Quién es? - Pregunté, poco impresionado.

- Un pobre peregrino que pronto se unirá a sus ancestros; lo encontré exhausto y moribundo, en el camino, y lo traje aquí a través de la galería secreta. De hecho, he hecho esto con otros desafortunados, con la intención de observar el letargo general de las partes animadas.

Colocó la lámpara sobre la mesa y se inclinó hacia el moribundo.

- El final se acerca, el pecho apenas está inflado - dijo quitándose la capa de cobertura. Luego fue a buscar una estufa en la habitación contigua, echó en ella brasas y polvo que, al arder, despidió una luz muy brillante.

Mira – dijo acercándome a su cuerpo – fíjate como sus pies ya han evitado mostrar el tono amarillento, característico del entumecimiento total. El colmo de la muerte sube poco a poco: aquí todavía hay calor, el corazón late, pero espera un poco y verás cosas bonitas.

Sacó una botella del armario.

- Éste licor te hará ver muchas cosas que apenas puedes imaginar. Inclínate hacia este calentador y respira profundamente.

Vertió un poco del líquido sobre las brasas y salió un humo acre, pero aromático, crepitante y mientras él aspiraba; una extraña impresión se apoderó de todo mi ser. Mis miembros se relajaron, como si se entumecieran; la vida parecía converger en el cerebro, mis ojos ardían y me parecía que tenían una movilidad extraordinaria.

Sin embargo, no estaba durmiendo, como supuse al principio; antes me vi en plena conciencia y escuché a Bernardo decir:

- Siéntate y fija tus ojos en el moribundo...

Obedecí, y de repente noté chispas luminosas que aparecían sobre él, se soltaron sobre el cuerpo y fueron, uno a uno, segregándose y formando un vapor blanquecino, flotando sobre el mismo cuerpo. Este vapor se condensó, subiendo lentamente hasta la cabeza; y al espesarse tomó la forma exacta del cuerpo físico. Finalmente, las chispas parecieron concentrarse cerca de la cabeza, formando un hilo luminoso que, similar a un rubí, partía del corazón y conectaba las dos formas, absolutamente similares. De repente el cordón se balanceó y se rompió. La forma fluidica todavía se balanceaba un poco, en la cabecera de la cama y, distendiéndose curiosamente, subía hasta el techo en zigzag. Dos ojos preocupados nos miraron fijamente por un momento, hasta que todo se fusionó en una nube vaporosa, para desaparecer en la bóveda oscura. Me froté los ojos...

- ¿Soñé...?

- No; lo que viste no fue un sueño. Viste perfectamente conscientemente, el maravilloso espectáculo, para adquirir la convicción absoluta de su realidad.

Repetí, de mí para mí:

- No todo muere con el cuerpo y yo también, algún día, recorreré este camino.

Aun, todavía sentía una sensación de pesadez que me dificultaba moverme. Me volví hacia Bernardo. Yo estaba de pie, inmóvil, con los brazos en alto, como sumergido en un profundo éxtasis. Luego, volviendo en sí, se acercó a mí y se frotó los ojos con un paño húmedo. Respiré hondo y lo primero que dije fue:

- ¡Maravilloso!

- ¿Lo crees ahora? - Preguntó, secándose la cara y las manos.

- Sí, Nelda y todos los demás están ahí en el Más Allá, al igual que el que acaba de dejar su cuerpo. Gracias amigo Bernardo por el consuelo que me acabas de brindar.

Agotado física y espiritualmente, me retiré a mi celda, dormí tranquilamente y al día siguiente me desperté renovado para reanudar el trabajo normal. La muerte de Nelda ya no me afectaba dolorosamente; fue una separación provisional y no una pérdida definitiva. Incluso disfruté representándola como una sombra vaporosa, a mi lado, cuidándome, esperándome en la transición inevitable. Entonces comenzó una fase de calma para mi espíritu. Como prometí, visité a Gertrudis siempre y la alegría desbordante que le proporcionaban estas visitas halagaba mi amor propio. Si bien, su inteligencia no tenía nada comparable con la de Nelda, pero sabía con tanta naturalidad describir el pasado con los más mínimos episodios de momentos felices de la infancia y la adolescencia que me tuvieron a su lado durante horas y horas. Poco a poco el recuerdo de Nelda se desvaneció y comencé a darme cuenta que Gertrudis, con su tez blanca y esos ojos negros, brillantes, era muy hermosa y deseable. Muy rápidamente reconocí que el sentimiento que me despertaba podía convertirse en peligroso, tanto más cuanto que ella no era una mujer para disfrazar el amor que me tenía. Por tanto, era necesario huir de él; pero, desafortunadamente, las costumbres del clero, en aquella época, eran tan relajadas y las instalaciones de la clandestinidad eran tan tentadoras que nada podía detenerme.

Mientras la vida me iba tan bien, Benedicto vio su prestigio en toda la región. Maniobrando hábilmente para ganarse la benevolencia del duque, comenzó por recibir sus visitas devocionales y terminó apoderándose de él por completo. Así, desaprobado por nuestro piadoso abad, el confesor del soberano pronto fue reemplazado por una persona de su total confianza, de modo que se convirtió en la influencia de Benedicto en la administración del país que pronto se hizo evidente. El duque admiraba su talento y astucia y le gustaría consultarlo. Recibido en la corte con todos los honores y deferencias, vestido con la pompa propia del tiempo, las cabezas más altivas se inclinaban. En nuestras conversaciones íntimas, a menudo recordábamos el pasado y nuestras peleas, a menudo desmoronándose para la política. Este último tema fue el que más le gustó y, aunque a mí me interesó poco, lo saqué de su objetivo. En estos momentos de franca expansión, yo, el sabio, el alquimista, profundicé en el abismo de aquella alma devorada por la insaciable sed de autoridad y mando. Poseerlo todo, absorberlo todo, doblegar el mundo a su cetro era lo único que le interesaba, tal era su ideal; y cuando desplegó sus gigantescos planes, su frente pálida se aclaró, su voz se volvió emocionada, sus ojos brillaban. Sin embargo, a la menor objeción, de repente se callaba y cambiaba de tema. Yo a veces me pregunté si, con su carácter y sus sueños, estaría contento con el priorato. Pero la verdad es que, en este particular, seguía siendo impenetrable e incluso si estos grandes proyectos existieran, no descuidó sus intereses privados. La prueba es que en aquella época estaba involucrado activamente con una intriga muy complicada, que llevó a Alberto, su hermano menor, a recibir órdenes. Los detalles de este caso son demasiado largos para contarlos aquí; además, algunos de ellos no me llamaron la atención. Solo diré unas pocas palabras para mayor claridad de la narrativa.

En un castillo cercano vivía una mujer joven y hermosa, la viuda de un viejo caballero y madrastra de una joven de dieciséis años, tímida y sumisa, pero magníficamente hermosa. El conde Alberto de Rouven frecuentaba esta casa, ya que el viejo caballero había sido compañero de armas del conde Hildebrand y, cuando murió, había recomendado a su esposa e hija a la protección de la poderosa casa de Rouven. Alberto era también un joven apuesto e inspiraba igual pasión en ambas mujeres, pero, para despecho de su madrastra, amaba a su hijastra Isabel y decidió casarse con ella. Estos hechos fueron puestos en conocimiento de Benedicto por la propia viuda, que lo tenía por confesor. Cuáles fueron las acciones de mi amigo, no podría decirlo, pero lo que sé es que, mientras Alberto luchaba por el duque, en una campaña que duró unos meses, se difundió la noticia de su muerte y la desesperación de la novia fueron hábilmente aprovechadas para inducirla a profesar. Cuando el joven conde regresó tras salir sano y salvo de la guerra, intentó descubrir el origen de la engañosa mentira, pero no consiguió nada. Él estaba realmente vivo, pero Isabel estaba muerta para él y para el mundo. En el colmo de su desesperación, a menudo buscaba consuelo en el hermano. O porque el prior simplemente había apelado a sus sentimientos religiosos, para reaccionar contra su romanticismo; o porque le ofrecía la perspectiva del subterráneo, donde podía revisar el objeto de su pasión, la gran historia es que el conde Alberto se incorporó a la comunidad, legándole todos sus bienes patrimoniales. Entonces a partir de entonces Benedicto se volvió aun más elevado. La venganza y el orgullo habían quedado igualmente y plenamente satisfechos.

Ni él ni nadie llevaría el nombre de Rouven en el mundo. Por otra parte, su inteligencia y perspicacia administrativa habían enriquecido de tal manera a la comunidad que su paso por ella debía dejo una huella inequívoca en sus anales. Durante este período de calma, le escribí al Sr. Teobaldo una carta, en la que le revelaba el secreto de mi nacimiento y expresé el inmenso deseo de volver a verlo, al menos una vez, como una criatura a la que le debe mucho y siempre cariño filial y devoto. A las pocas semanas recibí respuestas del amable caballero, enviándome su bendición paternal y anunciando su decisión de instalarse en la abadía, terminando allí sus días, porque también se sentía aislado y harto de la vida. Mientras esperaba que llegara mi padre, me sentí relativamente tranquilo, dividiendo mi tiempo entre el trabajo comunitario y las conversaciones con Gertrudis, cuando un nuevo incidente vino a interrumpir esta tregua.

Un día, cuando caminaba a grandes zancadas por un pasillo, ubicado detrás de los laboratorios del padre Bernardo, justo mientras esperaba a Gertrudis, otra monja, distinta a ella, se presentó y me dijo:

- Reverendo, creo que es mi deber advertirle, aléjese de un amor indigno de ti, por la indignidad de la persona a quien se lo dedicas. Sepa que la criatura que busca consolarte por la pérdida de nuestra querida Nelda fue, ni más ni menos, la causa voluntaria de su muerte. Ya durante la época en que vivías en el castillo de Rouven, ella tenía una pasión impura por ti y odiaba a la bella Nelda. Por celos, nunca dejó de espiarlos a ambos e incluso escribió informes reales a la condesa de Rouven y a La Madre Bárbara. Fue ella, finalmente, repito, quien acabó matando a la pobre Nelda. No me mire, reverendo, con ojos de asombro, porque lo que le digo es verdad y no anula todo lo que sé y podría decir. ¡Por Dios perdóneme!

Prosiguió con una celeridad que no admitía objeciones:

- Era una mera criatura, sin nobleza de alma ni de nacimiento, sierva del castillo, como yo, empeoró aun más después de profesar. Habiéndolo sabido, no sé cómo, que usted fue confesor de doña Matilde y, probablemente, teniendo relaciones fuera del convento, logró seducir al famoso conde de Rabenau, sobre quien, como sabe, circulan las versiones más extrañas, incluso algunos dicen que era el diablo en forma de persona. Las personas que lo vieron me aseguraron que cuando visitó a Gertrudis, durante su etapa terrenal - es decir, mientras la clemencia divina querría ver hasta dónde llegarían y dónde terminarían cosas -, aparecieron con una cola grande y con palancas.

Ella se detuvo un momento para tomar aire pero yo permanecí en silencio, convencido que si interrumpía su narración acabaría por no saber nada.

- Entonces - prosiguió - que esta loca tenía amores con el mismo diablo; pero, cuando la paciencia divina se agotó y el conde de Rabenau, o mejor dicho... el diablo, quería demostrarle a su abad que no era el diablo, Dios bendijo al santo varón, reunió a los hermanos más puros y venerables, y le instaron a recibir el Santísimo Sacramento delante de ellos... Y Gertrudis, que olió que este negocio podría terminar mal para su infernal amigo, corrió a advertirle. A pesar de esto, era bastante imprudente al presentarse, dejando las crines de su caballo esparcidas por el camino; pero cuando intentó recibirla, el anfitrión, estalló como una tinaja y desapareció entre relámpagos y truenos, dejando tras de sí nada más que una piel negra, la cola y las patas. Aun para vengarse, estranguló al abad don Antônio, que había prometido su alma en un pacto sacrílego. Gertrudis, por supuesto, se arrepintió mucho, pero acabó conformándose y cuando, mucho después, su hermana Nelda tuvo un hijo, Gertrudis se arrastró como una serpiente venenosa hasta su cama y cosas así le dijo al oído, que la pobre parturienta cayó en convulsiones y al día siguiente estaba muerta. Ella pensó que estaba sola, pero hubo quienes la escucharon decir – "¡Pues gracias a Dios!… ¡por fin dejaste mi lugar!"

Me sentí mareado, como fulminado, y me apoyé contra la pared, pero, como si ella no hubiera notado mi conmoción, la monja continuó:

- Sin embargo, nunca te revelaría estas cosas si la criatura venenosa no me hubiera atacado brutalmente. No satisfecha con tu noviazgo, ella se derritió ante el hermano Felipe, que me juró fidelidad, y eso es porque la moja en vino. Sin embargo, cualquier cosa que des, nadie lo dirá que la hermana Cordelia dejó que le quitaran impunemente una buena amiga.

Las últimas tomas de esta larga historia lenga, apenas me duelen los tímpanos. Una ira intensa se apoderó de mí. ¿Así que Nelda, mi Nelda seguiría estando viva, si no fuera por esa miserable criatura, que, no contenta con haberme traicionado, todavía se atrevió a conquistar mi cariño? Ni siquiera me di cuenta cuando se fue la hermana Cordelia. Fuera de mi mente, con mi cerebro en llamas, deambulé por el pasillo esperando a la pérfida y maliciosa criatura, deseosa de ajustar cuentas.

Finalmente, pasos se escucharon y ella apareció emocionada.

- ¡A dónde vas con tanta prisa! - Exclamó - ¿Ya conoces las grandes novedades?

- Sí - respondí con voz hueca -. Sé de una nueva que me pagarás caro, criatura pérfida y vil; sé que tú mataste a Nelda y por eso tú también tendrás una mala muerte.

Ciego de rabia, alucinando, la agarré por el cuello y, sacando la daga de debajo de mi capa, se la clavé en el pecho. Algo caliente brotó, salpicándome la cara y las manos mientras Gertrudis se doblaba sin fuerzas. Jadeando, me pegué a la pared y escuché el sonido de pasos y voces. Aturdido, inertemente vi que se acercaban dos personas que llevaban una lámpara. Pronto, la voz de Benedicto, amigo y confidente, me hizo regresar a mí.

- ¿Qué es esto? ¿Qué has hecho? - Exclamó levantando la lámpara para ver mejor el cuerpo apenas visiblemente iluminado.

Levanté la cabeza y grité, detrás del prior, erguido, había un hombre vestido de negro – patriarcal figura con barbas blancas recorriendo su pecho...

- Quería sorprenderte llevándote a ti, nuestro Bruno, al laboratorio quise arrojarme a los brazos del caballero, pero lo vi retirarse y cubrirse el rostro con las manos...

- Mi pobre hijo, ¡en qué situación vengo a buscarte! Tenía razón, sí. ¡La situación de un asesino, de un sacerdote perjuro, ofreciéndole las manos manchadas de sangre, por primera vez que tuve conocimiento de su paternidad!

Alguna cosa algo se revolvió dentro de mí, algo que sería una mezcla de ira, angustia y desesperación. Y, ciertamente, algo de todo esto sonó en mi voz, cuando exclamé:

- Dios me juzgará sin piedad, pero tú, al menos tú, padre mío, no me maldigas, ¡concédeme tu perdón!

En el mismo momento, sentí un abrazo y un beso en la frente:

- Tienes razón hijo, Dios te juzgará; tu padre humano debe simplemente amarte y apoyarte.

Lo que sentí en ese momento, yo, el hijo del azar, el huérfano despreciado en la cuna, no lo podría traducir aquí. Esa voz, esa caricia paternal, parece derretir la costra de mi alma endurecida en el crimen, por disolverla en una mezcla de alegría y amargura, hasta que la hipertensión nerviosa acabó en llanto e hipo. Me llevaron al laboratorio para calmarme y eliminar rastros del crimen, pero me sentí muy mal. Vértigo intermitente, ardor de cabeza, cuando volví a entrar a la celda perdí completamente el conocimiento. Cuando, semanas después recobré el sentido, supe que una peligrosa fiebre me había puesto, por un hilo, entre la vida y la muerte.

Mi padre, él no se movía de mi cama; me había tratado con el mayor cuidado y su corazón había estado aislado durante tantos años, si hubiera sido en sintonía, fibra a fibra, con la del único vástago que el destino le había concedido. Durante la convalecencia, mucho hablamos del pasado y le abrí abiertamente mi corazón. Más de una vez lo vi palidecer, pero siempre indulgente, nunca me lo reprochó y solo me instó a no volver jamás al subsuelo del monasterio vecino. Cuando le hablé de Rabenau, abundantes lágrimas mojaron sus mejillas.

- Nadie lo conocía mejor que yo – dijo -, y puedo garantizar que, a pesar de sus defectos, era un corazón de oro, que siempre valoré mucho, mucho desde luego.

Totalmente recuperado, alegré la instalación definitiva de mi padre en el Convento, incluso porque su salud se estaba volviendo precaria y sabía que su deseo era morir conmigo. Lo rodeé, por eso, de todo el cariño y cuidado. A estos acontecimientos siguió un período de calma, sin cambios en la mayor incorporación a mi estilo de vida. Por lo tanto, resumiré solo los hechos relacionados con la conclusión de esta narrativa.

El prestigio y la autoridad de Benedicto, ahora más altivo y reservado que nunca, eran ciertamente de gran valor; pero es necesario confesar que, en el ámbito administrativo, estrictamente hablando, le faltaba el genio de Rabenau, o mejor dicho, que su espíritu se inclinaba en otra dirección. La sociedad secreta se fue debilitando y disolviendo poco a poco.

Benedicto odiaba profundamente la clandestinidad, donde había ocurrido la trágica muerte de su antecesor, a causa de considerarlos peligrosos y comprometedores, no queriendo, por otra parte, ser estorbado por los hermanos de la hermandad secreta. Es posible que temiera alguna traición o algún descubrimiento ocasional. Por lo tanto, no se oponía a lo que existía, pero prohibía la entrada de nuevos miembros. Las salidas nocturnas fueron canceladas y ya no quedaban más.

Qué concesión tan limitada para unos pocos veteranos. Benedicto, se podría decir, había cumplido el sueño de su alma ambiciosa, que debía reinar al amparo de posibles trampas y convertirse en amo absoluto, en lugar de cómplice de sus subordinados. Sin embargo, esto no fue todo para este espíritu insaciable: su mira fue más alta; especialmente después que hizo un viaje a Roma. Sí. Sabía que estaba tramando una intriga colosal con muchos cardenales, gastando grandes sumas en esto, recibiendo correos secretos, que no pude identificar su intención, iba a trasladarse a Roma, ocupar un alto cargo ante el Santo Padre; pero tampoco tengo ninguna duda que consideraría esa posición sencilla como un paso de acceso a picos más altos. Sin embargo, lo que más me interesaba saber era si había algún significado, jamás, una pizca de remordimiento por la muerte de su hermano y por tantos otros hechos oscuros.

Porque la verdad es que tenía en su rostro la serenidad más elocuente, sin que sus ojos dulces y profundos sudaran indicios de perturbación. Vale la pena decir que los secretos de esta conciencia permanecieron indelebles, misteriosos para mí. Mientras Benedicto siguió así, lenta, pero obstinadamente, un camino hacia el poder, con las fuerzas del conde Bruno más que cualquier otra cosa, pero estaban agotados. Al verlo constantemente postrado en cama, ya no podía engañarme sobre su próximo final.

Luego pasé largas horas a su lado, leyéndole los Evangelios y otros libros piadosos, y comprendiendo que aprovechaba sus últimos días de vida para reaccionar en mi alma criminal, para poder medir el alcance de mis propias faltas. Así, hizo un esfuerzo por inculcarme mejores nociones de humildad y sacerdocio. Las palabras que salieron de su corazón a sus labios, en tales circunstancias, me sacudieron por completo el ser, y la idea de la próxima separación me dejó inconsolable.

Una tarde, mirando su rostro demacrado, como una aureola del sol poniente, abrió los ojos y habló con firmeza:

-Hijo, siento que se acerca la hora. Acércate, y quiero darte mi bendición; in embargo, antes de hacerlo, permíteme reafirmar tu necesidad de Evangelio, para fortalecer el espíritu. No dejaré de orar a Dios por ti, así como a Jesús, nuestro Maestro, para que, por su infinita misericordia, te perdonen tus grandes pecados.

Me arrodillé junto a la cama, sollozando, incapaz de hablar. Puso su mano sobre mi cabeza y continuó: De mi parte, querido hijo, te agradezco tu dedicación, el cuidado que me diste y las lágrimas que has derramado y aun derramas en este momento. Entonces llora, mi Ângelo, llora, porque estas lágrimas me hacen bien. Se levantó un poco, intentando abrazarme; me incliné hacia él, pero ya se había dejado caer sobre la almohada, serenamente, transfigurado. Era el final; ¡todo había terminado! Teobaldo alcanzó, finalmente, el merecido descanso, a través de una etapa de humildad y caridad. Casi sucumbido, levanté los ojos encima de mí, el espíritu paterno debía estar flotando, cubierto en la envoltura vaporosa, como el del peregrino visto en el laboratorio del padre Bernardo; y, no sé si fue por autosugestión o por fe en el Jesús que me había inculcado como capaz de remover montañas, la verdad es que vi, claramente, a través de la banda de sol que se desvanecía en la pared y sobre la cama, una sombra ondulante y vaporosa, cuya cabeza más clara revelaba, rejuvenecida, el rostro paterno envuelto en un aura azulada... Una reconfortante sonrisa apareció en sus labios. Estiré mis brazos para tocarlo y convencerme que no estaba soñando, pero la visión oscilaba y ascendía lentamente, como si me dijera un último adiós.

De repente, todo se oscureció, el Sol se puso en la montaña, la visión desapareció. Junté mis manos y una oración ardiente vino del corazón, para alguien que ya no pertenecía a nuestro mundo.

Después me dirigí a Benedicto para informarle del lamentable incidente. Aunque lo había previsto, grande y profunda fue su emoción. Aun en señal de agradecimiento, accedió a enterrar a mi padre en el cementerio de la abadía, en el lugar donde era más querido.

Le agradecí, por el hermoso panorama que se desplegaba desde allí. Pasaron los tiempos, pacíficos y melancólicos, antes que yo pudiera recuperarme del desamor que sufrí con la muerte de mi padre, hasta que un día me llegó otro golpe con la muerte del bondadoso padre Bernardo, más por exceso de trabajo que por enfermedad misma.

Por tanto, el laboratorio ya no ofrecía atracciones. Entonces solo me quedaba un amigo, pero ese mismo pronto me dejó arrebatado por el destino inexorable. Y fue así: un día, de madrugada, me llamaron para ver al prior, quien tardó en levantarse y no respondió a los insistentes llamados. Fui a su habitación, sabiendo que el día anterior había recibió noticias muy serias de Roma, que le disgustaron mucho. Nerviosamente levanté la cortina y entré; me incliné, me acerqué a él y pronto entendí toda la realidad. Benedicto había muerto tranquilamente, sin agonía. Y así penetró en el reino de las sombras el único amigo que me quedaba, confidente y cómplice. Ese bello rostro ya no me alegraría escuchándome contar mis desamores y decepciones, esa mano inerte y fría ya no se extendería hacia mí... ¡Ya no más...!

¡Se completaba mi aislamiento en la Tierra! Era justo, entonces, que llorara esta pérdida durante mucho tiempo. Dependía de mí tomar el control del priorato, por elección espontánea y libre de la hermandad. Así, también yo tuve el honor de llevar sobre mi pecho la famosa cruz de oro, aunque no hice nada para ganármela. Mi deseo de gobernar era, por así decirlo, casi nulo, me sentí tan aislado y cansado, de todo y de todos. Conscientemente solo me ocupé de cuidar bien la propiedad de la comunidad, cumpliendo pacíficamente con mi deber. Dos meses después de la investidura, después de haber estado una noche en mi habitación apareció un hermano diciendo que el conde Kurt Rabenau había solicitado una entrevista privada.

En ese momento recordé que Benedicto me había dicho, indignado, que el joven conde había viajado a Roma, con la intención de divorciarse, y que los rumores actuales eran los más pesimistas respecto a la situación de Rosalinda.

Hice pasar al visitante, quien me informó que regresaba de Italia con el cuerpo de su esposa, para quien solicitó servicios funerarios y posterior inhumación en la tumba familiar. Al notar mi emoción y la sorpresa que me causó esta muerte prematura, Kurt se desdobló.

Toda una historia conmovedora y trágica. Contó cómo, mientras cruzaba el Adriático, su barco había sido asaltado por dos corsarios que probablemente sabían que traía ricos regalos al Santo Padre. Rivales entre sí y ambos oliendo la misma presa, comenzaron a pelear entre sí. De hecho, el combate fue rápido y el barco más grande ganó la pelea.

Lo alcanzó y se apoderó de su barco, el conde, que intentaba escapar, después de un acercamiento fácil y una pelea rápida, el capitán, el corsario subió al puente y, al verlo, Rosalinda lanzó una exclamación de sorpresa. El pirata, a su vez, luego de la sorpresa, se arrojó sobre Kurt con la intención de matarlo, pero la condesa se arrojó a sus pies suplicando que lo salvara y se ofreció como rehén. Convencido que no podía intentar nada y porque el pirata lo rechazó todo y cualquier rescate en especie, Kurt consintió en empeñar a su esposa, para salvar su vida y su libertad.

Entonces es que desembarcado en la cala más cercana, dispuesto a obtener la suma estipulada que debía ser depositada en Venecia. Dos días después, cuando estaba descansando en un pueblo costero, se desató una terrible tormenta y por la mañana siguiente, los restos del naufragio y los cadáveres fueron arrastrados a la costa, incluidos los de Rosalinda y el del capitán pirata. Lamentándose de la desgracia - añadió -, me arrepentí mil veces de haber dejado a mi mujer como rehén, porque solo entonces entendí por qué Rosalinda era tan buena en esto. El problema, reverendo, es que ese ladrón del mar estaba, ni más ni menos, Léo de Loevenberg, a quien todos dábamos por muerto.

Siguió desentrañando otros detalles de esta triste aventura, dándose un aire de conformación piadosa y tratando de convencerme que todo esto era obra del fatalismo, independiente de tu voluntad, y solo a ella le correspondía someterte.

- ¡Cobarde! - Consideré para mí -, ¿qué diría tu padre si viera a esta querida Rosalinda, entregada a su hijo como legado de su corazón y en defensa del cual derramaría su propia sangre, hasta la última gota? ¿Qué diría, repito, si la viera abandonada como rehén por ese mismo hijo, contra todas las leyes de la nobleza y de la caballería?

¡Entonces evoqué el perfil del apuesto, apuesto conde de Loevenberg! ¡Cuánta ironía del destino, que lo arrastró a una vida de bandidaje!

Involuntariamente analicé el rostro descolorido de Kurt, en el que se veían las arrugas del libertinaje, eran más que obvias. La boca y los labios, con las comisuras retraídas, tenían una expresión caprichosa y afeminada.

¡Pobre Rosalinda! ¡Qué infeliz debía haber sido con este hombre pusilánime, después de haber conocido y amado a dos héroes! Experimenté una repulsión interior hacia Kurt y lo despedí con la mayor frialdad, luego de ordenar el transporte del ataúd a la iglesia y rezar las oraciones de la tarde. Al día siguiente, después de las exequias, que debían vestirse con toda la pompa, el cuerpo sería trasladado al castillo de Rabenau y allí enterrado. Por la noche fui a la iglesia, orando juntos por la muerta y, de repente, una viva curiosidad me invadió. Kurt me había dicho que había embalsamado el cuerpo y yo quería verlo. Pedí a dos frailes que levantaran la tapa del ataúd; me acerqué, levanté el sudario con mucha cautela; y la luz parpadeante de las antorchas me mostró un bello rostro inmóvil, como una escultura de marfil viejo.

Codos apoyado en el borde del féretro, me quedé allí contemplando a la muerta, mientras el pasado volvía a mí: aquella criatura que había conocido casi desde niño; ¡Yo sería quien se casaría con ella y yo sería quien la enterraría!

¡Angustioso verdad! ¡Todo había muerto para mí, a mi alrededor! Les hice una señal para que cerraran el ataúd y me persigné. Murmuré una oración. No puedo decir si esta oración salió de mi corazón, mis labios se habían acostumbrado tanto a articular palabras que el corazón no conocía. Pietismo automático y formalista. Abrumado y cansado, regresé a la celda. Una vez finalizado este último episodio, retomé mi tarea habitual, cumpliendo con los requisitos del puesto, pero sin ningún entusiasmo. El gran amigo, que había sido mi igualmente gran cómplice, ya no existía. Con él me desahogué mucho, a veces, centrándose en el pasado, incluso criminal; ahora, sin él, ese pasado me asustaba.

A menudo, por la noche, hundido en un gran sillón, con la frente apoyada en las manos, vi a Godeliva, Waldeck, Gertrudis y tantas otras víctimas. Y mientras las sombras vengadoras desfilaban con rostros contraídos, mi corazón temblaba. Al más mínimo ruido, el chisporroteo de la estufa, bastaba para que se me salieran los ojos de las órbitas y se me erizaran los pelos. Evitaba sistemáticamente los rincones oscuros, y mientras el reloj del monasterio estaba en toque que da, un miedo invencible se apoderó de mí en aquel sillón. Mi alcoba pareció poblada de sombras sospechosas y con la propia cruz de oro balanceándose sobre mi pecho, parecía burlarse de mí, diciendo:

- "No te di descanso ni a ti ni a tu predecesor."

Abatido y tembloroso, me tumbé en mi cama y cuando los primeros destellos del amanecer entró por las rendijas de la ventana, fue un suspiro de alivio que salió de mis labios...

Noches como ésta, los desvelos, y los sobresaltos, me encanecieron, me envejecieron prematuramente. De hecho, con el tiempo comencé a experimentar una extraña inquietud y un malestar indefinible. Enfermo, me retiré a la cama y el médico diagnosticó: resfriado. Por la noche empeoré, mi respiración se volvió dificultada y un dolor intenso me torturó sin tregua. De repente, todo se oscureció y pareció derretirse en un vapor gris. Esta media oscuridad causó angustia sin nombre; sentí dolores agudos en todo el cuerpo, como si cada músculo y cada fibra se estuvieran atascando, dilatado. Estas sensaciones iban acompañadas de un calor intenso, dándome la impresión de estar rodeado por un brasero. Buscando levantarme, huir de ese brasero, cuyas chispas vi llover por todos lados, quemando mi carne.

¡Fuego! ¡Ayuda! – Quise gritar – pero en ese momento, un enorme chorro de combustión pareció caer sobre mí. Huir, evitarlo, era el único pensamiento que se arremolinaba en mi cerebro; salté para salir del brasero, que crepitaba siniestramente alrededor; y ahora todo, dentro y fuera de mí, parecía estallar y estallar en llamas. Luego perdí el conocimiento.

Cuando me recuperé, estaba completamente sano. Me levanté y seguí con mi trabajo habitual. Lo que simplemente no entendí fue cómo y por qué me movía muy rápido hacia una de las mazmorras subterráneas. ¡En la puerta del calabozo, me encontré a Benedicto! ¡¿Por qué?! ¡¿Y pensé que estaba muerto?!

Estaba frunciendo el ceño, con los ojos bajos; ¡no me dijo ninguna palabra! Así en silencio, nos dirigimos hacia el corredor inundado. Allí quedó el cadáver de Godeliva, en estado de descomposición, boca abajo. Impulsados por una fuerza extraña, levantamos el cuerpo, inhalando los gases nauseabundos, y lo llevamos a la orilla del lago, donde lo tiramos. Hecho esto, Benedicto desapareció y me encontré en el pasillo con un niño en brazos. De nuevo, arrastrado por una fuerza extraña, ¡asfixié al niño!

Cubierto de sudor caminé por extensas galerías, sin saber dónde esconder el cadáver, que parecía pegado a mí. Beneficioso aturdimiento me liberó de esta tortura. Cuando recobré el sentido, me encontré junto a las paredes, ayudando a Benedicto a atar a Waldeck, que luchaba aterrorizado; entonces, empujamos el caballo. Como antes, el viento zumbaba; pero hecho esto una, seguimos al enfurecido animal y, volando junto a él, llegamos al lago. Juntos, juntos, nosotros también nos apresuramos. Caballo y jinete se presentaron ante nuestros ojos como nada más que una masa informe y espantosa, ¡indescriptible! De repente, lleno de una angustia indescriptible, vi aparecer un espectro frente a nosotros e incriminarnos.

Luego llegaba la mañana y me encontraba de nuevo en el Convento, deambulando involuntariamente por las habitaciones y pasillos, visitando la biblioteca, manipulando los libros. Me encontraba muchas veces con Benedicto, pero nunca intercambiábamos palabras ni gestos.

Así empezamos de nuevo la horrible tarea de repetir, como actores, los dramas criminales que habíamos representado en aquella época.

Torturado, un día hice una ardiente súplica al Creador, rogando que me liberara de empezar de nuevo para siempre mis actos infames. Casi al instante, una luz azulada me envolvió y copos blancos aparecieron en la habitación, comenzando a condensarse en formas humanas. Entre estos seres flotantes y diáfanos reconocí a Teobaldo y al protector del grupo. Su pensamiento se proyectó hacia mí como un hilo de fuego y me expresó lo siguiente:

- "Te humillaste en oración; el crimen te horroriza. Te permiten, entonces, suspender tus actividades de verdugo vengador; pero, como castigo, aun tendrás que seguir la escena de tus crímenes, hasta que una nueva generación llegue a habitar este Convento.

Seguirás viendo a tus cómplices sin comunicarte con ellos, para que se avergüencen unos de otros.

A veces te verán los hombres, que te llamarán almas sufrientes y temblarán considerando el castigo que aguarda a las almas criminales. Arrepiéntanse y oren mucho y siempre"

Concluyó. Luego fue como si todo se esfumara. Me encontré otra vez solo y empecé de nuevo caminatas interminables, sin un objetivo concreto. Ya no vi a mis víctimas, sino los lugares donde los evocaba. A veces solo, a veces con Benedicto y otros cómplices, deambulaba en silencio, absorto en sus pensamientos, cismas, a través de las alas y pasillos. Una y otra vez, algún ser viviente nos atacaba y huía aterrorizado.

Con el tiempo todo cambió, otros hombres ocuparon el Convento, nuestros nombres y hazañas quedaron en el olvido y solo las apariciones permanecieron, en una capacidad legendaria.

Acurrucados junto a la chimenea, en las duras noches de invierno, los viejos campesinos a menudo contaban, santiguándose, la historia de los dos priores fantasmas.

Esta es mi confesión que ella beneficie a mis hermanos encarnados.

Mea Sanctus.

CAPÍTULO II
INFORME DE HUGO DE MAUFFEN

Mi cuerpo físico, en esta encarnación terrenal y en este año de 1885, está allí, en la gran capital del país en la que hago esta confesión. Fatigado por las tareas diarias, me acosté y me quedé profundamente dormido. El letargo que surge de la transición de la vigilia al sueño se disipó en forma de una nube gris y me sentí extremadamente ligero, como si el cordón de luz, que conecta el periespíritu con el cuerpo, se distiende progresivamente, permitiendo al espíritu, parcialmente liberado, ascender al espacio. De repente me sentí arrastrado hacia atrás, presa de un gran malestar, y vi frente a mí una figura diáfana y conocida, de una criatura que odiaba. Era Rochester, con esos ojos brillantes y rostro pálido y típico. Una sonrisa irónica adornaba sus locuaces labios, que decía:

- ¡Orgulloso Tiberio, emperador romano, qué difícil me resultó encontrarte, después de los doce palacios de Capri!

Y diciendo eso, extendí mi mano fluidica a la región donde dormía mi cuerpo material. Entonces temblé en mi cuerpo espiritual; mi memoria revivió con el sueño encantador de un pasado lejano. Como por efecto de una *fata morgana*[2] nada me parecía un rincón del paraíso terrenal: el peñón de Capri, cubierto de cidros y naranjos, dominando un mismo en la transparente lámina de agua; y entre los macizos de arrayanes y laureles en flor, las columnas de mármol del palacio. En desfile, las habitaciones pavimentadas con mosaicos, con lavabos de pórfido, muebles

---
[2]

incrustados de gemas preciosas, los baños secretos, teatros de escenas inéditas, jardines iluminados llenos de niños vestidos con Cupidos, esencias ardientes de Oriente sobre trípodes dorados… Luego, este viejo cardenal que pasa, silencioso y taciturno, ajeno al ambiente creado para distraerlo; es decir, a mí mismo - Tiberio, el temible César ante quien tembló la temerosa Roma y a cuyos pies el mundo derramó tesoros y alabanzas.

¡Pero he aquí el pequeño cuadro poco se desvanece, desaparece y mi mirada se fija en la dirección actual! Dolor, ira, angustia, burbujean en mi alma, al mismo tiempo contemplando el pobre lecho dorado y los gruesos cojines de tela sobre los que dormía, yo, ¡Tiberio, el famoso emperador romano! ¡Mi cara pálida y angulosa, de expresión impasible y cruel, apenas queda disimulada por esta barba rubia!

¿Qué más me rodea? Sobre una mesita, una lámpara con una vela rota; una cómoda, una estantería con algunos libros, un bolso de viajes y maletas, ¡estas son las riquezas del Tiberio actual!

Y cuando la vigilia regresa y envuelve la memoria de mi pasado, mi hogar, mis aspiraciones y necesidades son las del burgués común. A través de un trabajo loco, logrando acumular una fortuna, eso no es nada comparado con los tesoros del pasado. Si me despierto creo que estoy orgulloso de lo que poseo, la verdad es que, dormido y desprendido del cuerpo, no soy más que un mendigo y la risa sarcástica del noble enemigo me hace estremecer en cada parte de este cuerpo fluidico.

- Aquí estoy - continuó Rochester -, para que el conde de Mauffen, dé su testimonio, que quisiera transmitir a los hombres y adquirir la gloria de haber soñado con todos los aspectos del alma de un gran criminal, mostrándoles, en paralelo, las etapas que doblega y quebranta un espíritu.

Mea culpa, importa confesar tu pensamiento más íntimo, a pesar del desprecio que puedas causar al mundo. Y mira que si recalcitras, tengo formas de avergonzarte.

La ira que tanta audacia despertaba en mí me hizo estremecer; pero, terrible como una columna de fuego, el espíritu poderoso avanzó hacia mí, asfixiándome con su fluido ardiente, proyectándome en el cuerpo material, que se retorcía y jadeaba sobre la cama.

EL ESPÍRITU DE HUGO DE MAUFFEN RECUERDA: 1242

Invocando, para describirlos, los logros de esta etapa terrenal, comienzo centrándome en el antiguo castillo donde nací.

Construcción masiva e imponente, incrustada en una roca árida, desde cuya cima se podían ver densos bosques que se perdían de vista. Gruesos muros rodeaban la torre flanqueada por almenas, donde anidaban los pájaros. El puente levadizo, de estructura sólida, rara vez se inclinaba ante el extraño visitante o algún inquilino tímido y aprensivo.

Entonces, hasta donde alcanza la memoria, me vi en aquel castillo tan silencioso y oscuro, tan interior como externamente, y cuyos umbrales no me permitieron cruzar. A veces bajaba al patio y trepaba el muro, en el afán de contemplar el cielo azul y el inmenso bosque, o me entretenía vagando por las otrora lujosas habitaciones, pero éstas descuidadas durante mucho tiempo, con sus muebles cubiertos de polvo, alfombras descoloridas y ventanas y cuadros convertidos en arañas. Después de todo, un espectáculo desolador. Parte de los compartimentos permanecieron cerrados y, las llaves, quien quiera custodiado por mi padre. Mi habitación no ofrecía mayor atractivo: dos ventanas estrechas, una gran cama con cortinas verdes, una vez con flecos y bordados en oro, pero ahora descoloridas y hechas jirones; algunas sillas con un respaldo alto, una mesa y dos cómodas talladas, esto era lo que constituía mi dormitorio. Confieso que lo evité, más de lo que pude, la convivencia de mi padre, a quien temía y odiaba. Un ligero escalofrío pasó por mis venas, siempre que enfrentaba su figura esbelta y su semblante austero, aureolado de pelo blanco. Siempre vestido de negro y mala maña, delgado con una delgadez esquelética, ojos marrones, penetrantes, y labios delgados, deshilachados y sarcásticos, le dieron y me dieron una sensación repulsiva. Y este era mi padre, el ilustre Sr. Hugo de Mauffen. En todas partes, como una sombra, lo acompañaba el alquimista Calmor, que se había instalado en el castillo años antes. Este chico, usando invariablemente vestía jubón y gorra negros, también era alto, con barba y cabello blancos. Nada comunicativo, trabajaba con mi padre en tareas secretas, que no podía ver, y el único interés que él reveló en mí fue que me estaba enseñando a leer. Por lo tanto, para ser justos, puedo decir que mi infancia y adolescencia transcurrieron en increíble abandono y monotonía. Mi padre nunca salía y yo, a mi vez, nunca había puesto un pie fuera de aquellas paredes. Crecí solo, sin compañeros, siempre en silencio; los viejos soldados que custodiaban el castillo eran hombres rudos y hablaban poco; el servicio interno lo prestaba un viejo escudero sordo, llamado Cristóbal, otro anciano cojo y dos señoras mayores, que se ocupaban de la casa y de la cocina casi ascética, por así decirlo. Una de estas mujeres, la amable Sibyllala, ella me había cuidado en mi primera infancia y, a veces, en las largas noches de invierno, me distraía con historias de juegos, torneos, guerras y aventuras amorosas; de todo, en definitiva, que alimentaba al mundo exterior, ignorado e inaccesible para mí.

    Una vez tuve la idea de preguntarle a mi padre cuando murió mi madre y él, sonriendo desdeñosamente, me dijo que el diablo se la había llevado al infierno. Antes, después de haberle hecho a Sibyllala la misma pregunta, se santiguó y me instó a que nunca preguntara tal cosa. Así crecí en el más riguroso encierro, ignorando no solo la vida social, sino también la de mi propia familia y aborreciendo el castillo en el que vivía, secuestrado.

    Mi padre trabajaba con el alquimista, normalmente de noche pero, de vez en cuando, en lugar de buscar la torreta, bajaba bajo tierra y desnudo, se veía obligado a acompañarlo. Aunque no tenía miedo, no sé por qué me temblaba la mano cuando sostenía l vela, cada vez que iba a esos lugares siniestros con él.

Para llegar a ellos era necesario atravesar tres enormes puertas con rejas de hierro, para llegar luego a las compactas bóvedas. El tercero y último de estos pozos fue el propósito de nuestras visitas. Para empezar encendimos las antorchas fijadas a las paredes y a la luz parecían varias cajas fuertes enormes, apoyadas contra la pared y, en las esquinas, montones de jarrones de oro y plata, copas, ánforas de formas extrañas y armas preciosas, ricamente trabajadas, pero de tipos inusuales.

Después, mi padre abrió las cajas fuertes y del interior brotó una ola chispeante. Estaban llenos de monedas de oro y plata; otros tenían tapicerías preciosas, decoradas con gemas raras y multicolores; y colecciones de joyas de todos los tamaños y hechizos; y vitrinas de fina artesanía artística, verdaderas obras maestras de la orfebrería, rebosantes de perlas y otras piedras a granel. Para contemplar estos tesoros, mi padre se agachó junto a una de aquellas cajas fuertes, cubierta con loca alegría, hundiendo sus manos descarnadas en su bulto y sacando, a puñados, las monedas rubias para hacer que tintineen y brillen entre sus dedos, dejándolos caer en cascada por el suelo.

- Hugo - dijo entonces -, eres el más afortunado de los mortales de tenerme como padre; podrás contemplar, en cualquier momento, este tesoro incalculable...

¿Sabes por casualidad el valor de todo esto? Es la levadura con la que el mundo puede ser levantado; pero todo hombre estará loco para intentar hacerlo. La mayor felicidad está en contemplarlo.

Un día, mientras él contemplaba embelesado el magnífico caso, me atreví a preguntar:

- ¿Fuiste tú quien acumulaste este tesoro?

- No, querido hijo: esta es la gloria tu abuelo, y como es una historia interesante, la contaré; sin embargo, para no perder tiempo, extiende ese paño y extiende estas joyas sobre él, mientras hablo.

Así lo hice y, después de concentrarme un rato, al instante, mi padre dijo:

- Mi hermano era aun muy joven cuando, por motivos de negocios, hacía prácticas en una gran ciudad del Flandes. Su objetivo era comprar grandes lotes de trigo y otras provisiones, por cuenta de nuestro soberano, dada la hambruna que prevalecía en sus dominios. En aquella ocasión se produjo un brote epidémico en la ciudad, que pronto fue atribuido a los judíos que residen allí en gran número. Para responder al clamor público, abrieron una rigurosa investigación y quedó demostrado, a saciedad, que los malvados habían envenenado los pozos. La gente delirante comenzó a vandalizar viviendas de los pérfidos envenenadores, y el saqueo y la masacre continuaron durante algunos días. Tu abuelo, como cristiano que era, no pudo evitar intervenir en los acontecimientos.

El azar lo llevó a casa de un judío que tenía fama de ser muy rico, para comerciar a gran escala con España y Oriente. Al entrar en la sórdida guarida, se dio cuenta que el perro infiel estaba instalado realmente con dos hermosas hijas. La burguesía y los soldados flamencos, que acompañaban a mi padre, saquearon todo y se llevaron a una de las niñas. Tu abuelo, quedándose solo con unos pocos miembros de la pandilla y, desconfiando que el judío sinvergüenza poseyera algo más, lo hizo venir ante él y lo chamuscó con un hierro en carbón, para soltarle la lengua. Ante esto, la hija comenzó a gritar, declarando que si la dejaban libre, descubriría un tesoro.

Una vez contestada, imagina que en aquella pocilga había una enorme puerta tan bien escondida que nadie podía abrirla ni identificar y en la que se encuentran los tesoros que ves aquí, ya que muchos otros judíos, temiendo venganza del pueblo, habían depositado allí sus bienes. Tu abuelo repartió parte del botín entre sus compañeros; los dos judíos, padre e hija, fueron asesinados, para que nada sucediera; los tesoros, empaquetados y camuflados en sacos de trigo, así fueron llevados a esta mansión sin mayores riesgos. Y ahí tienes el origen que ahora deleita nuestra vista.

Una vez saciado de la contemplación de sus riquezas, mi padre cerró todas las cajas fuertes bajo llave, excepto dos, que contenían dinero acuñado. Hecho esto, cada uno de nosotros nos sentamos frente a una caja fuerte y contamos y volvimos a contar las monedas, apilándolas. Después cerró y registró todo, subimos agotados. Cruelmente, sin querer, yo me aferraba a esos tesoros, sintiéndome capaz de defenderlos a costa de mi propia vida. Pero cuenta para siempre ese metal frío no me satisfizo, y me recordó las historias de Sibyllala, los torneos y las hazañas con las armas, presenciadas y alentadas por damas nobles y hermosas. Soñé con estas fiestas, me imaginé ricamente vestido, montando magníficos caballos y liderando brillantes séquitos. Imbuido de estas ideas, siempre me dirigí a una gran sala de armas en la que se guardaban alineadas las armaduras completas de caballos y caballeros. A través de las paredes, en profusión, lanzas, espadas, dagas y otras armas de todas las dimensiones. Examiné todo ese arsenal, lamentando no saber manejar ningún arma, ni haber montado jamás a caballo, a pesar de mis dieciocho años.

Al encontrarnos un día en las cuevas, no pude contenerme y le pregunté a mi padre por qué me impedía asistir a las festividades y torneos, añadiendo que, hijo de un hombre tan rico y portador de un nombre ilustre, era justo que aspirara a las espuelas de caballero.

Oyéndome hablar así, frunció el ceño y, mirándome de reojo, dijo burlonamente:

- ¡Hola! Ya te preocupan, entonces, estas ambiciones, ¿querido? ¿Te molestan estos tesoros aquí? Pues mira: trata de borrar de tu mente esas quimeras, porque la verdad es que de aquí no saldrás, ya que solo aquí puedes ser feliz. Fuera de estos muros, la gente miente, roba, mata

¿Y las mujeres, entonces...? Son el diablo disfrazado, al servicio de la perdición. Criaturas con apariencia angelical, mordiendo la mano que las acaricia. Loco que eres, huye del mundo... Mira, aquí tienes tu futuro, tu amor y felicidad... ¿No ves este oro? ¿No crees que sonríe tan alegremente?

Se levantó y bajó la mano en mi hombro:

- Dejar que te vayas de aquí, para que luego vengas a robarme, prefiero torcerte el cuello con mis propias manos, ya que, para llegar a estos cofres, es necesario pasar por encima de mi cadáver.

- Pero - respondí sin miedo -, la muerte es inevitable y ¿qué será de estas riquezas cuando dejemos este mundo?

- Sí - respondió sonriendo extrañamente -, otros mueren, pero Calmor y yo hemos descubierto el elixir de la vida eterna.

No sabía qué decir, ni si debía aceptar o rechazar tales declaraciones; pero una cosa era segura; por el momento era inútil imaginar torneos. La posibilidad de un elixir de vida eterna me había impresionado profundamente.

Supersticioso por naturaleza, ávido de maravillas y ciencias ocultas, comencé a espiar la torreta donde trabajaban mi padre y el alquimista. A veces, desde allí me llegaban ruidos extraños, hasta que la casualidad me permitió descubrir la causa, no sin asombro, todo sea dicho, pues yo no tenía más de diecinueve años y el instinto del mis pasiones aun no me habían sido reveladas, de modo que el crimen me aterrorizó.

Vagando por el subterráneo un día, buscando un hueco que me permitiera salir del castillo sin ser visto, llegué a una cueva justo excavada debajo del torreón de Calmor. De allí emanaba un olor vertiginoso a materia putrefacta y me indujeron a investigar de dónde venía y entonces encontré una gran cavidad en el suelo. Sondeé, con la luz de la antorcha, que presumía bien y vi, asombrado, que estaba lleno de fragmentos humanos, algunos ya reducidos a huesos, otros todavía están endurecidos; amalgama infectada y sobrenadante, aun reconocible, ¡el cadáver de un niño pequeño! Claro que hui de allí aterrorizado. Pero a partir de ese día la vida en el castillo se volvió más odiosa para mí y comencé a aspirar a algo que no pude definir. Aquellas paredes me asfixiaban, todo me parecía mezquino, insoportable.

Sin saber cómo, engañando al tiempo, pasé largas horas en una habitación llena de manuscritos, tratando pacientemente de descifrarlos.

Durante mucho tiempo no leí más que tratados sobre el arte de la caza, crónicas genealógicas de nuestra familia, etc.; hasta que un día cayó en mis manos un precioso manuscrito: se trataba del diario del antiguo capellán del castillo que, además de muchas aventuras, contó los detalles del largo asedio a nuestra mansión, cuyos habitantes, según él, habrían perecido si no hubiera una salida secreta, que conducía muy lejos, en medio del bosque. ¡Por fin! Si tal salida no estuviera obstruido ahí, sería mi válvula de salvación. La oportunidad no se hizo esperar y llegó, cuando, cierta vez, porque había trabajado toda la noche, mi padre solo se despertaba más tarde. Bajé al subterráneo y, siguiendo las indicaciones del manuscrito, me topé con una puerta que evidentemente estaba olvidada, tal era el atasco causado por el óxido de las bisagras. Al abrirla con gran esfuerzo, bajé una larga escalera y crucé una galería en buen estado hasta que topé con un gran bloque de piedra. Lo saqué, después de inmensos esfuerzos, debido a la red de arbustos y raíces que invadían todos los huecos y, atravesando la espesura, salté a un hoyo seco cubierto de musgo. Agotado; sin embargo, satisfecho, me tumbé sobre aquella suave alfombra y, alzando los ojos, vi, en lo alto, las copas de los árboles centenarios, cuyas ramas entrelazadas formaban un enebro impenetrable. Respiré profundamente el aire embalsamado del bosque. Ese frescor, ese aroma y la espesura del bosque me embriagaron, prisionero de la cuna. Entonces comencé a vagar y pensar que la libertad nunca podría parecerme más hermosa que en ese momento.

Habiendo así descansado por un tiempo caminé con cautela y a cada paso descubría nuevos encantos. Por todas partes crecieron flores y frutos.

Coleccioné frutas rojas y fragantes que me supieron nuevas. ¡Y decir que eran simples fresas, que yo no conocía! Entonces, entretenido con esta cosecha, no tardé en sobresaltarme al escuchar un ladrido lejano de perros y relinchos de caballos, seguidos de bocinazos. Poco a poco el ruido se fue acercando y, de repente, por un camino que me había pasado desapercibido desembarcó toda una cabalgata de caballeros y damas ricamente ataviados.

A mi lado, el escuadrón multicolor cruzó el claro y se adentró de nuevo en el bosque. ¡Era una cacería! Me sentí extrañamente amargo, rencoroso. Me tiré al césped y enterré la cara entre las manos. ¿Por qué no pude, hijo de poderoso noble, participar de esos placeres? Examiné mi ropa raída, escogida del guardarropa de hombres antepasados, y aunque no tenía el más mínimo sentido de la moda, no dejó de notar su exotismo, rico tal vez en su tiempo, pero ridículo en relación con el de los caballeros que pasaron. Estaba pensando así, cuando un crujido de ramas me golpeó.

Levanté la cabeza y vi pasar un ciervo jadeante, seguido de cerca por un gran beagle.

Levantándome de un salto, pero en ese mismo momento apareció en el claro un caballo que, tal vez asustado por mi figura, corcoveó y desmontó al jinete. Solo entonces me di cuenta que era mujer y que, con el pie metido en el estribo, corría gran peligro.

Detuve al animal, lo até a un árbol e intenté ayudar a la señora que, afortunadamente, no había sufrido nada.

Era una joven muy hermosa, de tez sonrosada, ojos negros muy vivaces y cabello rubio, que brotaba de su gorro de esmalte azul de perlas. Ella me agradeció, conmovida, mirando con curiosidad mi persona y mi ropa.

- ¿Quién eres tú, que acabas de brindarme un servicio tan importante? ¿A quién debo expresar mi agradecimiento?

- ¿Qué le digo, señora? Si mi padre lo supiera…

Ella me miró estupefacta y se echó a reír.

- ¡Por Santa Rosa, madrina mía, qué dices! ¿Un hombre adulto, un caballero que, por su vestimenta, supongo, teme la severidad paterna por un acto tan simple? Vamos, confíame tu nombre y lo mantendré en secreto. Para empezar te diré que mi nombre es Rosa, condesa de Rabenau, nombre que de por sí, representa la mayor garantía.

Tomó mi mano, hundió su mirada ardiente en la mía… Fascinado por esa mirada, murmuré casi sin querer:

- Mi nombre es Hugo, conde de Mauffen.

- ¡Ah! - Dijo sorprendida -, ¿entonces eres el hijo del viejo mago que vive en el castillo, conocido como "Garra del Diablo"? Pero - añadió sonriendo -, esa mansión niega el concepto, porque alberga un querubín, que eres tú...

El elogio me hizo bajar la vista, al mismo tiempo que aparté con la mano los largos rizos rubios que caían sobre mí por la espalda. La niña se sentó en el pasto, me invitó a hacerlo y comenzó a charlar y preguntar sobre mi vida.

Le respondí evasivamente, sonrojándome al confesar que era el primer día que pasaba fuera del castillo.

Por fin, se levantó diciendo:

- Siempre puedes volver aquí, que yo no vivo muy lejos y suelo caminar por estos lares.
Acompañada de mi perro y un paje muy discreto. Me desviaré para que podamos encontrarnos y hablar. Tranquilo, no te preocupes, joven cobarde, porque vendré sola.

Rápidamente montó y me tendió la mano, que no me atreví a besar.

- Hasta siempre, hermoso Hugo - dijo sonriendo, arrojando una rosa de su corpiño. Y desapareció, espoleando al animal.

Aturdido, me quedé allí acariciando la flor, como una reliquia, para mantenerla cerca de mi corazón. Desde ese día, a menudo me escapaba del castillo y, a las horas acordadas, la castellana de Rabenau ataba al caballo en cualquier árbol para que nos sentáramos en el pasto. Siempre jovial, me habló, con colores cambiantes, de la vida mundana, que yo no conocía. Poco a poco, perdiendo la timidez, fui revelando también mi vida doméstica, las rarezas de mi padre, su fabulosa riqueza. Le confesé todo, menos la existencia de los tesoros, de hecho no tenía idea preconcebida. Ella deploró mi suerte, prometió pensar en mi liberación y acabó confesando que no estaba contenta con el matrimonio.

Un día, cuando regresaba y caminaba bajo tierra, me detuvo el brazo, en el preciso momento en que cerró la puerta secreta. Grité, asumiendo que era mi padre, pero pronto reconocí la voz de Calmor, susurrando:

- Aprovecha bien tu tiempo, Hugo... Y hazlo bien, porque la vida aquí es odiosa. Pero en fin, dime: ¿qué prefieres?

¿Que informe de estas salidas a tu padre o que hagamos una alianza adecuada?

- Explícate - respondí conmovido, porque solo imaginando la ira paterna perdería la cabeza. La calma me atrajo hacia él y prosiguió en voz baja:

- ¿Amas a tu padre?

- No lo creo – respondí vacilante.

- Entonces, déjalo morir y me darás, para garantizar el resto de mi vida, un monto sobre el cual liquidaremos. Entonces serás libre, rico y podrás amar la bella criatura que te visita allí en el bosque. Y tendrás todo lo que quieras: torneos, fiestas, ciencia, amores rotos, finalmente, el cipoal que te avergüenza, seguirás siendo, para todos los efectos, el maestro y yo – inclinándose -, seremos el astrólogo del muy poderoso señor Hugo, conde de Mauffen.

Con ese panegírico del futuro, me fui con todas las perspectivas de arrepentimiento o remordimiento, y yo simplemente objeté:

- Pero, ¿cómo puedo matarlo?

Calmor se inclinó y me dijo:

- Con veneno que yo te proporcionaré.

- Genial, pero ¿cuándo?

- Cualquiera de estos días.

Nos separamos y yo me recogí agitadamente; todas las malas inclinaciones que dormitaban en mi alma acababan de despertar.

¡Un consejo, una ligera sugerencia para revivir mi antigua codicia, mi egoísmo y mi fría crueldad!

Como resultado, con la varita mágica de un mimo, me convertí, a los veintiún años, en un criminal consumado.

Di largos pasos hacia la habitación y mil pensamientos y proyectos pasaron por mi mente, mostrándome el gran futuro. De todos modos, cayó la tarde tiñendo de rojo el atardecer y me asomé a la ventana con este único pensamiento:

"Conde Hugo, dentro de poco serás dueño de todo esto y de ti mismo!"

¡Qué bien sonaba ese título y ese nombre! Sí, eran sinónimos de poder, independencia, fortuna. Estas divagaciones fueron interrumpidas por el viejo Cristóbal, que me llamaba para cenar. Como de costumbre, nos reunimos alrededor de la mesa escasamente servida con algunos embutidos y una botella de vino. Ese día comí poco y en cuanto nos quedamos solos, mi padre me dijo:

- Vamos. Entendí.

Fuimos al subterráneo. Me levanté, tomé la antorcha y bajamos en silencio. Como siempre, cerró las tres puertas, encendimos las luces y abrimos las cajas fuertes. Se quedó un momento de pie, con los brazos cruzados, absorto en la contemplación de las riquezas que brillaban por todas partes, pero sin mostrar la alegría habitual. De repente, una sonrisa sardónica cruzó por sus ojos.

Con sus labios pálidos, me miró con ojos duros y dijo:

- ¿No es cierto? ¡¿Cuánta riqueza, cuánto poder y cuánta independencia te daría la posesión de estos tesoros, mi querido Hugo de Mauffen, si pudieras tener la amistad de un astrólogo como Calmor y vivir eternamente para disfrutar de estas delicias?! Un buen padre solo puede exaltar los deseos del hijo. Tienes suficiente inteligencia para vivir, ahí afuera, fuera de estos muros, ¿verdad?

Y se rio de una manera que me heló el corazón.

- Bueno, que sepas que aquí estás para pasar el resto de tu vida, morir en medio de estas riquezas, cuando llegue tu hora, marcada por Dios. Aquí no hay veneno ni armas, podemos vivir en perfecta armonía, tú serás mi tesorero de ahora en adelante...

Esas palabras me hicieron perder la cabeza. ¿Sabías todo entonces? ¿Debería pudrirme allí, así, en esa cueva, desarmado y separado de Calmor, mi único amigo? No había tiempo que perder, el recurso era eliminarlo. Es verdad que yo estaba desarmado, pero contaba con la fuerza de mis brazos, como si fuera un tigre perseguido. Estos pensamientos no tenían la duración de un minuto. Me lancé sobre él, dispuesto a estrangularlo. Él reaccionó, trepamos y rodamos al suelo. Sentí sus dientes hundirse en mi espalda, al mismo tiempo puse mi rodilla en su pecho, buscando su garganta.

La lucha continuaba, mi padre jadeaba en el colmo de la desesperación, cuando de repente me vino a la mente el más pequeño de los cofres, casi al alcance. Con un gran salto, con un esfuerzo enorme que solo la desesperación podría concebir, derribé la caja fuerte encima de él y todo el oro acumulado rodó por el suelo. Luego, como loco, comencé a derribar las otras cajas fuertes y a tirarle todo lo que cayó en mis manos: enormes bandejas, jarrones, copas, lingotes de oro, monedas... Y pronto, de debajo de sus preciosos restos, estallaron gemidos ahogados. Entendí que su poseedor, estaba enterrado en su propio tesoro, saldando las cuentas en este mundo. Sin embargo, seguí arrojándole oro y más oro, hasta quedar completamente exhausto... Aturdido, jadeando, sudando por todos los poros, me apoyé contra la pared. Por fin, libre, rico, ¡independiente! Sin embargo, ¿cómo salir de allí? Las llaves estaban ahí con él, debajo del caótico tesoro y el coraje había desaparecido para volver a ver el cadáver.

Me agaché temblorosamente, palpando la losa y pronto un objeto frío llamó mi atención: era el juego de llaves que, durante la pelea, se le había caído del cinturón y se había deslizado en un rincón de la cueva.

Me levanté más tranquilo y traté de alejarme sin mirar atrás. Cuando cerré la última puerta, suspiré aliviado. Nunca más, en ninguna parte el poder del país restringiría mi libertad. Decidí; sin embargo, ocultar la verdad; no quería presentarme en el mundo con apariencia de parricida. Sin embargo, ¿cómo se explicaba la desaparición de la víctima?

Después de reflexionar un momento, fui a otro compartimiento subterráneo, donde había un profundo aljibe apenas protegido por una reja de madera podrida. Con unas patadas derribé a un lado de la barandilla, apagué la vela y subí las escaleras gritando pidiendo ayuda, porque mi padre se había caído gravemente, inesperadamente y se fue la luz. Cristóbal y Sibyllala corrieron rápidamente; armándonos con antorchas, bajamos.

Llegando al lugar, el viejo Cristóbal exclamó:

¡Dios de misericordia!

- Si el maestro cayó allí, todo se acabó.

- Sí, fue aquí - dije fingiendo estar desesperado -, quería visitar este pozo hoy y lo vi agacharse para iluminar el fondo del mismo; creo que pretendía decirme algo, porque escuché estas palabras de él – "¿ves, Hugo?" -, cuando la madera crujió, dio un grito y se hundió. Del susto, la vela se me cayó de las manos y eso fue todo lo que pude hacer.

El viejo sirviente levantó la antorcha buscando luz dentro del pozo. Al fondo, un disco brillante reflejaba la luz de las antorchas.

- Sí - prosiguió Cristóbal, examinando la reja rota -, ésta madera está podrida y así que, desgraciadamente, lo único que podemos hacer es rezar por el alma del jefe.

Al escuchar estas palabras, comencé a debatir lo mejor que pude, y creo que lo hice bien, porque también los dos viejos me consolaron lo mejor que pudieron.

- ¿No te dije que todavía veríamos una desgracia enorme? - susurró la vieja Sibyllala, sacudiendo la cabeza -. Lo sé bien, cuando aparece doña Yolanda, es sin duda un presagio.

- ¿Quién es doña Yolanda? - Pregunté asombrado -, ya que nunca había oído pronunciar este nombre.

- Es antepasado del difunto conde: mi abuela dijo que murió de forma inexplicable; pero la historia es larga y no sé si estarás dispuesto a conocerla. El misterio y la tragedia siempre han ejercido una gran fascinación sobre mi espíritu. Comúnmente, en sueños veía cosas que contrastaban con la realidad. Estas visiones, los sueños eran muy diversos, y mucho más bellos que los de mi entorno natural y, en este caso, todavía era un misterio, eso estaba en juego.

- Dime, entonces, Sibyllala, qué sabes de este pariente que anunció el triste final de mi padre. Pero dejemos este maldito lugar.

Subimos al comedor; Cristóbal llegó a la silla en la que solía sentarme al lado de mi padre; puso un puñado de leña al fuego, y Sibyllala, mirándolo, dijo:

- Si olvido algún detalle, tú me lo recuerdas, tú que tienes buena memoria y te sabes las cosas de memoria y salteadas.

A una señal afirmativa del anciano, Sibylla comenzó:

- Tu bisabuelo que, como todos tus antepasados, se llamaba Hugo, era ya un hombre maduro, cuando acosó y tomó un castillo, cuyo nombre no recuerdo. Una vez derrotado y apresado el castellano, la noble Yolanda, su hija, se arrojó a sus pies, suplicando por la libertad de su padre. Cuando tu abuelo vio a la joven Yolanda, el diablo entró en él, porque solo el diablo podría inspirar a un hombre de unos cincuenta años a casarse con una chica de dieciséis. Cambiando su futuro por la liberación, la joven Yolanda aceptó la insensata propuesta de su padre y la boda se desarrolló con gran pompa. Mi abuela era luego una niña de seis o siete años, cuando entró en la familia la nueva castellana y fue ella quien me dijo que era un querubín. No podría ser más hermosa que esta pequeña criatura de cabello dorado y ojos color cielo.

Tres años transcurrieron plácidamente y libre de contratiempos, cuando el viejo castellano tuvo que salir a visitar a un hermano moribundo, por cierto, ¡alto dignatario eclesiástico!

Obispo, si mi memoria no me falla. El viejo conde, hombre muy religioso, no pudo esquivarse al llamamiento de su hermano y se fue, dejando a su esposa y a su hijo de dos años. En su ausencia, un joven trovador, sin recursos y enfermo, pidió hospitalidad en el castillo. La caritativa Yolanda lo recibió y ordenó tratar su enfermedad. Una vez curado, el muchacho insistió en cantar para su benefactora. Sucede; sin embargo, que, restaurado y bien colocado, el chico sorprendía a quien lo veía, con su belleza original. Él era nativo, creo que de un lejano país del sur. Tez morena, cabello negro y rizado, ojos azabache brillantes. Se llamaba Ângelo y parece - Dios me perdone -, que la castellana vio esos ojos de muy cerca, por culpa de ellos quedó fascinada. Porque la verdad - Dios me perdone -, es que muchas veces lo mandó llamar a esta torre del lado del bosque, cuya entrada está amurallada, como usted sabe. Allí pasaban horas y horas, y en ocasiones se veía al trovador cantando en el alféizar de la ventana, mientras la señora hacía girar su rueca. Una noche, cuando menos lo esperaba, el viejo conde regresó. Satisfecho y de buen humor, preguntó inmediatamente por la mujer.

Nadie se atrevió a señalar la torre, ya que en ese momento se encontraba allí con el bello trovador. Sospechoso, atronador, el castellano exigió que le dijeran la verdad, hasta que un paje más atrevido le señaló la torre. Dos escuderos vieron cuando subió rápidamente las escaleras y llamó a la puerta. Minutos después regresó solo, tartamudeando, y ordenó tapiar la salida de la torre. Nadie supo nunca lo que pasó allí; sin embargo, después de mucho tiempo, cada vez que el jefe de la casa tiene que morir, aparece la joven Yolanda con su vestido blanco, como si rompiera la pared para recorrer toda la casa, se detiene en la puerta de entrada y dibuja un cartel con el puñal ensangrentado que lleva consigo.

Así que hace tres días se presentó ante mí, Cristóbal y dos escuderos. Y luego tenemos la muerte torpe del maestro, cuando menos lo esperábamos.

La narrativa de Sibylla me impresionó profundamente y entonces pregunté:

- ¿Y cómo murió mi abuelo?

- Desgraciadamente también - respondió santiguándose -, estaba cazando, el caballo se cayó y el Señor, su abuelo, fue destripado por un jabalí.

Entonces me vino a la mente saber lo afortunada que fue mi madre. Pero no tuve el coraje necesario para preguntar, retenido por un vago sentimiento de miedo. Respeté el misterio, despedí a la pareja de ancianos y fui a buscar a Calmor. Le dije que mi padre nos había espiado y descubierto los planes; me llevó bajo tierra tratando de ahogarme en el pozo y al resistirme, tropezó y cayó allí para siempre.

El alquimista – sonriendo -, me estrechó la mano y dijo:

- Sigamos siendo amigos y ahora descubramos quién soy y cómo me llamo.

Se depiló la barba y llevaba el cabello postizo y tenía ante mí a un hombre todavía joven, fuerte y bien parecido.

- ¿Qué quiere decir esto? - Exclamé sorprendido.

- Esto significa que soy Bertrand, barón de Eulenhof, y aquí hay algunos detalles sobre mí:

Cuando era muy joven pasé por todo tipo de pruebas, hasta el extremo de no tener dónde refugiarme. Al final pagué servicios a un alquimista y astrólogo, llamado Calmor, y cuando le pedí consejo, me dijo: "Conocí, cuando era joven al Sr. de Mauffen, que ahora vive aislado en su castillo; le gusta la Astrología; por lo tanto, disfrázate lo mejor que puedas, toma mi nombre y ve con él, porque allí nadie te molestará." Seguí el consejo; aquí estoy.

El verdadero Calmor, que aun vive, es quien me proporciona elementos para desempeñar el papel de alquimista.

Los siguientes días estaban ocupados en guiar el negocio. Luego me ocupé de las reparaciones internas de la mansión y de vestirme según mi época y mi posición social. Hice un curso de esgrima y equitación, y cuando me juzgué en condiciones para aparecer en la sociedad libre de grandes críticas y enfrentamientos desfavorables, me presenté a Rabenau y a otros magnates de la región. El barón Eulenhof resultó ser un buen compañero y un gastrónomo valiente, pero siempre arrogante en casa, evitando compartir mis paseos y visitas. Así que finalmente llegué a satisfacer la pasión que alimentaba por la condesa de Rabenau y todo lo que me había faltado y descuidado, bajo el yugo paterno, fue en gran parte compensado en la vida social. Sin embargo, no me cansé de la gran sorpresa cuando me di cuenta que Rosa y Eulenhof ya se conocían íntima y confidencialmente. Mucho después supe lo mucho que esta mujer frívola y sensual era astuta en sus planes de infidelidad conyugal. La maniobra que desarrolló para tener relaciones simultáneas conmigo, con el duque, con Eulenhof y algunos cervatillos favoritos. En ese momento; sin embargo, yo estaba ciegamente enamorado y no podía ver nada. Siempre he querido conocer al verdadero Calmor que, con el nombre de Rupert, el mago, vivía aislado en un bosque vecino. Rosa, que ya lo conocía, nos propuso ir allí, juntos y yo accedí, satisfecho.

Calmor era un anciano alto, delgado y muy agradable. Vivía en una pequeña casa aislada, en compañía de una hermana llamada Gilda, de cuarenta años y fea como nadie. Se decía que ella también practicaba la Medicina y contaba con una gran clientela clandestina en toda la región. El concepto de grandes brujos, que disfrutaron los hermanos, les valió la protección de los poderosos, más valiosa que todos los fosos y puentes levadizos.

Si la personalidad del astrólogo no me agradó a primera vista, su trabajo realmente me satisfizo.

Apasionado de todas las ciencias ocultas, quedé asombrado cuando me dijo que había descubierto la manera de preservar la eterna juventud y que estaba en vísperas de encontrar la piedra filosofal; que sabía el efecto de todo lo tóxico y podría, en casos excepcionales, evocar al diablo. Entonces comprendí de dónde venían las ideas de mi padre.

¿Quién podría saberlo? Tal vez tuve más suerte y logré obtener el maravilloso elixir. Lo esencial era conquistar al precioso sabio. Lógicamente le propuse instalarse en mi casa por el resto de su vida, con la única condición de observar sus experimentos.

Acordado y semanas después se instaló en el castillo. Su hermana no quiso acompañarlo y se quedó viviendo en el bosque. Después de tenerlo conmigo, me vino la idea fija de evocar al diablo. Dado que estaba dotado de sentido analítico y, además, era escéptico, las ideas contemporáneas y la inclinación por lo maravilloso me llevaron a admitir la existencia de Satanás. Y concluyó que, si en realidad existiera el truculento rey del infierno, sería recomendable conocerlo lo antes posible, pues ya lo había hecho, de alguna manera por la muerte de mi padre. Probablemente me habría ayudado en el parricidio y me habría de reclamar la recompensa. De hecho, la posibilidad de caer en las garras de Satanás me preocupaba desde hacía mucho tiempo; los sacerdotes hablaron mucho de él y poco, del terrible suceso ocurrido en la Abadía de los Benedictinos, ubicada no lejos de mi castillo. El caso ocurrió con el dispensador del Convento quien, mientras sacaba vino de la bodega, perdió su esponja vegetal de la tina: furioso, al ver brotar el precioso líquido, llamó al diablo y pronto lo tuvo frente a él, en la figura del fraile fallecido, que le había precedido en el cargo y que, moviendo la cola y meneando los cuernos, le había dicho:

"¿Aun te atreves a llamarme y aumentar mi sed, aquí donde pasé tan hermosas horas? Ven, entonces, conmigo y disfruta de mi alegría."

¡Dicho esto, se arrojó a su garganta y lo habría estrangulado, si el fraile no hubiera tartamudeado un Ave María!

Otros monjes se acercaron y pudieron ver las señales de agresión en el cuello de su colega. Sin embargo, el dispensador murió al día siguiente, sin poder recibir los sacramentos, alegando que el diablo le cerraba la boca.

La historia se corrió de boca en boca y me la confirmó un monje del Convento. Era necesario, por tanto, poner la cosa en platos limpios. Entonces, le prometí a Calmor una gran recompensa si me permitía ver y hablar con la demostración, para convencerme de su existencia.

Con los ojos brillando de alegría, el viejo mago se comprometió a llevar a cabo la evocación, pero con cierta demora, ya que la cosa requería mucha preparación, a la que de otro modo podría asistir.

Un mes después me dijo:

- Todo está listo; Ahora, en Luna llena, podemos ir al lugar donde al gobernante de las tinieblas le gusta manifestarse...
Pero dime: ¿tienes el coraje de ir allí?

- ¿Dónde es eso? – Respondí, riendo en sus mejillas. Luego citó un lugar de muy mala reputación y no muy lejos de la Abadía Benedictina. Era una región aislada de colinas pedregosas y cuevas profundas, por las que discurría un voluminoso torrente. Uno de estos calderos se llamaba Tumba; otro, Cuna del Diablo, porque es el más ruidoso y profundo, y donde solían lanzarse los suicidas. Nuestra entrevista sería en la Cuna del Diablo. Cuando llegamos allí, Calmor encendió una antorcha y una nube de cuervos voló graznando. Entonces me di cuenta que una gruesa cuerda llena de nudos estaba sólidamente atada al extremo de un fraguedo. El mago me dio la antorcha y se dejó deslizar hacia el abismo. Luego, siguiendo la señal acordada, bajé también hasta pisar tierra firme. Calmor encendió tres antorchas e, iluminado por ellas, comencé a examinar el siniestro entorno.

Reconocí enseguida que el fondo de este abismo era mucho más vasto de lo que se podía suponer. Por un lado el arroyo corría tranquilamente y por el otro los huesos estaban esparcidos por todo el suelo arenoso. Justo en el centro había una piedra redonda y maciza, similar a las de molino, y en los bordes de esta piedra, trece calaveras dispuestas simétricamente. Cuatro grandes montones de enebro, preparados, fueron encendidos. De repente, un escalofrío me hizo estremecerme y retroceder: estábamos sentados alrededor de la piedra, silenciosos, inmóviles, había exactamente trece lobos, cuyos ojos brillaban como brasas.

De vez en cuando Calmor les lanzaba trozos de carne sacados de una bolsa y yo notaba, con gran sorpresa, que eran restos humanos. Las bestias tomaron cada una su parte, sin moverse del lugar donde estaban. Ante esta imagen, no pude evitar que se me pusiera la piel de gallina; y Calmor, al notarlo dijo:

- No te asustes, ellos son mansos y acostumbrados a este manjar; sin embargo, para empezar necesitamos a Gilda. No sé por qué tarda tanto. En el mismo momento, la cuerda fue sacudida violentamente.

- Es ella - dijo Calmor -, y efectivamente pronto apareció Gilda, saludándome respetuosamente y diciendo que ella también esperaba una recompensa especial, si yo estaba satisfecho con la experiencia. Lo prometí y Calmor declaró que era hora de empezar. Ordenó a su hermana que se sentara frente a la piedra redonda, con la espalda apoyada en el acantilado. Luego encendió un manojo de enebro y tomando un libro grande, comenzó a recitar invocaciones, haciendo gestos de arriba a abajo, primero con una, luego con ambas manos, ahora sobre Gilda, ahora sobre los lobos.

Éstos comenzaron a aullar lúgubremente, pero poco a poco se callaron, de modo que solo se oía el crepitar del fuego del enebro ardiente. Calmor también se sentó y, poniendo sus manos sobre dos calaveras, me invitó a imitarlo. Así que permanecimos inmóviles por un tiempo, cuando me pareció escuchar golpes y ruidos extraños.

Simultáneamente, un frío intenso comenzó a invadir mi cuerpo.

- Gilda - preguntó Calmor -, ¿puedes ver a nuestro poderoso maestro y hablar con él?

Se escuchó un gemido. Miré a la mujer y vi, con asombro, que estaba acostada, como dormida, con las extremidades rígidas y respirando con dificultad. Llamas extrañas, similares a fuegos fatuos oscilaban sobre su cabeza.

- Sí - respondió con dificultad -, vendrá el amo y sus sirvientes - nombres desconocidos mencionados - ya estaban reunidos aquí³ - En ese momento, la respiración de Gilda se volvió siseante y ella dijo, casi asfixiándose:

- ¡Ya basta!

¡Levanté la cabeza, miré y lo que vi me aterrorizó! Junto al cuerpo de Gilda, lentamente se formó una luz verdosa y oscilante que iluminaba claramente el cuerpo de un hombre gigantesco y negro azabache. El rostro, bastante bello, estaba animado por dos ojos chispeantes. En la cabeza, como rodeado de llamas, ¡dos grandes cuernos! Levantando su mano peluda, de uñas curvas, con voz metálica, pero como amortiguado por la distancia, hablaba claramente:

- Me llamas para probarte que existo: Sepa entonces que te ayudo e inspiro y que tus acciones te conectan conmigo; te acompaño de siglo en siglo y te aseguro la impunidad, con todas las delicias de la Tierra, reclamando solo para mí las torturas de tu alma. Y ahora serán amigos fieles y te seguirá a ti y a tus conocidos.

No podía quitar mis ojos del fantasma, cuya sonrisa satánica me petrificó. Luego todo se transformó en una espiral de humo negro que se dispersó en lo alto, como si todo girara a mi alrededor, abrí los brazos quedé inconsciente. Cuando desperté, todavía estaba allí en el estudio. Regresé al castillo muy impresionado por la certeza de la existencia del diablo o, al menos, de alguien que se parecía a él. Durante algún tiempo esta idea apagó mi buen humor; poco a poco; sin embargo, los encantos de la nueva vida y los amores de Rosa vencieron todos los temores. Y fue mientras tanto que me dejé llevar a un crimen tan horrible, que aun hoy me hace estremecer al recordarlo.

---

³ Se debe advertir al lector que todo lo que aquí describo se explica por el Espiritismo, con las experiencias mediúmnicas y, por lo tanto, no puede considerarse imaginario e inverosímil. Todos estos hechos fueron efectos mediúmnicos, proporcionados por médiums poderosos y; sin embargo, incomprendidos y distorsionados por personas supersticiosas, credulidad e ignorancia propias de la época. Los propios médiums fueron los primeros en atribuirlo al diablo y no a espíritus atrasados lo que les pasó. Nota del autor.

Una vez Rosa quiso saber si Calmor tendría medios cabalísticos capaces de unir dos criaturas por lazos indestructibles, ya sea en la Tierra, en el Cielo o en el Infierno; el mago declaró que la Cábala señalaba como recurso infalible, en este caso, que los padres bebieran sangre de su propio hijo. Más tarde, cuando ya se había olvidado el incidente, sucedió que Rosa, mientras su marido había estado ausente en un largo viaje y dio a luz, en secreto y clandestinamente, a un par de gemelos. Tranquilo, Gilda y yo fuimos los únicos conscientes del hecho. Lo que hicimos con el niño, no lo sé; pero sé que la niña fue entregada a Gilda y llevada a mi casa. Durante una de sus visitas, la condesa recordó la consulta que Calmor y yo habíamos hecho, en la locura de mi pasión, estrangulé a la inocente niña, para que Rosa y yo pudiéramos beber dos tazas de sangre viva.

Hecho esto, Rosa se arrojó en mis brazos, delirante, en arrebatos de voluptuosidad inconcebible. Y así lo monstruoso fue consumido sacrilegio, que parece habernos ligado indisolublemente en el crimen y al crimen, ya que en todas mis reencarnaciones encuentro esta mujer pérfida y, por desgracia y perdición, soy arrastrado por el camino criminal.

De lo anterior se desprende que nuestro amor traspasó los límites de lo natural; y de hecho, llegamos a consumar una burla que apenas podía concebirse y describirse. Y si no fuera así, ¿quién les creería? Bueno, solo para librarse de eso, Rosa me engañó, casi hasta la médula; por así decirlo, incluso con mi escudero.

Cuando me aseguré de esta indignidad, mi desesperación no tuvo límites; pero en lugar de desquitarme con la mujer infiel, me vengué diabólicamente sobre las pobres víctimas de su irresistible tentación. La tortura que imaginaba para estos desgraciados no fue realidad, eran las obras de Tiberio: las cocinaba a fuego lento, en un baño que llegaba al punto de ebullición. Su sufrimiento horrible y los gritos lastimeros que soltaban aun resuenan en mis oídos; y sin embargo, ahí quedé impasible, hasta que se extinguieron por completo! [4] Los crímenes atroces que cometí entonces y los sufrimientos que más sufrí los viví después, me incapacitan para confesar todo detalladamente, seguro que despertaría mis sentimientos de desaprobación universal; sin embargo, los guías me obligan a mencionar, al menos, actos de carácter general ya que se me impuso, como condición expiatoria, la revelación del pasado y la humillación voluntaria, para sacar provecho del horror de los propios crímenes la fuerza para contrarrestar el bien.

Luego retomo mi testimonio.

Mi corazón se galvanizó cada vez más, no había escrúpulos que pudieran frenarme. Para mantener su belleza y juventud, bebía sangre de niños recién nacidos y se bañaba en sangre humana. Para lograrlo aproveché cuántas víctimas cayeron en mis manos: viajeros anónimos, peregrinos, comerciantes ambulantes, pobres trovadores; en fin, todos los que golpearon a mis puertas del castillo y podía desaparecer sin despertar sospechas. Sí, todos fueron inmolados, sin piedad ni misericordia; y es más: torturados salvajemente.

Así pasaron los años, hasta que ocurrió un hecho grave en la vida de Rosa. El conde Bruno, miserablemente traicionado, escapó de ser asesinado cuando la sorprendió en un coloquio amoroso, y ella, temiendo la venganza de su marido ultrajado, abandonó a su hija recién nacida y se refugió en mi castillo. Esperaba que, una vez pasado el primer estallido de ira, lograría una reconciliación; pero el conde hizo saber que había muerto al dar a luz y ordenó que se erigiera sobre ella un magnífico monumento.

---

[4] Nota del autor - Llegando a este punto de su confesión, el espíritu de Mauffen, al recordar el pasado, perdió el autocontrol e interrumpió el dictado. En general, este período de su existencia es significativamente incompleto, por haber sufrido la persecución de sus enemigos, se negó obstinadamente a confesar la realidad desagradable. En cuanto al espíritu del escudero, cabe decir que lo persigue hasta el día de hoy.

Entonces es imposibilitada de volver a casa. Por eso, furiosa pero condenada a pasar por muerta, la condesa de Rabenau permaneció en mi compañía, pero sin atreverse a aparecer ante nadie. Mi pasión por ella había regresado allí.

Sin embargo, esta extraordinaria criatura tenía el poder de revivir un fuego extinto. Yo ya había descubierto su intimidad con Eulenhof; pero, al reprocharle, él respondió que el verdadero amor no podía concentrarse en una sola persona, antes requería libertad, como el Sol, cuyos rayos fertilizantes no se podían exigir que brillen aquí, allí o en otros lugares, ya que deben calentar y vivificar en todas partes.

En los últimos tiempos, Eulenhof viajaba con frecuencia y a menudo estaba ausente durante meses. Un día regresó muy preocupado y le pedí que me hiciera un gran servicio. Aceptó de buena gana, ya que quería mucho a esta compañera, alegre e inteligente. Luego me dijo que estaba esperando a alguien, que llevaba un mensaje importante y para quien pedía una habitación aislada. Además, debería abstenerme de hablar con esa persona, no involucrarme, finalmente, en nada relevante para el tema.

Acepté todo, pero, intrigado por el caso, intenté observarlo desde la distancia. Al anochecer, vi llegar a tres hombres, uno de los cuales debía estar muy enfermo, ya que estaba en la habitación sostenido por los otros dos que, ayudados por Bertrand, lo llevaron a la habitación, encerrándose allí. Una hora después, Eulenhof me buscó.

- Quizás necesito estar fuera por unos días y, en este caso, quiero que consientas en seguir siendo el anfitrión del huésped aquí enfermo hasta que pueda regresar. No causará molestias ni preocupaciones, ya que la enfermedad es temporal y sus pajes ellos cuidarán de él.

Consciente y conforme, no dejé de estar alerta sobre esto. Sin embargo, no pude sorprender nada extraordinario, excepto que esas dos personas salieron de la habitación y abandonaron el castillo. Incrustados y envueltos en pesadas capas, no pude reconocerlos claramente, pero digo que una, por la figura, me parecía Eulenhof y el otro era un chico muy joven, alto y delgado. Durante tres días no se produjo ningún movimiento en la habitación ocupada por el paciente y su presunta enfermedad.

Intrigado por este hecho, decidí ver qué pasaba; golpeé y nadie respondió. ¡Rompí la puerta y la habitación estaba desierta! Noté que habían quitado las cortinas de la cama.

Sorprendido, descorrí las pesadas cortinas y retrocedí asombrado: ¡Eulenhof yacía inerte, con la muerte estampada en la cara! ¿Sería posible? ¿Qué significaría eso? ¿Y el enfermo y el paje?

Después, más tranquilo, examiné el cadáver más de cerca y me convencí que no era Bertrand, sino otra criatura, extraordinariamente similar a él. Por supuesto, hubo pequeñas diferencias, como por ejemplo: edad - Eulenhof era más joven -, pelo más corto, rasgos faciales más pronunciados, cosas que solo un observador cuidadoso podría distinguir. Lo cierto es que el paje había desaparecido y Eulenhof, tal vez, se había ido con el joven desconocido, dejándome con el cuerpo del doble... Pero, ¿quién era este doble y de dónde vino? ¿Qué relación habría entre ellos?

¡Misterio! ¡Misterio...! Examiné el cadáver una vez más: ¡las sencillas ropas no mostraban nada que indicara ninguna cruz, amuleto o joyería; solo en el hombro había una marca extraña, que me pareció hecha con un hierro al rojo vivo!

Desilusionado pues no tenía ninguna pista, pero estaba convencido que Eulenhof había ido a alguna parte a ocupar el lugar del muerto. Cuestioné a Rosa y no sabía nada ni quería decirlo.

El tiempo me lo dejaría claro. Quedarnos a solas con nuestra pareja, nuestra vida en el castillo se reanudó el ritmo habitual y pasaron largos meses sin Bertrand, cuando me di cuenta que Rosa estaba haciendo investigaciones meticulosas en cada rincón de la casa. Entonces palpé las paredes, los muebles, examiné los marcos, etc. Admirado y molesto, le pregunté qué buscaba con tanto afán y me respondió con mirada perspicaz:

- Entonces, ¿ignoras lo que se dice sobre el destino de tu madre?

La pregunta me hizo estremecer, como nunca lo había hecho.

Había interrogado a alguien al respecto. Pero, ¿alguien podría dudar de alguna tragedia?

- ¡Bien hecho! - respondí -. ¿Qué sabes sobre eso?

- No sé nada por mí misma; pero lo que dice la gente es que tenías dieciocho meses cuando nació un bebé hermano y tus padres, muy sociables en aquella época, quisieron celebrar el bautismo con gran pompa, habiendo invitado a toda la nobleza de esta región. Por supuesto, no fui testigo de nada de todo esto; pero mi tía me dijo que fue una fiesta espléndido. Aunque tu madre no se recuperó completamente del parto – la Tized fue presentada porque tu padre tuvo que viajar por negocios -, se presentó vestida regiamente y hermosa que, provocó la envidia de todas las damas presentes. Hasta entonces todo salió bien, de forma natural y clara; pero entonces, a partir de ahí entra en juego el misterio. Foulques de Rabenau, el hermano menor de mi marido, estaba entre los invitados y dicen que tu padre lo sorprendió en el dormitorio conyugal, abrazado a tu madre, junto a la cuna del recién nacido. Según se cuenta, Hugo, loco de celos, imaginó una venganza idéntica a la de su abuelo, empezando por ahuyentar a los invitados con una expresión feroz. Lo que pasó después nadie lo sabe; pero el caso es que nadie jamás le ha puesto los ojos encima.

La madre y el dormitorio de la pareja se evaporaron. Foulques estuvo escondido durante muchos días, para gran pesar de su esposa, quien había dado a luz a Lotário y todavía estaba bajo custodia. Después apareció Foulques y nadie supo de dónde venía.

Dicen que la mujer nunca más le sonrió; pero lo cierto es que ella lo perdonó y vivieron felices hasta el final de sus vidas.

El afecto de Foulques se centró entonces en su único hijo, el mismo Lotário, un joven hermoso y afortunado. Entiendes ahora que busco el dormitorio de tu madre, con la intención de recuperar las joyas que lució en aquella memorable noche.

Respondí cualquier cosa cambiando de tema; pero sin que ella lo supiera, también comencé una investigación meticulosa. Una indicación del viejo Cristóbal me dio una buena pista y acabé descubriendo una puerta de entrada a la famosa alcoba. La puerta principal estaba cerrada y no la toqué, por supuesto, pero había otra más pequeña, hábilmente disimulada. Está bien, mi papá lo habría olvidado, o tal vez pensó que nadie la encontraría. Finalmente, con el corazón acelerado, entré una mañana en el nicho que me vio nacer. Los rayos del sol naciente apenas se filtraban a través de los cristales polvorientos cubiertos de telas de araña.

El lujoso ambiente ahora apestaba a moho, con sus ricos muebles descoloridos. Al fondo, sobre la tarima, una gran cama blasonada, con cortinas de seda plateada y al lado una cuna, y al lado, en el suelo extendida, una forma humana. La masa de cabello rubio que rodeaba su cráneo y las telas de seda que lo cubrían, identificaron el cadáver de una mujer. Me detuve por un momento, meditativo y soñador.

Entonces entendí la salvaje misantropía de mi padre. La pérdida de su amada esposa lo había convertido en un sórdido usurero y yo, fruto de la víctima, la vengué horriblemente. Tratando de repeler esos pensamientos, comencé a examinar todo a mi alrededor: la cuna estaba vacía y el niño, o más bien su cadáver, había desaparecido, quizá secuestrado por el conde Rabenau, escapando milagrosamente.

Me acerqué al cuerpo de mi madre, le quité el polvo que lo cubría y no pude ver sus rasgos, solo su esqueleto de piel negra y marchita, que retumbaba y traqueteaba al tacto de mis dedos, como si fuera una bolsa de huesos. Las joyas; sin embargo, estaban perfectas y relucientes. Dejarlas allí sería absolutamente una tontería. ¿De qué le serviría a una muerta? Consultar a Rosa tampoco parecía prudente. Decidí operar solo. Ganar así sin asco, coloqué una palangana de plata y un jarrón de cristal sobre la mesa, me arrodillé junto al esqueleto y comencé a desenredar el gorro sujeto por largas horquillas de su cabello rubio; luego le quité el collar de perlas y, usando la daga, comencé a descoser las joyas, arrojándolas al jarrón de cristal. El sonido que produjeron en el cristal resonó de manera singular en ese ambiente de silencio y muerte. A veces sentía escalofríos cuando, moviendo el cadáver, la seda que lo cubría crujía bajo mis dedos temblorosos. En esos momentos me detuve, mis manos, como si se negaran a operar y sus ojos inquietos buscaban cada rincón. Me reveló así al hombre de mi siglo - supersticioso y crédulo -, temiendo a los muertos y creyendo en el diablo. Sin embargo, la tarea fue completada, la cuenca y el jarrón lleno. Levanté los restos, los coloqué sobre la cama, extendí sobre ellos la rica colcha y cerré las cortinas, diciéndome: aquí te quedarás mientras exista este castillo y absolutamente nadie perturbará tu descanso.

Luego, arrodillándome, me golpeé el pecho, recé el Padrenuestro por el alma de la difunta y me di la vuelta, temiendo que el diablo me agarrase por la nuca, ya que le había arrebatado aquellas riquezas y profanado sus dominios con una oración sincera.

Cerré la puerta secreta, inutilicé la salida y ordené que instalaran nuevas cubiertas de madera. Lo cubrí de una vez por todas. Al rato le regalé a Rosa un broche muy rico, diciéndole que había encontrado el cuerpo de mi madre, y esa joya era parte de las cosas preciosas que la cubrían.

Creo que no estaba muy satisfecha, pero además ¿qué derecho tenía a quejarse? Poco después de este incidente, ella me abandonó y solo unos años después fui a buscarla como dueña de una modesta posada. Todos la conocían: se llamaba Berta.

Solo una vez me dediqué a trabajar más duro en Alquimia junto con Calmor, lo que me inspiró una confianza ciega. El objetivo principal de la tarea era de ver, el embellecimiento y conservación del cuerpo, colimando la inmortalidad orgánica. El régimen que me impusieron no me permitió de ser algo repugnante, pero tolerado, porque estaba absolutamente convencido de su eficacia. Así que cada mañana bebía un vaso de leche de loba; me frotaba el cuerpo con sangre de palomas blancas o de osos, cuando podía conseguirlos al peso el oro, para adquirir aparente dulzura de trato. También llevaba un collar de zafiros como medida preventiva del mal de ojo. Sin embargo, las ceremonias más siniestras tuvieron lugar en el laboratorio de Calmor, compuesto por tres salas llenas de material y animales adecuados, tales como: gatos negros, búhos, murciélagos, lechuzas, etc. Uno de las habitaciones estaban pintadas de negro, tenían un altar de piedra al fondo y, al lado, una gran bañera de piedra, que, después de las ceremonias cabalísticas, bañaba en sangre humana, para asegurar una juventud inalterable.

El altar estaba destinado a la inmolación de las víctimas, cuya sangre suministraba la bañera, ya fueran tiernas o niños pequeños recogidos por Gilda, ya fueran adultos saqueados en pueblos lejanos o en la pobreza.

Los colocaba sobre el altar, me hizo arrodillarme en los escalones y, con un cuchillo afilado, les traspasó el corazón, luego succionó - lo que hizo con salvaje placer - la sangre que brotaba de la incisión. ¡Podría, nacer, si fuera esencia de vida que absorbí...! Y recuerdo que me apegué a tal monstruosidad que las contracciones de la agonía de las pequeñas víctimas no me impresionaron en absoluto. Aunque muchos crímenes terribles tuvieron lugar en este laboratorio, me niego a relatarlos aquí, ya sea por su repugnante vileza, o porque la descripción sería demasiado dolorosa para mí.

Muchas veces, cuando no estábamos trabajando, hablábamos de temas interesantes que él, Calmor, había aprendido durante sus estudios en su larga existencia; otras veces, tenía que convocar a su demonio familiar, que dibujaba en carbón, mil grandes personajes, las explicaciones solicitadas. De hecho, respuestas categóricas, exactas y adecuadas. Una noche habló de muertes trágicas, tal vez hereditarias en ciertas familias, la mayoría de cuyos miembros sucumbieron desastrosamente, así como de apariciones fantásticas, etc.; y todos estos temas me habían recordado la narración de Sibylla sobre mi abuelo.

Mi impresión fue tal que, cuando me retiré a la cama, todavía estaba pensando en el trágico caso. Sin dormir, me levanté y me incliné sobre la ventana, contemplando la torre negra que la luz de la luna envolvía en una suave luz. Esas estrechas ventanas con barrotes ciertamente permitiría vislumbrar la escalera cuya entrada había sido prohibida... ¿Qué habría dentro, en ese ambiente que mi despótico abuelo la había cerrado hace más de 150 años? Me costó entender este deseo de venganza implacable, por el simple desafío de un corazón que solo debería pertenecerle a él. Sin duda los culpables, sorprendidos por su marido engañado, todavía estarían allí custodiando el castillo y doña Yolanda aparecería, sombra vengadora, para anunciar la muerte de los Mauffen. Pasé días consecutivos resistiendo el impulso de penetrar la torre, parecía una obsesión. Finalmente no pude contenerme y una noche, después de cenar, llamé a unos hombres armados con picos y otras herramientas, poniéndose manos a la obra. Los trabajadores derribaron el muro y, después de masivas obras, piedras, cemento, ladrillos, comenzaron a desplomarse. Abrumado por una gran curiosidad, respirando con dificultad, observé el trabajo, y mientras avanzaba, apareció una puerta. En cuanto estuvo lo suficientemente descargado, comprobé que estaba cerrado con un enorme candado. ¿Y la llave? Despedí a los trabajadores y fui a mi habitación, examinando todo el manojo de llaves del castillo. Mientras demolían el revestimiento, la noche se había cerrado por completo; pero esa no era razón para detenerme. Curioso y decidido, tomé una linterna y volví a la carga. Después de lubricar la cerradura, probé las llaves, una a una, hasta que acerté y, con algo de esfuerzo, el candado cedió y la puerta chirrió sobre sus bisagras oxidadas. Me detuve un momento, aturdido, frente a las escaleras, cuyos peldaños blancos y limpios atestiguaban que nadie los había pisoteado. Lo subí, lentamente, y con cada vuelta la luz de la luna se desvanecía sobre las rejas de la ventana y sobre mi delgada figura, pero, mientras subía, sentí un extraño letargo, hasta que me detuve, mareado. Las piernas se debilitaron, mis pupilas parecían de plomo, me excitaba un sopor invencible. Finalmente, se apagó la luz y tuve la sensación de un fuerte puñetazo en la cabeza. Sin embargo, simultánea o instantáneamente, me vi aparecer en lo alto de las escaleras, experimentando una sensación indefinible. ¡Uno diría que lo fue y no fui yo! Apareció el chico delgado y frágil.

¡Era de hombros anchos, atlético, con manos enormes y musculosas, vestido de negro y con un collar de oro alrededor del cuello!

Sin embargo, la transformación más extraordinaria fue de naturaleza psíquica: un odio feroz burbujeó en mi corazón, hacia los dos seres que allá arriba me deleitaron y me traicionaron. Era imposible definir si veía o sentía mis rápidos movimientos, subiendo las escaleras a la luz de la luna. Furioso por la ira, me detuve frente a una puerta y acerqué la oreja, deseoso de contener cualquier palabra de traición hasta que con impaciencia empujé la puerta y el cuadro que vi me ancló en el umbral: en el sillón de espalda alta, una hermosa mujer rubia, vestida de blanco, con un arpa y un huso a sus pies; arrodillado ante ella, de espaldas a mí, un hombre con un jubón morado y cabello negro y rizado que le caía sobre los hombros. Abrazándose unos a otros, la frente rubia de la joven belleza descansaba sobre el hombro del traidor. Sin poder hablar, temblando de rabia, él permaneció inmóvil, pensando en la venganza, cuando ella se levantó y, gritando, atrajo a su amante, ciñéndolo. Es que, absortos en su idilio, no habían oído el golpe que yo había hecho en la puerta. Ante ese gesto de amor y miedo, una nube de sangre me quitó la vista; levanté la daga y la hundí profundamente en el regazo blanco. El cara pálida cayó y unos ojos azules, medio velados por la agonía, me buscaron con expresión indefinible. Miré hacia otro lado, el trovador todavía arrodillado, atónito de asombro. El puño, como un mazo, le dio en la cabeza y cayó muerto, sin decir palabra. Salí, bajé las escaleras mareado, pero frente a mí volaba la mujer rubia con su regazo sangriento. La seguí, siempre a punto de atraparla, pero viéndola desaparecer y reaparecer a cada instante. Mi agitada carrera continuó sin tregua y la visión, que parecía insultarme, me encontró en un viejo solar. Frente a una puerta, se detuvo e intentó abrirla; pero esta vez logré agarrar su vestido flotante. Me arrastró con él y caí de rodillas, abrazándola con fuerza. Intenté mirarla, pero ¡oh! Estaba asombrado y escapó de sus labios. Me vi al borde de una cuna y sosteniendo en mis brazos a un bebé recién nacido. Me retiré con un grito tapado y... me desperté. Un rayo de sol bañó mi rostro y no muy lejos estaba la antorcha apagada. Me froté los ojos... ¿Qué quiere decir? ¡Haber dormido allí, en medio de las escaleras, completamente loco, desnudo y afectado por una enfermedad repentina!

Pero no. Al fin y al cabo, todo estaba explicado: la imaginación obraba por aquella vieja historia, había engendrado el sueño fabuloso, con tanta vivacidad, que logré encadenar las acciones de mi abuelo.

Me levanté destrozado, con la cabeza pesada y, al menos por ahora, sin ganas de sondear los misterios de la torre.

Así que bajé y recubrí la puerta con mortero ligero. Tres días después recibí una invitación del barón de Launay para asistir al bautizo de su hija Rosalinda. Magnífica fiesta, que reunió a toda la nobleza local.

Allí tuve la oportunidad de ver al conde Lotário de Rabenau y a su hijo, un hermoso muchacho rubio, de facciones finas y caprichosas, aferrándose a su padre, al punto de no darle ni un minuto de descanso. Yo tampoco sé por qué, este chico me ha inspirado desde entonces la más profunda aversión. Su mirada me recordó al trovador con el que había soñado, aunque este tenía el pelo negro. Impresionado por estos pensamientos, traté de distraerme en otras habitaciones.

En este punto, me permití un intervalo de quince años, durante el cual ningún acontecimiento extraordinario pasó de ser interesante a esta narrativa.

Normalmente dedicado a mi trabajo de alquimia, intenté aventuras galantes, asistí a torneos y fui, una y otra vez, a las veladas de la nobleza que, lo confieso, era la que menos me atraía.

Muchas veces he pensado en casarme y las madres de hijas casaderas me han ofrecido buenos matrimonios, pero lo cierto es que nunca he pensado en casarme.

Podría decidir. Unos días antes de la fase en la que retomo esta narrativa, tuve la oportunidad de conocer a los dos viejos amigos: Bertrand y Rosa. Esta, como dije, regentaba un hostal de mala reputación y, muchas veces, me planteé y me sorprendió cómo se identificaría con esa clientela de carreteros, campesinos y vagabundos que frecuentaban el local. En cuanto a Bertrand, lo encontré algo cambiado y solo se me aparecía de noche. De dónde vino y qué hizo, nadie podría decirlo. Obviamente sus actividades se volvieron sospechosas, pero eso no nos impidió continuar como amigos íntimos. Cerrado este paréntesis, sigo con mi exposición.

Un día recibí una invitación para competir por una gran cacería que el duque llevaría a cabo en una región cercana a mis dominios. Buscaban un ciervo y un jabalí y también las damas competían, la partida terminaría con un banquete.

En busca de un jabalí que me parecía inalcanzable, me adentré mucho en el bosque, y cuando intentaba arrinconar al animal en una cueva profunda, el maldito se escapó.

Escapó por un pasaje de imposible acceso. Furioso y decepcionado, tomé las riendas para unirme a la mayoría de los compañeros y, al no oír ya los aullidos y ladridos de la jauría, cogí el cuerno e improvisé una tocata. Pronto se escuchó el relincho de un caballo cerca. Me dirigí hacia allí, pensando que encontraría a algún cazador, y ¡cuál fue mi admiración cuando vi surgir de la espesura una yegua blanca, montada por una joven y hermosa jinete! Para la palidez de su rostro y la inquietud de sus ojos, entendí que se había desorientado. ¡Al mismo tiempo caí asombrado! Es que hasta entonces no se había convertido en una criatura tan hermosa. Tez nacarada, cabello de ébano, encrespado, rompiendo el sombrero azul; vestida del mismo color, ribeteado en oro; figura esbelta y grandes ojos negros, aquí se puede vislumbrar la silueta la cual me emocionó por completo. Al acercarse a mí, la joven castellana se asustó y entró en mí con evidente miedo, mientras hice una reverencia y, dándome a conocer, pedí permiso para llevarla de regreso al punto de encuentro acordado.

Ella inclinó su hermosa cabeza y respondió:

- Acepto, le agradezco y me encomiendo a usted, señor. conde. Mi nombre es Rosalinda, hija del difunto barón de Launay. Ya conoces, sin lugar a dudas, a mi hermano Wilibald. No tengo más de 15 años y éste es la primera gran cacería en la que participo.

Encantado por su ingenua locuacidad, recordé que observé el bautizo; pero, como su montura daba signos de impaciencia y se irritaba por las astas espinosas y las piedras se desliza de la densa selva, la tomé de las riendas y así caminamos y hablamos.

Rosalinda me contó de todo: la caza, el duque, las damas, los vestidos y, sobre todo, las condiciones de nobleza y fortuna que proporcionaban todos los placeres y diversiones. Mientras hacía un gesto rápido, una rosa se cayó de su cinturón dorado y cayó al suelo.

Lépido, desmonté y, recogiendo la flor, pedí permiso para exhibir los colores de la bella Rosalinda. Sonrisa maliciosa frunció los labios y, extendiendo la mano para coger la flor, dijo:

- En este sentido, señor conde, no tengo derecho de concesión, por muy apropiado que sea, al caballero Léo de Loevente...

Le devolví la flor sin más objeciones, pero pronto me sentí lleno de una gran inquietud y un profundo resentimiento. Ella era tan joven y llegué tarde para ser amado por la única mujer que me había impresionado, al punto de pedirle su mano como mi esposa tan pronto como la vi. Me quedé en silencio, mordisqueándome el bigote considerando que un rival también podría ser eliminado, especialmente cuando ese rival era joven y susceptible a la provocación.

Ciertamente sabía algo así, pero nunca le había prestado más atención. Ahora el caso cambió, porque comencé a odiarlo.

Finalmente llegamos al lugar acordado: un gran claro rodeado de frondas centenarias. Pajes y escuderos alardeando de los colores ducales, se dedicaban a preparar la cena. Allí ya se había reunido un gran número de personas. En el borde del bosque, los caballeros todavía a caballo charlaban animadamente. Al vernos, uno de ellos exclamó:

- Hola. ¡Por fin!

La persona que habló así fue Wilibald de Launay, hermano de Rosalinda y el otro, con una rosa azul y dorada en el sombrero, era Loevenberg. Por primera vez analicé seriamente a mi rival y no puedo dejar de confesar que era un hombre admirablemente guapo. Alto, esbelto, cabello rubio rizado, rostro ovalado y grandes ojos negros de ensueño. Un hombre, por fin, capaz de cautivar a todas las mujeres. Tan pronto como Rosalinda notó a los dos chicos, se arrojó hacia ellos, ya ajenos, supongo, a mi presencia. ¡Oh! ¡Qué odio tan profundo llenó mi pecho, contra quien me robó el corazón de Rosalinda! Él la ayudó a desmontar y la llevó hacia un grupo de damas y caballeros sentados a un lado de frondoso roble. No muy lejos vi la esbelta silueta de Rabenau, comentando animadamente, con un viejo amigo, los incidentes de la caza. Cerca de él estaba su hijo, un apuesto chico de 20 años, de rostro afeminado y cuyos ojos seguían inquietos los más mínimos gestos de Rosalinda y Loevenberg.

- ¡Hola! - Me dije a mí mismo -, ¿tú también estás celoso, mi soberbio Rabenau?

En ese mismo momento vi que su padre se inclinaba hacia él y, con la mano en su hombro, sonreía con picardía, ternura y algo que le pareció reconfortante, pues el joven pronto se calmó. En el futuro, debería tener mucho sobre respeto por este joven, incapaz de albergar y vivificar un afecto sincero y verdadero. Entre otras frivolidades, el de haberse casado contra la voluntad de su padre, con una muchacha de inferior condición y malas costumbres, de quien se había enamorado; matrimonio que debería permanecer y de hecho permaneció ignorado, así como el destino de la aventurera consorte. Rabenau acabó llevándose a su hijo a las damas, cuya atención pronto convergió en el afectuoso Adonis, y se sentó, a su vez, junto a la esbelta viuda a quien cortejó y que respondió con miradas ardientes. Tan pronto como las exigencias de la pragmática

Lo permitieron, intenté despedirme y regresar al castillo, consumido por pensamientos oscuros. La reunión de Rosalinda había ablandado mi corazón de bronce; era como si la tuviera ante mi ojos. De repente me acordé que ya había visto una cara parecida y, ¡qué raro! - que estaba en el sueño de la desafortunada torre. ¡Oh! - Pensé - Si la rubia Yolanda se parecía a la morena Rosalinda, la ferocidad de mi abuelo estaba más que justificada…

Al llegar a casa, me encerré en la amplia habitación que me servía de despacho y de dormitorio. En contigua alcoba, protegida por gruesas cortinas, la cama alta, y junto a la ventana el escritorio; pero en ese momento no me gustaba trabajar. Me acerqué a la mesa, llené mi copa de vino y, arrastrando el sillón, me dejé caer derretido. Con la mano en la cara, absorto, miré la llama crepitante de la estufa y quedé completamente inmerso en un profundo pensamiento.

Vacié vasos y más vasos y terminé decidiendo que esa diva sería mía, a cualquier precio. Leo muerto, ella sería libre y yo presentaría la solicitud. Es cierto que ya tenía más de 40, pero nadie me daba más de 30 y tampoco era feo, tenía fortuna y condición de noble; todo, en definitiva, lo que una mujer puede desear. Por lo demás, nadie conocía mi ferocidad, dada la vida engañosa y solitaria que llevaba. Solo una cosa me avergonzó: quienes, en aquellos tiempos, vivían cada uno en su propio castillo, separados por grandes distancias, pasando meses sin echarse un vistazo. Por tanto, era urgente forjar una oportunidad y esta dificultad exacerbó mis celos. Entonces decidí buscar calmarme y consultar a la cábala y a las estrellas. Tomamos un horóscopo y predijo que, después de 18 lunas, el rival perecería en mis manos. Dispuesto a esperar, conjeturé mil pretextos para denunciar a Loevenberg, pero terminé por desanimarme y perder, de hecho, un tiempo precioso que, además, no creía poder aprovechar.

Rabenau fue el tutor de Rosalinda y bien podría aceptar una brillante alianza para su alumna. Pensando así, un buen día me vestí regiamente, monté a un hermoso corcel español, blanco como la nieve y acompañado de una imponente procesión de pajes y escuderos apoyando mis colores, marché hacia el castillo de Rabenau. Habiendo sido avisado con antelación, el castellano me recibió con la mayor cortesía, en lo más alto de la escala de honor.

Con esa sonrisa que ganó corazones, después de estrechar mi mano, nos dirigimos a la habitación de invitados. El Sr. Rabenau, prestando atención a lo pulcro de mi vestimenta y mostrando una sutil sonrisa, dijo:

- Me alegro mucho de verte, querido conde, y estoy pensando que vas a algún banquete; si tuviera una hija casadera, sería un caso de algo desconfiado, halagado, de estos trajes formales y de esta escolta principesca... Pero, ay, ay, estoy privado de esta alegría paterna.

Me incliné, tratando de adivinar la intención de esas palabras y no pude leer nada en el libro de su mirada profunda.

Con la mayor gravedad, dije entonces:

- Es muy lamentable que el cielo no le haya concedido una hija, que sin duda sería tan hermosa como su padre, y a cuyos pies pulularían, postrados, los caballeros más intrépidos de la cristiandad; sin embargo, señor conde, no se equivocó en cuanto a intenciones que me traen hasta aquí. No tienes una hija, es cierto, pero sí una alumna, la noble y seductora Rosalinda de Launay, cuya mano tengo el honor de solicitar, sin querer, a la futura condesa de Mauffen, otra dote, además de su belleza.

El conde me escuchó con la mayor atención. Cuando terminé de hablar, se concentró por un momento y respondió reverente:

- Solo puedo halagarme con el honor que le gustaría otorgar a mi joven pupila; desgraciadamente, mi querido conde, ella ya está comprometida con el caballero Loevenberg, a quien ama con locura. Yo, como tutor, solo tengo derecho a impedirle un matrimonio inaceptable, pero nunca a obligarla a casarse en contra de su voluntad, con solo en mente una brillante alianza como, por ejemplo, la que ahora abogan.

Me di cuenta que trató de ocultar con aquellas palabras halagadoras, para no disgustar a su adorado hijo, comprometió con Loevenberg y no admitió otros candidatos. Insistió en que aceptara la cena, pero, molesto como estuve allí, decliné la invitación y me despedí fríamente. Él lo notó y dijo:

- No me guardes rencor, mi querido conde, no es culpa nuestra. Si yo fuera el pretendiente, tendría la misma suerte.

Consuélate viendo que, por ahora, uso mi ascendente solo para evitar un matrimonio muy temprano.

Nada respondí y con un pase seco-bueno, detuve la montura. ¡Cosa curiosa! Yo, el rico e ilustre señor de Mauffen, me habían negado formalmente y, ciertamente, quienes me rodeaban desconfiaban del propósito de mi visita y consiguiente fracaso. Tratando de simular indiferencia, pasé el puente levadizo y regresé a casa, atendiendo inmediatamente buscar la calma. Intentamos, una vez más, escuchar a su genio protector, que habló así:

"En la decimoséptima luna, te enfrentarás victoriosamente a tu rival, pero él no morirá."

A continuación se realizó un sorteo simbólico, representando un gato con una piedra al cuello, arrojado a un río, pero nadando y reapareciendo en la orilla opuesta.

"La dama de tus amores se casará en segundas nupcias, pero no contigo, por lo cual tendrás que profesar. En cuanto al final que te espera, nada puedo decir y se lo prohíbo a Calmor."

Esta respuesta me dio poco consuelo y, a pesar de la confianza que tenía en el oráculo, me generó algunas dudas. Lo que yo quería, a pesar de todo, con Dios o con el diablo, era casarme con la hermosa Rosalinda; pero hazme fraile, eso nunca. Tratando de perder nada de lo que pudiera beneficiarme, valía la pena también del siguiente hechizo: una gallina blanca fue bautizada cabalísticamente con el nombre de Rosalinda y alimentada con avena estofada en mi sangre, manjar que yo mismo preparé, mientras Calmor salamaba y repetía las palabras místicas que, a través de la gallina, deberían despertar en la joven la pasión por mí.

Más tranquilo, reanudé mi trabajo habitual cuando, un mes más tarde, Eulenhof me trajo una noticia desconcertante: Rosalinda, en ausencia de su tutor, fue al castillo de Rouven y allí se casó con Loevenberg. Rabenau siguió a los fugitivos, pero no llegaron a tiempo. Indignado por el comportamiento de su alumna, el conde rompió con ella. La verdad; sin embargo, esta ruptura no me sirvió de nada y Loevenberg se había retirado a casa con mi castellana, victorioso y feliz. Puedo decir que hasta entonces no había sentido el fuego de los verdaderos celos. Pero a partir de entonces la representación ideoplástica, en mil aspectos, del matrimonio Loevenberg, constituyó para mí un verdadero infierno, generando planes vengativos con refinada ferocidad. Sin embargo, entendió que era necesario esperar y, con la ayuda de los dos amigos, que hacían todo por dinero, estaban preparando planes para eliminar a su exitoso rival.

Para instrumento, elegí un primo llamado Sezefredo de Mauffen, un joven inexperto, con quien nunca me había preocupado y ahora lo recordaba como heredero de unas tierras en disputa, reclamadas por Loevenberg. Le aconsejé que declarara sus tierras, independientemente de cualquier acuerdo. Loevenberg no quedó satisfecho con la solución, que evidentemente era arbitraria; pero, siempre conciliador, invitó a mi prima a visitarlo para llevarse mejor. Eso fue precisamente lo que yo quería.

Se preparó una hábil emboscada y mi primo fue asesinado cuando salía de la residencia Loevenberg, donde había pasado la noche.

El cadáver fue encontrado en las tierras del conde, pero nadie sospechó de un crimen, ya que la lealtad de Loevenberg era muy conocida. Eso no me impidió acusarlo de traición y delito grave y desafiarlo a luchar en el juicio de Dios. El duelo tuvo lugar precisamente dentro de las predictas 17 lunas y salí victorioso. Los detalles de la batalla ya fueron descritos por Sanctus, en su narración, aquí solo puedo mencionar que, mientras esperaba la decisión ducal de liquidar al enemigo, escuché de Rosalinda la frase que me dejó estupefacto - ¡Más vale muerto que deshonrado! Asesté el golpe con mano tembloroso, convencido que había terminado con el hermoso conde yaciendo a mis pies; pero luego supe que el cadáver había desaparecido y nadie había podido encontrarlo, a pesar de las búsquedas más rigurosas. Rosalinda escapó detrás de los muros irregulares del castillo de Rabenau y ya no pudimos verla. Pasaron muchos meses sin oportunidades favorables para la realización de mis planes, y poco a poco comencé a odiar feroz y sordamente al conde Rabenau. Con el objetivo de matarlo, iba a menudo al albergue de una buena amiga y ex condesa.

Una tarde, al llegar allí, para evitar la promiscuidad en la habitación, fui a registrarme en el discreto compartimento donde Berta me atendía. Ese día, al poner una botella de vino en la mesa y el apetitoso pollo asado, dijo dándome palmaditas en el hombro:

- Diviértete, mi bello conde, que debes ser muy feliz, fatigado por la larga caminata - y mirándome más atento -, pero... ¿por qué estás tan triste? Es que ya no me tienes ahí, para cuidarte y la casa... La verdad es que hasta has adelgazado... Bueno, ya sabes que hasta me he imaginado mandar esta bodega al diablo y, teniendo en cuenta el pasado, volver a tu compañía y revivir nuestros hermosos tiempos. Sin embargo, confieso que me cuesta dejar ir a este loco Eulenhof, que me adora con tanto frenesí.

Dicho esto, se rio de buena gana.

- Pero no tengas celos, mi flor, porque el pobre ni siquiera se atreve a confesar su pasión, convencido de mi dignidad e integridad moral... Lo que no quiero es que todo esto acabe mal.

¿Qué podría decirle? No me convenía desagradar allí, porque ella también necesitaba a Eulenhof y conocía el dominio que ella tenía sobre él. Intenté ser amable con esa criatura que, para la gente que frecuentaba su taberna, todavía podía pasar por hermosa, pero para mí, acostumbrado a ver bellas castellanas, no se sorprendió ante la legítima virago, doblemente detestable, porque había caído de su entorno en el que nació, hasta los últimos estratos de la escala social.

Pasando en silencio la hipótesis de una futura condesa berta de Mauffen - dije -, apretando su mano ahora arrugada y rígida:

- Sé, querida condesa, que eres un alma pura y fiel, a toda prueba.

Le gustó el título, que le recordaba la pompa perdida, y que solo de mis labios podía escuchar ahora.

- ¡Pero! - dijo, todo ternura - ¡Qué imprudencia! Si alguien nos escuchara... Por eso mucha gente luego susurra que no soy más que un gran personaje disfrazado. ¿Será que la distinción de líneas y mis tratos realmente puede engañar a alguien?

Inquieta, se dio la vuelta y comenzó a moverse torpemente con su cuerpo, lo que el trabajo y los años ya se estaban desacelerando. ¿Temería realmente el peligro de ser identificada? Lamenté no poder tranquilizar en ella de esta manera particular, diciéndole que antes habría parecido una judía vajilla que se vestía de castellana; pero he aquí, en ese momento, la puerta se abrió de repente y entró su amigo Bertrand.

Sin aliento se arrojó sobre un banco y llenó su copa de vino. Berta se fue dejándonos solos.

Lo miré, estaba en silencio y me pareció que estaba pensando seriamente. Lo había estado espiando durante mucho tiempo y finalmente llegué a la conclusión que esas manos blancas y suaves solo podían identificar a un holgazán, sin obstáculos ni siquiera por una espada. Recuerdo haberlo visto a menudo merodean por la abadía benedictina. ¿Le sería posible llevar la vida de un falso monje, a la sombra del convento?

¿Y qué haría allí? De momento me hubiera gustado aprovecharlo para eliminar a Rabenau; y como lo conocí débil por el dinero, así que le dije sin más:

- Escúchame, amigo Bertrand: tú sabes cuánto vales y sabes que mi bolso está siempre abierto para ti; hazme pues un favor librándome de Rabenau, que me impide dirigirme hacia Rosalinda, a quien amo con locura y estoy dispuesto a ganarla con un peso de oro. Lo odio a muerte, insolente, que la ha secuestrado, como la niña de sus ojos, ojos que leen en lo profundo de nuestras almas.

Al escuchar el nombre de Rabenau, una mezcla de odio y miedo apareció en el rostro de Bertrand. Sin embargo, se controló y bajó la mirada tratando de mostrar indiferencia. No me dejé engañar. Entendí que él también odiaba al conde. Tal vez Rabenau le había sorprendido el estatus de un falso monje o tal vez dependía de él. Decidí jugar una carta:

- No me niegues nada, Bertrand, porque lo sé todo; é que desempeñas el papel de un monje benedictino…

Una chispa de electricidad no habría tenido mayor efecto. Se puso de pie, furioso. Sus labios temblaron y apretó mi brazo con tanta fuerza que lo dejó arrugado. Finalmente, habló vacilante:

- ¿Quién te lo dijo, desgraciado? Y no lo sabes, por mi juramento, ¿ya no podrás salir vivo de aquí?

Temblé por mí mismo. Sin querer había tocado cualquier secreto terrible, cuyo contenido ignoraba; pero, una vez que ese fue el caso, no había manera de dar marcha atrás, primero necesitaba saberlo todo.

Respondí, pues, con firmeza:

- Creo que nuestra amistad supera tu juramento y, además, Bertrand, sabes que soy un hombre que guarda un secreto, incluso si es tan serio como lo que acabas de mencionar. Así que habla con toda franqueza. Eulenhof se levantó y, todavía un poco sin aliento, dijo en un tono vibrante de emoción:

- Solo una cosa te puedo decir: tengo medios para hacerlo todo, contra cualquiera, excepto contra Rabenau. Y te digo más: no te metas con él, porque combina su inmenso poder con una astucia y genialidad incomparables.

La apariencia seria y la emoción del amigo fueron tales que me convencieron que estaba diciendo la verdad. Habíamos hablado en voz alta; pero ¿quién podría oírnos? La habitación de abajo estaba llena de campesinos rústicos, que solo se entendían entre sí en sus galimatías, mientras hablábamos en latín. En ese momento, las escaleras crujieron y escuchamos a alguien preguntar:

- Hola doña Berta, ¿adónde vas con tanta prisa? ¡Ve! ¿Qué quieres ahí arriba? Mira te sigo y ahora no te escapas.

La puerta se abrió con estrépito y Berta entró con determinación. Detrás de ella, un hombre alto, vestido con ropas de campesino, con falda escocesa gris y gorra del mismo color. Cabello rubio y barba roja en un rostro bronceado, lo que me atrajo la atención. Sí. Había algo exótico en ese tipo, cuya nariz recta y afilada, como una estatua griega, chocaba con su frente estrecha y el resto. Sin prestar la más mínima atención a mi positivo enfado, el intruso dejó caer el abrigo de Berta y avanzó resueltamente hacia Bertrand.

- Bueno, por fin te veo – dijo dándole unas palmaditas familiares en el hombro -. Pero, ¿por qué te cierras aquí?

Noté que, al ver a ese hombre, Bertrand se había puesto pálido y; sin embargo, cuando le detuvo el brazo, se dejó llevar sin la menor resistencia, a pesar de mis protestas.

Bastante irritado, cuestioné a Berta quien, muy avergonzada y de mal humor, decía no saber nada particularmente de aquel tipo extravagante, que allí solía aparecer de vez en cuando y lo llamaba el "guapo pelirrojo." Al ver que Eulenhof no regresaba, traté de escapar, bastante alterado y más dispuesto que nunca a desentrañar el misterio.

Pasé todo el día meditando y por la noche le pedí a Calmor un libro de Alquimia y me encerré en mi habitación. Dedicado a la lectura, comencé a escuchar un leve crujido en el compartimento en el que se encontraba la cama. Escuché, el rumor persistía. Me levanté intranquilo. Era tarde en la noche y todos dormían. Las llaves de la casa, que como siempre me habían entregado, estaban sobre la mesa.

Volví a la cama, de donde parecía venir el ruido, y vi que las cortinas bajadas se movían como sacudidas por el viento. Se me erizaron los pelos, un frío glacial recorrió mis venas. Nadie podría estar allí en ese momento.

Pero, como dije, era supersticioso. ¿Si fuera el diablo? De repente me levanté temblando, delirante. Y que, en la masa oscura de las cortinas de la cama, se destacaba una mano blanca, como si quisiera separarlas. Bañado en sudor, me apoyé en la mesa, esperando razonar. Tendría que ser él, el diablo... Seguramente vendría a proponerme el elixir de la vida eterna, a cambio de mi alma.

Calmor me había advertido que el espíritu de las tinieblas vendría personalmente a concluir el pacto. En un instante todos estos pensamientos se arremolinaban en mi mente excitada y comencé a luchar conmigo mismo. ¿Debería venderme a Satanás? Precisamente en ese momento apareció entre las cortinas un rostro pálido, con un tocado de plumas y dos ojos tan vivientes que solo podrían ser de Lucifer. ¡Y no se olvidaron del mío! ¡Fue demasiado! Recordé la terrible apariencia de "La cuna del diablo." Casi automáticamente, llevé mi mano inerte hacia la mesa, donde, entre otras cosas, yacía un pequeño crucifijo de marfil, que toleré pero no usé. Tomando el símbolo de la Redención, que tenía el poder de anular las fuerzas infernales, lo apreté contra mi pecho, murmurando en voz baja: ¡*Vade retro Satanás*! Vale, yo era un gran pecador, cuando la fórmula del exorcismo falló, una risa total y fuerte estalló en la habitación.

¡El demonio saltó en medio de la habitación! Cerré los ojos pensando: ahora me va a estrangular. Y parecía que ya tenía clavos en forma de gancho clavados en mi cuello... La segunda risa me hizo volver a abrir los ojos.

- Pero, ¿por quién me tomas en cuenta? - Dijo alguien con una voz metálica que no me resultó extraña -. O estoy muy equivocado o tú me estás confundiendo con tu patrón, Lucifer. Sin embargo, cálmate, valiente Mauffen, porque aquí estoy en carne y hueso y, y no comprometer tu alma, ni tu cuello; pero, para decirte una palabra. todo eso para mi

Parecía un sueño, porque delante de mí estaba, puñal en mano, sonriendo maliciosamente, nada más ni menos que el ¡auténtico y terrible Rabenau! Con la mayor naturalidad posible, arrastró una silla hasta la mesa y llenó mi vaso, lo vació de un trago.

- Delicioso - dijo, y tragó otra dosis, chasqueando la lengua como si fuera bueno.

- Excelente, conde... ¿era con este néctar con el que pretendías recompensar a Lucifer? ¿Que decirte? Por otro lado lo miré furioso y asombrado, sin darse cuenta de cómo había podido entrar allí, con todas las puertas cerradas y la habitación desierta cuando entré allí y estaba acostado en la cama.

- ¿Por dónde entró usted, señor conde? - Pregunté, visiblemente molesto -, solo los ladrones y espadachines eligen caminos oscuros para entrar a casas ajenas; un valiente caballero...

- ¿Cómo entré, señor Hugo? Pero esto soy solo yo y con derechos que solo yo tengo el poder de juzgar; en cualquier caso, sepa que estoy aquí, más que tú, en mi casa.

- ¡Oh! - me dije - si supiera de la existencia de los tesoros... Como si adivinara mi pensamiento, el conde se levantó y fijando sus ojos de fuego en los míos, continuó:

- ¿Estás pensando que te quiero llevar a los tesoros escondidos bajo tierra en el Este... Entonces, debes saber que el corredor está a la izquierda del pozo; que hay 27 pasos y 3 puertas para pasar... Como ves, no ignoro nada. Pero ten la seguridad que soy lo suficientemente rico como para prescindir de tu fortuna, aunque tengas derecho a estos tesoros. Sin embargo, te advierto una cosa: que solo mientras yo viva podrás estar tranquilo. Tengo el plano completo de este castillo, con todas sus características, secretos y refugios; y si un día muero y estos documentos caen en manos capaces, te despojarán sin apelación ni agravación. Ya has visto que entré aquí por un camino desconocido y sabes que existen otros además de este. No prestes atención porque, contra mi existencia, sentirías amargura. Por ahora no puedo revelarte el secreto que nos conecta; pero con el tiempo lo sabrás todo.

Se levantó, me dijo adiós con la mano y, sumergiéndose en la cama, desapareció detrás de las cortinas. Lo repentino e inesperado de la escena me petrificó. Tan pronto como pude, corrí hacia el nicho, ansioso por descubrir el rastro, pero no encontré ninguna señal de su paso.

Impresionado por la extraña visita, me acosté y pasé la noche en vela. Días después volví a ver a Bertrand quien, muy alarmado, acabó haciéndome una confesión completa. Luego supe que él representaba en el Convento el papel de prior, cuando, en realidad, no era más que un simple títere de Rabenau, prior de facto y jefe omnipotente de la "Orden de los Vengadores." Él, Bertrand, no tenía uno real; Rabenau se hizo cargo y controlaba todo. De ahí vino… – añadió –, esa codicia tuya. Reveló además que en ese momento se estaba tramando una grave conspiración, encabezada por fray Benedicto, antiguo conde de Rouven, enclaustrado a consecuencia de una traición indigna, y cuyo *alter ego*, otra alma condenada, personaje de dudosa procedencia, un tal Pater Sanctus.

Me di cuenta que Bertrand estaba mintiendo, cuando afirmó que no tenía real, pues era insaciablemente codicioso. Por supuesto, la verdad es que si lo consideraría mal pagado y, bajo el guante de hierro de Rabenau, ya no podría, en su condición de falso prior, gozar de amplia libertad, se sentiría insatisfecho y lamentaría la compañía. A partir de ese día lo visité muchas veces en el monasterio, ya sea de manera oficial y ostentosa, ya en secreto, por caminos oscuros. De esta manera no solo fui informado de sus negocios, así como la marcha de la conspiración, que se fortaleció día a día. El audaz Benedicto lo había intentado y logró atraer a Bertrand, ofreciéndole una gran recompensa en efectivo. Todo estaba listo y dependía solo del momento favorable.

- También sería una hermosa oportunidad para usted - añadió - ya que, una vez muerto el conde, se producirá una gran confusión en el castillo y te será posible secuestrar a la bella Rosalinda; y mientras la tengas dentro, a salvo dentro de los muros del castillo de Mauffen, puedes obligarla a casarse contigo. Esta idea me pareció excelente y me impacienté, solo imaginando a Rosalinda en mi poder. Sin embargo, el plan se extendió muchas semanas más, hasta que un día Bertrand me dijo:

-Espero que la semana que viene todo esté decidido. Rabenau celebrará su cumpleaños con una gran fiesta y pretenderá provechar el bullicio del entorno eliminar todos los documentos comprometedores. Hecho esto, tendrá que entregarse a la discreción o será asesinado. Entonces, mi Hugo, intenta aprovechar tu tiempo y preséntate en la fiesta con algunos hombres elegidos. Si Rabenau se entera del robo, no se hará cargo de Rosalinda y entonces podrás arrebatársela sin mayores problemas.

Agradecí el prudente consejo y escogió a diez hombres de total confianza para que estuvieran preparados a la primera señal, a través de una gran recompensa. El día señalado me vestí y toqué en el castillo de Rabenau. El conde me recibió con la amabilidad habitual, pero pronto me di cuenta que estaba íntimamente preocupado. Después de saludar a las damas, me retracté.

Me paré en una ventana para observar el movimiento. En medio de un grupo de chicos, Kurt de Rabenau, muchas de mis antipatías - a pesar de su innegable delgadez -, charlaban... y no tardó en llamar su atención, a veces, destellos de molestia. En ese momento me pareció muy lánguido, sin apartar la mirada del grupo femenino, donde destacó la joven condesa de Loevenberg, salvo para colocarlas sobre su padre, con aire de agotamiento. Sorprendido, vi entonces que el conde Lotário intercambiaba miradas con su antiguo alumno, obviamente enamorado. Se explicó el enfado del hijo. Es que el padre, guapo, seductor, más bien parecía un hermano menor, pero más viejo, sería su rival más peligroso. La aproximación de un anciano interrumpió mis observaciones; pero pronto tan pronto como me deshice de él, vi que Lotáir y Rosalinda habían desaparecido. Luego recorrí todas las habitaciones, husmeé en todos los compartimentos con puertas abiertas sin encontrarlos y finalmente acabé en una oficina desierta y mal iluminada. Allí me detuve por unos momentos; y cuando me propuse reanudar la diligencia, oí un rumor y el eco de voces. Me escondí en el ático oscuro de una ventana. Este ático, abierto a una pared de un metro de espesor, me escondí por completo y dejé que todo fuera escuchado. Apenas me estaba poniendo cómodo en el observatorio cuando vi entrar a Kurt, acompañado de una anciana vestida con ropas campesinas sencillas, pero ricas.

- Es como te digo, mi buena señora, se adoran y acaban de comprometerse, créeme, por lo que acabo de ver y oír.

Escondió su rostro entre sus manos...

- Pero mi pequeño conde - dijo la mujer -, ciertamente estás engañado; los celos son ciegos; su padre, un hombre austero y lleno de preocupaciones y responsabilidades, se habría casado hace mucho tiempo si hubiera querido.

- ¡Gertrudis! ¡Gertrudis! – llamó alguien. La confidente salió apresuradamente diciendo:

- Me están llamando. Kurt, estando solo, monologó:

- Con el amor no se puede jugar y especialmente con un padre; él sabe que amo a Rosalinda y; sin embargo, se ríe y piensa que mis deseos; y; sin embargo, es él mismo quien entrega a su hijo la mujer adorada. ¡Es interesante querer casarse en a su edad! Si tienes hijos, aunque sea uno solo, entonces nuestros activos han sido malversados. Es cierto que siempre seré el primogénito, pero eso no importa.

Se quedó en silencio, miró a su alrededor sombríamente, sacó la pequeña daga de su cinturón y comenzó a examinarla. Una extraña sonrisa se cernía sobre él.

- Sí. Trátame como a un niño; tu despotismo se me está volviendo intolerable... ¿Y si lo mato?

Entre los que están aquí reunidos, son muchos los que lo odian; nadie sospecharía de mí y, así, de un solo golpe, todo estaría arreglado...

Volvió a quedarse en silencio, pero todos los sentimientos pérfidos se reflejaban en sus ojos, al mismo tiempo que probó la punta del puñal en el medallón que colgaba de su cuello.

¡Pobre Rabenau! - me dije -, hasta su propio hijo quiere derramar tu sangre...

Apenas había terminado de pensarlo y me estremecí, al ver la sutil aparición, detrás de Kurt, ¡la figura de Rabenau! Con expresión alterada, puso su mano sobre el hombro de su hijo:

- ¿No te da vergüenza pensar en el suicidio?

El chico dio un grito ahogado y el puñal cayó de sus manos, mientras el conde lo sostenía en sus brazos:

- Querido hijo, cálmate - dijo con una ternura que nunca podría atribuirle -. Escuché tu llanto angustioso, cuando me declaré a Rosalinda y ahora me voy en un viaje del cual no podré regresar; te dejo, pues, mi nombre intachable, una fortuna considerable, acumulad a través de largos años de economía racional y nunca por avaricia ¿entiendes? Y también te doy a mi novia; es decir, mi amor. De ella obtendré la promesa de casarse contigo después de mi muerte. ¿Estás satisfecho, hijo de mi corazón?

El rostro de Kurt quedó transfigurado, como bien se puede comprender, tras los proyectos que había ideado.

Sin embargo, rompió a llorar, agarrando el cuello del conde:

- No te vayas, padre mío, nada valoro más, más allá de tu vida...

¿Sería sincero? Para el plano espiritual no existen pensamientos ocultos. El conde limpió la frente sudorosa y tomando la mano de su hijo entre las suyas, continuó:

- Considera a Rosalinda como el mayor legado precioso, porque es mi propio corazón el que te dejo; busca dominar tus pasiones inferiores, tu carácter caprichoso y tiránico, no hagas sufrir a mi espíritu por haber obtenido el compromiso de Rosalinda de casarse contigo. Dueño de inmensa fortuna, recuerda hijo, que no es solo con oro, que se alcanza el amor y la fidelidad; sé amable con tus vasallos, como intenté serlo yo, porque la severidad debe ser comparable con la justicia y la indulgencia. Una buena palabra, dicha en el momento adecuado, conquista más corazones que un cofre lleno de oro, la lealtad y la generosidad son el verdadero, aunque oculto, escudo de la nobleza. Y ahora, que Dios te guarde y bendiga.

Se alejó de su hijo y añadió imperativamente:

- Ve a buscar a Rosalinda, discretamente y pregúntale. Baja al jardín en media hora.

Desapareció con un gesto de su mano y me sentí singularmente conmovido.

Rabenau sabía que estaba condenado a muerte y esto me hizo sentir un aprecio involuntario por él. Salí del escondite y volví a entrar al gran salón. Lotário salió inmediatamente a mi encuentro y me dijo:

- Sígueme, señor Mauffen, tengo algo que decirte.

No dejé de notar el tono serio de la invitación y comprendí que se trataba de un asunto importante.

Fuimos a una habitación y después de cerrar la puerta, me habló así:

- Te dije una vez que tus riquezas solo estarían garantizadas mientras yo viviera: dentro de unas horas dejaré de existir; me acaban de robar mi archivo de valor inapreciable, ya que está formado por documentos secretos y planes comprometedores; el fruto, finalmente, de toda una existencia y, lo que es más: prueba positiva que soy un conde tan legítimo como el prior de los Benedictinos.

Se cruzó de brazos, solemne, y concluyó:

- Yo también soy un Mauffen, tu hermano menor, hijo de la misma criatura cuyo destino no conoces, pero nadie conoce este secreto excepto yo y la mujer que me crio, y que todos consideran a mi madre. Solo a nosotros dos nuestro padre confió la verdad en el momento de su muerte. Sin embargo, la evidencia de lo que también digo está ahí en el archivo ahora robado.

No pude contener un ¡ah! de asombro y admiración. Recordé la cuna vacía, el niño desaparecido era aquel hombre esbelto que estaba allí tan pálido y condenado a muerte, el único pariente consanguíneo que me quedaba en el mundo.

- ¿Tu mi hermano? - Repetí emocionado.

- Sí. Y ahora, para compensar el servicio que les presto, revelando el peligro que amenaza tu fortuna, júrame solemnemente que nunca jamás dirás una palabra a mi hijo ni a su novia. La mujer generosa que se hace llamar mi madre, ésta, nunca me traicionará. Si es posible, Hugo, hazme un gran servicio: no te falta astucia e intrepidez; entonces, intenta recuperar la caja de archivos robada por el enano y que ahora se encuentra en poder de los dos monjes malditos, es decir: Benedicto, que se disputa el priorato, y Sanctus, su lugarteniente. Bertrand, el cobarde que escapó de la horca, a quien alimenté y colmé de oro, me traicionó y no quiero ensuciar tus manos con su sangre; dile que, a pesar de la suma que recibió en pago por mi vida, él perezca miserable y cruelmente, y que, a esa hora de la muerte, no olvide estas palabras que su jefe le transmite. En ese momento su mirada quedó paralizada.

- Sucumbirán todos juntos - dijo en un tono extraño -, tú, él y ella; todos...

Se estremeció como si despertara. Me quedé mudo, estupefacto y poco sabía que la predicción tendría que cumplirse por completo, ya que acabamos muriendo todos juntos.

Adiós para siempre – dijo extendiendo mi mano.

- Lotário - era la primera vez que lo trataba así -, déjame abrazarte, para que pueda retener el recuerdo agradecido de haber abrazado al único hermano y familiar que me queda, y en el que siempre he distinguido a uno de los más nobles caballeros y valientes. Prometo hacer todo lo posible para recuperar el archivo y conservarlo en honor a tu memoria, después de consumir todo lo que pudiera comprometerla.

Nos abrazamos, emocionados, como corresponde a dos intrépidos caballeros. Luego, poniendo su anillo en mi dedo:

- Tómalo y guárdalo en memoria mía.

Regresé al salón. Rosalinda seguía ausente. Calculé que había abandonado la fiesta, considerando imposible el secuestro en ese momento. Por la noche intenté retirarme. Dos días después de aquella noche de tormenta, fui a la taberna de Berta en busca de noticias. Luego supe por ella que Rabenau había sido asesinado en un claro, no lejos de la carretera, y que, en el camino, la noche anterior se llevaron el cuerpo al castillo. En cuanto a detalles, no los tenía, ni siquiera había visto a Bertrand, que todavía estaba allí en su papel de falso prior. Aquí estoy entonces, sumido en pensamientos tristes. Rabenau, hombre seductor, exuberante de vida, ¡lo había conocido, por decirlo suavemente, hacía dos días y ya no era de este mundo! ¡Lo había considerado un rival y, como tal, lo odiaba!

Ahora, todas estas impresiones se fusionaron con el anhelo por mi hermano, que ya no existía... Decidí ir al castillo de Rabenau, en honor a los extintos y ver, paralelamente, hasta qué punto sería posible secuestrar a Rosalinda, ya que sería estúpido dejarla a merced de Kurt. Al llegar allí al día siguiente, lo primero que vi fue la bandera negra en la torre más alta, para anunciar la muerte del castellano. El puente levadizo estaba caído y los patios estaban llenos de gente: soldados, escuderos, pajes que lucían los colores de las casas más nobles, tenían las manos en las monturas de sus amos, o charlaban tranquilamente con los sirvientes del castillo que, pálidos, aturdidos, abrumados, caminaban de un lado a otro. Me informé que todos estaban en la capilla y un señor que subía conmigo las escaleras me dijo:

- Nos vemos señor, qué cosa más extravagante, dicen que el difunto lo dejó por escrito, como disposición *in extremis* para que, cuando muriera, la condesa de Loevenberg se casase inmediatamente con su hijo. Y lo más curioso es que, en este momento, frente al cadáver expuesto en la capilla, están celebrando la boda.

Me quedé sin aliento, entendí que Rosalinda estaba cumpliendo su promesa al hombre amado. Furioso de rabia, crucé la fila de pajes vestidos de negro y entré en la iglesia, cuyas puertas estaban completamente abiertas. En el centro se alzaba el catafalco rodeado de velas y sobre Rabenau, como si estuviese dormido y majestuosamente amortajado. Frente al altar, arrodillados, Kurt y Rosalinda, cuyo vestido blanco contrastaba con el luto ambiental. La ceremonia terminó y todos se acercaron para felicitar a la pareja. Rosalinda, más blanca que su vestido, parecía indiferente a todo, respondiendo solo con un movimiento de cabeza a las felicitaciones dirigidas a ella. Apartó los ojos del esquife, fue allí y se arrodilló, hundiendo el rostro en las manos. Kurt estaba pálido y se notaba que estaba intentando llorar con todas sus fuerzas. De vez en cuando se arrugaba, miraba nervioso la mirada que llevaba en su regazo y, cuando vio a la mujer desesperada, un atisbo de maldad apareció en su rostro.

Para mi corazón lacerado, aquello fue un bálsamo. Porque amaba a una persona muerta. La desesperación de la condesa, mi madre, era tan real y tan profunda que, inmediatamente, me convenció que amaba a Lotário como si fuera un hijo de verdad.

Muy pálida, con los labios fruncidos, había permanecido junto al féretro sin soltar la mano del muerto, llevándosela a veces a los labios, ahora al corazón. El capellán inició el funeral; me apoyé en un pilar y seguí mirando. La multitud se alzaba en gran medida todo el tiempo, la enorme población allí siempre estaba presentando sus últimos respetos al conde, leal, amable y servicial. Incluso los ancianos venerables y los guerreros famosos se conmovieron y derramaron lágrimas delante del ataúd. Entre los sirvientes del condado, los sollozos fueron incluso explosivos. Se diría que solo después de que se les perdía eran conscientes de su valor. Por otra parte, no esperaban nada de su hijo, cuya dureza y despotismo eran bien conocidos. Sin embargo, allí, en ese trance triste, él era el menos angustiado de todos. De pie, con las manos en las sillas, rodeó los ojos duros y altivos. En su afán de hacer alarde de su señorío, llamaba a cada momento a un paje, a un escudero, transmitiendo órdenes en voz baja. A veces, para pretender ignorar la llegada de nuevos asistentes, se arrodilló junto al catafalco y admiró las esculturas del altar. Una vez terminada la ceremonia decidí marcharme. Desde la puerta miré por última vez a Rosalinda, que todavía estaba arrodillada, con las manos cruzadas y el rostro bañado en lágrimas.

- ¡Qué bella es la condesa de Rabenau! - Dijo alguien a mi lado -, y con qué desesperación llora la pérdida de su tutor; ¡es cierto que era muy seductor e incluso después de muerto es lo que se podría llamar un hermoso caballero!

- Sí - respondió otro caballero en voz baja -, ella se va a poner de luto y ya le ha dicho a su marido que, inmediatamente después del entierro, va con la condesa a pasar seis meses en el Convento de las Ursulinas. El joven conde protestó pero no tuvo más remedio que llegar a un acuerdo.

Estas palabras fueron un nuevo bálsamo para mi corazón y salí un poco más reconfortado por la perspectiva de esta larga separación de jóvenes recién casados. Al día siguiente asistí al funeral, celebrado con gran pompa. El duque asistió en persona y las palabras de pésame que dirigió a Kurt fueron las más reconfortantes para su corazón filial. Estaba claro lo orgulloso que estaba de permanecer al lado del duque durante todo el curso de la ceremonia. Sus ojos brillaron con orgullo satisfecho; pero siempre que se los puso sobre Rosalinda lo que exudaban era pasión e ira. Regresé a casa agobiado y triste, y cuando me retiré a mi habitación, recordé la aparición de Lotário en ese mismo nicho. Para descansar mi espíritu y distraerme, salí al día siguiente para otra propiedad para cazar durante unos quince días. Al mismo tiempo, me ocupé balón para encontrar la manera de recuperar el expediente robado a mi hermano, llegando a la conclusión que el mejor recurso era pagarle bien a Bertrand ya que continuaba como prior y podía, por tanto, apartarlo de Benedicto.

De regreso al castillo, mientras se cambiaba de ropa, el escudero me dijo que en mi ausencia había ocurrido un gran acontecimiento, que don Antônio, prior de los benedictinos, había fallecido a consecuencia de la rotura de un aneurisma. Al parecer, la muerte se produjo durante la misa y en la víctima no dio tiempo a recibir ayuda. El entierro tuvo lugar ese mismo día, por la mañana, con extraordinaria pompa. Allí habían asistido algunos de mis familiares e inquilinos. ¡Me caí de las nubes! ¿Bertrand muerto? Podría ser cierto, pero también podría ser una trampa de los monjes, ya que Bertrand no quería dejar su puesto tan pronto.

Ordené que la cena se diera prisa y partí al galope hacia el albergue de Berta, quien debía saber la verdad. Fui a buscarla angustiado, con los ojos hinchados de tanto llorar. Nada podía ayudarme excepto que, el día anterior, Bertrand había estado allí y, de ninguna manera quería irme. Al enterarse de la muerte del prior, fue a la iglesia y, rodeado de la multitud, vio el cuerpo expuesto allí.

Doce monjes rodearon el catafalco, se turnaron cada dos horas y se celebraron misas ininterrumpidas. Tampoco pudo sospechar de la identificación del fallecido. Angustiado y fatigado, decidí pasar la noche en el albergue y fuimos a la habitación de Berta, para que pudiéramos hablar libremente sobre el triste incidente. Tenía que ser casi medianoche cuando escuchamos pasos en las escaleras, lo que nos hizo estremecer. En el mismo momento, la puerta se abrió y Bertrand apareció desfigurado y se dejó caer en un banco. Y empezó a golpearse el pecho, a arrancarse el pelo, rezando para sí las mayores maldiciones. Supusimos que estaba loco. Rosa fue la primera en calmarse y, acercándose, empezó a sacudirle el brazo:

- Viejo tonto, ¿no moriste entonces? Entonces, ¿qué te estás perdiendo? ¿Qué has hecho? Vamos, escúpelo, con Dios o con el diablo, ¡habla!

Finalmente, aullando y siempre lastimero, Bertrand estalló:

- ¡Está muerto! está muerto... - ¿Quién? - Preguntó curioso por saber quién podría, muriendo así, tocar el alma de ese criminal. - ¿Santo Dios? ¡Ahora esto! Rabenau... ¡Y de qué manera! Matándose, porque nadie podría hacerlo... ¡Oh! Me sentí miserable, traicionándolo...

Me enojé y no pude evitar estallar en una carcajada estridente. Luego, tomando su mano, le dije:

- No puedes, lamentando así a la anciana del norte de Rabenau, intenta, amigo mío, seamos razonables y habla con nosotros primero de tu propia muerte, ya que, para el mundo, estás bien muerto y enterrado.

El sinvergüenza se levantó, vació unas copas de vino y hablamos.

- ¡Ay de mí, Hugo! La muerte de Rabenau provocó esta lamentable situación en la que me encuentro. El satánico Benedicto, deseoso de verme la espalda, me dio un narcótico potente y cuando le di según yo, estuve en la clandestinidad, donde me notificó sumariamente el certificado de defunción, o lo contrario, que estaba muerto para la hermandad y tuve que exiliarme del país. Me dio una miseria y me echó a la calle.

Entonces, si yo era la sinecura del empleo, sin la compensación esperada. Solo ahora entiendo que, con el apoyo del maestro, viví en seguridad. Y sin embargo, sinvergüenza ingrato, traicioné a mi benefactor, fui la causa de su muerte. La venganza me golpeó y lo que más me exaspera es que me ahuyentan, me insultan y no puedo quejarme con nadie.

Se calmó un poco, y como ya no tenía hogar, le propuse que viniera a vivir conmigo, lo cual aceptó agradecido. Rosa lo acompañó a los pocos días alegando que, fuera de su vista, el viejo idiota disiparía todo el dinero que Benedicto le había regalado. No podía correr con ella y por eso la tenía en casa, pero la verdad es que nuestros días corrían monótonamente. Bertrand no había obtenido ningún beneficio, más bien había perdido por traición: pasó de ser un poderoso prior a ser un vagabundo sin hogar, sin nombre y sin tener un lugar, muerto para todos, menos para Rosa y para mí. La promesa de recuperarse lo aseguró Lotário, y estaba dispuesto a matar incluso al prior, si fuera necesario. Tan pronto como se disipó la primera severidad hacia mi amigo, le pedí que me dijera la mejor manera de penetrar los lugares secretos para esconder los archivos. De buen grado me proporcionó la información más detallada sobre el camino a seguir, describió las ingeniosas trampillas, incluida una entre la cama del abad y la pared, y otra que daba acceso a su despacho privado, donde había varias cajas fuertes, cuya apertura me explicó por si encontraba desierto el gabinete. Siendo cauteloso, traté de orientarme en todas direcciones, en caso que a los monjes se les escapara mi éxito.

Por la noche, bien armado y apoyado por los votos de Bertrand y Rosa, emprendí el temerario y temible esfuerzo. En la boca subterránea, un grueso tronco hueco de encina y un tapón disimulado bajo la capa de musgo, daban entrada a la estrecha galería; en un punto designado encontré una antorcha que encendí y la seguí hasta que topé con la escalera; escalera tortuosa y muy estrecha, que apenas dejaba pasar a un hombre. Finalmente, me enfrenté a la trampilla que Bertrand había descrito como relacionado con la oficina del prior. La abrí suavemente, entré en el ambiente y el corazón me emocionó de alegría. Sentado a la mesa, a la luz de dos velas, el nuevo prior había abierto la caja fuerte de ébano cincelado con plata que tenía delante, que me había descrito Lotário. La suerte me favoreció, me regocijé. Todo lo que quedaba era, apoderarse de la caja fuerte y desaparecer en la galería. Todo estaría terminado. Pero era necesario actuar con sutileza, rapidez y silencio.

Esperé el momento y cuando sentí a Benedicto completamente absorto leyendo un pergamino, hojeé cuál sombra, para alcanzarlo; lamentablemente - fatalidad o desgracia -, el suelo crujió y Benedicto se dio la vuelta.

Me lancé hacia él, pero logró bloquear mi brazo y comenzamos a pelear cuerpo a cuerpo. Atraídos por el rumor de la pelea, apareció el maldito Sanctus, el alma maldita del prior, y con un violento puñetazo en la cabeza me hizo perder el equilibrio y quedar aturdido.

Cuando volví en sí, estaba contenido. Entonces se desarrolló la escena ya descrita por Sanctus. Me llevaron algunos fieles monjes hercúleos, secuaces de la maldita hermandad, que en un abrir y cerrar de ojos me aprisionaron. Intenté reaccionar, pero pronto me di cuenta que cualquier respuesta abierta sería inútil. A la mañana siguiente me vi obligado a seguir el régimen monástico; pero en todas partes, en la iglesia, en el refectorio, en el jardín, los dos hermanos no me soltaban ni me permitían hablar con nadie. Finalmente, un día fui llamado a la presencia del abad, quien, con esa impasibilidad y arrogancia que tanto me repugnaba, declaró necesaria la donación de todos mis bienes al Convento, antes de pronunciar los votos. Indignado, protesté contra la insolencia y la rapacidad, y el resultado fue ser arrojados a un basurero, privado de alimentos y colmado de insultos. Finalmente, roto, impulsado por la brutalidad de los castigos, lo soporté todo y me convertí en monje y mendigo, renunciando a mi propia felicidad.

Pero, si aun así, no guardé en lo más profundo de mi alma un resto de esperanza en mi salida de aquel loco infierno. Más tarde supe que Bertrand había sido consciente de mi situación, pero no se atrevió a penetrar en el Convento. Solo una vez, después de haber profesado, estando en la iglesia, junto a un confesionario, escuché una voz misteriosa murmurar claramente:

- "Hugo, no seas imprudente, espera pacientemente hasta que pueda liberarte."

En ese momento me quedé estupefacto y, solo más tarde, concluí que el consejo solo podía venir de Bertrand, sabiendo tan nuevo aliento. El tiempo pasó lentamente, cumplí estrictamente con mis obligaciones; pero; sin embargo, fui tan estrictamente vigilado que cualquier intento de escapar resultaría en un fracaso inevitable. No tenía horarios de ocio. Durante las interminables ceremonias litúrgicas podía pensar tranquilamente en su afortunada madrastra y en la bella Rosalinda, que hacía tiempo debería haber regresado del Convento para reunirse con su marido. Celos y pasión aumentaban día a día, bajo aquellas bóvedas oscuras y pesadas. El aburrimiento abrumador, en conflicto con mi temperamento era exasperante. Lo que decían bajo tierra no era para mí; la disciplina monástica fue muy severa; allí no aparecían aventuras ni sombras femeninas. Desesperado, confieso que mi estado de ánimo era lo que se puede llamar bestial, en el verdadero sentido de la palabra. Bertrand no había regresado y yo estaba buscando arrastrándome y tanteando las paredes. Esa parte del Convento; sin embargo, me era completamente desconocida y nadie puede descubrir un indicio de una salida secreta. Una vez, cegado por el vigilante, mientras investigaba de esta manera, se rio de las banderas desplegadas, repitiendo:

- Escarafuncha, estúpido, imbécil; ¿no ves que estos muros son de piedra?

Y así pasó el tiempo, hasta que un día se corrió la noticia que íbamos a celebrar exequias solemnes por el barón Wilibald de Launay, hermano de Rosalinda, que había muerto repentinamente, el cuerpo llegaría al monasterio, ya que allí era la tumba familiar.

Según las noticias, la joven condesa de Rabenau debía asistir a la ceremonia.

La idea de volver a ver a mi amada criatura me alborotó el cerebro. Llega el día tan esperado, no pude ver casi nada, por lo que en la ceremonia solo participaron unos pocos frailes previamente designados. Mientras tanto, mientras deambulaba por los pasillos, escuché que la joven condesa, muy angustiada, había pedido permiso al abad para pasar la noche velando el cadáver de su hermano. Me escondí en la celda y me planté en la ventana, donde vi las ojivas del templo. A través de los vitrales multicolores parpadeaba la luz de las antorchas, y el pensamiento de que allí, tan cerca, estaba Rosalinda, me sentí eufórico *in crescendo*. El deseo de entrometerse sigilosamente allí terminó emocionándome; salí a escondidas, me deslicé hacia el patio y escapé por la puerta entreabierta del templo. Las velas encendidas a su alrededor apenas iluminaban la atmósfera lúgubre de la gran basílica. El difunto no me interesaba en absoluto y lo que me llamó la atención fueron los dos arrodillados a la derecha del catafalco. Uno de ellos, una anciana dama dormitaba; en otro, con los ojos fijos en el féretro, estaba Rosalinda vestida de estricto luto. Semblante tranquilo, antes desesperada, como en la muerte de Rabenau, parecía; sin embargo, más delgada y con signos de melancolía que nunca me sorprendió. ¿Qué pensar? ¿Simple shock moral por la muerte de su hermano? O, ¿quién sabe, aversiones íntimas hacia la vida de casados? ¡Oh! ¡Cuánto disfruté descifrando el enigma! Pero, en cualquier caso, Rosalinda me fascinó y pronto me vino a la mente el plan criminal y sin sentido. Es cierto que todavía me ilumina un destello de sentido común, haciéndome decirme a mí mismo: "¿Estás loco?" Pero, la pasión indomable que rugía en mi alma, me hacía completamente ciego. Había asesinado a Loevenberg con la intención de poseer a esa mujer, y no, y nunca, para entregársela a Kurt.

Me deslicé felinamente con cautela y, a sus espaldas, amordazándola con la mano izquierda, la até con la derecha y con la izquierda como una flecha. Recuperada del brutal ataque, Rosalinda comenzó a luchar con todas sus fuerzas. Hubo un momento desesperado, lo que le permitió gritar, pero yo ya había llegado a la celda. Con el velo mismo le cubrí la cabeza y con la punta le tapé la boca para evitar que gritase. Luego abrí la puerta y regresé para completar mi innoble propósito. Sin embargo, había perdido valioso tiempo, porque ella, valiente y decidida, había sabido aprovechar: desembarazándose del velo, me enfrentó con el puñal en alto, pegado a la pared:

- Ven, bandido - dijo aterrada, al mismo tiempo que pedía ayuda. Pensé que me iba a morir de rabia, porque, mientras Rosalinda amenazaba, sonaron pasos en el pasillo y golpes en la puerta. Era la voz de Benedicto, íntima y fuerte.

Fuera de mí, me lancé sobre la joven intentando desarmarla. Durante esta lucha, la mesa y el taburete se cayeron, pero no pude completar la intención, porque la puerta cedió con estrépito y Benedicto, Sanctus, Sebastián y muchos otros invadieron la celda. Al ver a Benedicto, Rosalinda dejó caer el puñal. Lo atrapé y, loco, apuñalé a mi ídolo.

De lo que pasó entonces, solo guardo un recuerdo confuso. Sé que estaba a punto de matar al prior, cuando fui sin notarlo; que me encontré rodeado de rostros feroces e indignados; pero lo que dijeron y resolvieron no lo pude escuchar.

Un dolor agudo en el pecho me hizo perder el conocimiento y cuando desperté estaba completamente atado. Lo primero que vi fue a Rosalinda, ensangrentada y tirada en mi cama. Sanctus y Bernardo trataban su lesión. Confieso que no sentí el más mínimo remordimiento. Antes quería verla muerta. La puerta y el pasillo estaban tan lleno de frailes curiosos, que dificultaban el paso. Escuché al prior ordenar que me llevaran al calabozo, y cuando los guardias intentaron cumplir la orden, oyeron pasos apresurados en el pasillo, un rápido movimiento de confusión y la abominable figura de Kurt de Rabenau apareció en la celda. Enojado, supuse, o mejor dicho, vi en su cara pálida lo que los demás no vieron y lo que el amor y los celos me dejaron adivinar: que ese hombre con los rasgos afeminados no sufrieron la angustia del amor verdadero, ante la perspectiva de una pérdida irreparable.

Esa mirada fría apenas simulaba una íntima indiferencia. Incluso es posible que le gustaría deshacerse de su esposa.

Yo digo que exterminaría sin piedad ni misericordia, a cualquiera que pusiera un dedo encima de esa mujer. Él; sin embargo, allí, encontrándome, sabiendo que yo era el autor del ataque, simplemente lanzaba a su alrededor miradas de imprudente orgullo. Lo que sucedió después no lo sé, porque me llevaron al calabozo, donde estuve 24 horas sin comer ni beber, hasta que me presenté ante el prior, se reunió el Capítulo. Benedicto leyó la sentencia: en paz, a pan y agua por el resto de mis días, con plegarias semanalmente. Una nube negra oscureció mi visión y cuando desperté estaba en la lúgubre cueva, donde debería acabar con mi vida entre ratas, cucarachas, ranas y murciélagos. Era un almacén estrecho y oscuro, cuyas paredes extraían agua y su único mobiliario era un montón de paja podrida. Me dejaron ahí exhausto.

Lastimé a uno de los invitados. No sé si fue una rata o un murciélago que salió corriendo chillando despavorido. Me puse las manos en la cabeza...

¡Me perdí! Enterrado vivo, para siempre mudo, privado de aire, de movimiento, de alimento... ¡ay! ¿Qué soy? Valió, entonces, el sacrificio de años y años en el estudio de la magia negra, ya que ninguno de los seres infernales, a quienes casi había vendido mi alma, ¿podrían serme de alguna utilidad en este momento? Luego recité todas las fórmulas invocadoras de los poderes oscuros y terminé apelando al mismísimo Lucifer, pero no obtuve nada y me sumergí en una profunda y silenciosa desesperación. Es difícil decir cuántos días pasé así y cómo, y por qué no sucumbí al peso de tantos horrores.

A veces, exasperado por el hambre, las mordeduras de las ratas y las ranas que saltaban sobre mi cuerpo, volvía a empezar Salmos siempre inocuos. Un día; sin embargo, tuve una idea brillante: recordé el pequeño relicario que había llevado a mi habitación colgada al cuello, desde niño, y que contenía un auténtico fragmento del Santo Madero. ¿Quién me lo había dado? Lo ignoraba...

Pero, la verdad es que él lo había conservado y, quién sabe, ¿no habría sido él quien bloqueó la aparición de Satanás? Inmediatamente, arranqué la medalla y, colocándola en mi pie, pronuncié la fórmula sacrílega de la renuncia a Dios y a Jesús, en favor de Lucifer. Mi fe era tan grande que, después de la invocación, permanecí atento, sondeando la oscuridad circundante, en el que me pareció ver, que antes había visto, envuelto en llamas verdosas, al sangriento monarca del Infierno.

Él debería liberarme, ya que renuncié al cielo con todas sus promesas. De repente me estremecí.

¿Simple exaltación nerviosa? ¿Ilusión de los sentidos? ¿O sería Satanás quien se acercaba? Escuché golpes en la puerta y una voz misteriosa y no satánica que decía:

- ¿Estás ahí, Mauffen?

- Sí, sí - grité con todas las fuerzas que me quedaban.

- Mira: súbete a esa piedra que está en el rincón, que sirve de mesa; levanta el brazo y busca dos anillos de hierro en la pared, uno más alto que el otro. Levántate sobre ellos y encontrarás otro, a la derecha. Sujétate e inclina tu cuerpo todo lo que puedas, ¡siempre hacia la derecha! Así lo hice y terminé metiendo la cabeza en una especie de chimenea.

- Busca los ganchos y sube sin miedo.

Seguí subiendo y la voz de Eulenhof continuó guiándome, hasta que vi una luz tenue y me encontré frente a una abertura redonda. Entonces vi, de un vistazo, una cabeza humana, que desapareció diciendo:

- Sígueme sin miedo.

Fuera de la abertura había una escalera hecha de cuerdas sujetas a dos ganchos de hierro. Caía la noche y allí abajo, junto al muro, se podía ver, a través de la niebla, la masa compacta del lago y el barco en el que acababa de saltar donde estaba Bertrand. Subí la cornisa y como la altura no era muy grande, el descenso fue rápido. Mi salvador me sacó del agua con un palo largo, preparó una valla y con ella desenganchó la escalera. Quería agradecerle por todo eso, pero luego interrumpió, diciendo.

- ¡Nada! Déjalo para más tarde; ahora no tenemos tiempo que perder; quítate el hábito, átalo sobre esta piedra y date un baño profundo. Ahí, en ese paquete, tienes una camisa de pescador, una capa y barbas postizas; vámonos, rápido...

Obedecí y me tiré al fondo del bote, medio escondido por la red y luego tuve la satisfacción de contemplar a lo lejos el sombrío edificio, cuyo perfil se destacaba sobre la escena crepuscular. Transponer sobre la marcha esos muros fueron lo que podría considerarse un verdadero milagro. Lleno de reconocimiento, me levanté y presioné la mano de Eulenhof que seguía remando en silencio.

- ¡Cuánto te lo agradezco, buen y dedicado amigo! - ¡Oh! él refunfuñó.

- Maldita codicia e ingratitud. ¡A qué estado me has reducido! Yo, el verdadero prior, obligado a escalar paredes como cualquier ladrón... ¡Ah! Maestro, ¡estás bien vengado!

Se secó la frente con las manos y derramó una lágrima de ira en memoria de Rabenau. Al llegar a la orilla opuesta, tras esconder el barco en el matorral, seguimos un sendero imperceptible, hacia una pared gris. Más cerca, reconocí que la pared se trataba simplemente de una casa en ruinas, medio enterrada y cuyo techo estaba cubierto de limo. Dos ventanas entreabiertas permitieron que se filtrara una luz interior opaca. Eulenhof llamó a la puerta y apareció una anciana fea y desaliñada que le dio las buenas noches. Entramos, atravesamos la habitación llena de humo y llena de caras sospechosas. Un grupo, en cuclillas junto al fuego, asaría cualquier cosa en el fuego. Sin prestar atención a la siniestra sociedad, Bertrand caminó por el pasillo, entrando finalmente en una pequeña habitación sucia, con las paredes llenas de baches y mal iluminada por una lámpara de aceite.

Dos bolsas de paja, mesa y dos bancos deteriorados, completaban el mobiliario de aquel café que; sin embargo, parecía cómodo, en comparación con mi cárcel.

- Danos una buena cena, con el mejor vino que tengas – dijo Bertrand, arrojando la moneda de oro a la anciana. La mujer desapareció radiante y él se arrojó sobre el jergón, despatarrado:

- Bueno, ¡pues Hugo! aquí estamos, por fin, libres de peligro; pero mira, si yo no tuviera la amistad de un prior establecido, tampoco la tendría. El diablo te liberaría del lío en el que te has metido. Quien, como yo, conoce todos los entresijos del viejo coloso.

Sí, debería y necesitaba saberlo todo, ya que siempre era mejor hacérselo saber a algunos prisioneros las probabilidades de escapar.

En ese momento fuimos interrumpidos por la anciana que llevaba la cesta de provisiones. Sobre la mesa se pusieron vino, jamón y huevos y ni que decir tiene que me lancé a toda la voracidad y voluptuosidad de quien lleva muchos días en ayunas. Después de una copiosa comida, Bertrand no pudo continuar la conversación y se tumbó boca arriba, roncando como un cerdo. Seguí su ejemplo y, a mi vez, dormí un sueño reparador.

Cuando abrí los ojos, un rayo de sol entraba por la grieta de la pared. Eulenhof ya estaba vestido de bufón y se ajustaba a la espalda una caja de chucherías.

- Levántate, holgazán – dijo sonriendo, y señalando otra caja destinada a mí. Una hora más tarde, transformados en comerciantes, salimos de la posada y nos dirigimos hacia los grandes bosques que rodeaban el castillo de Mauffen.

Después de una larga y penosa caminata, nos detuvimos en una posada tan sospechosa y destartalada como la primera. De ahí salimos transformados en molineros, a lomos de burro. Bertrand, solemnemente inclinado sobre su plato, dijo:

- No te admiren los cambios que encontrarás allí en el castillo: aparte de Rosa y yo, no hay nadie allí, actualmente, salvo el viejo monje y dos frailes, que ocupan la pequeña torre junto al puente levadizo y que, por miedo a las almas del otro mundo, no se atreven a entrar al castillo. Esto significa que la Abadía ha tomado posesión de sus dominios y solo gracias al conocimiento de los refugios escondidos del castillo hemos podido permanecer allí.

Se me enojó el corazón y, en silencio, seguimos trotando, hasta desembocar a derecha e izquierda en el lugar donde, años antes, había respirado por primera vez el aire fresco del bosque y comprendido el valor de la libertad. Entramos por el mismo bajo tierra y nos dirigimos al salón donde me esperaba Rosa con grandes muestras de alegría y una magnífica comida.

Sin embargo, esa noche me faltó apetito. Abatido y ansioso, me retiré a la habitación, a través de compartimentos vacíos, completamente despojado de todo lo precioso y que seguramente había sido trasladado al Convento. Verme así, libre es verdadero, pero degradado de mi posición social, vagabundo errante en mis propios dominios.

Los tesoros seguirían ahí, sin duda, pero ¿cómo aprovecharlos, si los planos estaban en manos de los benedictinos?

¿Podrían venir a recogerlos en cualquier momento? Lo mejor sería emigrar, llevando lo que se pudiera; pero para eso fue necesario consultar a Bertrand. Así que al día siguiente lo invité a que me acompañara y bajamos al subterráneo.

Al abrir las tres puertas ya conocidas por el lector, contuve la respiración. ¿Si no existiera nada más allí? Cuando entré y encendí las antorchas, como en los tiempos de mi padre, todo reverberó y el montón de oro - tumba paterna - se casó con el brillo de las piedras preciosas. Fascinado por el mágico espectáculo, crucé los brazos contra la pared y lo dejé reposar.

Me emocionó una idea extraña: sería mejor morir allí mil veces, antes de abandonar tantas riquezas... En ese momento, un extraño estremecimiento me hizo ver a Bertrand arrodillado, ojos ardientes y manos temblorosas, hurgando en el tesoro con una avidez verdaderamente salvaje.

- ¡Bertrand! – Grité -, estos tesoros están en riesgo todo el tiempo; los frailes vendrán a recogerlos y luego podremos recuperar los planos en manos de Benedicto.

Dio un grito ahogado y se inclinó:

- ¡Maestro! Señor de todo esto, quedémonos aquí, en esta torre de vigilancia y nadie entrará aquí excepto pisando nuestros cadáveres. ¿Qué más se puede desear además de contemplar estas maravillas?

Su mirada codiciosa parecía devorar todo lo que veía... La misma voluptuosidad que enloquecía a mi padre, a nosotros nos excitaba en ese momento. Sin embargo, respondí:

- Quedarse aquí de guardia es una locura; sin embargo, si puedes, si me devuelves los planos de este castillo, te daré una de estas cajas fuertes.

El claqué bragante bailaba de alegría; incluso parecía distante.

- En este caso, es por ahora; voy a actuar y no quiero que me llamen Bertrand, barón de Eulenhof si, después de mi Priorato de dieciocho años, dueño de todos los entresijos del convento, sin conseguir lo que quiero y lo que necesito.

En efecto, al día siguiente fue allí y se puede imaginar la impaciencia con la que esperaba su regreso.

Sabía que tenía intención de salir del país lo antes posible. Como los tres tenían que emigrar juntos, tendrían que elegir una región donde nadie podría reconocernos, pero aun no habíamos decidido ese tema en particular. Dado el cambio de régimen doméstico, Rosa propuso retomar el papel de esposa noble del barón Eulenhof y así acabó varios armarios y aprovechó todo lo que era de mi madre y pudo adaptarse a su nueva situación.

- ¡Oh! - él dijo -. ¡Alegría enfática y dolorosa, ésta de retomar la posición primitiva, después de tan largo exilio!

Lo único que lamento es que nadie pueda verme aquí. Así sin más esa buena clientela del albergue entendería por qué, incluso vestida de camuflaje, ella era, de pies a cabeza, una perfecta castellana. Para ahorrar tiempo, intenté organizar las cosas para transportar la mayor cantidad posible de esas riquezas. Por eso aproveché los revestimientos de la ropa en forma de piedras sueltas, llenando de monedas dos bolsos y una maleta pequeña y me quedé bajo tierra esperando a mi amigo.

Pasaron cuatro días angustiosos, aparentemente me vi constantemente invadido por dominios que ya no me pertenecían. Vagando por esos pasillos desiertos, me sentía como un ladrón asustado al menor ruido; espumaba de rabia mientras consideraba la destrucción de mi futuro; pero ¿qué hacer? Luchar con la cofradía era imposible, ya que había una solemne y profesé públicamente y pertenecía a la Iglesia, en cuerpo y alma, con esa tonsura que me dio estigma. De todos modos, al cuarto día, mientras paseaba por la noche en su habitación, agitado y febril, Bertrand llegó de repente. Jadeando y maldiciendo, se dejó caer en una silla.

- ¿Entonces que hay de nuevo? - Grité, comenzando a encontrarme con él.

- ¡Victoria completa! Aquí lo tenemos – respondió golpeándose el pecho. Entonces me di cuenta que tenía un paquete escondido debajo de su capa.

- ¿Qué es eso?

- Es toda una aventura – respondió quitándose la capa y colocando el paquete que había en la silla, ni más ni menos que un ser humano, pequeño y de apariencia repelente. Imagínate que, volviendo por el bosque, me encontré con algo colgado de una rama... Me acerqué y ¡con seiscientos demonios! Reconocí al enano del castillo Rabenau, atado a una cuerda pero todavía luchando débilmente... Corté la cuerda y cayó, esquivando por poco aplanando mi nariz. Habiendo ganado en la empresa, me sentí preparado para hacer una buena acción. Así que aquí lo tenemos y démosle algo para consolarlo. Éstos - sacando un fajo de pergaminos -, son tus documentos; y ahora, espero la caja fuerte prometida.

- Ya te pertenece - respondí, llenando la copa de vino y acercándome al enano quien, de hecho, ya lo había visto de lejos, en el castillo de Lotário. Era un homaunculo de una altura correspondiente a de un niño de cinco años, gordito y mal conformado. En su rostro pálido, cubierto de arrugas prematuras, tenía enfermedad y debilidad congénita. Todavía colgado del cuello con una cuerda, tenía los ojos congestionados y las manos minúsculas le temblaban. Cuando, un poco más tranquilos, empezamos a interrogarlo, respondió:

- Señor conde, y usted, señor Eulenhof, mi salvador, escucharon mi triste historia y me ayudaron, si fue posible, porque soy víctima de una odiosa injusticia. Que la memoria de quienes me arrojaron a esta situación sea condenada, por toda la eternidad.

Esto lo dijo con tal gravedad que nos causó sincera admiración. Sabía por Lotário que el enano lo había traicionado, y por Bertrand supo que el pobre homaunculo pretendía tener graves razones para odiar al conde. Luego descubriríamos un gran secreto, quizás de beneficio para nosotros mismos. Después de una pequeña pausa, el enano continuó.

- Hasta donde me alcanza la memoria, puedo decir que viví los primeros días conscientes de mi existencia al cuidado del guardián del castillo de Rabenau, que se hacía llamar mi padre. Su esposa había muerto y su madre, piadosa criatura, me cuidó. Mi padre, austero e intratable, parecía detestarme; mi abuela tenía miedo de molestarlo y solo me acarició en secreto. Se me permitía jugar todo lo que quisiera en el patio del castillo, e incluso podía asistir a las habitaciones internas, ya que la condesa me recibió con benevolencia e incluso me obsequió con frutas y dulces. El castellano; sin embargo, no sé por qué, me asustó. Nunca me habló, a veces me tiraba un puñado de monedas, pero sentí que me odiaba y rehuía mi presencia. Solo más tarde supe las razones de esta repulsión. Por lo demás, casi siempre estaba afuera, en guerras, cacerías, torneos; así que rara vez nos veíamos.

Disfrutando tal ausencia, la vieja condesa me tomó a su servicio, con la intención de quitarme el rigorismo paternal; en cuanto regresé, el conde se indignó mucho, ya no toleró mi presencia y terminé desterrado. Así es como crecí enfermizo y desvencijado, mi abuela me decía que nací así para ridículo de mis familiares y lástima de los extraños.

Confieso que, no pocas veces, el joven Lotário me causaba una profunda envidia, viéndolo crecer tan hermoso como un ángel, admirado y amado por todos los suyos. Ambos teníamos 18 años cuando el joven conde se casó con una pariente lejana.

En un rincón, con el corazón encerrado en la amargura, observaba la fiesta desbordante de alegría, observando la suntuosa procesión. La novia, bella, radiante; el novio brillaba con diamantes, nadie se dio cuenta del miserable enano, arrojado allí en una esquina. Una profunda tristeza invadió mi alma y busqué refugio. Me uní a la abuela que, bastante destrozada y enferma, ya no se levantaba de la cama y llegaba tarde cada hora. Mirándome tan abrumada, la santa criatura me acarició y, después de reflexionar un poco, dijo:

- No puedo morir llevando a la tumba este secreto que pesa en mi conciencia desde hace tantos años y que tal vez algún día pueda, hacer tu felicidad.

Me hizo subir a la cama y acercó mi oído a sus labios pálidos y temblorosos:

- Pobre niño; revelaré el misterio de tu nacimiento; pero, incluso después de mi muerte, debes mantenerlo en secreto. Él es, luego, sabiendo que el auténtico Lotário, el heredero del condado eres tú, como hijo único y legítimo del matrimonio.

Cuando naciste pobrecito, tu padre desapareció de manera inexplicable y la condesa pareció morir de angustia. Mi hijo era, en aquella época, el escudero, y su mujer, Elsa, muy enferma, estaba a punto de dar a luz, de un momento a otro.

Yo estaba entonces en pleno vigor de mis fuerzas y fui asignada para asistir y ayudar a la condesa, al borde de volverse loca con la desaparición de su marido. Entonces naciste más muerto que vivo, con ese bosius y un hombro más prominente. Tu madre todavía estaba alucinando y yo era quien te mecía y te arrullaba en tu cuna. De repente, el conde reapareció, delgado y pálido como un espectro. Te presenté a él, pero apenas te vio exclamó:

- ¡Apre monstruo..."

Me agarró y me arrastró a otra habitación, donde estaba mi hijo, visiblemente satisfecho, el conde nos dice entonces:

- Palabra de Foulques, escucha: tu cabeza responde por tu silencio; pero como compensación, te pagaré este secreto en oro.

Le hizo una seña a mi hijo, que se fue, y exclamó:

- Ahora ve y tráeme al niño.

Obedecí y te saqué del cuarto de la condesa, quien, siempre inconsciente, no comprendió nada. Cuando llegué contigo en mis brazos, vi que tu padre también acunaba contra su pecho a un niño de tu altura, un poco mayor, tal vez. Entregándomelo, con ojos llameantes, añadió:

- Ponlo en la cuna y prueba con la lengua; y en cuanto a este monstruo, llévaselo a tu nuera, que acaba de dar a luz a un niño muerto... ¿Entiendes?

No me atrevía a decir una palabra, todo transcurrió según los deseos del poderoso señor. Mi nuera falleció dos días después y luego tú, pobrecito, fuiste privado, ya que el intruso, venido de no sé dónde, fue debida y legítimamente investido de todos tus derechos.

Al escuchar esta revelación, me quedé por algún tiempo como si estuviese aniquilado, pero luego vino la reacción violenta y rencorosa. Él era el dueño, el señor de todo lo que me rodeaba; me queda bien ese hermoso nombre: ¡Lotário de Rabenau! ¿Y se burlaron de mí y me despreciaron, mientras aclamaban al usurpador?

Pensé que me iba a volver loco. Esa misma noche la buena viejecita expiró y quedé más solo, en el mundo, con mi secreto y el infierno dentro del alma. Poco después, el conde Foulques falleció, reconfortado por el cariño y los cuidados de su hijo al que tanto había idolatrado. Mil proyectos me atormentaban entonces; quería revelarle todo a mi madre; pero algo me detuvo de enfrentar a esa mujer altiva, aunque ella era compasiva conmigo, y decirle: ese hermoso joven que estás tan orgullosa que tiene la luz de tus ojos, no es tu hijo; tu hijo soy yo, el gordito, el enano – mancha negra sobre el brillante escudo de los Rabenaus, pero sigo siendo tu hijo legítimo y dueño de todo esto. Sin embargo, me faltó coraje y decidí quedarme en silencio y esperar. Con gran asombro, pocos días después del entierro del conde, me llamaron a la habitación de Lotário, quien me habló con benevolencia:

- No es necesario que hagas el papel de sirviente, ni aguantes la impertinencia de tu padre. Elige una habitación amueblada en cualquiera de las torres, donde podrás vivir a gusto.

Y en cuanto a otras golosinas, siempre que las tengas - subrayó con una sonrisa - aquí tienes esta bolsa bien surtida.

Colocó la bolsa de terciopelo sobre la mesa y me despidió. Recuperé el sentido, asombrado y enojado, por enfrentarme a la limosna, yo era el dueño de todo eso. Sin embargo, acepté la oferta, elegí la habitación y me instalé allí, ya que el despotismo de mi supuesto padre se volvió insoportable. Ese año, la condesa murió, dando a luz a Kurt.

Profundo fue el disgusto del conde y de ahí el extremo cariño y cuidado hacia el huérfano. Los años corrieron lentos y mi odio creció con ellos. Nadie me cuidó en el castillo; era como si no existiera allí, excepto Kurt.

¡Oh! Me buscaba, sí, pero para alimentar su odio original, haciéndome reír con chistes malos.

Un niño detestable, caprichoso y contaminado, fingía estar más enfermo de lo que estaba, solo para provocar mayor ternura de su padre, cuya debilidad explotaba: orgulloso y altivo, personificaba la malicia del simio y la terquedad del perro, maltratando a sus calumniadores y atacando a su propia niñera. Un animal que caía en sus manos era maltratado, si no asesinado con refinamiento de perversidad.

Un día; sin embargo, expresamente prohibido por su padre, dejó de perseguirme, pero yo seguí aborreciendo esa fisonomía pálida, ese niño rubio y enojado, que bailaba claqué y maldecía a la menor variedad; y aunque no tenía quejas contra su padre, encontraba repugnante su debilidad en relación con su hijo.

Una vez Kurt me jugó una de sus bromas y perdí los estribos; mordiéndome con él, le mordí el rostro. Lotário, furioso, me golpeó y fui encarcelado por algún tiempo, algo que nunca pude olvidar. Por lo tanto, cuando me castigó por segunda vez, ante los ojos de Rosalinda, juré vengarme y robé el cofre para los monjes.

Lotário; sin embargo, era un hombre leal y, el día de su muerte, cuando llegó al Convento, me descubrió allí, no sé cómo. Intenté huir de él, pero su mirada me llevó al suelo.

- Sabes quién eres, tan bien como yo - dijo bizqueando los ojos ante mí -, pero, pobre loco, ¿qué podrías hacer con esta recompensa, con este ilustre nombre mío, con esta herencia, de todos modos? ¿Tú, lisiado, desvencijado e incapaz de levantar una lanza o empuñar una espada? Respetando la sangre que corre por tus venas, nunca te permití hacer el papel de lacayo, hice por ti lo que pude y tú, ingrato, me traicionaste; en cualquier otro caso, no dudaría en hurgar profundamente en el corazón ingrato a punta de puñal; pero el remordimiento de mi amado padre me sostiene del brazo. Para aliviar su mala conciencia hacia ti, y porque no tienes nada de qué culparme, cuando lo vuelva a encontrar en el mundo de las sombras, te lego esto.

Me dio un pergamino debidamente rubricado y continuó:

- Es la donación, en buena y debida forma, de un castillo y pequeña finca, que te la dejo como si fueras el hijo bastardo de mi padre. Le dejé a Kurt la revelación de tu origen. Esto es lo que puedo hacer por ti.

Se alejó y solo lo vi después de muerto - dijo suspirando -, el resto, te lo cuento ahora:

- Al regresar al castillo, caí enfermo de gravedad y me llevó meses recuperarme. Tan pronto como pude solicité una audiencia privada para el joven conde y él no respondió. Lo evitó hasta hoy, cuando me acerqué a él, justo cuando estaba montando a su caballo para dar un paseo.

Me llevó en la grupa, sonriendo y ordenó a la comitiva que lo esperara en el castillo. A cierta distancia preguntó qué quería y noté que sus ojos brillaban de manera extraña mientras explicaba mi caso.

- Ya lo sabía por mi padre, quien cayó en la tontería de escribir y documentar toda esta historia para improvisar un espectáculo en Castela.

De hecho, sé que él, el pobre, no ha estado en su sano juicio últimamente. Pero, ¿tienes el documento contigo?

Como única respuesta, le entregué el pergamino; se lo metió bajo el jubón y, sacando la cuerda del bolsillo, me rodeó con sus brazos el cuello, diciendo:

- Termino donde debería haber empezado mi abuelo; pongamos fin, de una vez por todas, a estas miserias...

Y antes que pudiera predecirlo, estaba balanceándome en el aire. Medio inconsciente, aun podía oír el galope del caballo que se alejaba y luego no vi nada más, ni sentí nada, hasta que desperté en Mr. Eulenhof. ¡Oh! Kurt...

Kurt, si el odio pudiera matar... Nos quedamos asombrados: ese homaunculo con la cabeza metida entre sus manos descarnadas, era el legítimo conde de Rabenau, sustituido por mi hermano. De hecho, Lotário, el hombre de las grandes empresas, que nunca rechazó un crimen indispensable para una gran causa, pero fue bueno y generoso con las víctimas inocentes; mientras su hijo sinvergüenza se burlaba de sus últimos deseos, sellados, por así decirlo, con su misma sangre. ¡Pobre hermano, qué monstruo has creado!

- ¿Qué podemos hacer por este pobre diablo? - Dijo Bertrand, rompiendo el silencio -, ¿sin domicilio y sin realidad? Sin embargo, en consideración a la sangre que corre por sus venas y al deber que es nuestro, como caballeros, proteger a los débiles, propongo llevarte con nosotros.

- ¡Oh! Si todavía fuera anterior, lo sé, así como lo que se debía hacer, pero al pícaro Benedicto, que era tan indigno conmigo, nunca le daría un precioso consejo.

- No estés ahí soñando con lo que pasó allí - dijo interrumpiéndolo -, pero tienes razón, Rosa podrá cuidarte.

Entonces llamé a la digna criatura que, después de mucho debate, acabó adoptando al nuevo protegido. Lotário era una criatura misteriosa lo dijo todo en cuanto nos quedamos solos; si no, mira: ¿cómo llegó a ser jefe de los "Hermanos Vengadores?" Ahora que todo está enterrado en el pasado, y como prueba de confianza absoluta, es necesario que me digas en detalles de tu huida de mi hogar, tu investidura religiosa y las circunstancias que llevaron a un joven y ardiente caballero como Lotário se entrometiera en una empresa tan audaz y complicada. Vamos, confiesa, porque sé que no sabes nada de todo este asunto.

Bertrand se inclinó sobre la mesa, sumido en una profunda abstracción. Le llené el vaso, acerqué la jarra de vino y agregué un poco más de leña a la estufa. Cuando regresé a la mesa, empezó:

- A ti, mi mejor amigo, te contaré todo lo que sé. Tengo 63 años y he estado viajando por una ruta muy transitada y soy un aventurero. Tampoco es la primera vez que me encuentro en la situación de vagabundo y caballero andante.

Finalmente aquí estamos, en resumen, mi historia. Nací en una familia honorable y noble, aunque mi hermano era muy rico. Cuando mi padre murió, yo era uno dos años mayor, así que nos quedamos dueños de nuestra voluntad. Aunque teníamos genios muy diferentes, vivíamos en buena armonía; mi hermano era un personaje enérgico, inteligente, aficionado a las ciencias ocultas y a la magia negra, lo cual ejerció con un joven caballero amigo suyo, que acabó profesando y siguió visitándolo asiduamente.

Sin embargo, no sabía qué hacía en el Convento, ya que nunca hablábamos de nuestra vida privada. Estoy satisfecho con las peleas, bebida, aventuras románticas, y como estas inclinaciones no estaban de acuerdo con mis posibilidades, fui vendiendo mis tierras poco a poco, la mayoría de las veces sin autorización de mi hermano quien; sin embargo, nunca me censuró por eso. En aquella época se hizo muy amigo del conde de Rabenau, padre de Lotário, y nunca se separó de su lado, hasta que un día, inesperadamente, supe que mi hermano había sido ordenado monje benedictino y lo habían llamado fray Antônio. Esta decisión, que siempre ha sido un misterio para mí, me dejó en posesión exclusiva de toda la propiedad que aun nos quedaba. No voy a describir todas las fases de mi decadencia. Baste decir que me empobrecí día a día y muy rápidamente no quedó nada más que las paredes desnudas del castillo. En ese momento, me lancé al juego y al cebo, tratando de mantener la apariencia de noble caballero. Olfateaba intrigas y negocios turbios y asistía a torneos. Una vez ayudé en el secuestro de una doncella, cuyo prometido afirmó haberme reconocido entre los secuestradores. Por supuesto que lo negué, pero fui retado a duelo y el trato terminó mal. Gravemente herido, casi muriendo, fui transportado a una posada donde estaba de paso Lotário de Rabenau, entonces en su mejor momento, con 18 años. Lotário escuchó y deploró mi historia, terminando por ofrecerme una buena suma de dinero, en consideración a mis títulos nobiliarios, aconsejándome para desaparecer. Luego me llevaron a casa de mi amigo Calmor, donde me trató y me envió con tu padre, como si fuera él mismo. El resto, lo que pasó en esta mansión, lo sabes bien y, por supuesto, no lo has olvidado, que, tras la muerte, de papá, me necesitaban aquí por un asunto urgente. Seguí un mensajero y en un albergue cercano encontramos caballos ensillados; pero más adelante, ya entrada la noche, nos detuvimos en medio del bosque. El guía me vendó los ojos y nos llevó por el camino secreto. Cuando me quitaron la venda de los ojos, estaba en el despacho del prior, delante de mi hermano, inmóvil en un sillón y visiblemente enfermo. Las efusiones de alegría por nuestro reencuentro y después de hablar un poco de todo, mi hermano destacó, satisfecho, nuestro profundo parecido físico, hasta el punto que parecemos gemelos. Luego, tomando mi mano, dijo:

- Sé que has estado llevando una vida oscura y aventurera de la que solo lograste escapar y esconderte por casualidad; así que escucha atentamente: estás dispuesto a aceptar una posición honorable e independiente, viviendo aquí sin profesión y bajo la única condición subordinado a un jefe, ¿quién nunca podría ser un tirano? En tal caso, no te faltará dinero, autonomía y libertad: bien entendida desde la medianoche hasta el amanecer.

Acepté satisfecho y me hizo jurar por su cruz, fidelidad y silencio. Después me mantuvo oculto durante algún tiempo, instruyéndome sobre hasta qué punto la posición del falso prior. Finalmente, dijo que su sufrimiento se debió a la herida causada por un arma envenenada, y que murió y quiso que le sucediera en el priorato.

Aprendí rápidamente mi papel y, cuando entré en el burel, fui el primero en convencerme que nadie descubriría el truco, porque hasta la voz se confundía con la de mi hermano. Una vez lo encontré sentado al lado fray Antônio, el hermoso Lotário de Rabenau, que me reconoció inmediatamente, aunque no nos habíamos visto desde hacía unos diez años. Me di cuenta desde luego que el gran cariño que Antônio le dedicó.

- Este es tu único jefe y amo, al que me he estado refiriendo.

Y continuó desentrañando los misterios de la "Sociedad Secreta", permitiéndole regresar conmigo y salvar el momento desafortunado.

Tres meses después, llamado al Convento, recibí orden de alojar a mi hermano moribundo en mi casa y consumir su cadáver. Antônio estuvo aquí, como sabes, y expiró en mis brazos. Regresé al Convento, en compañía de Rabenau, quien me dio todas las instrucciones necesarias, me mostró todas las salidas y escondites, exigiendo una compensación y obediencia ciega. Oficialmente, por ley, yo sería el prior; pero, en realidad, toda la gestión, administración y flujo de caja dependían únicamente de él y, es difícil admitir que nadie pueda cuestionar su competencia. Insertado en el burel, visitó el subsuelo, animó a los frailes en sus proyectos, se dedicó a la alquimia, leyó y tradujo antiguos libros y colaboró con el padre Bernard, a quien valoraba mucho. Ningún hermano vengador fue aceptado hasta que estudió. Así, vio, predijo y previó todo; bebía de la copa de su hermano más aburrido, controlaba estrictamente su contabilidad e incluso probó, en frailes enfermos, medicinas que él mismo manipulaba. Bueno, a pesar de todo este dinamismo, todavía tuvo tiempo de atender a los imperativos de su condición social y de sus aventuras cariñosas. Por eso estuve convencido, desde el principio, que, ante todo en derecho, yo no era más que un simple representante inmediato del verdadero y único jefe, que era él.

En ese momento interrumpí a Bertrand objetando:

- Pero no puedo comprenderlo.

- ¡Cómo no entender el truco, si ni siquiera con la capucha te pareces en nada a nuestro Rabenau!

- Es verdad; pero, en este particular, hay una historia que contar: antes de la muerte de mi hermano, recibí a un italiano pobre, enfermo y algo maníaco, escapado de su tierra natal, sin destino, entró en el Convento. En sus antecedentes, solo se sabía que era hijo de un gran sabio o hechicero, y que perseguía la idea fija que haciendo una pasta, o algo así, hacía hombres, a los que solo les faltaba vida. En su ciudad natal - Monza, si mal no recuerdo, cuando se publicó la versión, intentaron quemarlo vivo. Cómo habría sido que escapó, no lo sé; pero sé que a la manía original se unió la de persecución. En su peregrinaje sin rumbo, fue hasta las puertas del Convento y allí fue convenientemente atendido. A través de algunas pruebas de habilidad, mi hermano le ordenó, no un hombre, sino una simple máscara. El italiano superó las expectativas, hizo un trabajo admirable, de cera, pero de una sustancia desconocida que, una vez calentada, se adaptaba a cualquier rostro. Conmigo, por ejemplo, el parecido era notable, a pesar de la barba, las cejas y mis mejillas. Tan camuflado, con capucha, encorvado y en la penumbra, que sabía aprovechar al máximo, Rabenau estaba irreconocible.

Permítanme; sin embargo, retomar la narración. Como decía que me sentía muy subordinado, aunque afable en el trato, paciente y amable, cuando no comprendía inmediatamente, Rabenau no confiaba en mí, no me permitía tener intimidad como amigo y yo quería ser quien fue mi hermano, su antecesor. Rabenau; sin embargo, se mantuvo inflexible, ordenando y exigiendo obediencia absoluta, sin que nadie lo consulte. No ignoraba que él tenía sus negocios privados, secretos que permanecían entre él y mi difunto hermano. Lo importante es que me quedé con gran parte de las ganancias y nunca pude saber en qué terminarían.

A mí; sin embargo, me exigió un centavo por un centavo y cuando una vez gasté más de lo que había estipulado, me cobró el dinero frunciendo el ceño y haciendo una declaración precisa de los gastos de la comunidad, incluyendo diezmos, ingresos extraordinarios, tales como verduras, harina, donaciones individuales, etc., demostrándome así que había abusado y reprochándome duramente.

Pasaron los años y comencé a identificarme con esa vida cómoda y regalada, aunque sobre todo asusta, el juego, absorber y superar mis ganancias. Por fin supuse que había conquistado a Rabenau y comencé a descuidar sus órdenes, gastando sin cuenta ni medida. Severo por naturaleza y por principios, no dudó en llamarme al orden e incluso me amenazó. Olvidando que le debía el cargo, la independencia, los honores, todo en fin, me rebelé y, en un momento de ira, le permití a Benedicto y Sanctus sospechar algo sobre la posición del verdadero líder. Estos dos malditos monjes habían terminado descubriendo lo que nadie sería capaz de imaginar; es decir, la duplicidad del priorato. Rendido a mis placeres, no entendí nada de lo que estaba pasando. Formaron una liga y terminaron atándome con una oferta de enorme soborno. No necesito decir el resto: entregué al hombre que no merecía en absoluto este destino y venganza.

Se volvió contra mí; me echaron más rápido de lo que podía imaginar, terminaron ahuyentándome pensando que estaba muerto.

Dejó caer la cabeza, reflexionando, suspiró profundamente y exclamó:

- ¡Ah! ¡Rabenau, estás bien vengado! Sí, efectivamente, porque los sinvergüenzas que lo vendieron ya estaban de luto por su pérdida. Pero el momento no era para digresiones, sí a las resoluciones.

- Despierta, amigo - dije dándole una palmada en el hombro -, cuidemos el partido, porque lo que pasó, pasó.

- ¿Dónde crees que podemos instalarnos en este país?

Se pasó la mano por la frente, como si quisiera ahuyentar a los malos espíritus, pensó y dijo con la habitual naturalidad:

- Tienes razón: el pasado no tiene cura; y lo que pasa con el futuro, es algo en lo que ya he pensado. Creo que andar de un lado a otro es una locura; comprar una casa en un lugar desolado es para desafiar a los ladrones; y castillos fuertes, nadie los vende. En mi opinión, debemos ir a Italia y adquirir allí un barco pirata, porque entonces estaremos en todas partes y en ninguna. Si aparecen buenas presas, podremos atacarlas y reconstruir la bolsa. Es cierto que también podemos dar celos a los demás competidores; pero, en cualquier caso, el hombre está en peligro en todas partes. Durante mis viajes tuve la oportunidad de visitar Venecia y allí conocí al capitán de un barco corsario, llamado Peregrino, quien me demostró que no había mejor negocio, ya que su parte por sí sola era suficiente para sostener al equipo y acumular ahorros sólidos. Te lo aseguro querido Mauffen, que esta vida aventurera, fértil en movimientos arriesgados, también tiene sus encantos y nos recordará lo torneos. Vayamos a Venecia, tal vez allí encontremos el Progreso del Peregrino. Sé que tenía la intención de cambiar de vida y convertirse en hotelero; sus consejos nos serán útiles. Iremos los cuatro: tú, yo, Rosa y el enano, debidamente disfrazado. Calmor y Gilda estarán observando el castillo desde lejos, y estoy seguro que una vez que lleguen a Venecia, todo estará bien.

Después de una larga discusión, terminé aceptando la idea, pero abandonando la antigua casa solariega donde nací, con sus tesoros y mi laboratorio de alquimia, me apretó el corazón. Sin embargo, entre el puente con mando y ritmo, la opción no era difícil: el monje fugitivo debía abandonar el refugio de sus antepasados, sin un heredero que diera un nuevo brillo al linaje Mauffens. En vísperas de la partida, todos los preparativos, los compañeros se fueron a la cama, tratando de sacar fuerzas del sueño reparador para la empresa a la mañana siguiente. Solo que no pude dormir. Inquieto y angustiado, vagaba de un lado a otro, como un espectro, eso ensombrecería esos lugares caros. En esta peregrinación desordenada, terminé frente a la valla que prohibió la maldita torre, en la que mi abuelo había apuñalado a su mujer y al trovador. Todos los detalles del sueño que había tenido, cuando intenté penetrar allí, me vino a la mente: vi, espiritualmente, el rostro de doña Yolanda, a la cual - extraña coincidencia -, la visión le había prestado los rasgos de Rosalinda, una criatura que amaba, a pesar y por encima de todo, aunque aborrecido por ella. De repente, me asaltó la irresistible idea de volver a entrar allí. Monologué, entonces: Mañana me iré para siempre; pero necesito ver esta cámara donde los traidores tuvieron su castigo.

Sin más dilación, fui a buscar el hacha y el pico. Con poco trabajo, derribé el muro temporal y enfrenté la puerta otra vez. Abriéndola sin dudarlo, comencé a subir las escaleras. Como antes, la luz de la luna se filtró a través de las ventanas enrejadas. Ahora; sin embargo, caminaba a paso firme, con el hacha en la mano derecha y la vela en la izquierda, ya que no recordaba donde dejé el juego de llaves. De repente, mi pie chocó contra ellas, las levanté y continué subiendo, hasta que me detuve en una pequeña terraza, frente a otra puerta cerrada. Entonces, comencé a sentirme afligido. La verdad es que, cuando visité la habitación donde había muerto mi madre, me sentí perfectamente tranquilo; era, ahora, así, mi corazón latía y mis manos temblorosas se negaban a presionar la cerradura. Me apoyé contra la puerta, por un momento buscando convencerme que esa preocupación no estaba justificada, ya que nadie me perseguía y no había peligro si me cegaba. La razón reaccionó, protestó, pero las escenas de la visión anterior inundaron mi cerebro. Empecé a sentir celos y odio por la mujer que estaba ahí, detrás de esa puerta, olvidando que nunca la había visto ni conocido, y que la imagen que vi no era otra que la de Rosalinda. En un esfuerzo supremo, me enderecé y me sequé la frente empapada de sudor. ¿Me estoy volviendo loco? ¿Qué ideas tontas son éstas? Cogí el juego de llaves, escogí la que encajaba y abrí la puerta, que crujió lúgubremente sobre sus bisagras oxidadas. El aire seco y pesado me hizo retroceder. Esa puerta había estado cerrada durante más de 180 años...

Pero entonces, apenas lo crucé, respirando con dificultad, levanté la antorcha y observé ansiosamente los alrededores. Era una habitación circular, con paredes alfombradas y en cuyo centro se encontraba la realidad de mi sueño: una rueca en el suelo, un arpa caída y, sobre el sillón de respaldo alto, una figura de mujer, vestida de blanco, con la cabeza gacha.

Me acerqué con cautela y pronto vi un opulento cabello rubio y un rostro que no estaba desfigurado y ennegrecido, como el de mi madre, pero cerosa y muy parecida al de Rosalinda. El vestido blanco estaba salpicado de manchas negras y de su pecho surgía el mango de una daga tachonada de diamantes. De rodillas, con la cabeza inclinada hacia atrás y apoyada en otra silla, estaba el cuerpo de un hombre, intacto como el primero, de manos apretadas y una cara gris, dolorosamente contraída. Frente a ese cuadro temblé como si me hubiera picado una víbora: esos rasgos femeninos no me eran extraños y reemplazados por cabello rubio y una barba fina y añoranza, ¡podría considerarme frente a Kurt de Rabenau! Sin tomar en cuenta que esas dos criaturas habían muerto hacía 180 años y nunca los había conocido, tenía celos de verlos, todavía, juntos allí y tan parecidos, respectivamente, con la mujer que amaba y el hombre que odiaba a muerte. Podría pasar más tiempo contemplándolos, pero ese mango de daga me fascinó. El deseo de poseer el arma vengadora me invadió y avancé, derribando al pasar el cuerpo del hombre, con un ruido de huesos que poco me impresionó.

Me incliné, atrapado de indefinible conmoción en el semblante de la muchacha muerta y extendí mi mano para arrebatarle la daga de su pecho, y en el momento en que la toqué, me sucedió una cosa extraña: retrocedí temblando, con el puñal en la mano, y me pareció que la muerta se sacudió, se encogió y se fusionó formando una columna gris, que rodó al suelo con un siniestro crujido de huesos.

Mis ojos estupefactos vagaban de un cuerpo a otro, pero pronto me di cuenta que de ellos no quedaba nada más que uno.

Un puñado de cenizas y huesos. Fueron todos los restos de esa pareja amorosa, quienes habían llevado a mi antepasado a cometer un crimen horrendo. Mientras el viento exterior esparcía las cenizas, mi calma volvió y traté de escapar, cerrando la puerta con cuidado, como si temiera perturbar la siniestra conversación de quienes allí permanecían. Una vez afuera, inmediatamente me sentí dueño de mí mismo y, si no hubiera tenido el puñal en la mano, habría podido jurar que solo era la víctima de un sueño, producto del estado depresivo de mi espíritu.

¡Ay de mí! Incluso si era educado y versado en ciencias hermenéuticas, estaba rodeado de carne; el misterio del pasado me estaba prohibido y no entendí que los sufrimientos de aquella época eran el recuerdo de encarnaciones anteriores y criminales. Bajé exhausto, a dormir la última noche en el castillo donde nací y siempre había vivido. Así que me acosté y logré conciliar el sueño, pero no sin espantosas pesadillas. Me desperté con los rayos del sol naciente golpeando mi cara. Me levanté, me puse mi ropa habitual y me envolví en un amplio manto de peregrino. Me acomodé unas barbas blancas y, bastón en mano, me dirigí al salón, donde me recibieron con una risa atronadora.

- ¡Magnífico! - Exclamó Bertrand, que vestía la misma ropa -, podemos cruzarnos con el mismísimo Benedicto, sin peligro.

Después de un abundante almuerzo, los cuatro fuimos al subterráneo y lo atravesamos en silencio y sumidos en pensamientos deprimentes. Pronto me encontré en el mismo barranco donde, años antes, había respirado por primera vez el olor del bosque y el anhelo de libertad. Y bajé la cabeza: ¡Ah! ¡Qué vida de placeres, aventuras y crímenes había vivido hasta ese momento en que me vi exiliado, fugitivo, sin nombre, y nunca más regresaría allí! Una exclamación de Rosa interrumpió estos pensamientos. Ella señaló un viejo roble, en cuyo tronco estaban grabados dos corazones con la punta de una daga.

- ¿Recuerdas, Hugo, nuestro primer encuentro, las deliciosas horas que pasamos aquí recogiendo los primeros frutos de nuestro amor?

Me alejé sin darle una respuesta. Fue una invocación desafortunada, ya que me llevó a comparar su rostro ya débil, con los ojos hundidos, con la espléndida criatura en plena floración, que había encontrado en ese mismo lugar, con mirada de fuego, fuego que me había devorado, porque, en verdad, Rosa había contribuido no poco a mis crímenes y desgracias. Otro doloroso incidente se sumó a las molestias de aquel primer día de viaje.

Caminábamos lentamente, ya que el peso de las joyas escondidas bajo nuestra ropa nos cansaban bastante, cuando estábamos llegado por una procesión. Nos alejamos en actitud humilde para darle paso por el sendero angosto, cuando - imagínense con qué ira reconocí en el caballero que lo precedía imponente, con las manos a los costados, al maldito ¡Kurt de Rabenau! A su lado, algo triste y distraída, montada en un soberbio caballo blanco, caminaba Rosalinda. Bien, regresó al castillo, recuperada de la grave herida. Seguí con la vista la brillante cabalgata, hasta que quedó completamente disuelta en una nube de polvo. Aquí repaso algunos incidentes del viaje, doloroso y largo, hasta que un día, temprano en la mañana entramos en la hermosa Venecia. Después de hacer averiguaciones, Bertrand supo que Peregrino todavía estaba vivo y se había establecido en el puerto con una posada bien atendida. Alquilamos un bote y nos dirigimos al lugar indicado, donde nos topamos con un llamativo cartel que anunciaba a los invitados del "Paraíso" todos los placeres de la tierra.

Franquiciamos aquella amplia sala, amueblada con mesas macizas y sillas talladas al estilo italiano. Mucha gente se sentó, bebió, habló, jugó. Al fondo de la sala había una plataforma con balaustrada y una gran mesa llena de botellas, cajas enormes y vajilla variada. Sentado a esta mesa, con un jubón gris y una gorra de terciopelo, estaba un hombre de barba castaña, ojos vivaces y nariz aguileña, lo que le daba algo de ave de rapiña. Dos jóvenes vestidos con trajes llamativos y armados con largas espadas, hablaban y reían escandalosamente, apoyados en la barandilla. Me acerqué al hotelero, le pregunté por la mejor habitación y una buena cena.

Como no habló del precio, el maestro Peregrino pronto se mostró simpático y nos mostró las habitaciones con mucho alarde.

Poco después ordenó que nos sirvieran la cena y él mismo la llevó a nuestra habitación. Bertrand, rápidamente, cerró la puerta y quitándose la barba postiza, gritó:

- ¿Sabes quién soy, amigo Peregrino?

El hotelero vaciló un momento, asombrado, pero inmediatamente golpeándose la frente, se arrojó en los brazos de Eulenhof.

- ¡Bertrand! Viejo amigo, ¿qué feliz oportunidad te trae a estas plagas?

- Desgracias familiares, cosas de la vida - respondió Bertrand, con tal o cual gravedad -, ya sabes que tengo grandes bienes en mi patria, y la verdad es que tuve que abandonarlo todo. A ti te revelé mi verdadero nombre y ahora cuento con tu discreción. Quiero presentarte a estas dos compañías: esta señora es la baronesa, mi esposa; este de aquí es un huérfano que adopté como hijo; y ese de allá es mi sobrino, el conde Hugo, a quien por las fricciones políticas con el duque se vio obligado a expatriarse. De más está decir que es una excelente persona, amable y generoso, un caballero y quien, a pesar de su nobleza, es el hombre más trabajador que he conocido.

Él nos ha apoyado y vale, para mi hijo adoptivo, como su hermano mayor.

Después de este puñado de mentiras, Bertrand invitó a Peregrino a compartir nuestra cena. En el transcurso de esto oí a Eulenhof decir en voz baja al hotelero:

- Si tienes dificultades económicas, no sea ceremonial: Hugo no es muy fácil de sangrar, pero cuando se trata de buenos amigos, el caso es diferente.

Más tarde, tomando una botella de buen vino, hablamos de negocios y Bertrand expresó su intención de comprar un barco.

Peregrino reflexionó un momento y declaró que tal vez conseguiríamos lo que nos convenía, pero tendríamos que esperar de dos a tres semanas hasta que regresara un corsario.

Cerca de un mes después, así fue y aproveché el tiempo para conocer la ciudad y adquirir conocimientos náuticos de la mano de un viejo marinero en disponibilidad, ya que no quería ni me convenía estar enteramente a merced de las tripulaciones.

Con las nociones, los conceptos teóricos eran más indispensables, la experiencia haría el resto. De todos modos, una noche Peregrino nos citó a su habitación.

Cuando entramos, un hombre de aspecto feroz, armado hasta los dientes, se levantó para saludarnos secamente.

Era el capitán Fúlvio, comandante del barco, dispuesto a vendérnoslo con equipo, municiones y todo lo demás.

Él empezó por proponer un precio absurdo, pero, después de mucha discusión, se decidió que iríamos a ver el barco en alta mar al día siguiente, ya que no le permitieron fondear en el puerto. Peregrino, a quien prometí una pingüe gratificación, a cambio de una rigurosa inspección, se dispuso a acompañarnos y a la hora señalada dejamos el barco tripulado por seis marineros, tan feroces como su jefe, que también vinieron a recibirnos. Dos horas más tarde nos acercamos al velero grande y sólido, que tenía en proa el nombre de su capitán y propietario: Fúlvio. Peregrino lo inspeccionó, desde el patio hasta los dinteles y aprobó todo: los salarios, los contratos de distribución penitenciaria, todo ordenado de tal manera que facilitase el entendimiento, apoyado por la guarnición de sesenta hombres grandes, cuyos rostros estereotipaban todos los vicios y crueldades que la ruda y peligrosa tarea les impuso. Dos días más tarde se cerró el trato y me convertí en capitán, con Bertrand como primer oficial. El nombre de Fúlvio fue borrado y su antecesor me autorizó a cambiar el nombre del barco como mejor me pareciera. Esta formalidad fue, de hecho, muy apreciada por los piratas, ya que lo obligó a gratificarlos y emborracharlos. Sin embargo, es imposible evitar las prácticas generalmente aceptadas, y por eso, días después, el nombre "Hugo" aparecía ilustrado en la proa del barco y por la noche en la pagodera, la juerga en cubierta.

Bertrand incluso confesó que creía estar en el paraíso; olvidando los foros de nobleza y dignidad de la abadía, abrazó, se unió a los piratas, cantó y bailó, mientras Rosa lanzaba miradas lánguidas a un apuesto italiano de rostro moreno y de piel oscura. Por mi parte, siguiendo las normas de mi predecesor, me vestí de terciopelo negro y me abroché dos dagas a cinturones escarlata. De más está decir que uno de ellos fue el que permaneció en el vientre de mi bella abuela durante 180 años.

Completó el acto inaugural, después de saludar a la tripulación y beber de los triunfos de "Hugo", me alejé con pensamientos tristes. El nombre que ahora llevaba aquel barco corsario era un nombre ilustre e ilustrado, de muchos siglos atrás, por los representantes de la casa de Mauffen, inmaculada y gloriosa. Y confieso que lamenté amargamente las circunstancias que nos habían llevado a escribir ese nombre allí. Sí, me sentí profundamente herido en mi orgullo.

Al día siguiente, levamos anclas... Aquí omito lo que pasó durante unos años, fructíferos en aventuras, ¿no?

Curioso, pero no relevante para los episodios de mi vida, que son de interés en esta confesión. Ocho años después de nuestra primera salida desde Venecia, la casualidad me llevó de regreso a la Reina del Adriático y no quería perder la oportunidad de ver de nuevo a mi amigo Peregrino. Entonces fui a su albergue, y un día vi entrar a tres hombres que me despertaron la atención. Lo que me esperaba, el jefe sin duda, no me parecía desconocido. Era un tipo alto, con mucho pelo y rostro rubio, pálido, ojos negros y melancólicos. La mano, blanca y delgada, descansaba sobre el mango de la daga tachonada de brillantes, y en su dedo había un anillo reluciente engastado con rubíes que brillaban como si fueran gotas de sangre.

Cerré los ojos, tratando de recordar dónde había visto ese rostro, hasta que finalmente dejé escapar un suspiro. Lo reconocí.

Al entrar, Peregrino se levantó rápidamente y saludó con reverencia:

- ¡Señor capitán Nigro!

Mi actitud tampoco había pasado desapercibida, tanto es así que, apretando nerviosamente el mango de su daga, volvió sus brillantes ojos:

- Me alegro de no haberme equivocado; ¡El nombre del barco los delató, conde de Mauffen! Tú también terminaste aquí, anónimo y degradado; pero no será aquí en este albergue donde ajustaremos cuentas. ¡No! Solo recuerda que hay en el mar, el "Nigro" que sabrá desafiar al "Hugo" en una batalla decisiva.

- A tus órdenes - refunfuñé, masticando -, yo también espero con ansias este resultado; debo decir que ya no alcanzaremos el precio de la victoria, porque Rosalinda se olvidó de ti y se casó con Kurt de Rabenau, a quien ama con locura, como suele decirse.

Loevenberg palideció mortalmente y me regocijé al verlo vacilar por un momento. Sin embargo, no tardó mucho en recuperarse, diciendo:

- ¡Mientes que ella se ha casado! Es posible, porque una mujer joven y bella debe tener un protector; pero que lo hizo por amor a los demás, más que yo, solo lo creeré si ella misma me lo dice, en voz alta. Tiene sentido, sinvergüenza, porque calumniarme te será caro...

Se alejó, aparentemente, desapareciendo en una oficina privada. El hotelero había oído nuestro diálogo, boca abierta.

- ¡Dios bendito! - Exclamó finalmente - ¡qué dos condes ilustres!

Y allí se dirigió, refunfuñando, al despacho donde había entrado el capitán Nigro.

Me incliné sobre la mesa asaltado por mil y un pensamientos. ¿Por qué capricho o casualidad ese hombre a quien yo había matado con mis propias manos, estaba allí sano y salvo? Recordé que el cuerpo había desaparecido… Pero, ¿quién lo habría ocultado y cuidado, tan misteriosamente competente? No me sorprendió que me reconociera de inmediato, pero ¿cómo iba a saber que yo también era corsario y capitán del Hugo? En cualquier caso, la apariencia del hombre aun fuerte y hermosa, tan apasionadamente amado por Rosalinda, reavivó mi viejo odio y las mayores ganas de medir las fuerzas con él. Volví a bordo y les conté a mis amigos el episodio de nuestro encuentro fortuito. Esa misma noche nos hicimos a la mar y pasaron unos meses sin que viésemos sombra del "Nigro", por lo que el incidente fue casi olvidado cuando un día, por la mañana, Bertrand me llamó la atención sobre un punto oscuro en el horizonte.

Soplando con viento en contra, intentamos acercarnos y pronto identifiqué una gran galera genovesa que, muy cargada, maniobraba con dificultad para escapar. Ordené que abrieran toda la cortina y, a medida que nos acercábamos, noté que no éramos los únicos contendientes por el rico premio, porque otro barco navegaba directamente hacia nosotros. De repente tuve un escalofrío. El segundo barco, pintado de negro, tenía en la proa el nombre "Nigro", ¡en grandes caracteres!

Oportunidad singular ¡ponernos cara a cara con la misma presa! Renunciando a perseguir a la multitud, nos lanzamos al enfoque del "Nigro" y la batalla se desarrolló ferozmente. Mis hombres, estimulados por la promesa de recompensas, tanto como por amor cuando vieron en peligro una buena presa, pelearon como leones. Sin embargo, la guarnición enemiga era más numerosa y la cubierta del "Hugo" quedó inundada, dificultando la defensa a cada paso. La escena era horrible, enorme confusión: gritos, maldiciones, gemidos, ríos de sangre. En medio de este caos, tratando de confrontar a Loevenberg, fui atacado por un hercúleo tripulante del "Nigro." Nuestro choque fue rápido, un violento golpe en la cabeza me hizo tropezar, atónito y todavía podía escuchar al contendiente gritar:

- ¡Victoria! Derribé al capitán del "Hugo…" - Me desmayé y cuando regresé estaba atado en la cubierta del "Nigro." A dos pasos de mí, Bertrand y el enano, también atados. Miré para orientarme y no pasó mucho tiempo antes que reconociera a Loevenberg maniobrando en persecución de la multitud. Un poco atrás flotaba mi fracasado "Hugo", y los gritos intermitentes que salían de allí llegaron a confirmar que la pelea continuaba. Pronto la multitud fue alcanzada y, tras una ligera resistencia, vi al Nigro y parte de la tripulación se pasan a él. En la confusión del momento solo pude captar una frase de Loevenberg cuando dijo:

- La mujer queda como rehén hasta que me traiga la suma fijada.

Y minutos después reapareció abrazado alrededor de su cintura una mujer que, a su vez, apoyaba su cabeza en su hombro. Tratando de acomodarla en la cubierta del "Nigro", lo escuché decir con infinita dulzura en su voz:

- Rosalinda, mi tesoro, mi vida, hasta que finalmente te recupere y nadie, te lo juro, te arrancará de mis brazos.

Al oír esto, incluso estando atado, me estremecí.

Rosalinda ahí, ¿en los brazos de Loevenberg? ¿Podría estar soñando? ¿Qué objetivo la llevaría a Italia? ¿Y dónde estaba Kurt? ¿Sería posible que había dejado a su esposa como rehén? No, absolutamente; pero la verdad es que ella estaba ahí, a dos pasos, ¡en los brazos de su primer marido y en el más tierno de los idilios! Una ira loca llenó mi corazón, rodé por el suelo, intentando romper las cuerdas con los dientes, mientras él, el afortunado rival, solo tenía ojos para verla. Después, le oí decir:

- El miserable cobarde te entregó para salvarse; y no es verdad que nunca lo amaste, nunca podrías amarlo, ¿verdad? Luego, intentando llevarla a la cabaña, pasaron cerca de mí, y él, sin soltarle la mano, me dio una patada, diciendo:

- Perdiste el partido, señor de Mauffen, porque aquí está la condesa de Loevenberg y, mientras viva, nadie podrá cuestionar mis derechos matrimoniales. En cuanto a ti, traidor, mañana acertarás cuentas con el pez, pues tu sangre deshonra la espada de un caballero.

Y allí se fue sin darse cuenta de Bertrand, Rosa y el enano. Cuando vio a la condesa empezó a gritar y creo que ella lo reconoció, porque retrocedió haciéndole cualquier pregunta y luego intercedió por él, ya que pronto fue desatado. Solo dámelo desesperado, comencé a reflexionar:

- Mañana me ahogarán... Muerte dolorosa y humillante.

Sometido, impotente, ¿qué hacer? De repente me acordé de las palabras de Rabenau:

- Morirán todos juntos.

Me atormentaba la ira y la angustia, la muerte me llenaba de pavor, comencé a sudar fríamente. Así pasaron horas terribles, hasta que cayó la noche, una de esas hermosas noches italianas, cálidas y agradables, con mares pulidos y cielo tachonado de estrellas. Con una mirada oscura contemplaba las maravillas de la naturaleza, que parecía sonreír ante la angustia de mi última noche en la tierra, cuando, de repente, noté que algo se arrastraba hacia mi costado y sentí una manita tocarme.

Era el enano diciendo suavemente:

- ¡Ten cuidado! - Y cortando las cuerdas, prosiguió -. Hay que escapar, en cualquier caso, porque mañana será tarde...

- Pero, ¿cómo y a dónde escapar, si estamos en alta mar? - Respondí estirando mis extremidades dolorosas.

- Ya liberé a Rosa y Bertrand y estamos de acuerdo y estamos en el proceso de implementar un plan bien concebido. Se trata de atacar a la tripulación y asesinar al capitán. Varios marineros descontentos ya han mordido el anzuelo y todo hace pensar que, con suficiente dinero, los piratas te nombrarán jefe.

- Estén atentos aquí mientras voy y veo qué está pasando.

Le di las gracias, el enano desapareció. El plan me sonrió, tanto más cuanto que ponía a Rosalinda a mi discreción.

Describí el entorno circundante: la cubierta estaba casi desierta, había pocos centinelas apostados; pero desde el centro del barco llegaron gritos y cantos de los piratas, que celebraban su victoria. En ese momento aparecieron dos figuras en la escotilla. El capitán y su esposa, siempre abrazada, salió a caminar por cubierta, disfrutando de los placeres de la noche. Y hablaron de amor y planes futuros. Furioso de ira y loco de celos, me arrastré hacia ellos, diciéndome: verán dónde paran las modas...

Al llegar al gran mástil, me escondí detrás de un rollo de cuerdas y traté de asegurarme de llevar conmigo algún arma, ya que en la pelea se perdieron el hacha y un puñal; aun en los pliegues del cinturón escarlata, el puñal que le había servido a mi abuelo estaba escondido. Justo cuando la pareja pasaba dándome la espalda, me levanté jadeando, tal como lo había hecho en la torre del castillo, cuando toqué el arma vengadora, pero la suerte me traicionó, porque la luna atravesando una nube se estrelló de lleno en cubierta y traicionó mi sombra con el brazo levantado. Rosalinda dio un grito y, más rápido que un rayo, intervino ella, tratando de proteger el cuerpo de su marido con su espalda. El golpe; sin embargo, ya estaba asestado con toda la fuerza de mi brazo y ¡Rosalinda cayó, dándome la impresión de un retrato fiel de mi abuela! El capitán se volvió transfigurado en ira y dolor:

- ¡Ah! bandido - aulló con voz ahogada -, y antes que pudiera arrojarme al barandilla, sacó del cinturón el largo puñal italiano y me lo clavó en la garganta, con un golpe tan violento que, pasando por el cuello, se enterró en el mástil y quedé atrapado allí. Mis ojos se nublaron, tuve la sensación de estar rodando en un abismo, al mismo tiempo que tenazas de hierro apretaban mi garganta. Dolores atroces me recorrieron todo el cuerpo. Los sufrimientos superaron a las fuerzas; me desmayé. Cuánto tiempo llevé inmerso en este beneficioso estado de inconsciencia, no podría decirlo; pero digo que fui llamado a la realidad por el mismo dolor atroz que se me había clavado al mástil del barco, allí retorciéndome, gritando y pidiendo que terminaran conmigo de inmediato. Finalmente terminé llamando a Lucifer, conjurándolo para reclamar mi alma, para eximirme de torturas de agonía similares. Tenía el cuerpo como empalado al rojo vivo, con los miembros enteros, la lengua atada y las sienes hirviendo. Mis gritos se suponía que las maldiciones sacudían el cielo y; sin embargo, nadie parecía escucharlas, porque nadie me prestaba atención. Intentando, con un último esfuerzo, miré a mi alrededor con ojos níveos, todo lo que me rodeaba. Y lo que vi fue un cielo oscuro, lleno de nubes amenazantes. El viento aullaba levantando montañas de agua, los marineros corrían frenéticamente por las cubiertas.

Entonces apareció Loevenberg con Rosalinda en brazos, ¡pero viva! En el mismo momento, una corriente de fuego atravesó el caliginoso manto de nubes y el terrible ruido hicieron explotar todo a su alrededor. Interiormente sacudido por este ruido, sentí como si me hubiera despegado del mástil, arrastrando conmigo una masa viscosa que me distendía dolorosamente todas las fibras corporales. El sufrimiento fue tan grande que perdí el conocimiento una vez más. Como la última vez, no lo sé.

¿Cuánto duró este estado? Sin embargo, cuando volví en mí me sentí aliviado, pero me sorprendió encontrarme tendido en cubierta, todavía clavado al mástil roto. La vista de mi cara contraída, de mis ojos vidriosos, sin expresión, fue algo horrible y me asombró que todavía estuviera viviendo con esa horrible herida. Una mirada alrededor me dejó ver que el cielo estaba despejado y el barco, fuera de control, se balanceaba a corta distancia, suavemente llevado por las olas y no lejos de la costa. Además, en la playa, muchas personas, armadas con cuerdas y palos, buscaban acercar el barco. En cierto momento y después de grandes esfuerzos, unos hombres - todos pescadores -, lograron subir a la cubierta. Entre ellos; sin embargo, pude pagar a dos escuderos con las monedas de la casa de Rabenau y el delirio por la fiebre, pensé para mis adentros; pero, en el mismo momento, aparecieron otras personas y entre ellos el propio Kurt, siempre emperifollados, con las manos en las sillas. Al encontrarme, hizo un gesto de horror y se dio la vuelta.

- Señor – algún escudero intervino -, ¿no revisas ese? Pregunto porque un marinero dijo que es un personaje ilustre… Kurt…

Se detuvo un momento y respondió:

- ¡Esa es buena!

- ¿Has perdido la cabeza, Cambert? ¿Porque no está más que demostrado que ese corsario es ni más ni menos que el conde de Loevenberg? Quizás este cadáver atestigua a algún compatriota ilustre. Mientras tanto, un pescador se acercó y, muy a mi pesar, entró a ver cómo estaba.

Empezó con los bolsillos, fue al cinturón, tomó posesión del bolso relleno; luego, con un cuchillo, empezó a cortarme el jubón. Todavía recuerdo, con angustia, que llevaba al cuello un medallón con los pergaminos del subterráneo que custodiaban los tesoros y la partida de nacimiento de Rabenau que, por descuido fortuito, no había destruido, como había prometido. Buscando protestar, defenderme, arrebatar de las manos del agresor el precioso botín; pero, a pesar del enfado que me impulsaba, me quedé inmóvil, con las manos rígidas, apretadas, como si todo esto no me estuviera pasando a mí. Los pergaminos pasaron a manos de Kurt, que los hojeó admirado y exclamó, dirigiéndose al séquito:

- ¿Quién hubiera dicho que éste miserable, es ni más ni menos, que el conde Hugo de Mauffen! ¡Y es triste ver cómo surgen brotes tan indignos de ilustres baúles y así contaminarlos!

Intervino un escudero, añadiendo:

- Pero entonces, es el mismo que el que dice que fue condenado a *in pace*, por haber intentado matar a su ilustre esposa; y, en este caso, no merece una tumba en tierra sagrada, pues también dicen que se vendió al diablo y fue él quien lo liberó de forma inconcebible.

Kurt retrocedió, santiguándose y diciendo:

- Salgamos de aquí lo antes posible y dejemos que el mar y el diablo hagan con ellos lo que quiera.

No podía entender por qué no podía intervenir en la conversación. ¿Quién no había muerto?

Era evidente, tanto que vi, oí, sentí el ardor de la herida, estremeciéndome al pensar que me dejarían allí solo e incapaz de recibir ninguna ayuda. Todos descendieron y el barco naufragado, en abandono, quedó a merced de la corriente. Los rayos del Sol me bañaron, yaciendo inmóvil; sin embargo, ¡siempre clavado al mástil! A veces había sobresaltos; pero aun así, ese estado me pareció interminable. La situación continuó, en mi opinión, durante una eternidad, hasta que un día dejé de ver la luz del Sol y quedé sumido en una densa oscuridad. Entonces empezaron destellos verdosos intermitentes, vetas amarillentas iluminando la cubierta y el mar, con un tono misterioso. Numerosas figuras surgieron de las olas y, con asombrosa destreza, subieron al barco. Aturdido, reconocí al equipo del Nigro listo, todos heridos, chorreando sangre y desaliñados, andrajosos, con rostros y ojos lívidos, fosforescentes. Rosa y Bertrand aparecieron por turnos. No estaban heridos, pero vomitaban agua en forma de gota y parecían estar sonriendo, con los ojos muy abiertos. En medio de aplausos y risas del público, caminaron hacia mí y sacó la daga de mi garganta. Libre, me lancé hacia adelante, escuché voces groseras y vi rayos de luz mezclándose con hollín negro, emitido por los piratas que cruzaban en todas direcciones. Comimos y bebimos, eso es lo que parecía expresar. De repente, todo se transformó como por arte de magia. Las mesas ya estaban puestas y llenas. Yo también bebí, pero no pude saciar la sed que me devoraba. Rosa quería bailar, me arrastró y giramos locamente, vertiginosamente, solo para que nos detuviéramos en la mesa donde Bertrand, muy pálido y siempre con los ojos muy abiertos, jugaba a los dados.

El dinero llovía a raudales y en el aire se oían horribles blasfemias. Estaba en todas partes, olí todo, pero no tuve un minuto de descanso. Mi angustia no tuvo fin ni límites; el vino no sació mi sed; el dinero se derritió en mis manos y de todo aquel caos emanaba un olor acre y pútrido que me hacía sentir una mala impresión de un cauterio insoportable.

Torturado, como borracho, no entendí nada de todo esto, cuando vi que la luz se apagaba poco a poco, verdosa y todo se desvanecía. Los piratas se levantaron apresuradamente y se arrojaron al mar.

De repente, el capitán Nigro surgió de las olas y volvió a clavarme su puñal en la garganta, me fijó en el mástil, desapareció y todo se fundía en una luz de luna rojiza que doraba el horizonte y cubría el mar con un velo violeta. Eran los rayos del Sol, manantial que iluminaba el barco naufragado, donde me encontré inmóvil, con la garganta atravesada.

Y el tiempo pasaba, fluía en isocronía mortificante, pasaban los días y yo no me movía, devorado por la sed. Con las sombras de la noche llegaron las sombras de los piratas y se repitieron las orgías, que reavivaron todos los vicios y pasiones, sin jamás calmarse. Roto por tanta tortura moral, me pregunté por qué Lucifer, que, sin duda, se había hecho cargo, no vino a aliviar mis sufrimientos. Y comencé a invocarlo con todas las fórmulas cabalísticas que me vinieron a la mente. Considerándome cada vez más deshonrado y despreciado, comencé a pensar en el del mundo.

Llamaron al Dios de misericordia, creador de todas las cosas y señor del mismo Satanás, que consintió en tentar a los hombres solo para probar sus virtudes. Por lo tanto deseé volverme a esta entidad suprema y busqué el recuerdo de las palabras sacerdotales, pero no logré nada. Mi espíritu petrificado no pudo formular una sola oración, y cuanto más insistía, más fracasaba. Entonces me aferré a la idea que me salvaría si podía encontrar un sentimiento, un solo pensamiento capaz de alcanzar esa divinidad que tanto había subestimado en la tierra, porque no prometía dinero o disfrute material. Perseveré, redoblé mis esfuerzos y, de repente, sentí un ligero calor, el peso opresivo disminuyó y pude coordinar este pensamiento: Oh Dios, que dices misericordioso, perdona mis pecados, ¡alíviame, y tú, Jesús, que sufriste por nosotros, hazme entender la verdad!

En el mismo momento, un destello me envolvió y de mí brotó un rayo luminoso que se elevó como un chorro de la fuente, en gotas plateadas, y a su paso disipó la densa oscuridad que me rodeaba. A través de este tipo de claro me di cuenta, muy por encima de mí, un cielo azul y translúcido y esta atmósfera de hadas. una entidad ¡aparición celestial y brillante de vestiduras flotantes! Siendo de perfecta e indescriptible belleza, me habló así:

- "Espíritu culpable e infeliz, no te engañes; el demonio a quien prometiste tu alma no te necesita por ahora, y solo estás cosechando lo que sembraste; siempre has elegido los placeres que proporcionan el dinero y los vicios; todas ustedes cultivaron con entusiasmo pasiones innobles; te entregaste sin freno a todos los crímenes, a la dureza de corazón, avaricia y egoísmo; atrajiste a criaturas de tu propia especie y juntos disfrutaste, tú y ellos; del infierno en el que creíste caer, después de la muerte de tu cuerpo, es precisamente el estado en el que te encuentras. Continúas ahora haciendo lo que hiciste en la tierra; los mismos compañeros que elegiste allí te rodean, pero los órganos de tu cuerpo ya no pueden resentirse y transmitir las mismas sensaciones. Como ves, la vida material ha cesado y lo que sientes es un reflejo de las pasiones y deseos que el cuerpo ya no puede proporcionarte. Lo que en la tierra llaman infierno es el estado creado por los hombres, espíritus culpables y endurecidos. Así pues, hasta que puedas despertar en ti mismo una reacción para mejorar; hasta que, mediante una oración ardiente y sincera, puedas elevar tu espíritu al Creador, alcanzarás la órbita de tus crímenes; debes sentir el horror y el disgusto de tus faltas, el verdadero arrepentimiento del mal de lo que le hiciste a otra persona; y antes de despertar sentimientos de verdadera compasión por tus víctimas; antes que si te mueve el deseo de reparación, no podrás entrar en la ruta de la salvación. Recuerda que si no te arrepientes, ninguna oración por sí sola será suficiente para lograr este objetivo. Anda, pues, y vaga por donde pecaste; frecuenta a quienes, como tú, disfrutan de goces efímeros de una existencia terrena con circunstancias espirituales tan horribles, para que su ejemplo conmueva tu espíritu. La oración te sostendrá como un alivio para tus sufrimientos y servirá también para apaciguar el odio del enemigo, que te perseguirá."

El espíritu luminoso desapareció en el espacio. Sin embargo, me sentí libre, logré escapar de los restos del barco y moverme libremente en un ambiente oscuro y asfixiante. Mi primer pensamiento fue en mi castillo y en el mismo instante me encontré envuelto y arrastrado por un huracán, enfrentándome a mis antepasados. Intenté entrar; pero, una masa oscura, pútrida, surcado de llamas rojas, bloqueó mi camino. Quise escapar, entonces, e inmediatamente fui retenido e impulsado por una fuerza extraña, avancé y crucé la infecta en masa. Sacudido por un sufrimiento horrible, me di cuenta que estaba rodeado de víctimas: recién nacidos que me presentaron un corazón pinchado; locas que me reprocharon la pérdida de sus hijos y el consiguiente suicidio; niños maldiciendo la muerte de sus padres y por eso también morían de hambre... Y toda esta turba de seres envenenados de odio se arremolinaban a mi alrededor, se aferraban a mí, me sofocaban, me paralizaban. Ratería, por así decirlo, me arrastraron a una habitación donde solía celebrar mis crímenes con orgías. Intenté escapar de allí, pero pronto me di cuenta que era como un soldado y entonces me arrojaron a los recién nacidos en brazos, obligándome a besar sus llagas abiertas: me pareció saborear algo repugnante y cuando mi cuerpo espiritual temblaba de horror, la risa infernal me volvía casi loco. Agotado, sin saber dónde esconderme, recordé las palabras del espíritu luminoso: "Ora y humíllate ante tus víctimas." Sin embargo, solo pensar en ello hacía que todo mi ser se rebelase. ¿Y qué? Humillarme frente a esa chusma, frente a sus propios vasallos o villanos traviesos, ¿te atreves a burlarte de mí? ¡Nunca! Y de nuevo llegaron a mis manos el cuchillo de oro y el estilete, y comencé a trabajar de nuevo en la tarea, bebiendo esa sangre horrible que me quemaba las entrañas. ¿Cuánto duró este calvario?

Imposible decirlo, solo para confesar que ha llegado el momento crítico de recurrir nuevamente al Ser Supremo. "Dios Todopoderoso, modera tu odio, libérame de ellos; ¡reconozco mis crímenes, menosprecio tus gracias y el perdón de mis víctimas!"

De nuevo, el chorro luminoso se proyectó desde mi cuerpo ennegrecido y cayó en una lluvia plateada sobre la multitud aullante, que se agolpaba a mi alrededor. La multitud se retiró, los cánticos disminuyeron y continué orando hasta que la multitud se fue, alejándose, palideciendo y fundiéndose en el espacio. Aniquilado, aterrorizado, me detuve a considerar la existencia, el pasado fatal, pero pronto una fuerza extraña me arrastró fuera de esa habitación y me empujó hacia bajo tierra, deslizándome por esa conocida escalera, hasta llegar al escondite de los tesoros. Inmediatamente, entendí que había llegado el momento de volver a ver a mi padre.

En ese momento, se me apareció nuevamente el espíritu luminoso, diciéndome:

- "¿Ves, desgraciado, las terribles consecuencias de la vanidad criminal? Quisiste poseer la vida eterna y la juventud, olvidándote de aquella vida terrenal.

Depende de quien te concedió probarte. La comprensión de un final fallido y de los crímenes causar las sensaciones dolorosas que ahora experimentas. Acuérdate que de cada iniquidad dio origen a varias, consecuencias inevitables, todas resultantes del primer crimen.

Eres, por tanto, responsable, ya que quien pone la rueda en movimiento es responsable de los daños que la rueda causa."

El espíritu me dejó y continué mi doloroso camino. Al pasar vi espíritus oscuros, encorvados o en cuclillas junto a las bolsas de oro, con la intención de bloquear mi camino y tuve que atravesar sus fluidos ardientes y nocivos, resumiendo la codicia y la avaricia. Finalmente, pasé sin mayor obstáculo, la puerta de hierro que antes me parecía de pasta suave, y llegué a las profundidades del subsuelo. Lo primero que me encontré fue a mi padre, delgado y repelente, igual que como lo recordaba. Su cabello gris, desordenado, le llegaba hasta las orejas; su rostro parecía moteado y sus manos descarnadas escalaron convulsivamente las pilas de escudos que lo rodeaban. Debajo de la montaña áurea había un cadáver marchito, cuya carne daba la impresión de un pergamino ennegrecido. Inmediatamente comprendí que el horrible cadáver era su cuerpo físico y que el espíritu culpable luchaba en el cuerpo fluidico con el que se consideraba materialmente vivo.

Las pasiones insatisfechas de la codicia y la avaricia le inspiraron el temor de perder su tesoro, dándose cuenta luego, me lanzó miradas que indicaban claramente su estado de ánimo y su mortal resentimiento:

- ¡Ah! ¿eres tú, Hugo? Pues bien: ahora seremos nosotros dos para protegerlo.

Una fuerza extraña me atrajo hacia la masa brillante y permanecí allí, respirando el fluido asfixiante que exudaba del periespíritu de mi padre, que no dejaba de contar y volver a contar las fascinantes y queridas monedas. Por mi parte, sufrí cruelmente cuando un soplo me inspiró este pensamiento:

- "Por el oro, tú lo mataste; por tanto, permanece cerca de él y observa los sufrimientos que engendra la avaricia, por la que las ricas riquezas mínimamente adquiridas te inspira aversión."

De hecho, me quedé allí, pero nuestro odio mutuo aumentó y, a menudo, en el colmo de su ira, se arrojó sobre mí y asfixiado con su fluido ardiente. En esos momentos reviví el trance extremo del parricidio, amontonándome encima de la masa de monedas, sin perderlo de vista. Sin darme cuenta que todo fue solo un espejismo, reflejo de un criminal del pasado, estaba claro que experimentó el mismo terror, la misma angustia que el momento real en el que buscó eliminar aquello indeseable. El sudor inundó mi frente; entonces vi que eran chispas negras, que llovieron sobre mi cuerpo compacto - y sin embargo ligero -, provocándome un dolor terrible. Inquietud y terror estaban agotados.

- ¿Ves? Los fluidos del pasado criminal han caído sobre ti - dijo la voz del protector invisible. Mi pensamiento pronto se dirigió al guía espiritual, quien apareció y le dijo:

- "Humíllate ante aquel que asesinaste y pide, no para ti, sino para él; y cuando él te haya perdonado en parte, podrás salir de este lugar, que guarda un tesoro inútil."

Me volví hacia mi padre, dispuesto a pedirle perdón; pero vi, con sorpresa, que había sido transfigurado, o sea, que tenía algo de otro ser, en lo que identifiqué, por su toga, un enemigo que yo había eliminado, cuando era Tiberio. Al reconocer esto, el humilde impulso de obtener el perdón se convirtió en un orgullo feroz y me vi de nuevo, como emperador tiránico y señor del mundo. En tales condiciones, pedir perdón y misericordia para aquellos que ya me habían pagado su deuda de odio, me parecía una humillación indigna. Era mejor seguir sufriendo, pase lo que pase, sea lo que sea. Me resistí, entonces, y vi que la penumbra ambiental se tornaba más oscura: chispas rojizas salieron del cerebro del enemigo, así como del mío, se cruzaron y cayeron sobre mí, provocándome sensaciones físicas intolerables, sin un minuto de descanso. Mi periespíritu se retorcía asfixiado en un fluido ardiente y devorador.

Nos tiramos unos a otros para estrangularnos y la ira creció enseguida, porque al vernos, no podíamos sentir nada más que el vacío. Después de los ataques, volvimos al primer estado: él desenterrando el montón de oro, yo echando oro encima de él, con la intención de asfixiarlo y consumirlo, pero; sin embargo, viéndolo siempre. Para el espíritu no hay tiempo, y por mucho que sufra, no puede calcularlo. ¿Cómo podría - conjeturé -, formular una oración por la inmensa multitud de mis perseguidores, sintiéndome aliviado, y ahora no podía hacerlo?

Casi al instante apareció el Espíritu luminoso y disipó la oscuridad que me envolvía.

- "Es porque, perturbado y lleno de odio, te encontraste frente a víctimas que apenas te habían hecho algo, no fue necesario que vencieras tu propio odio y la indiferencia te facilitó la intercesión, ahora; sin embargo, se trata de superarte a ti mismo y encontrar la oración en tu corazón resentido, no por tu propio alivio, sino para aliviar a tu enemigo. Y; sin embargo, es necesario que lo favorezcas, que purifiques los fluidos negros que te atormentan; y solo cuando hayas demostrado que sabes superar tus impulsos inferiores y cooperar voluntariamente, por el bienestar del enemigo, puedes apuntar y obtener tu propio alivio. Así que intenta hacerlo…"

¡Yo estaba sucumbido! ¡Lo que se exigía de mí era lo imposible! Aliviar con mis oraciones al feroz enemigo cuya presencia me enfurecía! ¿Ver que él estaba mejorando, dejándome sufrir? ¡No! ¡Nunca! Mil veces sería mejor que ambos sufriéramos eternamente juntos... Y el encarnizado combate comenzó de nuevo. Sin embargo, a pesar de su odio, el enemigo fue el primero en calmarse. Él también había escuchado los consejos del guía espiritual. De repente lo vi cubierto de vapor oscuro, que desprendía chispas. Entendí que estaba tratando de reflexionar, vi que la misma luz plateada brotaba de su cerebro, opaco al principio y luego más brillante, a medida que las chispas caían, como lluvia benéfica, en la atmósfera caliente y viscosa que me envolvió, y que se disipó y me dio un reconfortante refresco, como un baño aromático que me alivió. Me sentí algo más libre y experimenté un aterrizaje relativo. Miré al enemigo, vi que éste se debatía dolorosamente en la pesada atmósfera, formulando con dificultad un pensamiento de perdón.

Me tranquilicé cuando vi que gracias a su esfuerzo me sentía mejor. Entonces pude elevar una ardiente súplica al Creador:

- "¡Oh! Dios Todopoderoso y tú, mi guía espiritual, hazle entender que le ruego que me perdone el mal que le he hecho. Le di la muerte que, como hijo tuyo, le infligí. Ahora quiero eliminar la aversión que me inspira y no alimentarme en sus torturas. Finalmente, asegúrate que pueda recibir todo el bienestar que él me ha dado."

Como estos pensamientos se formulaban de forma enérgica y sincera, sentí un calor intenso invadir todo mi ser; el subterráneo y lo que había en él se desvaneció, se alejó, incluido el perfil del enemigo, que se escondió no sé dónde, ni cómo. Un chorro de luz descendente me arrastró hacia una esfera luminosa y agradable, en comparación con aquella en la que me encontraba. Era como un océano gris y brumoso, sin principio ni fin. En primer lugar, me sorprendió el cambio; después caminé siempre en línea recta, sin un objetivo concreto. No podía subir y no quería bajar; pero, un dolor largo y punzante se apoderó de mí: el del aislamiento en ese océano nebuloso, sin objetivo, sin futuro, y solo acompañado de recuerdos de un pasado irreparable. Ansiosamente, pensé en el guía que pronto apareció y me dijo:

- "Ahora puedes comprender por qué sufres en la soledad en la que te encuentras, ya no perseguido por tus víctimas, ni obligado a repetir los monstruosos crímenes perpetrados en la Tierra."

Confundido, sin saber qué responder, el guía continuó:

- "¿Ves? En la Tierra nunca te faltó la capacidad de tramar la infamia, ni la astucia, bastaba con idealizar los disfrutes materiales; tu inteligencia nunca te impidió a la hora de acosar a tu similar; pero aquí, donde ya no se puede hacer el mal, donde, se podría decir, que ya no se sufre, relativamente, ni siquiera sabes traducir la angustia que vives y ni siquiera sabes cómo responderme..."

Entendí lo limitado de mi inteligencia y el guía me confirmó:

- "Sufres una inacción que te lleva a la desesperación: experimentas la necesidad de desempeño, pero es necesario entender que primero debes purificarte espiritualmente, deshacerte de los malos fluidos, hasta que puedas iniciar cualquier trabajo de utilidad general. Tu inteligencia y conocimientos adquiridos pueden ser de ventaja; pero, ¿quién aceptará al mejor artesano, sabiendo que es cruel entre compañeros que probablemente contaminarán a los pervertidos? Convéncete, alma atribulada, que toda la energía que te queda debe ser aplicada, fíjate en tu caliginoso periespíritu y; sin embargo, que grites los numerosos hilos luminiscentes, restos de tus relaciones terrenas. Porque aspiras a la convivencia social, dirige tus pensamientos a tus viejos compañeros y veamos a dónde te llevan estos hilos luminosos."

Tan pronto yo encontré a Bertrand, a Rosa, a Calmor y luego, de repente, me encontré en el barco fatídico, entre su tripulación que, todavía perturbada, continuó, en la espiritualidad, entregada a orgías ficticias, de las cuales el cuerpo fluidico ya no podía compartir y solo los dejó con mayor insatisfacción.

¡Oh! No quiero quedarme aquí – exclamé aterrorizado –, apenas respirando ese aire pesado y mefítico que los envolvía.

El guía, que me había acompañado hasta allí, dijo:

- "Entonces, retirándote ante él, ¿cómo puedes probar la sinceridad de tu arrepentimiento? Esta sociedad está unida a ti por los lazos fluídicos del crimen y la efusión de sentimientos recíprocos. Solo con ellos podrás formar pareja como trabajador en el ámbito espiritual; pero, como en el estado en el que te encuentras, no puedes hacer nada, debes empezar trabajando para su conversión. Debes intentar despertarlos y ver que puedes y debes hacerlo, por eso los superas en inteligencia, en conocimiento rudimentario del bien y fuiste el primero en comprender tu verdadera situación. Tú, por tanto, tienes la obligación de ayudarlos y ten la seguridad que, a través de este arduo trabajo, tendrás derecho a colaborar en la inmensa, pacificadora y científica obra del plano espiritual."

Así concluyó y desapareció, pero yo estaba ya desilusionado por una terquedad que solo engendró sufrimientos inútiles y decidí dedicarme firmemente a la conversión de mis compañeros. Cualquier castigo, cualquier expiación, sería preferible a la desconcertante inacción en la que me encontraba, inmerso en un pasado irreparable. Por lo tanto me dirigí a Eulenhof quien, a pesar de los malos sentimientos, poseía una inteligencia lúcida y profunda. Le envié chispas luminosas, una exhortación llena de pensamientos sensatos y convincentes; pero, con gran sorpresa, me di cuenta que ni siquiera podía oír mi voz. Luego me volví hacia Rosa quien, una mujer malvada, me pagó con un chorro de fluidos nauseabundos y mareos, haciendo inútil mi sugerencia. Pasé a otros, inflamándome poco a poco; les conté todo lo que me vino a la mente para aclarar su condición, para hacerles comprender que se estaban envenenando e imponiendo su sufrimiento intolerable. Sin embargo, ver que todos los esfuerzos eran en vano, mi fervor se transformó en rabia impotente, para concluir que, después de todo, solo obtuvieron lo que merecían, ya que había hecho todo lo posible para aliviarlos.

- "¡Pobre alma! - exclamó el guía, reapareciendo de repente -. ¿No te da vergüenza tanta impaciencia? ¿Qué hubiera sido de ti si te hubiésemos hecho lo mismo? Entonces tú sabes, que al no haber despertado en tu encarnación anterior más que los instintos de bienestar material, tus actuales consejos no se pueden aprovechar. Recuerda lo que me atrajo de ti... No fueron razonamientos ni consejos prácticos, sino humildad, oración, comprensión de la propia culpa. Solo orando por estos miserables que sufren podrás alcanzar su audición espiritual y purificar el fluido que los rodea."

Lo entendí y, aunque me lo impidieron sus odiosos fluidos, comencé a decir una oración sincera por todos y, como antes, me excitó el ardor persuasivo. ¡Mi oración se elevó con creciente fervor y, como una contraventana luminosa, se hundió en el espacio! Cosa única, mientras esta luz argentina hendía la oscuridad, figuras diáfanas y transparentes aparecían por todos lados, ellos oraban conmigo. Inmediatamente, la cascada plateada arrasó con la oscuridad circundante y la voz de los buenos espíritus agradeciéndome llegó a mis oídos el hecho que les permitió acercarse a sus seres queridos. ¿Y cuál fue mi admiración por ver que esos piratas criminales, que habían negado a Dios y abandonado su hogar, mantenían en el espacio a personas amigas entregadas que, atraídas por mi oración, corrieron tranquilamente para llevar a la contrición a los pobres que sufrían. No pasó mucho tiempo y un protector invisible se encontraría al lado de cada uno. Entonces todo se desvaneció y las siluetas oscuras, apoyados por sus amigos, ascendieron al espacio. Estaba solo, pero feliz y ligero como nunca lo había estado en el mundo.

Un sentimiento de bienestar íntimo llenó mi alma dolorida.

- "Lo hiciste bien – dijo mi Protector –, y ahora sigues tú, porque todos los de tu grupo ya fallecieron y tú vas a ser juzgado. Así que no temas, espíritu culpable.

Ya experimentaste el purgatorio moral y sentiste todo el peso. Inclínate, pues, sin murmurar, a los dictados que te señalen tus jueces supremos. Nada niegues, porque sabes, allí cada secreto de tu ego quedará al descubierto y cualquiera que sea la sentencia, su cumplimiento resultará en un grado más alto en la escala de perfección, que todos tendremos que alcanzar. Convéncete de la fugacidad de las existencias terrenas y de las pruebas y expiaciones no te sorprenderán."

Junto a mi guía, crucé las masas nebulosas y terminamos en un círculo luminoso que era doblemente deslumbrante, ya que iluminaba los recovecos de mi alma imperfecta, tanto como la oscuridad en la que vagaba.

Estaba temblando... Sí, estaba temblando, porque mi audacia era solo humana y mi conciencia estaba ahí diciéndome que iba a ser juzgado. Y mi protector lo confirmó.

Un destello intenso, seguido de una explosión que sacudió cada fibra de mi cuerpo espiritual, me empujó hacia adelante y escuché: ¡espíritu de Tiberio y Mauffen, preséntate ante tus jueces!

Hugo de Mauffen.

CAPÍTULO III
LA NARRATIVA DE LOTÁRIO DE RABENAU

Morir para renacer, tal es la ley fundamental de la creación. Estas pocas palabras cierran un inmenso programa.

Estoy seguro que no habría tantos suicidios en la Tierra si el hombre pudiera pensar más allá de la muerte y podríamos reformar sus convicciones, diciendo: "morirás para volver a vivir; simplemente cambiarás un infierno por otro infierno; y es mejor seguir hasta el final de la ruta marcada por el destino."

Yo, una vez Lotário de Rabenau, ahora autor de estas obras, excavo ahora en el pasado remoto, para detener a los necios, capaces de romper la cadena que encadena la Tierra, para que no experimenten, en el futuro y más dolorosamente, el peso de esta cadena, que nadie puede negarse, ya que muchos, si no todos, dejaron acciones inconclusas en este exilio, pensamientos y proyectos solo esbozados y afectos diversos no aclarados, muchas veces, por la experiencia de vida.

Esa noche cuando el trabajo de toda mi vida se desmoronó por mis propias manos, tuve el espíritu agobiado por mil sentimientos: orgullo herido, miedo al secreto descubierto y, sobre todo, la renuncia a un puesto en el que solo yo había reinado. Tan pronto como comencé a subir las gradas de aquel altar, desde cuya cima había ordenado y ayudado con espíritu astuto y profundo, leí los corazones de mis subordinados, entendí que hacía falta genio para dirigir y apoyar a una empresa tan grande. Y la perspectiva que todo se desmoronara con mi muerte era un bálsamo para el corazón ulcerado. Que sufran los ingratos y rebeldes – dije –. Y esa sangre que, una vez prendía fuego por pasiones, no conocía compuertas ni remansos, subió hasta mi cerebro, el puñal brilló en mis ojos salvajes de rabia, dolor muy agudo en todo el cuerpo, seguido pronto por un dolor mortal, que culmina en una débil profundidad. Cuando volví en sí, estaba sufriendo cruelmente. Como a través de un espeso velo, vi a la multitud que me rodeaba, di las últimas órdenes y nombré a mi sucesor. Sabía que Benedicto llevaría, como castigo, la carga que él mismo se había propuesto sopesar; pero, además, todos los sentimientos de odio desaparecieron por el momento, porque sentí que algo extraño me estaba pasando: un velo negro que parecía espesarse sobre mis ojos; los nervios, de pies a cabeza, temblaron; un frío gélido paralizó mis miembros, hasta que se produjo un violento shock y quedé arrojado, como si fuera de mí, envuelto en completa oscuridad. Cuando volví en mí, me vi, como una gasa flotante llevada por el viento, en un ambiente brumoso y gris. Inmediatamente comprendí el ambiente en el que me encontraba y no pasó mucho tiempo hasta que percibí simultáneamente una entidad luminosa muy conocida. Amigo de otras épocas, había luchado por muchos siglos y me había graduado moralmente, mientras yo permanecía inmóvil y encadenado a mis pasiones.

Un espíritu que había alcanzado, en definitiva, un grado de perfección incomparablemente superior al mío, se había convertido en mi protector.

Mirándome con ternura y tristeza, dijo:

– "Otro intento inútil, porque te dejaste arrastrar por tus pasiones impetuosas. Tengo órdenes de decirte que, por ahora, estás condenado a vagar por la Tierra, consistente en tu castigo en ver, con la agudeza de tus sentidos espirituales, a todos los que allí dejas, contemplarás las obras que has iniciado, el cumplimiento de tus decisiones, para que experimentes todas las amarguras del desencanto. Te compadecemos, mi amigo impulsivo y apasionado. Si, lo siento por ti, es porque sé que vas a dar pelea ingente con tu corazón sensible. Sin embargo, no estás exiliado ni condenado a la soledad; puedes agregar a tus amigos; pero, ten cuidado de no dejarte arrastrarte por el odio, porque, en este caso, el castigo será doble. Cuando te sientas débil, llámame."

Dicho esto, proyectó una luz azulada sobre mí, que me rodeó de chispas multicolores y calmó el dolor en mi cuerpo espiritual. Luego desapareció. Me examiné, me sentí.

Evidente estaba nuevamente desencarnado. Allí nada me resultó extraño. Durante muchos siglos estuve viajando por este espacio transparente y mis pensamientos se dirigieron a amigos y protectores. Eso fue suficiente para que me viera inmediatamente rodeado de nueve espíritus refulgentes.

- Bienvenido – dijeron mentalmente. Después de intercambiar rápidas impresiones, les dije:

- Estoy condenado a regresar a la Tierra y ser testigo de todo hasta que todos en mi círculo desencarnen y desaparezcan.

Únanse a mí. Inmediatamente descenderé a la atmósfera terrestre, porque, como no ignoras, un ser de mi carácter no puede esperar que la gente lo avergüence y sabe lo que tiene que hacer. ¿Quizás, fieles paladines, quieran acompañarme en la atmósfera humana? Siento que voy a ver cosas muy dolorosas para mí. Mi guía ya lo ha predicho.

¿Quieren bajar conmigo y, cuando sea necesario, tomar un médium para ayudarme?

Se formó un círculo más estrecho, que emanaba una claridad rosada, un elemento fluidico propio de la fidelidad que nos unía y que, por un momento, pareció confundir nuestros periespíritus.

- ¿Cómo dejarte ir y sufrir solo, recordando que cuando sufrimos y hemos expiado, en la carne o fuera de ella, siempre has sacrificado la tranquilidad y el descanso por nuestro beneficio? Así que iremos a donde vayas, y te rogamos una cosa: que no te dejes llevar por ningún impulso de venganza, que pueda herir.

Todos descendimos, dolorosamente, respirando la atmósfera terrestre. Entonces tiré el hilo luminoso hacia abajo, lo que rompe con la muerte del cuerpo material. ¡Se partió! Espacio, como un rayo, y luego vi la mansión de los Rabenau. Allí reinaban la desolación y el luto, pero el cordón fluídico me atrajo hacia la médium, en cuya aura me había envuelto, formando una cinta roja como la sangre. Esta médium era una mujer que, desplomada en una silla, sollozaba desesperada.

¡Me estremecí! Acababa de reconocer a Rosalinda, que lloraba mi pérdida como la de un hermoso caballero, un hombre seductor y espiritual, que le había complacido. Le arrojé un líquido calmante; pero mi corazón me atrajo más para el hijo, y luego me arrastraron a la habitación donde estaba, dejando a los sirvientes lavarse y vistiendo mi cuerpo, ya retirado de la Abadía. Kurt estaba parado junto a la ventana abierta. Así abandonó el botín del padre, a quien pretendía amar tanto... ¡Ah! Un hombre torpe de carne podría engañarse a sí mismo; pero el espíritu que allí ora estaba y cuya presencia apenas podía sospechar, captó el significado de todos sus pensamientos, al mismo tiempo que vio una espesa masa de fluidos negros brotando de su cerebro. El cinturón luminoso que rodeaba su frente estaba estrecho y aburrido como el corazón mismo, porque reflejaba ingratitud y egoísmo. No era el hijo llorando por el padre, pero, en cambio, el orgullo satisfecho, la alegría de un poder finalmente alcanzado, lo que infló su pequeño corazón.

A lo lejos flotaban, como un disco, sus pensamientos y deseos más recientes, como si se liberara de él. En los casos de amor ni siquiera el padre se salva. Experimenté un gran shock en mi cuerpo periespiritual. La arteria del corazón, que estaba conectada a él por mil hilos, una arteria brillante y luminosa, que, en sí misma, constituye el ornamento del espíritu, aun tardío y que sirve de punto de apoyo, retorcido y ennegrecido. ¡Sin embargo yo no creería, prefiriendo juzgarlo como simplemente desesperado! ¡La daga que le había dado, se la había probado con la intención de romper el corazón de su padre, que solo latía por él y le había dado hasta la mujer que amaba!

Me retorcí dolorosamente, un líquido punzante me oprimió el pecho. ¿Y cómo no iba a serlo, si hubiera habido, a lo largo de la vida, dedicado a los ingratos la mayor ternura? ¡Sí! Lo levanté en mis brazos y día a día despertaban en mi corazón impetuosos sentimientos de paciencia y ternura. ¿De qué sirvió el cariño, el cuidado, el apoyo, brindados a lo largo de una existencia? ¿Qué derecho tendría entonces a odiar a Benedicto, a Sanctus y a toda la comunidad a la que tan severamente fiara? ¿Tenía derecho a exigir cualquier cosa, cuando me encontraba allí, contra mí, la mano de un hijo tembloroso, de una persona a la que estaba apegado por todos los lazos fluidicos de mi propia sangre; de ese ser que hacía latir mi corazón y que había adorado como único fruto del gran amor conyugal? Sentí ganas de salir corriendo, pero no pude y entonces experimenté la enormidad del castigo que me ató a la Tierra. En vano murmuré para mis adentros: no es la primera vez que te encuentras con este espíritu cobarde y tacaño; en muchas encarnaciones has sido traicionado y herido por él; y aun así insistes en pulir como un escultor que, deslumbrado por su propia obra, quiere darle vida y no encuentra más que lo inerte y frío. Ya que lo conoces, ¿cómo y por qué te afliges? Él simplemente es indigno de ti... Pero... acompañarlo es una horrible tortura - reflexioné -, y, resignándome a la sentencia ineluctable, me quedé un poco murmurando frente al ingrato que se burló de mi cariño. En ese momento, la puerta del dormitorio se abrió y entró un hombre alto y delgado.

Era el padre Bonifácio, capellán del castillo, un monje austero, de fisonomía ascética, cuyos finos labios y ojos oscuros, revelaron una voluntad férrea y cruel. Este hombre había sido mi alma dañada y, usando la religión y de disciplina moral, sometió el espíritu tímido y cobarde de Kurt con puño de hierro. Bonifácio acostumbrado a subyugar la voluntad de sus confesantes y así fue que, más de una vez, me dijo que no cambiaría su autoridad con el duque, porque si podía disponer de su cuerpo, él, en cambio, se enseñoreaba de su alma.

Al entrar en la habitación, Bonifácio le dio a Kurt su bendición y le indicó que lo acompañara al oratorio. Obediente, con la cabeza gacha, Kurt no dudó, pero leí este pensamiento en su cerebro: "Maldito sacerdote, antes que fueras a maldecir y no viniste a burlarte de mí con tu charla inoportuna, la entrevista con la bella doncella de Rosalinda…"

Bonifácio se sentó junto al confesionario coronado por un crucifijo dorado y dijo con la mayor gravedad:

- Hijo mío, acabas de sufrir una gran pérdida y tu corazón debe estar en una herida abierta; pero, sabiendo que tienes un corazón mundano, pensé que te beneficiaría buscar alivio en la confesión, si el diablo te hubiera inspirado la ambición de comando y la nueva situación te impidió sentir, menos profundamente, la muerte de tu padre. Como tu director espiritual, es necesario que te prescriba el más rígido ayuno y la más severa abstinencia de todos los placeres mundanos. Además, es necesario hacer valiosos regalos a nuestro convento y repartir limosnas a los pobres. Luego, siguiendo el ejemplo de tu abuela y de tu futura esposa, un retiro espiritual de seis meses, en honor a nuestros queridos difuntos.

Furioso con la decisión de su prometida, Kurt maldijo para sus adentros y exhaló fluidos negros, que el buen sacerdote no vio, solo que se cruzó de brazos en actitud piadosa, dijo:

- Estoy dispuesto a hacer todo lo que me ordenes, incluso porque no tengo cabeza para pensar en cualquier otra cosa que no sea la enorme pérdida que acabo de sufrir.

Y mientras decía esto, se tapó los ojos con las manos y añadió:

- Me gustaría mucho llorar, si eso no fuera impropio de un noble…

- Bueno, llora, hijo mío – dijo el sacerdote, poniendo su mano sobre la cabeza del hipócrita -, ya que ante tu confesor, el llanto solo puede honrar el corazón filial.

- ¡Oh! mi padre, me siento abrumado por la enorme responsabilidad que ahora recae sobre mí, como mi buen padre siempre reclamó todo el peso de su carga, que ahora me siento incapaz de llevar.

Me reconozco tan malo, tan mundano, indigno e imperfecto para sustituirlo, que, quizás por eso, las oraciones no me ayuden, no me beneficien. Y; sin embargo, leo la Biblia todos los días y nunca dejo de desentrañar mi rosario, como aconsejaste.

- Levántate, pues, de noche y lee los salmos de David, y, como él, te sentirás aliviado en las horas de amargura.

- Tengo un plan en mente para el cual pido tu aprobación - dijo Kurt -, y es hacerlo, tan pronto como mi esposa y mi abuela partieran descalzas hacia su retiro, una peregrinación, a la capilla de San Bonifácio y allí, en la cueva del buen ermitaño, pasar algún tiempo con él en ayunos y piadosas meditaciones.

7- ¡Dignas ovejas de mi rebaño! - Exclamó Bonifácio levantando las manos -. Aplaudo y bendigo esta idea, que solo puede inspirarse en tu piedad.

Lo que el cura no sabía era que la piadosa idea no era más que un pretexto y que, no lejos de la capilla, había un albergue aislado, donde Kurt se entretenía seduciendo a una hermosa chica, la única hija y partidaria del viejo hotelero ciego. Así, contemplando la digna oveja arrodillada ante él, Bonifácio pensó:

- "Mi pobre idiota, no puedes escapar de mi garantía y tutela, sin bramar ni reclamar."

Y orgulloso y satisfecho, su pecho se hinchó de orgullo como si dijera: Tengo el cuchillo y el queso en la mano.

Por otro lado, los pensamientos de Kurt se definían de la siguiente manera: "¿Cómo puedo salir de esto?

Sacerdote pícaro que, como mi padre, me considera un niño y pretende, además, imponerme el dominio de su iglesia? Me ha cautivado desde que tenía dieciséis años y ahora es el momento de despedirlo..."

No pude evitarlo, reí... ¡Ah! Si el encarnado pudiera ver los pensamientos que emergen bajo la máscara de la carne, ¿cuántas veces no huirían horrorizados! Profundamente disgustado, decidí dejarlos para visitar el Convento que había absorbido la mayor parte de mi vida y donde había pecado y disfrutado tanto. La perspectiva del edificio sombrío despertó en mí los recuerdos más vívidos y variados. Creí que estaba viviendo el día en que, por primera vez, crucé el umbral, como fiel discípulo del prior don Antônio. Con la velocidad del pensamiento, descendí a zonas subterráneas conocidas y penetramos en el laboratorio. Absorto, con el rostro apoyado en la mano, estaba el infatigable Bernardo en su tarea de atraer del espacio la chispa indomable que se escapaba del cuerpo. El sabio trabajador siempre había merecido mi amistad y yo desearía poder demostrarle, ahora, la realidad de sus presunciones.

Mirando a mi alrededor encontré la presencia del joven y robusto boticario, que trabajaba en silencio, arreglando paquetes de hierbas para secar. Le envié un rayo de chispas que sonaron en el ambiente. Las ondas de aire se elevaron y presionaron contra el pecho del pobre fraile, que palideció y dejó caer la frente. Luego entró, temblando, bajo la presión de las corrientes de fluido puro y refrescante que le envié: se acurrucó en el taburete y se quedó dormido bostezando y estirándose. A medida que el letargo lo invadió, masas de líquido rojizo, espeso y grasoso se separaron de su cuerpo. A esta emanación, me opuse a mi cordón vital roto, similar a otro vacío, y en un abrir y cerrar de ojos, el fluido, de un color rojizo llenó mi cuerpo vaporoso, que lo poseía todo menos la sustancia carnal. Respiré a través de mis pulmones así materializado, y echando el cordón atrayente de mi pensamiento sobre el periespíritu de Bernard, lo hice estremecerse con el choque fluídico. Levantó la cabeza y miró asombrado, luego le contó lo narrado por Benedicto. Bernard cayó de rodillas y lágrimas de alegría corrieron por sus rostros surcados de trabajo y cabello.

- ¿El alma - dijo - sobrevive a la disolución del cuerpo y puede así visitar a sus seres queridos?
Gracias, maestro, por esta prueba de inmortalidad.

Y al decir esto, me sentí conmovido por la angustia y la satisfacción concomitantes.

- ¡Maestro! - prosiguió -, ¡aquí en este laboratorio, donde te estábamos buscando, vienes a darnos pruebas de la verdad! No estoy, por tanto, engañado; mi esfuerzo está justificado. ¡Oh! ¡Dios, grande es tu misericordia! Pero dime, maestro: ¿puedes volver e inspirarme?

- Sí - respondí estrechándole la mano -. Volveré para corroborar la verdad que estás investigando.

El monje dormido se removió dolorosamente; noté que estaba sufriendo y, agachándome, le froté las manos fluidicas saturados de electricidad cósmica con mis propios miembros llenos de fluido carnal; enviando fluido vital al cuerpo del monje, deteniendo así, con esta contracorriente, la ola de fluido rojizo que todavía se dirigía hacia mí.

El monje se calmó, su rostro adquirió su color natural y yo me alejé, manteniendo la sanguijuela fluidica, que representaba mi cordón vital. Momentos después el monje despertó. Confieso que experimenté un bienestar indescriptible con la presencia de Bernard, que no lloraba la ausencia de un muerto, sino la de un amigo. Sus penas exudaban fluidos cálidos y beneficioso que, viniendo de su corazón, calentó mi corazón – aturdido -, por la altura de Kurt.

- "Funciona, valiente trabajador de la verdad, - pensé, al dejarlo; y levantándome al espacio - trabaja, porque pronto estarás entre nosotros."

Las sinceras oraciones de mi madre adoptiva y de algunos amigos me trajeron de regreso a la Tierra: vi la capilla del castillo, donde celebraron la entrega de mi cuerpo, antes de llevarlo a la tumba de los Rabenaus. La iglesia estaba llena. En todos sus rostros se podía ver una profunda tristeza, o una triste gravedad; pero, flotando sobre las frentes abajo, los pensamientos se configuraron. Uno pensaba en la caza en perspectiva; otro, en el banquete; esto es en el mejor de los casos medio de engañar los celos de su esposa, y, finalmente, uno que se tapó los ojos quizás húmedos, pensando que si la gran cantidad prestada por el difunto conde no estaba catalogada, el hijo dejaría de cobrarla y entonces se quedaría con el recuerdo agradecido del excelso hidalgo, que siempre prestó su palabra. Sin embargo, rápidamente me abstuve de estos indiferentes mentes, para centrar su atención en Kurt quien, no lejos del catafalco, estaba parado al lado del duque, saboreando el honor que le otorgó el soberano y sin tener un solo pensamiento de arrepentimiento por mí. Temblé de rabia...

¡Oh! cuánto me dolió no poder gritarle inmediatamente:

- ¡Espíritu mezquino y vil, aléjate de este duque, cuya nobleza no supera en modo alguno a la de los Rabenaus! ¡No!

Mi hijo no tenía ni una partícula de la sangre que corría por mis venas; alma como un lacayo invertebrado ante todo lo que le parecía superior, escuchaba cada concepto del soberano como si escuchase las frases evangélicas, grabándolas en su corazón como dones sagrados. ¡Oh! pacóvio – dije para mí mismo - sabías que ninguna jerarquía otorga una nobleza innata, y que ésta puede palpitar tanto bajo la camisa del campesino como bajo la coraza de caballero... A pesar del nombre, de la fortuna, del poder que te legué, incluso antes que mi cuerpo se enfriase, he aquí, tu espíritu reclama, servilmente, el papel de esclavo junto a ese duque, cruel y pérfido como tú mismo. ¡Cuánto daría yo por no ser testigo de semejante bajeza! Pero la voluntad de los guías me obligó a quedarme con los hombres y tuve que asistir a mis funerales. Vi a Rosalinda y a mi madre ir al Convento y, finalmente, seguí a Kurt quien, vestido con una blusa tosca, descalzo y portando una cuerda, partió en peregrinación, después de recibir la bendición del padre Bonifácio. Fantaseaba con este viaje, obsesionado con planes románticos, relacionados con la hija del anciano posadero, y cuando llegó al bosque donde está la cueva del ermitaño, tomé la delantera y vi a un fraile Benedictino leyendo su breviario sobre una tumba: la tumba del ermitaño que había muerto días antes y que el fraile había llevado allí para enterrarlo. Inmediatamente reconocí al hermano Lucas, astuto, hipócrita y siempre humilde ante los poderosos. Lucas conocía a Kurt; cuando llegó allí, lo recibió con la mayor deferencia. Mientras observaba a la digna pareja, que discutía con emoción, noté en el aura del monje Lucas, un espíritu oscuro y temible, que evidentemente intentaba esconderse de las sombras sus puntos de vista. Con fuerza de voluntad y superioridad espiritual, lo insté a descubrir su individualidad; pero, inmediatamente lo identifiqué, me estremecí, ya que era un enemigo mortal de Kurt, adquirido en una encarnación anterior y de quien, más de una vez lo había liberado y por eso temía mi presencia allí.

- Cálmate - le dije – porque no te impediré llegar hasta este ingrato. No quiero ayudarte ni enfadarte, créeme. Complacido el espíritu del hombre malévolo se aferró con más fuerza al monje y pronto noté que, mientras los dos encarnados hablaban, sus fluidos armonizaron más; y cuando Lucas accedió a abandonar a la codiciada muchacha, su confesante, las vilezas de Kurt - la oveja y el pastor dándose la mano, dignos el uno del otro - el espíritu enemigo dominó el cerebro y corazón del indigno noble y, cubriéndolo casi por completo con fluidos negros, exclamó: finalmente:

- Te atrapé y te devolveré, doblemente, mi dolor y mi angustia.

Su pensamiento, brotando en todas direcciones, no pasó mucho tiempo hasta que apareció un enjambre de espíritus enemigos. ¡Oh! Kurt, ya en esta encarnación, ¿cuántos enemigos tienes aquí adquiridos? Tu dureza de corazón, tu egoísmo han dado sus frutos. Las personas desafortunadas a las que atormentaste y ahuyentaste cuando estuve lejos del castillo, muertos de hambre o de pasión, ahora reclamarán tus deudas. Incliné la cabeza, abrumado.

Sí, era necesario, no quería regenerar, luchar contra el mal que sus perseguidores desataron sobre él sin tregua, cambiando su estado de ánimo y gustos a cada momento. Y cada uno de estos perseguidores invisibles podría actuar en él, ya que su naturaleza egoísta y pérfida correspondía a sus instintos. Quizás dirán que es injusto abandonar una criatura perseguida por lo invisible; pero el espíritu encarna precisamente para resistir al mal y, cuando en lo profundo de él hay debilidad y maldad; cuando esta lasitud y debilidad le proporcionan un relativo bienestar material, sin tratar de resistirse a sí mismo, resistiéndose a los placeres vulgares, a pesar de la voz interior que le ordena hacer el bien y evitar el mal; este pelirrojo no merece lástima porque solo tiene lo que deseaba y merecía. Quien siembra iniquidad y egoísmo, cosecha odio y venganza.

Poco después, Kurt se escondió y pronto una joven rubia de mejillas sonrosadas entró al claro. Por los fluidos que la rodeaban y por los pensamientos que estaba emitiendo, reconocí una criatura amable, pero débil. Su fe, tímida, la había sostenido hasta entonces en el camino de la virtud, había podido resistir a los hombres de su clase. Era necesario que apareciera un noble, sin alma y sin orgullo, para engañarla y contaminarla. El padre Lucas intentó consolar a la desafortunada Gertrudis por la muerte del viejo ermitaño, a quien había dado verdadero cariño; luego intentó oírla confesar. La criatura ingenua le confió que su corazón estaba oprimido y su espíritu perturbado, desde que había conocido a un extraño y había tenido de él emocionante y tierna declaración de amor. Que este hombre le estrechó la mano y bloqueó sus pasos, cuando y donde fuera quiere que la encuentre; y más, que era hermoso y que se creía fascinada; sin embargo, su antigua madrina, alma piadosa y devota, estaba convencida que todo no era más que una tentación demoníaca, presunción tanto más dolorosa mientras que su prometido, un piadoso carbonero, era hijo de esta mujer, su madrina. El padre Lucas, levantó la cabeza y engendró una respuesta que debería servir a Dios y a Mammón:

- Hija - dijo -, no conozco al hombre del que me hablas, pero debes saberlo, por ti misma, en virtud de los sentimientos que excitan tu corazón y te roban la tranquilidad. El amor, hija mía, es un sentimiento divino; fue por amor que Dios creó el mundo y le dio a la humanidad todos los bienes terrenales. Tampoco hizo distinciones ni excepciones en su donación, excluyendo los indignos, tanto los buenos como los malos. Por eso, para el amor no hay frenos cuando invade nuestro corazón, cuando entiendas estas palabras del Salvador, cuando dice que a los que mucho amaron, mucho les será perdonado.

- ¡Cuánto te agradezco, buen padre, estas palabras de consuelo! - Exclamó la joven con ojos ardientes, pronto preguntando:

- ¿No es pecado entonces amar a este hermoso muchacho desconocido?

- No, claro, sobre todo si sabes atraer las bendiciones del cielo por tu amor; y ahora, permíteme ir a orar ante la tumba de nuestro difunto David.

Mientras tanto, puedes quedarte aquí, orando por mí y por él.

Mientras el sacerdote se alejaba, Gertrudis se arrodilló frente al crucifijo que colgaba de la pared de la cueva. En vano su protector, el espíritu le dijo que huyera. Ella no escuchó nada y, pronto, Kurt entró. Una sensual sonrisa frunció sus labios mientras se acercaba a la chica para abrazarla. Ella quería escapar, pero él la obligó a sentarse en el banco de piedra y le habló de su gran amor. Sin embargo, cuando sintió su grueso corpiño de tela, cerró la cara y dijo:

- Bela Trude, te voy a dar terciopelo por abrigo y me harás el favor de usarlo siempre, porque esta granja me arruina las manos. Otra cosa que quiero decirte es que tu ropa huele a delicias que atender a sus clientes; Ahora, cuando me pertenezcas, cuando seas mi esposa, solo vestirás de terciopelo y seda, y perlas y perfumes en este hermoso cabello.

La muchacha permaneció sentada, con la cabeza gacha y muda, considerándose al lado de un noble disfrazado, mientras le hablaba de sedas y joyas.

- ¿Dudas de mí? Veo que tienes miedo de corresponder a mi pasión y; sin embargo, sabes que vine aquí en peregrinación a este santuario, solo para pedirle al cielo que bendiga nuestra unión. Dime, pues, qué juramento de fidelidad debo hacerte.

- Espera un minuto – dijo Gertrudis saliendo corriendo de la cueva, de allí regresa con el padre Lucas e inmediatamente exclama:

- Jura – entonces –, ante este santo varón, que te casarás conmigo. Sospecho que eres un trovador, o tal vez un noble, mientras que yo soy del pueblo rústico; pero sin embargo, el corazón no exige nombres.

Una sonrisa furtiva apareció en los labios de Kurt.

- ¡Sacerdote! – Dijo –. Eres testigo que juro casarme con esta chica y le entrego este anillo como garantía de mi palabra.

- Dios los bendiga y les conceda un futuro brillante - concluyó Lucas, levantando los brazos. Y Kurt abrazándola...

- ¿Lo crees ahora, loca? Así que espérame de noche, junto a la fuente, porque necesito escuchar a mi padre y resolver cuanto antes de nuestra boda.

Gertrudis hizo una reverencia y desapareció en el bosque. Luego irrumpió en risa:

- ¡Mira que idiota! Qué será de ella... No sospecha que pronto me cansaré de ella... Contigo; sin embargo, padre mío, hay de qué hablar, ya que me inspiras simpatía... Te pregunto: ¿aceptas la capellanía del castillo, en caso de desocupación?

Los ojos del sacerdote brillaron de alegría.

- Me empeñas mucho, pero no merezco tan gran favor...

- Búscame en el castillo y tal vez puedas ayudar a fray Bonifácio, así como está de maniático. Le contaré los buenos predicados que encuentro en ti...

La verdadera intención que lo dominaba era la siguiente: insinuándole la posibilidad de sustituir a Bonifácio, quién sabe, este joven apuesto, que supongo emancipado de prejuicios mayores, ¿no le ayudaría a deshacerse del viejo monje impertinente y vigilante? Nervioso y tristemente me elevé al espacio por unos instantes. También me reconocí como un espíritu culpable y débil; pero tanto era la bajeza que me daba náuseas. Un día quise volver a ver el Convento y fui allí impelido. Invitado sutil e invisible, entré fácilmente en la celda del nuevo prior, ya que Benedicto acababa de ser aclamado por la comunidad, incluida la secreta. La cruz de oro colgaba de su cuello y la alegría del éxito era evidente en su rostro. Sentado, apoyado con la frente entre las manos, una nube de proyectos ambiciosos y audaces brotaba de su cerebro.

- Conseguí lo que quería – leí en su mente -. Estoy vengado y respondo ante Dios por la serie de crímenes que cometí; pero como cabeza de este rebaño, necesito considerar también las palabras del Evangelio. Mantener esta asociación de vengadores es empresa tan peligrosa como agotadora; debiendo pensar por todos y ser servidor de cada uno, ya que, según el Reglamento de la hermandad, el prior debe ser el primero en facilitar y prever la venganza de cada uno. Rabenau casi tuvo el don de ubicuidad; pero él también era un caballero y tenía innumerables relaciones sociales, mientras que yo... no las tengo.

Yo seguiré siendo un monje intransigente y severo, y la hermandad irá muriendo poco a poco. El poder de la Iglesia debe aumentar siempre, en todas partes, sobre sus ovejas, y no puedo tolerar, en el mismo convento, ningún otro poder que el que deriva exclusivamente del priorato.

Habiendo tomado esta decisión, se levantó sonriendo y comenzó a caminar por la habitación, mientras me encontraba preso de las conjeturas más oscuras: fue el colapso de toda la gigantesca obra, levantada poco a poco, por dos espíritus activos y astutos - Antônio y yo -, a costa de mucha paciencia y muchos crímenes. ¡Por esta hermandad secreta yo habría dado mi propia vida! Sabía que en muchos corazones florecía la esperanza de venganza y que de repente, el recién llegado pensó que era superfluo mantener la maravillosa máquina, preservar esas áreas subterráneas con las opulentas biblioteca compradas por su peso en oro, todo lo que la ciencia humana había revelado hasta entonces... Estos tesoros de la inteligencia solo debían aprovecharse por el nuevo prior, y el laboratorio, que había dado a un Bernardo, ¿debía extinguirse con la muerte del monje sabio? ¡Oh! Exclamé desanimado y furioso, es cierto que los herederos siempre son unos desagradecidos.

Le dije a Bernard, cuando lo encontré haciendo oro:

- "Aunque lo consigas, nadie te dará las gracias. Los herederos ingratos, que viven del sudor de quienes trabajan para ellos, son siempre más sabios que los muertos."

Dicho esto, me hundí en las nubes y ni siquiera mis amigos pudieron consolarme, mi desánimo fue absoluto. Sin embargo, mis jueces pronto me enviaron de regreso al castillo de Rabenau; allí encontrando a Lucas ya instalado, siguiendo a Bonifácio como si fuera su propia sombra, obedeciéndole ciegamente e imitándolo incluso en el lenguaje. Aunque observador profundo e inteligente, Bonifácio nunca dejó de sentirse halagado por la actitud de su ayudante y centinela, babeaba cada vez que el capellán le hablaba.

Totalmente preocupado por la idea de asumir la dirección del condado, el viejo capellán cedió amablemente a Lucas de buen grado, la celebración de la Misa y todos los servicios menos importantes de la capellanía. El chico supo insinuarse y volverse indispensable para todos. Kurt, más que nadie, lo apreciaba cada vez más, incluso porque había algo entre ellos, una afinidad de genios. Aquí cabe mencionar que el padre Lucas era un apuesto joven de unos treinta años, de rostro pálido, barba negra, rizada y ojos color miel. Los dos dignos eclesiásticos asediaron a Kurt con oraciones y exhortaciones, una para consolidar la autoridad, otro con el objetivo de liberarlo de su pareja. Y Kurt, no apto para nada que afectara la generosidad de corazón, siempre tuvo la perspicacia para identificar a los pérfidos, de modo que pronto se dio cuenta que, si lograba deshacerse del irritante y austero Bonifácio, tendría en Lucas un instrumento pasivo. En tales condiciones, la suerte del capellán quedó fijada y resuelta. Bonifácio empezó a desmayarse claramente, sin causa conocida. Lucas lo cuidó como un padre y Kurt parecía profundamente arrepentido, pero en el fondo añoraba el resultado que lo liberaría del incómodo confesor. El día que el médico declaró que la muerte era inevitable e inminente, Kurt se desenmascaró y nunca regresó a la habitación del paciente. No podía tolerar el ambiente, que decía obstruido, ni el olor de las medicinas; la voz estridente del moribundo le dolía los tímpanos y la necesidad de tocar sus manos sudorosas le provocó escalofríos. Sí, el extraño noble odiaba, sobre todo, a toda criatura enferma, olvidando que ese mismo sacerdote, en mi ausencia, había pasado días y noches junto a su lecho, cuando fue atacado de una violenta fiebre perniciosa, había estado entre la vida y la muerte. No hay duda que Bonifácio fue rígido, incluso cruel y hasta despiadado, cuando lo consideraba necesario; era de su tiempo y de su casta; pero, ese hijo que tanto quiero me había estremecido, hasta el punto de volverme cobarde muchas veces, me dolía verlo tan degradado, negando lo mejor de mis esperanzas y predicciones. Porque con justicia podrían juzgarme como un hombre disoluto, un mal caballero, pero nunca un mal padre. Le di a Bernardo un bono para visitar Bonifácio y así lo hizo, justo cuando Lucas ya estaba convencido de su triunfo, durmió plácidamente. Allí estaba yo, invisible, al lado del lecho del moribundo, cuando entró Bernard y le estrechó la mano áspera. Después de examinarlo con la mayor atención, exclamó asombrado:

- Pobre hermano, veo que sucumbe a un envenenamiento mortal; pero ¿qué mano criminal le daría este veneno?

Luego se concentró por un momento y exclamó:

- ¡Qué horrible! El hijo de nuestro jefe. Bonifácio volvió la cabeza y murmuró:

- Bien lo sospechaba y Lucas es su cómplice; pero, ¿no existe algún cordial que pueda facilitar mi paso? Bernard le entregó una botellita e inclinándose con los ojos encendidos, susurró:

- No tengas miedo, amigo; la criatura ofendida y traicionada sobrevive a la destrucción del cuerpo, ustedes lo pueden creer, porque se me apareció el jefe y me lo dijo.

El paciente revivió y preguntó, jadeando:

- ¿Lo juras?

- Sí, lo juro por mi salvación - respondió Bernardo; y luego Bonifácio:

- ¡Gracias a Dios! porque así sabré vengarme.

Bernard se retiró y cuando cayó la noche, el padre Lucas apareció. Al verlo, el moribundo revivió y habló con firmeza:

- En este trance de agonía, que ya ha comenzado, yo te maldigo a ti y a Kurt, quien me envenenó, y te condeno a sufrir una muerte violenta, igual que la mía; dile esto, y como el crimen los unió, morirán al mismo tiempo; tomo a Jesús, nuestro Redentor, como testigo de esta predicción.

Cayó de nuevo sobre la almohada, acurrucándose; lo envolvimos en hilos luminosos para cortar todos los lazos carnales y pronto lo tuvimos entre nosotros, algo aturdido. Acercándose a mí, exclamó:

- ¡Maestro! Entonces ¿es verdad?

Me incliné, sacudí la cabeza y respondí:

- Aquí, Bonifácio, ya no soy el jefe, sino solo un espíritu sufriente, atrapado en la atmósfera terrenal, por sus pecados.[5] Kurt regresaba de cazar, expansivo y satisfecho, cuando el padre Lucas se le acercó a comunicar la muerte del capellán, invitándole a comprobarla con sus propios ojos.

-¡Chi! - Dijo, haciendo una mueca -. Doy por sentada tu palabra y, además, los muertos me dan asco. Cuando mi padre murió, yo no tenía más remedio que abrazarlo, pero fue solo para salvar las apariencias. En los servicios religiosos de esa noche, estuve mucho recitando su Pater, pero con el pensamiento lejos de allí.

Cuando concluyó, le habló a su compañero:

- Presta atención al gran crimen que he cometido al permitir la muerte de Bonifácio, no me considero digno de confesión y comunión y quiero pasar el tiempo, hasta el regreso de mi esposa,

---

[5] Nota del autor - El espíritu de este Bonifácio fue más tarde el infame Duque d'Alba. Evolucionado y graduado por expiación y arrepentimiento, perdonó a su verdugo y, en la última encarnación de Kurt de Rabenau, se ofreció voluntariamente a ayudarlo como un espíritu familiar. Desafortunadamente, Kurt siguió siendo egoísta, desalmado y libertino durante seiscientos años, fracasando así en su terrible experiencia. Esto; sin embargo, no afecta en modo alguno al mérito del indulto del ofendido.

en ayunos y mortificaciones. Creo que, con esta contrición exterior borraría la culpa.

En estas ocasiones tampoco dejó de interceder por Godeliva quien, afortunadamente había muerto antes de volverse despreciable. A veces se dignaba encarecer mis súplicas a Dios, a su favor, pero pronto consideró que yo había sido demasiado malo para merecer algo que pudiera beneficiarlo a él y comencé a olvidar sus propios crímenes y pedir perdón por mis faltas. Si pudiera ver que el espacio en el que exhaló su fluido estaba vacío; que sus oraciones banales, carentes de sentimiento, no atraían ningún espíritu benéfico y que su auditorio invisible se burló de él y, con un fluido vertiginoso, borró aun más su sentido común...

No me importó, era posible, si no raramente, abandonar ese lugar de castigo; y cuando Rosalinda regresó del Convento, asistí a la primera conversación de la pareja, en un salón redondo que a Rosalinda le encantaba. Kurt, apoyado contra la pared, estaba mordisqueando su bigote rubio, evitando mirar a la mujer que, todavía vestida de luto, permanecía en su sillón, con las manos cruzadas sobre las rodillas. Leí en el aura de Kurt que estaba furioso con la bienvenida casi glacial de su esposa reservada para él, cuando había hecho todo lo posible para recibirla pomposamente, convocando a todo el personal del castillo para hacerlo.

Se jactaba que siempre despertó entusiasmo y admiración por sí mismo, y Rosalinda, debido a su larga convivencia, ya por las circunstancias que los unieron, no pudo dedicarle más que una sincera amistad, por consideración hacia mí. Lo analizó varias veces. Había cambiado, había perdido gran parte de su belleza adolescente, de su apariencia afeminada.

Ahora tenía algo rudo e impasible y, a pesar de sus ricos vestidos, su porte carecía de gracia y elegancia.

- Estimado Kurt – dijo, finalmente, rompiendo el silencio -, noto que estás molesto: ¿tuviste algún contratiempo? O, ¿quién sabe, tal vez nuestra llegada pueda avergonzar algo de caza o de diversión?

Criada bajo ese techo, la noble Rosalinda conocía mejor que nadie el temperamento del joven conde; pero ahora, como esposa, ¿quería demostrar incluso hasta dónde iba la bondad de su marido? Al escuchar su pregunta, se giró abruptamente y habló en un susurro, mientras lo hacía, de hecho, cada vez que se enojaba:

- ¡Esa es realmente buena! Entonces, ¿no ves que no puedo estar satisfecho cuando me ofendes con flagrante indiferencia? ¡Voy a tu encuentro, apresurado e impaciente, exultante de alegría por volverte a verte después de seis meses de ausencia y me apareces cubierta de pena! Deja que la abuela haga esto, vete; pero ¿tú? Ahora, hazlo por favor, dime: ¿qué mujer, en este caso, no se arrojaría a los brazos de su marido para besarle la mano? Y mira que no lo digo porque por mí, sino por las personas aquí reunidas, como ejemplo de respeto al cabeza de familia. Y te olvidas de todo eso, como si no supieras que la regla de las buenas maneras exige que la castellana muestre humildad hacia su marido y señor. Por lo tanto, tuve que enfrentarme a las miradas sorprendidas de nuestros sirvientes, quienes no dudarían en sospechar de tu frialdad originada por motivos secretos.

Rosalinda, asombrada, tenía las mejillas sonrojadas. Finalmente, respondió:

- Estoy mareada de tanta tontería, pero permíteme decirte, mi querido amigo, que este luto es por tu padre, gran alma y generoso, que tanto te amó en vida; precisamente por regresar a este castillo hereditario, donde su persona, inteligencia y alegría lo animaban todo; donde cada objeto recuerda su presencia y hace el vacío que nos dejó con su muerte; precisamente por eso, digo, me sería inconcebible presentarme sin duelo. No puedo creer eso seis meses te harían olvidar a nuestros queridos muertos. Por tanto, mi dolor es algo que no puede ofenderte.

- Sí, sí, pero ¿qué tiene que ver la reverencia por los muertos con la falta de atención hacia mí? Entiendo que el castillo ahora parece desierto, pero no puedes considerarlo vacío, a menos que no quieras considerar la presencia de tu marido y señor.

Afectada, la joven Rosalinda se puso de pie con los ojos ardientes.

- Amigo mío, me lo reprochas inmerecidamente, ya que no tenía intención de ofenderte. Además, sería una tontería herir a un compañero y amigo de la infancia. No besé tu mano, es verdad; *-deteniéndose como si estuviera avergonzada, pero luego levantando su ceja -, besé la mano de Léo; pero debes considerar que Léo fue mi primer amor y el sentimiento que tengo es otro para ti, así como lo que tu padre me inspiró. Nunca me casaría contigo, créeme, si no merecieras mi cariño, una estima que media la pasión de Léo y su amor por tu padre. El futuro depende de ti: si eres bueno y razonable, lograrás ganar mayor cariño y entonces seré la primera en mostrarte sumisión y respeto ante todos.

Lo que ella dijo ya sonriendo, como tal o como galantería, Kurt se aclaró la frente. Valoró lo suficiente la belleza de Rosalinda como para no amargarle del todo el humor en aquellas primeras horas de intimidad. ¡Infeliz Kurt! Todo en él era voluble y maleable: la mujer más bella, la mejor amiga, la más interesante, pronto lo aburrieron y saturaron, salvo sus caprichos, su egoísmo, su codicia y cobardía. En esto dibujó nuevas fuerzas para entretener su maldad. De momento, el nuevo partido le interesaba. Colocó la almohada a los pies de su esposa y le susurraba palabras de amor, que él memorizaba y salteaba, para repetir, más o menos coloridamente, al mismo tiempo escuchado de nobles y aldeanos.

- Verás, mi dulce Rosalinda, cómo te responderé tanto o más que Loevenberg; lo único que te pido es que me entregues todo tu corazón. Mi amor arde como el fuego mismo y tu frialdad es abrumadora y puede hacerte huir. ¡Oh! Si supieras cuánto te deseo... podría quedarme aquí para siempre a tus pies, mirándome en el espejo de tus ojos, besando el coral de tus labios.

Él la atrajo hacia sí y ella respondió con ternura a las caricias de su amigo de la infancia. Cualquiera que los viera así creería que eran una pareja feliz y; sin embargo, ¡ay! todo eso no fue más que un simple ensueño para aquel hombre con el corazón vacío que, en su existencia ociosa e inútil, no sabía qué hacer consigo mismo.

Un día encontré un espíritu en la erraticidad todavía oscurecido, pero por el carácter de sus fluidos me atrajo; no tardé en reconocer a quien en la Tierra me había amado mucho y a quien le correspondía sincera y profundamente. Tras su fallecimiento, vida y pasiones cosas ardientes me habían despojado de las virtudes de la adolescencia, pero nada había disminuido nuestro afecto mutuo y me sentí alegre de decir que ni siquiera los siglos han cambiado nada en este sentido, porque el mismo padre que me amó hasta el final, es hoy el editor de mis obras. Intercambiamos pensamientos. Mi padre me habló de su vida solitaria y le conté, tanto como había hecho, como hombre y como persona desencarnada. Por último le dije que su esposa y mi madre adoptiva estaban a punto de unirse a nosotros en la espiritualidad. Entonces propuso acompañarme, para poder recibirlas y allí nos dirigimos a la habitación donde la noble anciana sufría, devorada por la viruela. Rosalinda no se movía de la cabecera cada minuto, secándose la frente empapada de sudor. Una monja ursulina ayudó a la piadosa señora. Sus fluidos negros de putrefacción se fusionaron en densas nubes que rodearon el lecho...

- Quiero ver a Kurt - dijo la moribunda, dándose vuelta en la cama. Ve a llamarlo, Rosalinda, porque quiero bendecirlo antes de morir.

Rosalinda se puso de pie contemplando el rostro purulento de la variolosa. Lloró... Luego, frotándose manos y rostro con la esencia que Bernardo le había dado para prevenir el contagio, se dirigió a la oficina del marido, a quien encontró descansando, leyendo la Biblia.

- Vamos, la abuela quiere verte – dijo –, acercándose.

- No es eso - respondió enérgicamente.

- Pero - insistió Rosalinda, casi suplicante -, ella podría morir y no quiere hacerlo antes de darte mi bendición…

Kurt colocó su codo sobre el libro abierto y comenzó a mirar el techo. Con dificultad respondió:

- Bien sabes cuál es su enfermedad - y luego habla en voz tan baja que apenas se le entiende -. No me atrevo a respirar, ni siquiera soporto el aliento pútrido que exuda... Mira, mi querida Rosalinda - añadió con mirada maliciosa -, una mujer casada que ama a su marido no tiene derecho a ser enfermera, para no transmitirle la enfermedad. Así que no puedo abrazarte ahora, libre del repugnante miasma que exudas.

Y al decir esto, repelió su mano apoyada en su hombro.

- ¡Eres un cristiano y un nieto quien dice esto, con la Biblia abierta ante sus ojos! - Exclamó la joven retrocediendo, extremadamente pálida -. ¿Es así como entiendes la parábola del buen samaritano?

¿Será el conjunto que debe extinguirse nuestro afecto, cuando la criatura más necesita amor? Por tanto, que no sea amor, sino amistad, el único predicado que nos hace afrontar el disgusto y los peligros de una enfermedad grave. Cuando se trata de la vida de una querida persona, cuyos momentos están contados; y cuando el aliento que se desvanece lo acompaña, no hay tiempo para considerar el olor. No puedo creer que hables en serio; ¡la que te sirvió de madre, la que te cuidó desde que naciste y en cuyos brazos creciste quiere verte y su enfermedad te asusta! ¡Tienes miedo de mi contacto, rechazas mi mano, como si yo fuera un leproso, solo porque estoy allí con ella! Es verdad que el padre Bernard me dijo hace poco que había estallado la viruela; pero nadie aquí en el castillo fue alcanzado y en cuanto a mí...

Kurt no la dejó terminar: se puso de pie, pálido, transfigurado.

- ¿Viruela? ¿Y tienes el coraje de ponerme la mano encima? ¡Estoy perdido! Trae un caballo - exclamó fuera de sí - y huyendo de su asombrada esposa, bajó corriendo las escaleras.

Le trajeron el caballo y mientras los escuderos lo ayudaban a montarlo, ya que le temblaban las piernas y apenas sostenía las riendas, dijo:

- Nadie se atreva a salir de aquí para acompañarme.

Finalmente, tratando de ganar fuerza dentro, el terror que lo asaltó, espoleó al animal y disparó como una flecha, hacia su castillo de Lotharsee.

Mientras tanto, la vieja castellana agonizaba y Rosalinda, abrumada, volvió a socorrerla flotando sobre la moribunda, ayudados por amigos, mi padre y yo atrajimos los fluidos vitales que se rompieron, subiendo lentamente hacia el espacio. Los cortamos uno a uno, repeliendo el fluido más pesado, lo que dificultaba el despegado completo del material cuerpo físico. La sabiduría popular dice que como la vida, como la muerte... El virtuoso tiene una transición suave, y la transición dolorosa es la del demonio. Es simplemente la verdad, y hay razones muy serias para ello. Esa ayuda invisible, de amigos o enemigos, facilita o dificulta el desapego en proporción directa al odio o afecto que inspira el moribundo.

Pronto, todo el periespíritu, retenido únicamente por la arteria principal, flotó sobre el cuerpo. Posteriormente, una descarga eléctrica y el cordón luminoso vibró, se contrajo en el espacio y el espíritu se liberó, oscilando suavemente, se levantó entre sus amigos.

- Doña Rosalinda - dijo la enfermera tocando el brazo de la joven que, arrodillada, repitió la oración de los moribundos -, ¡la condesa ha muerto!

Rosalinda se puso a llorar, fue a buscar un crucifijo de plata y, besándolo, lo colocó sobre el pecho de la difunta.

- Buena hermana - añadió - por favor pregunta qué se debe hacer para amortajar el cuerpo; tenemos servidores excelentes y piadosos, que no temen a la enfermedad ni rehúyen para cumplir un deber sagrado. Por mi parte, no quisiera exponer a mis hijos al contagio de tal peligrosa enfermedad, tanto más cuanto que mi marido fue el primero en huir aterrorizado...

Y mientras decía esto, una sonrisa amarga apareció en sus labios. Usando el silbato dorado, sopló fuerte y el personal del castillo rápidamente se apresuró a acercarse.

- Nadie salió a avisar al conde de la muerte de la anciana condesa y del día de su entierro; respondo por lo que pase.

Ninguno de ustedes tiene ninguna obligación de proporcionar servicios que puedan resultar en la transmisión de la enfermedad y la propagación de la epidemia local. Las hermosas hermanas de Santa Úrsula están ahí para hacer todo lo necesario.

- No, mi señora - ellos respondieron al unísono los sirvientes -, la señora siempre nos ha tratado con amabilidad y delicadeza y queremos brindarle nuestros últimos servicios y homenajes. La misericordia divina que la inmuniza también se extenderá a nosotros.

- Gracias por tu devoción en este trance doloroso - respondió la joven Rosalinda, retirándose a su habitación. Una vez allí, despidió a las criadas, se postró entre lágrimas delante del oratorio y murmuró:

- Lotário ha muerto, ahora la vieja se va y aquí estoy yo aislada y, además, aparentemente abandonada, delante de los sirvientes, por el hombre quien debe ser mi apoyo y ejemplo para todos nosotros. ¡Cuánta cobardía, Dios mío!

Ella se desesperó, indignada, porque para ver que ahora valía menos, como su esposa, que como amiga de la infancia. Comprendió que se había convertido en indeseable, incluso odiada, desde el momento en que se reconoció incapaz de inspirarle la ardiente pasión que tenía para Loevenberg. Cada una de sus palabras, cada gesto hacia ella estaba calculado para lastimarla. Muchas veces, desapareció durante muchos días, con el pretexto de hacer negocios y cazar, cuando en realidad lo que hacía era cortejar a la hija del duque, salir con su sobrina, la princesa Úrsula, o asistir ostensiblemente a justas y torneos, aunque solo había pasado un año desde que perdió a su padre. Todo esto lo supo por el padre Lucas quien, con el pretexto de amistad y devoción, le escribió informes detallados. En estas condiciones, la joven Rosalinda lloraba a menudo amargamente por su destino, pero, por otra parte, no podía soportar tales ultrajes con indiferencia, ni estaba dispuesta a la tarea de regenerar a su marido. Mujer de su tiempo, orgullosa de su sangre y de su belleza, empezó a odiar a muerte a este marido que la insultaba. Las copiosas lágrimas que derramó no fueron, por tanto, de celos sino de orgullo herido.

El entierro de la antigua castellana tuvo una pompa digna del progenitor de Lotário de Rabenau; y los pobres y enfermos, a quienes ella siempre había ayudado, lamentaron sinceramente su muerte. Los sirvientes que todavía estaban de luto por su difunto maestro, tenían en sus rostros el gran dolor causado por la pérdida de tan generosos empleadores.

Después de más de ocho días, una hermosa mañana, un mensajero del conde llegó al castillo y regresó sin hablar con Rosalinda, quien se negó a recibirlo. Un segundo mensajero corrió la misma suerte, hasta que, después de un mes, el fugitivo reapareció a caballo, primero azotando al guardia del puente levadizo y luego al viejo mayordomo.

Su voz alterada por la ira, tronó por los pasillos y habitaciones de la noble mansión:

- ¡Sinvergüenzas! ¿Cómo se atreven a ignorar a los porteadores que envié aquí?

- Tú fuiste quien lo ordenó - respondieron a coro.

- Bien sepan, perros, que quien quiera vivir bajo este techo debe obedecer mis órdenes, aunque diez castellanas digan lo contrario.

Se dirigió a su habitación, donde se bañó y se preparó para dormir.

Volvió a ver a Rosalinda, pero la joven no respondió a su llamado, diciendo que solo hablaría con ella después de la comida, en la sala de oratorio. Como resultado, el noble Kurt perdió el apetito, rechazó los platos y se dirigió con el ceño fruncido a la habitación de su esposa, decidido a deshacerla con su frialdad, impertinencia y sarcasmo. Al levantar objetos pesados de la cortina, encontró a Rosalinda parada junto a la ventana. Precioso vestido de lana blanco, ceñido con un cinturón dorado, le dejó ver las formas elegantes; su opulento cabello, negro como las alas de un cuervo, caía en ondas sobre sus hombros, y la vivacidad de su rostro resaltaba el brillo de sus ojos. Al verla tan hermosa, Kurt inmediatamente se sintió calmado. De hecho, estaba harto de todo tipo de aventuras con mujeres gordas y rubias, y eso, una morena esbelta y seductora, de modales finos y discretos, era como si provocara sus enervados sentidos.

Además, estaba claro que, íntimamente, la deseaba más que a nadie, y que su dignidad femenina lo agitaba. Rosalinda entendió todo de un vistazo; pero cuando se acercó tratando de abrazarla, retrocedió con el ceño fruncido.

- No me toques: si acepté esta entrevista no fue para contagiarte una enfermedad asquerosa como peligrosa y, sí, y solo, informarte que me retiro a mi castillo en Loevenberg, ya que no puedo ni quiero vivir con una persona cruel y desalmada; no quiero correr el riesgo de enfermarme y ver huir a mi marido despavorido, con el escándalo en toda la región. Abandonaste a tu abuela moribunda y tu esposa, exhausta y afligida, no merecía los mismos sentimientos que acabas de sentir al cruzar esa puerta. ¡Oh! sí, ahora sé quién eres y cuánto vales: ¿quieres juerga con la falange brillante, pero tan pronto como tus dedos ásperos desvanezcan el color brillante de sus alas, será repelido con molestia. Tu corazón es más duro que el granito. En caso contrario, diga: ¿qué pensabas hacer con los pobres residentes de una posada dependiente de los dominios de Lotharsee, es decir: una tal Gertrudis y su padre, ciegos, ambos atacados por la viruela, pero aun vivos? ¿No ordenaste que le prendieran fuego a la casa como purga, mientras ellos aun estaban vivos?

Si la hermana Angélica, que ayudó a tu abuela, no me hubiera avisado a tiempo, los dos infortunados habrían muerto quemados. Ahora, afortunadamente, están a salvo, en la tierra de Loevenberg, donde no te molestas, porque el duque cambió poco después de la muerte de Léo. Pero - sonrojándose aun más -, eso no es todo: esta misma Gertrudis estaba seducida por un desgraciado, que juró casarse con ella y le regaló como garantía un anillo de rubí engastado con diamantes.

Kurt - concluyó con la voz entrecortada por la emoción -, ¿qué hiciste con el anillo que siempre usaste antes de la muerte de tu padre?

Sorprendido y confundido, Kurt buscaba una manera de evitar el rechazo de la mujer, quien le parecía más bella y deseable en ese momento de exaltación. ¿Quería abandonarlo? Pero él también la conocía y sabía que si lo intentaba para hacer valer sus derechos matrimoniales, apelaría al duque y la acusaría públicamente. Lo que más temía en el mundo era la revelación de sus infamias y el juicio de sus pares y vecinos. Le gustaba el secreto y el misterio por pequeños actos loables, que salpicaban su existencia, solo los mencionaba cuando, por hipocresía, lograba asignarse el papel de víctima. Todas estas reflexiones se le ocurrieron en un minuto, y, conociendo en profundidad el modo de impresionar a Rosalinda, se arrojó a sus pies y exclamó con desesperación y humildad bien representada:

- Tienes razón para odiarme y despreciarme, confieso que soy un miserable, un cobarde. Reconozco la justicia de tu calumnia y confieso que estoy horrorizado de mí mismo; sin embargo, cuando te traicioné persiguiendo a Gertrudis, tú te habías abandonado durante seis meses y mi amor ardiente me llevó a buscar distracciones, indignas, lo sé.

Ese mismo amor que me inspiraste es el que me dio celos de mi amado padre, a quien; sin embargo, amaba por encima de todo en este mundo, tanto es así que ni me acuesto ni me levanto sin orar por él.

Kurt supuso que esto movería una referencia a mí no dejaría de producir alcance. Continuó:

- La verdad es que solo pensabas en ti, y no en mis penas. Irritado, rencoroso, pensé en ponerte celosa y así procedí con la indignidad que dices con razón. Sin embargo, no puedo admitir que me abandones, ya que tu pérdida me causaría consecuencias que no quiero ni imaginar... Perdóname, entonces; ¡ten piedad de mi!

Rosalinda jadeó. Finalmente habló con voz oprimida:

- ¿Cómo podemos perdonar tanta inhumanidad? Menos mal que tu padre y tú no fueron enterrados por una pequeña venganza, comprometiste el futuro de una pobre criatura, tu vasallo y, además no con franqueza y lealtad, sino traicionera y torpemente. Luego abandonaste a tu abuela a las puertas de la muerte. Pues bien: tus juramentos no me interesan, no valen nada para mí, que siento y sé que nadie abandona a un ser querido en tiempos de peligro… Si Léo cayera enfermo entre los enfermos, lo solo me preocuparía que muriera fuera de mis brazos. Así que déjame ir.

El farsante se mostró desesperado:

- Si te vas, te vuelo la cabeza de estas paredes; pero – inclinándose -, ¿no le prometiste a mi padre que alguna vez me dejarías? ¿Y luego quieres hacerlo justo cuando prometo corregirme? ¡Sí, se lo prometiste a ese padre, que me consideraba su tesoro más preciado y que nunca fue indiferente a mis problemas! Vas tú, entonces, ¿a desmentir tu palabra cuando él, estando muerto, ya no puede protestar?

El sinvergüenza, cuando le convenía, usaba mi nombre, mi cariño, y esta vez dio en el blanco. El recuerdo de nuestro último y doloroso adiós tocó el corazón de Rosalinda y estalló en sollozos… Harta de tanta miseria y arrepentida de mi debilidad al comprometer a la pobre Rosalinda, escapé del lugar y, elevándome al espacio, busqué a mi guía y amigo, para consolarme.

No sé cuánto tiempo estuve así, lejos de la Tierra, cuando una vibración etérea me advirtió que graves hechos se desarrollaban en el castillo de Launay, donde residía Wilibald, antiguo Marcos, médico de Tiberio y amigo de Astartos. En el relato de Tiberio el médico aparece poco y, para que el lector no piense, conociendo la vida de Wilibald, que su espíritu había retrocedido en lugar de progresar, debo decir que allí no había nadie que pudiéramos analizar el carácter de Marcos. Astartos, quien mejor lo describió, con sus sentimientos en aquel momento, era un gladiador intrépido, pero no un observador profundo; era un campesino que le daba gran estima al sabio doctor. Por supuesto, el hombre rústico, brutalizado en su sangrienta tarea, no podía tener agudeza mental y sutileza de observación del conde desencarnado de Rabenau. Aquí debo aclarar la psicología de Marcos, cómo era en aquella encarnación. No era un hombre bueno y generoso por naturaleza, sino de temperamento maleable, lo que le permitía permanecer en la Corte y hacerse indispensable para su cruel soberano. Amigo de la misma gente que lo odiaba, él todo servil, aunque siempre dispuesto a traicionar a uno u otro. No despreciaba a nadie, ya que él podía amar a todos los útiles; a los áulicos por su prestigio y a los traficantes por sus recursos monetarios, ya que no era impune que la gente mantuviera en el círculo al salvaje Astartos, jugador y borracho como él. Incluso en su amor, Lélia era una cobarde, porque no tuvo el coraje de defender o matar a la mujer que amaba. Sin embargo, con esta maleabilidad de carácter, hizo ungüentos para curar las heridas abiertas por el látigo de Tiberio y nunca la defendió, con simples gestos o cualquiera palabra. Se salvó, dije en la narración de Astartos, porque era muy querido y tenía muchos amigos; pero la verdad es que los adquirió precisamente con esta ingeniosa artificialidad, que lo llevó a ceder ante todos, siempre buscando el beneficio personal. La desgracia lo golpeó antes que estuviera lo suficientemente elevado y seguro para mostrar lo contrario de su temperamento.

Éste seguía siendo el caso de nuestro Wilibald de Launay; pródigo y pausado, había disipado la fortuna y no mantuvo la apariencia de lujo, excepto a expensas de los expedientes. Aun conservando la antigua maleabilidad de carácter, se instaló en la Corte ducal, donde la vida era más fácil y se convirtió en un cortesano flexible, entreteniendo al duque con buenas bromas, tanto como la duquesa y sus damas con su estrépito de rondós y discursos elogiosos. Dotado de belleza por su apariencia, dueño de una magnífica voz y muy hábil esgrimista, sabía mejor que nadie cómo triunfar en los torneos con la dama de su elección. Sin embargo, voluble y sensual, no se instaló en ningún lado, amando en todas partes, cantando hoy rubia y mañana morena. Ni siquiera las castellanas maduras se le escapaban, siempre y cuando le ofrecieran algo de roto. Y en este caso, cuando no pudo alabar su belleza, ensalzó sus virtudes. En definitiva, un pozo sin fondo este Wilibald, y no en vano se rumoreaba en la Corte sobre los amores de una anciana, que no había querido renunciar al sobrenombre de Leonor bella, que merecidamente había tenido en su juventud. Casada con un anciano noble, al no tener hijos, esta criatura de cincuenta años se lucía en todas las fiestas y torneos y acabó muriendo de amor por el apuesto Wilibald que, lleno de laboriosidad, supo vender cara su juventud. El viejo barón de Launay había designado tutor de sus dos hijos y fue así que Rosalinda, con apenas cinco años, se retiró al castillo de Rabenau. Su hermano, aunque la quería mucho, a su manera, poco se preocupaba por ella y solo por vanidad la quería - la vanidad de tener una hermana tan hermosa. Además, un amigo de Kurt y Alberto de Rouven, sobre quien ejercía alguna ascendencia. Mientras viví en la Tierra, siempre ayudé a Wilibald, quien me complació con su inteligencia. Con Kurt; sin embargo, el caso fue diferente, porque mi heredero era codicioso, rapaz, invulnerable. Usando sus talentos, Wilibald, sin humillarse, fue bienvenido en todas partes y reconozco que, con su genio derrochador, no procedió de otra manera. Sin embargo, Kurt, que estaba cubierto de cualquier necesidad, debido a su bajo carácter buscó oportunidades para doblar la columna. ¡Oh! sí: arrastrarse ante lo que le parecía grande y dorado constituía un honor para él. Incluso durante mi estancia en la Tierra, Kurt asistió a la Corte y se convirtió en un humilde cortesano. En el séquito de la duquesa apareció como una joven y hermosa viuda, llamada Cunegunda, heredera de un noble muy rico y anciano, que me gustaría mucho verla casada en segundas nupcias. Bella y cariñosa, Cunegunda tenía muchos adoradores.

Kurt se alistó entre ellos y logró caer a su favor. Por mi parte, desaprobaba tal matrimonio, convencido que el genio caprichoso, las pasiones apenas disimuladas de Kurt y Cunegunda estallarían en un caos marital; pero, débil como siempre para resistir los caprichos de mi querido hijo, acepté los esponsales, fijándoles un año de espera, para consolidar sus votos.

Wilibald había observado el noviazgo de Kurt con la viuda con ojos envidiosos y supo hacerse amigo de ambos. Aprovechando el retraso esperó el momento de una pelea más seria entre los novios - algo que hecho frecuente, dada la impulsividad de ambos -, para contarle a Cunegunda sobre una tal Godeliva, misteriosamente desaparecida y que se decía estaba casada con él y asesinada por él en un ataque de celos feroces. Durante esta conversación, el trovador, cantando los ojos negros y el pelo rubio de la viuda, capituló todos los defectos del novio: avaricia, vanidad, brutalidad hacia los sirvientes, aventuras amorosas... Ciertamente no dejó de disculpar a su amigo, pero se haría la insinuación. Mientras tanto, el tío de Cunegunda falleció, legando toda su opulenta fortuna a la futura condesa de Rabenau. La joven viuda; sin embargo, empezó a sentirse amenazada por un mayor peligro debido a las escenas violentas que se produjeron.

Kurt le tendió una trampa, y aprovechó un momento en el que él, para hacerle una broma, estaba cortejando a la princesa Úrsula, para romper el compromiso, o mejor dicho: cambiar al prometido, irritable y obstinado, por el trovador que se hizo cargo melancólicamente de las monedas. Juzgándose fuera de toda sospecha, ya que lo había decantado antes de heredar fortuna, Wilibald solo podía alegrarse al ver a sus fieles y amor modesto. Kurt regresó a casa, desesperado y furioso, acusando a todos de infamia y traición, y no pasó nada al darse cuenta del malentendido que le devolvió la libertad. Consuelo que pudo, sin mencionar la causa del descanso, para no agitar un trapo rojo ante el toro bramante. De hecho, rápidamente se consoló comenzando de nuevo por cuarta vez a pedirle a Rosalinda, quien tenía el mágico don de calmar siempre sus sentimientos indignados. La boda de Wilibald se celebró con toda la pompa y el noble bohemio anticipó el desperdicio de la fortuna opulenta, engañando naturalmente a la mujer.

La joven baronesa, inteligente y cautelosa, supo resistir y anular las pretensiones de la estroina. Así, impulsó partidos magníficos y oportunos banquetes, con los que Wilibald podía entretenerse y gozar hasta la saciedad, pero su lema era: no hay infidelidad, no hay disipación. Una profunda melancolía se apoderó del muchacho y; sin embargo, ya no le quedaba hacer nada, si no conformarse. Así fueron las cosas, cuando de allí pasé a un mundo mejor, donde la lucidez, la enseñanza espiritual me enseñó a despreciar más a los hombres. Habiendo expuesto así el pasado, vuelvo al momento en que un llamamiento del espacio me atrajo al castillo de Launay. Allí me encontré en la sala redonda de una torre, donde crucé la mesa amueblada con vajillas preciosas y delicias finas. Me di cuenta que solo estaban esperando a que el castellano empezara a cenar.

A la luz de dos velas, se desvaneció el seductor perfil de Cunegunda, quien, vestida de blanco y con el pelo suelto, ocupaba el rico sillón blasonado. Junto a ella, de pie, estaba un joven de inusual belleza: cabello negro y rizado, fisonomía enérgica y ojos chispeantes fijos en el rostro del castellano que, a su vez, reflejaba la ardiente pasión que estaba en su alma. Este joven era Guido, un alquimista italiano que, poco después de llegar de la Corte, se había instalado en el castillo de Launay. En ese momento, Guido sacó una pequeña botella de su bolso y, examinando su contenido a luz de las velas, dijo:

- Vea, señora; unas gotas de vino son suficientes para quedar libre. Convéncete que debes actuar, de lo contrario seré yo quien se vaya. Te amo con locura, con locura, es verdad: pero mi temperamento italiano no tolera compartir.

Lo cierto es que, cansado de peregrinar en la naturaleza, el pícaro quiso establecerse allí, pero para capturarlo y dominarlo todo, como un amo, más que como un mero amante tolerado... Mientras de esta manera ponen en peligro su vida en el juego, Wilibald, furioso, escondió una afilada daga italiana en su jubón. Iba a cenar con su esposa y tenía intención de postre, eliminar al aventurero imprudente. Y esperaba conseguirlo, creyendo que había ocultado bien su buena fe, como alguien que ignoró todo hasta ahora. Al verlo subir las escaleras que rodeaban la torre, nadie diría que él era el indicado, el mismo trovador feliz y sonriente de la Corte ducal. La idea que el vil alquimista estuviera nadando en oro le hirvió el cerebro. Detrás de él iban dos pajes con dos cestas de flores; pero, en el fondo de uno de ellos, un oculto rollo de cuerdas, para atar al alquimista, si no sucumbía al primer golpe; y en el otro, un látigo, para dar juicio a la ingrata Cunegunda. Los actores terrenales de la tragedia que estaba por desarrollarse, engendrados por sus pasiones, no podían ver el fluido negro que empezaba a acumularse a su alrededor, así como la maléfica alegría de sus enemigos, que buscaban excitar aun más esas mismas pasiones en ellos. Entonces me preparé para mirar los eventos.

Cunegunda agradeció a su marido las flores, dándole unas palmaditas en la cara con expresión educada de coquetería. Intentando sonreír, Wilibald se sentó y saludó cortésmente al alquimista, quien levantó la taza, diciendo:

- "¡A su salud, barón!" - Al mismo tiempo que la baronesa llenaba y pasaba otro vaso a su marido.

El barón, despreocupado, o mejor dicho, preocupado por su plan, vació la copa de un trago; luego despidieron al paje y pronto el italiano se apresuró a cerrar la puerta desde dentro. Wilibald, actualmente ocupado tallando una cacería, levantó la cabeza, asombrado. ¡

- Como! Estás loco – dijo levantándose y dando unos pasos hacia la puerta.

De repente; sin embargo, dio un grito y se presionó el pecho con las manos... Era el veneno letal... En un instante, el hermoso rostro del hombre desfigurado quedó cubierto de manchas moradas, de sus labios salió espuma sanguinolenta y, retorciéndose de dolor que lo dejó desgarrándose las vísceras, cayó agarrándose a la mesa, que cedió con estrépito. Cunegunda, asustada, se deslizó en un rincón más oscuro, mientras su marido rodaba por el suelo gritando blasfemias. Sin embargo, de repente revivió con los fluidos renovadores de un espíritu oscuro, saltó y, agarrando al alquimista que le dio la espalda, intentando animar a la señora, lo levantó con fuerza sobrehumana y lo arrojó por la ventana. Un grito aterrador y luego el golpe del cuerpo, cayendo dentro del tanque contra la torre, anunciaron el fin del italiano.

Cunegunda se había desmayado y Wilibald se aferró al alféizar de la ventana, rasgándose la ropa y haciendo muecas con sus últimas convulsiones. Fuertes descargas eléctricas me anunciaron el rápido corte de sus hilos carnales, llenos de energía vital, que crepitaron dolorosamente.

Compasivo, me acerqué y proyecté un fluido acre, que aturdió al espíritu, y cortó la arteria principal. Aturdido, vacilante, el espíritu de Wilibald apareció entre nosotros, sintiendo los efectos de una violenta desincorporación.

- ¿Ves? - Le dije señalando el cuerpo desfigurado -, la traición nunca conduce a la felicidad; envidiando la suerte de Kurt, le quitaste a esa mujer; por amor al dinero te vendiste a ella, y ahora recoges el fruto que plantaste.

Convéncete entonces, de una vez por todas, que mientras no te dejes llevar por el tipo de mujer ideal, lograrás perecer así miserablemente, siempre. Consideramos también: tu existencia fue inútil, pasaste veintiséis años desperdiciando dinero, haciendo trampa y burlándote; y por muy mezquina que fuera tu vida, todos tus planes lo eran. Ahora vuelves a la Patria espiritual, tal como la dejaste aquí; no luchaste a favor de ningún maldito... Espíritu indolente, ni siquiera has experimentado una de esas erupciones volcánicas que guían el pensamiento hacia el bien o el mal y que, aun así, siempre representan un trabajo moral.

Me sentí empoderado para hablar de esta manera, porque, a pesar de mis defectos, yo era superior a Willbald. En ese momento apareció un gran espíritu melancólicamente velado y me apresuré a preguntar cuál era la suerte del recién desencarnado.

- Cometer errores en el plano espiritual, solitario e inactivo - fue la respuesta. Nubes quietas aparecieron desde el espacio y arrebataron al espíritu de Wilibald en un torbellino similar a la existencia humana que había tenido. A veces me atraía el monasterio. ¿Qué pasa si yo lo que encontré fue inactividad? Faltaba la mano que manejaba el volante. Los asesores que ayudaron a los "Hermanos Vengadores" estaban desanimados, algunos abandonaron sus planes, otros se entregaron a una desesperación impotente. A veces, atraer el hilo vital de algún médium, me hacía visible en los pasillos oscuros y disfrutaba del terror loco de los monjes.

Mi sucesor disfrutó tranquilamente de los honores del cargo; La ambición lo había inducido a poner sobre sus hombros una carga propia para gigantes, pero pronto lo abandonó, porque le faltaba el espíritu de abnegación para servir a la causa. Se dejó absorber por la lectura de libros cuyo precio apreciaba, pero temía difundir las luces así capturadas, entre sus subordinados. En una palabra, se deleitaba con esta vida perezosa de cuerpo y espíritu, que nunca podría soportar. Dinámico y febril por naturaleza, me desesperé al ver que Benedicto, en lugar de considerar los intereses de la comunidad, pasaba horas y horas estudiando un misal, ¡pintando figuras sin gracia, irritante pequeñez y acabado que requirió semanas para bordar solo la capa de un rey mago o un santo mártir! Impaciente e infeliz, intentó entonces escapar de aquel lugar, donde ya no podía mandar.

Regresé al castillo de Rabenau, donde acababa de llegar un mensajero sin aliento con la noticia de la muerte de Wilibald. Kurt ahí no estaba y Rosalinda, profundamente entristecida por la muerte de su único hermano, pronto partió hacia Launay, para, con lágrimas sinceras, acompañando el ataúd hasta la abadía benedictina, donde sería enterrado. Allí, abrumado, vi que se preparaba un gran ataque contra ella, y en vano le grité que no pasara la noche en la iglesia.

Muchos de los encarnados son sordos y comúnmente ven las cosas como resultado de la ignorancia o de la debilidad de la imaginación las advertencias y consejos que le sugerimos. El miserable Mauffen amaba instintivamente a esa misma Rosalinda, una vez Lélia, de quien en tiempos pasados me había mostrado un puñado de cenizas, temiendo que pudiera resucitar. Y lo que Tiberio había temido, Mauffen lo guardaba en su corazón, es decir: - una persona tenaz e insatisfecha. Lo vi, Mauffen, entrar en la iglesia con su hábito negro. Lo vi con esa cara pálida, de rasgos muy afilados, solo le falta la toga para identificar al famoso emperador romano. Él la tomó por asalto… y emití miles de cables eléctricos, buscando los tímpanos de Sanctus y Benedicto.

Noté que se sobresaltaron y corrí por el pasillo, hacia la celda de Mauffen, para entender qué estaba pasando allí.

Mientras tanto, Rosalinda se defendió valientemente del monje demente, cuya ira no conocía límites.

Entonces la puerta cedió y Rosalinda pensó que estaba a salvo; pero temblé dolorosamente en mi periespíritu al ver a Mauffen recoger la daga que se le había caído. En vano se apresuraron mis amigos de este lado. Lo que solo pudieron lograr fue desviar el golpe que de otro modo habría sido mortal. Bajo el chorro de líquido disolvente, la punta del arma se derritió, rebotó y resultó herida debajo del punto objetivo. No pasó mucho tiempo para que mis nervios fluidicos me advirtieran del fin cercano del hijo que era tan querido para mí. ¡Oh! - pensé para mis adentros - si realmente guarda en su corazón un resto de cariño por Rosalinda, no dejará de revelarlo ahora, por miedo a perderla. Pero… ¡cruel decepción! - ¡Kurt llegó y ninguna vibración de amor, de pena o incluso de terror brotó de su corazón vacío, que solo se sentía contraído de aburrimiento al ver una herida! Y, ya temeroso de presenciar la agonía, inmediatamente imaginó cómo salir mientras otra persona se encargara de asistir a la moribunda y, mediante un delirio simulado - como consecuencia del cansancio o la desesperación -, escapar de la situación desagradable. Sin embargo, no tuvo tiempo de realizar este proyecto, pues en él participó Bernard que la herida no era mortal, y entonces decidió mirar el rostro de su esposa desmayada. Los ojos de Rosalinda permanecieron cerrados y sus pestañas negras ensombrecían sus delicados rasgos. Fue necesario el inusual encanto de Rosalinda y la fuerte dosis de sensualismo de Kurt, por lo que estos dos factores se combinaron para controlar su aburrimiento. Entonces, se acercó a la víctima y la cubrió con su manto. Y para mostrarle a Mauffen sus derechos, se llevó con valentía a la mujer en disputa. Rosalinda fue llevada al Convento de las Ursulinas y allí los espíritus curadores rodearon su cama con una capa de fluidos azulados y transparentes, que exhausta y ávida de fuerzas renovadoras, pronto fueron absorbidos. Para eximirse de los cuidados e inconvenientes que requería la condición de su esposa, Kurt pretextó un asunto importante y urgente, dejándola con las monjas ursulinas y dos sirvientes del castillo. Dicho esto, vivió aventuras: amó a una viuda durante catorce días; después de una semana, se dedicó a las jóvenes aldeanas; y otro más, a una posadera de una oscura posada. Después pasó quince días en la Corte ducal reavivando sus viejos amores. Finalmente, entenderlo todo y querer escapar de lo desagradable que pérfidamente excitado, se convirtió en un marido tierno y leal para recuperar a su esposa convaleciente. Así, después de tres meses de ausencia forzada, Rosalinda, seriamente ofendida, aprovechó la ausencia de su marido, quien había salido de caza, y decidió retirarse a su castillo de Loevenberg. El padre Lucas fue encargado de decirle, por su parte, que, una vez tan bien dispuesto ante la ocasión de su enfermedad, podría así continuar a partir de ese momento. El loco Kurt no pudo evitar exasperarse furiosamente, tal como estaba, luego, en uno de sus períodos de exaltación amorosa por su esposa. Rosalinda era indispensable para él.

La buscó, no fue recibido. A su regreso, encontró en el bosque a un carbonero, ni más ni menos que el desafortunado prometido de la pobre Gertrudis, que al ver solo al hombre que había destruido su felicidad, se arrojó sobre él y lo apuñaló, dejándolo caído en el camino. El golpe; sin embargo, no fue fatal. El momento de Kurt no había llegado y rápidamente imaginó que el incidente podría resultarle útil. ¡Inmediatamente hizo público el ataque, para demostrarle a Rosalinda que la causa de su repulsión no daría mejores resultados, al contrario! Dado que el ataque ocurrió justo cuando regresaba de Loevenberg, donde ella se había negado a recibirlo; e incluso porque no hubo testigos del incidente, se afirmaría que la desesperación lo habría llevado al suicidio, y quién sabe, habría logrado el arrepentimiento, la reconciliación y la ayuda de su resentida esposa. Pensando así, desmontó del animal, lo ahuyentó y se tumbó en el suelo. Campesinos al pasar, al ver a un noble exánime, con un puñal ensangrentado en la mano, comenzaron a gritar y de inmediato reconocieron al Señor Rabenau, improvisaron una camilla e intentaron avisar al padre Lucas, quien inmediatamente corrió sorprendido.

Kurt fingió estar inconsciente; pero cuando el sacerdote pensó en su herida, abrió los ojos y susurró suavemente que nadie debería buscar a un criminal, ya que solo la repulsión de Rosalinda había determinado ese acto desesperado.

Como resultado, el padre Lucas abandonó cualquier pensamiento sobre el asunto e inmediatamente intentó llevar al noble herido al castillo, quien siguió fingiendo un sufrimiento atroz y habló solo de su esposa. El capellán le envió un mensajero y, tal como Kurt había imaginado, Rosalinda corrió consternada hacia el lado del posible moribundo. Con una voz débil, el falso "suicida" se tragó palabras de arrepentimiento y Rosalinda, muy conmovida, prometió no abandonarlo más y de hecho, estuvo velando junto a su cama día y noche, hasta que se recuperó por completo. La convalecencia, como puedes ver, fue largo y laborioso para quienes lo vieron, teniendo en cuenta sus caprichos e impertinencias.

Sorprendido e insatisfecho ante el menor síntoma o sensación dolorosa, quedó impresionado por la muerte y llegó a recibir dos o tres veces. Día a día se volvía más insoportable, ejerciendo su maldad principalmente hacia Rosalinda, quien resultó haberlo abandonado, llevándolo a una desesperación extrema. Sin embargo, no estaba exento de perseguir cualquier hermosa chica que apareció en el castillo. Un día en que Rosalinda, más enojada que nunca, intentó despedir a una chica seducida por él, decidió ir al castillo de Loevenberg. Al pasar por la cabaña donde vivía la mujer, la infeliz Gertrudis, se arrojó a sus pies y confesó que allí estaba su prometido, reconciliado con ella.

Horrorizado tras atentar contra la vida del conde, arrodillándose a sus pies, suplicó protección y ayuda para recuperarse ausente del país, pues su padre ya no existía. Rosalinda accedió y prometió, angustiada, ayudar a la desafortunada pareja, regresando indignados al castillo y dispuestos a desenmascarar al audaz hipócrita, que una vez más se había regodeado de su buena fe. Kurt se estaba preparando para la cena cuando ella entró en la habitación, con el rostro sonrojado y los ojos chispeante.

- ¿Qué te pasó que te hizo ver tan emocionado? - Preguntó emocionado.

Por eso el color de tu rostro le hicieron perder de repente la impresión de indiferentismo que le inculcó su esposa, desde que se fue se había recuperado y ella se había desvanecido cansada.

- La cosa es que eres un mentiroso despreciable, con esa historia de suicidio.

Pero pronto se detuvo en presencia de los sirvientes, y Kurt exclamó enojado:

- Fuera de aquí, todos...

La habitación se vació como por arte de magia, quedando solo el padre Lucas.

- ¡Qué estúpida soy al creer en ti! Y tú, hipócrita falsificado, ¡además argumentas que soy insensible! Entonces, ¿no fue el prometido de la desafortunada Gertrudis quien te hizo daño?

- Permíteme decirte - objetó con dulzura y dignidad -, que no es justo buscar motivos para difamar a tu marido; las apariencias testifican contra mí; pero créeme, solo la falta de tu confianza me impidió revelarle todo, de inmediato. El padre Lucas, mi confesor, está ahí para confirmar que siempre pensé que yo tenía la culpa y arrepentimiento, mirando a Gertrudis el padre Lucas se inclinó en un gesto de confirmación.

- Bueno - prosiguió -, cuando el prometido de la pobre me hizo daño, desistí de hacerlo colgar, como era mi derecho. Dependía de mí y asumí toda la responsabilidad del crimen, no solo con la intención de salvar la vida del criminal. Además - se enderezó con orgullo -, soy lo suficientemente religioso como para no atentar jamás contra mi propia vida. Sin embargo, creyendo que iba a morir, era natural que quisiera volver a ver a mi esposa.

Rosalinda escuchó asombrada y terminó diciendo:

- ¿Fue así? ¿Es cierto que por eso me engañaste?

- ¡Oh! ¿Qué otra razón podría haber? Quise solo para redimir con mis sufrimientos el daño que le hice a la pobre Gertrudis.

Y diciendo esto, se acercó a Rosalinda, tomó y besó su mano.

- ¿Es tan ofensivo mi amor inquebrantable por ti? Pues mira: no olvidaré que eres el legado más preciado de ese querido padre, y el único deseo de redimir un error es lo que constituye mi crimen.

Y durante todo este episodio, Rosalinda, que no habría sospechado tanta hipocresía, se reconcilió con su marido y la escena empezó tan mal que terminó pacíficamente. Poco después, Kurt envió a buscar a Thisbo, su sirviente favorito y de completa confianza, de hecho perverso y truculento, encargándole arrestar al carbonero y llevar a Gertrudis a un castillo lejano, después de colgar a su prometido delante de ella, por quitarle todas las ganas de vivir.

Estas órdenes se siguieron al pie de la letra y, durante unas semanas, el desalmado Kurt acosó a su mujer con tal arte que no pudo enviar a Gertrudis la ayuda prometida, por lo que se exilió con su prometido deshonrado. Un día; sin embargo, mientras el conde buscaba el palacio ducal, Rosalinda se enteró de la terrible tragedia y lamentó amargamente haber, en el colmo de su ira, traicionado el secreto de la desafortunada pareja, antes de haberles proporcionado la seguridad prometida. Indignada, desesperada, se retiró al oratorio y la idea de estar vinculada a un hombre tan infame, casi la se volvió loca. Rosalinda había sido mi discípula, habíamos hablado muchas veces, durante horas y horas, de temas desconocidos para las mujeres de esa época. Su intelecto desarrollado y agudo exaltó aun más su sensibilidad, en relación a los ultrajes de su marido.

En el curso de su perturbación moral, en ese momento, vi acercarse un espíritu maligno; pero, a pesar que querer no pude apartarlo, incluso me sentí agotado por los fluidos pesados que me envolvían.

- Desenreda el suyo - le susurró el espíritu maligno -, es un reptil venenoso, dañino para quienes se le acercan. Considera, a quien los libere de su yugo nefasto, podrás hacer mucho bien. ¿No estás cansado de saber que él no te ama? Mira que si no lo liquidas, acabarás liquidado tú mismo, si no con hierro o con veneno, sí a golpes de amargura; mira como estás desfigurada: tu rostro está hecho de cera, ojeras violetas, labios secos y retraídos, y la sangre te quema el cerebro a cada momento...

Tales son las insinuaciones del espíritu malévolo, que chocaron en la mente exaltada y vacilante de la pobre Rosalinda.

- Desde que me casé con él - monólogo para sí misma -, no he tenido paz, subordinada a sus extravagantes caprichos. Sin hijos, en unos años mi belleza se desvanecerá y el desgraciado no temblará para repudiarme, vergonzosamente.

Esta hipótesis la hizo temblar y empezó a sudar profusamente.

- Así que déjalo morir, entonces sabré redimir el atroz crimen con la salvación de unos cuantos inocentes más.

Kurt debería regresar después de cenar. Con fiebre, nerviosa, Rosalinda ordenó que le sirvieran la cena en su habitación.

Vestida de blanco y, temblorosa, abrió una pequeña caja - comprada a un alquimista italiano que se había alojado recientemente en su castillo, sacando una pequeña botella que contenía un líquido verdoso que, sin sufrir más y sin dejar rastro - él dijo – tendría un efecto fulminante. Despacio, detenida ante la ventana abierta, en cuyo alféizar unas palomas picoteaban las migajas quería probar lo tóxico; pero era evidente que no se animaba a sacrificar sus animalitos inocentes y lindos. Se alejó cuando vio que estaban empezando a poner la mesa y observó este trabajo como si estuvieran montando un andamio. Experimentó en sí las ansiedades que preceden a la realización de un delito. Luego despidió a los sirvientes y, segura que nadie podría observarla, sirvió el veneno de la copa de oro del castellano, una copa que por su profundidad y espesor apenas dejaba entrever su contenido. Y, como ya había perpetrado el crimen, se dejó caer en una silla, agotada de fuerzas.

En vano traté de susurrarle:

- Déjalo, encontrará alguien que lo castigue; recuerda que es el hijo de Lotário al que vas a aniquilar.

En su ira y orgullo ofendido, ella me respondió:

- No, no puedo tolerar más esta convivencia, esta unión, esta tortura; esta criatura debe ser destruida, es perjudicial, para mi beneficio y el de muchas personas.

El ruido del puente levadizo la llevó hasta la ventana y, tratando de calmarse, asumió una actitud descuidada, tirando migajas a las palomas. No pasó mucho tiempo hasta que Kurt apareció en el patio, a caballo, con un halcón y seguido por unos escuderos. Mientras subía las escaleras, ella tuvo la impresión que su cerebro estaba a romperse.

- ¡Oh! - Exclamó entrando - ¿ordenaste servir aquí para cenar?

Y tras un rápido saludo, se dejó caer en una silla, descuidado y cansado, estirando las piernas.

Una agitación febril sacudió mi espíritu al considerar que Rosalinda iba a mancharse con un crimen atroz. De corazón sentí una ardiente súplica a mi guía espiritual, quien pronto apareció, pacífico y luminoso. Lo sabía todo y, con su fluido áureo azul tocó el corazón y la mente de la atribulada criatura que yo, con mis fluidos pesados, no podría lograr. En ese preciso momento, Kurt llenó la copa con vino y se la llevó a los labios…

Luego sugirió el guía.

- "Todo crimen es condenable, ya que está en el Evangelio que la sangre derramada cae sobre quien la derrama."

Y Rosalinda pronto consideró, en ella misma, que debería reparar su mano. Ella saltó aterrorizada y golpeó el brazo de su marido, y por el susto inesperado dejó caer la copa, derramando el contenido letal. Me sentí un poco aliviado del de enorme peso y el protector se alejó de repente. Kurt, asombrado, miraba alternativamente a la copa y a su esposa, petrificada frente a él y pálida como un cadáver. Ese rostro desfigurado le hizo asumir, en parte, la verdad. Lívido, con los labios temblorosos, se inclinó, tomó la mano de su esposa y le preguntó:

- ¿Qué es esto? ¿Por qué no me dejaste beber?

- Porque tu indignidad no vale el sacrificio de un ataque, que mancharía mis manos y mi alma.

Se arrojó a sus pies y balbuceó con voz insegura:

- ¿Querías envenenarme? No, no lo creo... No es posible... Pero, después de todo, ¿por qué?

En su vanidad, no podía concebir tal ataque a su valiosa persona, y mucho menos que pueda exasperar a una mujer hasta el punto de convertir su cariño en odio, para culminar en el crimen.

- Bueno, es verdad - continuó Rosalinda -. Quería deshacerme de ti, porque eres un perjuro, sin fe ni ley.
Para ti no hay dignidad, honor, amor, lealtad, moralidad, en fin. Siempre que hablas es para traicionar y mentir.
¿Lo sabes?
Soy juguete de tus caprichos y ya no puedo tolerar tanta maldad y traición. Dime: ¿qué has hecho con el carbonante? ¿No ves que estás profanando el nombre de tu padre? Cuando hoy vertí veneno en tu copa, lo detuve con mi conciencia la lucha más grande de mi vida, experimentando todas las angustias infernales. Ahora que lo sabes todo, deja que recomponga, ya que tus infidelidades y locuras me han exasperado hasta el punto de amenazar tu existencia.

En este momento, mi ángel de la guarda pudo prevenir el crimen; pero ¿quién puede garantizar la repetición de este apoyo de la providencia?

Dicho esto, se dejó caer en una silla y se cubrió el rostro con las manos. Kurt escuchó todo, abrumado.

Ella había sabido todas las cosas y había actuado en el colmo de la desesperación y es más, no había logrado consumar el crimen; por lo tanto - consideró -, no le era completamente indiferente y quería huir más de él, tal vez para no dejarse vencer por los celos.

El corazón se hinchó de vanidad y le dirigió a su esposa herida e indignada una mirada de íntima satisfacción. ¡Y qué hermosa se veía, con ese vestido blanco de mangas abiertas, que dejaba ver sus brazos regordetes y torneados! El semblante, el escote alto, cabello negro, todo en ella despertaba un nuevo encanto y hasta la forma en la que quería eliminarlo, su exhausto sistema nervioso se exaltó. Luego se arrojó a sus pies y trató de descubrirle el rostro:

- Rosalinda, dulce amada, perdóname... Aquí me tienes a tus pies y cree que te doy gracias por perdonarme la vida, para que me enmiende y repare mis faltas. Nunca como en este momento he podido evaluar el alcance de mi culpa; pero, una vez más, por última vez, te ruego que perdones a tu marido.

¡Y lloró! Sí, no lloró de arrepentimiento, sino de shock nervioso que le había causado la inminencia del peligro...

- Déjame - respondió Rosalinda repeliéndolo -. Yo nada quiero nada más que una ausencia definitiva de ti; rechazo protestas de falso amor, falsas promesas de regeneración. Saldré de esta casa, nadie podrá detenerme. En cuanto a ti, siéntete libre y diviértete con tu libertinaje y traición. No me gusta vivir aquí, traicionada y humillada.

Se levantó intentando escapar de él.

Al verla tan esquiva y decidida, exclamó:

- No crees en mi amor y quisiste matarme... Bueno, si no lo haces, perdóname, me tiro por esta ventana al patio.

De un salto, saltó al alféizar, contando con el shock de su esposa. Siendo incapaz de calcular la farsa, ella gritó y estiró los brazos para detenerlo. Pero la verdad es que el defraudador, solo para darle más color a la escena, levantó una pierna y, entrando en acción, gritó:

- ¿Quieres que te traigan mi cuerpo destrozado?

- Yo me quedo - dijo con voz sombría, apoyándose en el respaldo de la silla. Kurt bajó de la ventana, la abrazó y la besó a pesar que se desmayó. Dos horas más tarde, un escudero cuya montura jadeaba y echaba espuma por el cansancio, se detuvo frente a la puerta del Monasterio y pidió ayuda a su hermano Bernard al noble castellano. Kurt, más testarudo e intratable como de costumbre, se sentó en su oratorio y pidió en todo momento noticias sobre la paciente. Bernard le dijo que su estado era delicado y comprendió que, esta vez, había ido demasiado lejos en su partida. Con qué pena me acerqué desde la cama de Rosalinda, no sabría como decirlo, más allá que utilicé todos los recursos a mi alcance para aliviarla, ya que sabía, intuitivamente, que su hora no había llegado. Kurt la vería una y otra vez; estaba claro que su amor se enfrió porque, como ya he dicho, aborrecía discretamente a toda criatura enferma. Por los demás, había reflexionado mucho y terminó rebelándose ante la idea que su esposa lo había juzgado tal como era y había tejido su perdida. También se alegró de deshacerse de quienes lo conocían en profundidad. Bernard había exigido mayor cuidado de la paciente, incluido el reposo absoluto. Kurt aprovechó esta circunstancia para disimular su natural indiferencia y pasar todo el tiempo en confabulaciones con el malicioso Tuísco, amado confidente de tus disgustos. Tuísco no dudó en aconsejar el divorcio y, para matar el tiempo, retomó asistir a la Corte, pasando allí semanas enteras cortejando a la princesa Úrsula, cuyo matrimonio había fracasado más de una vez, y que estaba esperando la muerte de Rosalinda para convertirla en condesa de Rabenau. Finalmente, Rosalinda se recuperó; pero, debilitada en cuerpo y alma, no se hacía ilusiones acerca de su marido, que siempre estaba ausente.

Un día él se presentó, tratando de ser jovial; pero una simple mirada a sus fríos ojos fue suficiente para desenmascarar toda su hipocresía.

- Querida Rosalinda - dijo sentándose -, aun no hemos vuelto a hablar de los hechos que precedieron a tu seria enfermedad. Nunca pude imaginar que cualquier ligereza de mi parte pudiera llevarte al extremo de un ataque contra mi vida, aunque ya estabas, supongo, bajo la influencia de esa fiebre que podría haberte llevado a la locura. Por tanto, debes comprender que, a pesar de la sincera amistad que te ofrezco, no puedo aceptar que la cepa Rabenaus se extinga conmigo, o que tendrá una descendencia sujeta a trastornos cerebrales, lo que se llama locura o posesión demoníaca; tanto más cuanto que no nos une la libre elección de nuestros corazones y sí, obedeciendo a mi padre, quien en la ceguera de su amor por los dos, decidió, a toda costa, unirnos. Bien, ¿no has olvidado que fue por veneración a su memoria que me diste la mano por esposa y que tu desesperación por perderlo era tan obvia que me puso en una posición ridícula como marido. Si hubiera podido adivinar que corría hacia la muerte, le habría rogado, de rodillas, que se casara contigo.

Rosalinda, indignada, intentó interrumpirlo, pero él cínico e imperturbablemente le confirmó:

-Tú no me amas, pensabas dejarme; por lo tanto, he resuelto ir a Roma y obtener allí nuestro divorcio del Santo Padre.

Como no tenemos hijos, todo se arreglará fácilmente y ambos seremos legalmente libres, ya que una simple división de nuestros dominios me harían sentir demasiado las cadenas de una separación incompleta y anhelo un segundo matrimonio para legar al mundo un heredero de mi nombre.

Cuando terminó esta discusión, Kurt tenía en su rostro toda la brutalidad de su alma; y sus ojos azules brillaban, contrastando con la palidez mortal de su esposa convaleciente.

No sé cómo describir lo que me estaba pasando a mí, como espectador forzado y mudo, ante tanta infamia. Mi periespíritu vibró de ira impotente, tuvo el deseo de asfixiar al embaucador con los fluidos negros que brotaban de mi corazón. Ciego de rabia, me sacudí, tratando de liberar los fluidos luminosos y en el momento borroso, que me unía al execrable villano, olvidando que, con aquellos violentos sobresaltos, estaba arriesgando la vida del propio médium, cuya arteria vital me servía al mismo tiempo. Finalmente, todavía pude escuchar a Rosalinda decir:

- Bueno, vayamos a Roma lo antes posible.

Luego me lancé hacia delante, pero la violencia con que sacudí el filamento del corazón, sin prestar más atención que a la ira que me excitaba, excesiva, noté, o mejor dicho, intuí que Rosalinda, cargando las manos en el pecho, se había desmayado. En ese momento, un destello brillante estalló a mi lado y de repente me paralizó todas las fibras.

- No te avergüences - dijo mi guía -, de entregarte, como espíritu, a tal ira sin sentido, cuyas consecuencias se reflejan dolorosamente en el médium.

Me quedé atónito, fuera de mí, incapaz de reflexionar.

- Ten paciencia, amigo mío - continuó el guía, saturándome con líquido refrigerante azulado -, él podrá evadir la justicia humana, refugiarse en la impunidad que le garantiza su posición social, salvarse de la traición y mintiendo; pero sabes muy bien que, una vez despojado del cuerpo, esa alma caerá inevitablemente bajo la justicia divina, severa e ineludible. Y entonces tendrás el placer, como tantas veces antes, de ser tocado por sus oraciones y lamentos, ofrécele el escudo de tu amor. Cálmate, entonces, y no te dejes arrastrar hasta el punto de hacer que sufra una persona inocente, ya que en los médiums, ya sabes, reflejan todas nuestras emociones espirituales.

Esa exhortación pronto me calmó y proyecté sobre Rosalinda un líquido benéfico que transformó su angustia en sueño profundo, reparador. Kurt no se había movido para ayudarla. Ella simplemente le dio una mirada vaga y llamó a las criadas.

- "Llegará el momento de tu ajuste de cuentas" - pensé, mirándolo.

Y traté de mantener la calma, para no acosar a la médium. Luego me alejé, absorto en mis pensamientos. Sí, el guía tenía razón, no había motivo para estar enojado, ya que nadie podía escapar de la justicia divina. La coraza de la carne, que protege la insolencia de nuestros enemigos, se rompe con la muerte y el periespíritu desprotegido no tiene camino ni dónde escapar, y es importante para él dar cuenta de sus acciones y pensamientos. ¡Oh! si los vivos, - hablo en teoría -, quisieran comprender que nadie puede eximirse de leyes inmanentes; que falsos pensamientos y villanías escondidas bajo la máscara de la carne serían descubiertas a su debido tiempo... Sean, pues, leales entre ustedes, amigos encarnados y desencarnados, aunque no lo veas, ya que, donde siembras cariño, allí también lo cosecharás. Este es el por qué me alojé en el castillo de Rabenau y solo visité el Convento benedictino, salvo de lejos, donde no había afectos sembrados. Es cierto que ayudé a los hermanos vengadores; pero al hacerlo había hecho más daño que bien. Las víctimas estaban en mi rastro, por la ayuda que di a la causa de aquellos hermanos, y en el día del juicio ellos me señalarían, diciendo que había albergado la llama del odio. Podría haberme vengado de Benedicto, que me quitó el puesto y me llevó al suicidio. Sin embargo, me negué a hacerlo y me repetí una y otra vez: algún día nos encontraremos todos aquí, para rendir cuentas. Esto, con el fin de calmar la sangre fluidica que burbujeaba en mi cerebro transparente, sed que es del alma, tenue partícula que es, de la Divinidad invisible que gobierna el Universo.

Fatigado y desencantado de esta pesada existencia espiritual, quisiera reencarnar para realizar nuevas tareas, pero, ¡ay! era necesario esperar. El tiempo no corre, en estos dominios donde entendemos la eternidad. Para mí, solo sabía que la muerte de Rosalinda estaba cerca y precedería por mucho tiempo a la del pérfido e ingrato Kurt. "Debes recibirlos a todos" - había dicho mi guía, - y la lucha de tu odio y de tu perdón, mientras la separación de estas criaturas, serán debidamente evaluados. Por tanto, un futuro oscuro. ¿Quién de nosotros no lo sabe? ¿Solo la tarea olvidada en ese momento en que el espíritu tiembla de impaciencia ante el enemigo moribundo, esperando el momento de su reingreso al espacio, del que ya no podrá escapar? Sí, desde aquí los vigilamos, cortamos las telarañas que esconde nuestra vista y protegemos, en parte, las vibraciones de nuestro odio, para finalmente enfrentarlos e inundar con fluidos acres y vorágines, conectándolos no con fibras de la tierra, sino con indestructibles y incoercibles, que juntan al culpable con la víctima para disfrutar de su vergüenza, de su miedo, de todos sus tormentos de todos modos. ¡Oh! Estos momentos que vive el criminal, se diría, constituyen otro infierno, mucho más vivo y menos banal que el proclamado por los sacerdotes. Y me vi obligado a privarme de momentos similares;

que, en cambio, para alimentar mi odio, tratara de perdonar a mis enemigos y aliviar su sufrimiento. La tarea parecía casi imposible, dado el desencadenamiento de mis pasiones. Sin embargo, me sometí y traté de ganar fuerza a través de la súplica ardiente.

Un día, vagando sin rumbo por el espacio, mi cerebro fue tocado por unos fluidos azulados y, en ese momento, una especie de copo que oscilaba frente a mí, reconocí algo del fiel Bernardo. Y; sin embargo, me aseguré de no hacerlo.

Era él, pero solo una irradiación de sus pensamientos, lo suficientemente fuerte como para identificarlo.

- Ha llegado mi hora - decían aquellas vibraciones luminosas -, tan cierto es que el pensamiento invisible para ti, atravesando la atmósfera pura del plano espiritual, entona la voz, resuena en nuestro oído fluidico, tal como sucede en el mundo físico.

Estas poderosas vibraciones me envolvieron y atrajeron hacia el monasterio, y pronto me encontré bajo tierra, en camino al laboratorio, donde se reflejaban las imágenes fluidicas de mis pensamientos humanos. Había trabajado y buscado resolver el enigma del Más Allá de la tumba, que ahora conocía en parte. Digo en parte porque acababa de levantar una punta del velo que cubría el mundo de la perfección, que no podía traspasar, obstaculizado por las pasiones que me abrumaban y estaban confinadas en la atmósfera de un planeta inferior. Sin embargo, ya no ignoraba muchas cosas que generalmente eran desconocidas para los habitantes de este planeta inferior.

En el gran sillón al lado de la habitual mesa de trabajo, me encontré sentado al gran sabio, infatigable, sumido en un profundo letargo. Evidentemente había llegado al final de su vida. El trabajo agotador más allá de sus fuerzas y el ambiente adictivo de exhalaciones tóxicas que lo rodeaban terminaron por agotar su fluido vital, que solo devuelve las fuerzas al cuerpo. Un fluido acre rezumaba del cuerpo marchito, penetrante, en crepitantes de brasero. Este líquido dio a la epidermis, en la zona afectada, una tonalidad amarilla, típica de la muerte. El cuerpo espiritual se desprendió poro a poro, rompiendo el cordón luminoso que lo unía a la materia, y subió al cerebro a medida que se espesaba. Dos grandes arterias luminosas todavía funcionaban, débilmente: la del corazón y la del cerebro. A pesar de estar preocupado y avergonzado, los pensamientos del moribundo percibieron la transformación en curso y acabó inquieto, apelando a sus amigos, convencido, más que nunca, de la supervivencia del alma. Lo rodeamos, intentamos cortar rápidamente sus ataduras terrenales y no quedó más que un hilo de su cuerpo, cerebro y corazón.

- ¡Maestro! Ven... - murmuró.

Inmediatamente corté la arteria cerebral; había algo así como un aturdimiento desde el espíritu, pero el sufrimiento cesó. Entonces llegó el momento en que llegó la verdadera perturbación, que alivió el último y más doloroso trance: la sección de la arteria cordial. [6] Al darse cuenta que la perturbación era excitante el querido Bernard y que el periespíritu se desprendió y comenzó a reconstruirse inconscientemente, en el espacio, a la velocidad del pensamiento, elevamos nuestra mirada a la región donde se cernía el protector de nuestro grupo, porque solo él tenía la autoridad para cortar el último vínculo periespiritual. De hecho, solo los guías tienen tal poder, ya que, de lo contrario, los espíritus inferiores lo utilizarían a discreción, extemporánea o prematuramente, con la intención de venganza. Un rayo de luz, más vivo que un relámpago, atravesó el cordón fluidico, que se rompió con un leve clic. El cuerpo aun temblaba por momentos con la violenta invasión de los fluidos putrefactos que, victoriosos, como lava desbordante,

---

[6] Nota del autor espiritual - Puede permanecer así por algún tiempo, después de seccionada la arteria cerebral, continuando en función la cordial, que aparece después y, rápidamente, rojiza, se despliega como una serpiente de fuego. Este cordón fluidico es el primero que se adhiere a la materia y el último que se desconecta con la muerte. Vale la pena considerar cómo estas observaciones concuerdan con lo que nos dice el espíritu de André Luis, en *Trabajadores de la Vida Eterna*, a través del médium Francisco Cândido Xavier. La arteria cerebral a la que se refiere Rochester es el recuadro blanco del que habla la otra persona y no hay manera de olvidar que este libro fue dictado hace más de 60 años.

invadieron todas las células abandonadas por el fluido vital, el mismo que allí llamas galvánico. Sin embargo, solo en el espacio este líquido adquiere un color tibio y azulado, reconfortante cuando se rejuvenece.

Una vez purgado el periespíritu, el ser lo absorbe lleno de savia etérea. El periespíritu de Bernard no tardó en sacar la masa necesaria de fluido, que sería la sustancia vital de su cuerpo etéreo o astral. Los órganos periespirituales se pusieron a trabajar y la transparente y admirable máquina fue reconstituida en todas sus partes. El filete rojizo se concentraba en la región correspondiente al corazón del hombre y por tanto, respectivamente, a la del órgano del pensamiento. En el preciso momento en que empezó a funcionar, como si fuera una mariposa quitándose las alas, la individualidad despertó asombrada de su último sueño terrenal, para ya no dormirse en el estado espiritual.

Bernard parece asombrado al ver la realidad de su ideal terrenal: se siente, nos siente, habla, vocaliza sus pensamientos, se ve comprendido y toda su alma trabajadora se alegra ante la idea de no ser un simple átomo absorbido por la nada. El futuro le parece radiante, lleno de actividades y descubrimientos, similares a los perseguidos en la Tierra; que encontró allí y ciertamente continuará en un mundo que tal vez sea incluso mejor, libre de las pasiones.[7]

Una vez con nosotros el fiel compañero de tantos siglos, inmediatamente intentamos despegar al espacio.

- Vamos al monasterio - dice mi guía -, presenciará la desencarnación del Pater Benedicto.

Involuntariamente, me dije:

- ¿Por qué, así?

Aun joven y vigoroso, ¿dejará la carga?

---

[7] Nota del autor espiritual. El don de la memoria, mi querida médium, no te ha engañado. Este espíritu, tan activo e incansable para aliviar el sufrimiento de los encarnados, es verdaderamente el de Paré.

- Hace más de diez años desencarnaste y Benedicto ahora está casi en los cuarenta - me responde el protector.

No pude evitar estremecerme... ¡Llevaba diez años flotando sin descanso, viendo y sintiendo todo, pero sin contar las horas! Tratando de controlar el sentimiento de enemistad que Benedicto me inspiraba, bajé a su aposento monástico y allí lo encontré inclinado sobre la mesa llena de papeles. Ciñendo las primeras arrugas cargadas surcaban su frente. Sumando los ingresos del convento, consideró la posibilidad de restringir las cuantiosas limosnas que consideraba superfluas, pero siempre volvía a releer cierto pergamino que, en el mañana de ese día, había enviado desde Roma un cardenal amigo suyo. Su Eminencia le informó que el Papa, considerando que la Abadía era extremadamente rica y numerosa, planeó dividirla en dos congregaciones. Este proyecto quedó profundamente reflejado en la frente del Prior y sacó chispas ardientes de sus ojos azules.

- Nunca lo consentiría - murmuró finalmente -. Compartir esta enorme fortuna, despoblar la mitad de este gran edificio y llenarlo de mendigos y peregrinos, ¡eso nunca!
Al menos mientras yo viva, no podrán hacerlo.

Se inclinó sobre la mesa y vi la ejecución de un plan gigantesco - de hecho, el mayor ideal de toda su vida -, que era llevar la tiara, tras la muerte de su poseedor. "Déjenlo morir" - murmuró sonriendo siniestramente. Tomando su pluma, le explicó su respuesta al cardenal.

Lo que no sabía; sin embargo, era que estaba respondiendo a un difunto, porque en ese momento el cardenal ya había sido traicionado y asesinado. Luego, ya entrada la noche, se levantó, dio unos pasos por la habitación y se tumbó en la cama.

Pronto surgió el periespíritu, con la tranquilidad que solo permite el sueño; y en el momento justo cuando yo me enfurecí al recordar la traición que me había hecho, un velo se rompió en mis ojos y pude identificar a Veleda, mi amiga de Pompeya. Los recuerdos del circo, del calabozo, de su trágica muerte me llegaron en inundaciones y cómo me calmaron. Tomando la apariencia de Astartos, dijo:

- Fui a mí a quien traicionaste y suplantaste.

El espíritu se retiró, avergonzado y admirado, pero el resurgimiento de nuestra remota amistad parece haber ablandado su espíritu de rivalidad, diciendo:

- Perdóname, Astartos, pero dime: ¿por qué deberías ser el líder? No fuiste tú, personalmente, a quien traicioné; lo que quería era simplemente el puesto. Ya conoces mi naturaleza violenta, celosa de la autoridad, pero siempre eres mi amable Astartos, no puedes guardarme ningún rencor y te confieso que no tengo ningún perseguidor sino fantasmas.

Mi enfado había desaparecido y me encontré hablando como antes, en el supermercado de Pompeya, que renació para nuestra memoria, con sus enormes ánforas, sus frascos tallados, la escalerilla y los bancos de madera.

Estos dulces recuerdos fueron como un bálsamo para nuestros corazones, que la sed de poder, la rapacidad, la inseguridad, se había contaminado y ulcerado.

- Veleda, vas a morir, porque no debes obstaculizar las decisiones del Papa, que aun tiene que vivir, por razones que no te interesa saber.

Ella, perturbada por un momento, pronto recobró el ánimo y exclamó:

- Bienvenido a la liberación, porque la celda siempre me pareció demasiado estrecha; es verdad que deseé el claustro; pero desde hace tiempo me parece una mazmorra. Sí, quisiera ocupar el trono de San Pedro.

Reconozco y confieso mi debilidad... ¡Oh! Sí... realmente soy infeliz y es bueno que deje el mundo.

Sin embargo, pobre Sanctus... ¡Estará tan solo!

Su periespíritu quedó completamente desconectado, nuestro protector lo cortó, libre de sufrimiento, el hilo que lo ataba a su corazón y a su cuerpo dormido se entumeció en la muerte. Rápido para no disturbarlo.

- Veleda - le dije entonces -, si no fueras buena amiga de Pompeya, me pagarías caro el desperdicio de mi posición de la abadía. Sin embargo, me considero tu acreedor.

- Pagaré la deuda, si puedo, y solo pido una cosa, Astartos: no me tientes en cuestiones de autoridad y poder.

Nos separamos. Benedicto tomó la guía del grupo, para conocer la tarea que le tocaba en espiritualidad, hasta el día del juicio, mientras yo seguía a encontrar, en medio del Mar Adriático, el hermoso barco en el que se encontraba Rosalinda y que sería su esquife. Sin embargo, ante el episodio de su muerte, quiero contarles algunos antecedentes de su viaje.

Kurt no pudo mantener su proyecto en secreto. Se rumoreaba que solo iba a Roma para divorciarse.

Sin escrúpulos y grosero, no dudó en organizar un gran banquete de despedida, invitando no solo a la nobleza en vigor, sino al propio duque y la princesa Úrsula, y obligando así a Rosalinda a hacer los honores en la fiesta.

Rosalinda, una criatura inteligente y sagaz, no se daba por sentado. La vida matrimonial se había vuelto intolerable para ella.

Después de la última entrevista, ella ya no lo miraba y el divorcio parecía la única solución posible. Era la liberación.

Consciente del día señalado para el banquete, hizo un llamamiento a todas las energías de su alma, para realzar tu propia belleza. Intentó comer bien, descansar su cuerpo y el espíritu, para que, cuando llegara el gran día, apareciera graciosa y hermosa como si fuera una doncella.

Para mí, confieso que la mayor satisfacción fue verla vestirse, ayudada por las criadas. Un corsetarmiño perfiló su esbelto busto, combinado con la falda de seda roja, con bordados de la misma finca; collar de perlas y cabello negro rematado por una corona de condesa. Cuando el puente del castillo se derrumbó para dar pasaje al duque con la princesa y su brillante séquito, Rosalinda se paró en lo alto de la escalera de honor, al lado de su marido, para recibir a los distinguidos invitados.

Kurt, que había pasado muchas semanas sin ver a su esposa, se estremeció la cuando tan hermosa y orgullosa, sin ningún rastro de dolor o sufrimiento. Admirado y sorprendido no pudo apartar los ojos de su esposa quien, a su vez, sin prestarle la más mínima atención, lo atendió con la mayor dignidad y compostura en su papel de castellana. Los rumores actuales sobre los motivos del banquete reunieron a numerosos a mirar a la bella mujer que llevó al conde de Rabenau al extremo del divorcio. Kurt sintió el ardor que hizo sonrojar sus mejillas, y para demostrar que, a pesar de todo, sus relaciones matrimoniales no eran tan malas, comprometiéndose, trató de halagarla; pero una mirada gélida y un gesto de repulsión apenas disimulada lo detuvieron a tiempo.

Una vez terminado el banquete, el trovador entró en escena para entretener a los invitados y a Kurt, quien nunca perdió de vista a la esposa, se dio cuenta que estaba parada junto a una ventana, hablando con el joven barón Frit de Feitsbourg; por cierto, un apuesto caballero de poco más de treinta años, cuyos ojos negros parecían devorar el bello rostro de la seductora castellana. En un momento, se inclinó hacia Rosalinda y, conmovido, le habló en tono confidencial:

- De rodillas, te pido que reveles mi audacia; pero, dime si es cierta la versión actual, es decir: que este viaje a Roma culminará en el divorcio del matrimonio Rabenau.

Una repentina palidez cubrió el rostro de la bella castellana. Entonces ¿era sabido por todos que el Conde pretendía deshacerse de ella?

Tratando de calmarse, respondió con firmeza:

- Es verdad, señor Barón; y es igualmente cierto que me siento feliz cuando pienso en mi libertad.

Los ojos del barón resplandecieron de alegría e, inclinándose aun más, preguntó:

- ¿Y ya has elegido tu nueva residencia?

El castillo que conozco se llama Feitsbourg y está vacío y desolado, sin la magia de una castellana.

¿Me permitirías conocerte y ofrecerte mi corona de barón? Te aseguro de antemano que tendrás ganado el caso porque tengo una tía italiana, pariente del Pontífice, que intercederá por ti.

No hace falta decir que de la alegría la bella condesa, porque quien así le hablaba era un hombre joven, hermoso y ricamente ataviado con la mejor nobleza. Ella no lo amaba, ciertamente, pero el orgullo halagado la inclinaba hacia él...

- Dame tu palabra que, al mismo tiempo, cuando regreses de Roma, aceptarás mi mano como marido, ya que te consideras mi esposa de ahora en adelante, ante Dios.

- Sí, yo te lo prometo - respondió mirándolo seriamente -, tal como le prometí, un día, a aquel marido ingrato; pero dime: ¿Odias también a las criaturas enfermas y que sufren, como Kurt de Rabenau?

- Dios me prohíba tal proceder - respondió Feitsbourg, sonrojándose intensamente -, todos somos criaturas de Dios y nadie sabe el futuro que te espera. Espero que mi esposa me siga amando, si vuelvo de una batalla mutilado o enfermo; que nunca, bajo ninguna circunstancia, deje de apreciar la fidelidad sentida con el mismo ardor que mis regalos físicos; por supuesto, te garantizo que pagará en especie, compartiendo alegrías y tristezas. No tengas miedo, no lo dudes, noble señora: este amor que hoy me inspiras, hermoso y fresco como una rosa que florece en la mañana de primavera, te acompañará al sepulcro.

Sensibilizada, Rosalinda le tendió la mano, que él besó conmovido, colocando sobre ella su anillo de diamantes y diciendo:

- Mi cariño por ti tiene el mismo brillo y pureza de esta joya.

Kurt tembló de ira y celos al verlos absortos en tan íntima fabulación; de lo contrario, el barón no intentó ocultar sus acciones y pronto comenzaron los rumores que era el sucesor de mi querido hijo. Éste, por su voluntad, habría provocado inmediatamente un esfuerzo; pero ¿cómo hacerlo? Fue el primero en anunciar la noticia del divorcio, y con el ostentoso noviazgo de la princesa Úrsula se había ganado las gracias del soberano. Cuando los últimos invitados se fueron y Rosalinda salió de la habitación, Kurt le detuvo el paso, diciendo:

- Tenemos algo de qué hablar...

- Creo que todo se resolvió con nuestra última entrevista y que la última palabra solo podrá decirse en Roma, cuando nos separemos para siempre.

El tonto pasó los ojos cruzando la habitación y al ver que estaban solos, se acercó a ella rápidamente y le dijo en tono melifluo:

- ¡Qué hermosa eres! Me alegro de verte restaurada, fuerte y más seductora que nunca.

- ¿En serio? - Respondió mordaz -. ¿Por qué estás deslumbrado justo cuando estamos a punto de liberarnos el uno del otro?

Estos madrigales debían pertenecer a la princesa Úrsula quien, igualmente, estaba muy contenta con la perspectiva de nuestro viaje a Granada.

- ¡Oh! dejemos en paz a la princesa: veo que eres un poco rencorosa y no perdonas las palabras imprudentes que alguna vez pronuncié, en momentos de exaltación; sin embargo te aseguro que siempre te amé y estaba loco cuando pensé en el divorcio. Perdóname entonces, cariño, y ten la seguridad que te amo lo suficiente como para no querer perderte, tanto es así que se cancela el viaje; lo que se dice queda sin decir.

Rosalinda se puso furiosa y se acercó al marido le dijo en sus mejillas:

- Estás muy equivocado, conde; continuaremos a Roma y ten la seguridad que tendremos que obtener el divorcio. ¿Puedes, en tu obtusidad y brutalidad, creer que me someto pasivamente a tus caprichos de sátiro? Mira, haz de ti lo que quieras; pero ten por seguro que esta vez me perdiste para siempre... Y para probar esta irrevocable decisión mía, te declaro, desde ahora, que me he comprometido con el barón Feitsbourg y nos casaremos en cuanto regrese de Roma. Entiéndelo así y no me molestes, nunca más, con protestas y juramentos que no tienes derecho a realizar. Desvergonzado, anuncias nuestro divorcio a los cuatro vientos y te atreves a celebrarlo con un banquete; invitas a todos y obligas a tu esposa a presidir esta fiesta. Ya sabes, entonces, que una mujer valiente solo podría aprovechar esta fiesta para elegir otro marido.

¿Crees que ignoro lo que proclamas para justificar tu infamia; es decir, mi esterilidad? Bueno, fui a herirte con la única arma capaz de vulnerar tu bestialidad que he recuperado, me he embellecido y acabo de elegir otro marido. Libre, aléjate de mí y pide la mano de la princesa. Aquí tienes una alianza de boda, que puedes ofertar.

Se quitó el anillo del dedo, se lo arrojó a la cara y salió corriendo. Kurt se quedó por un momento como estupefacto; luego, bailó claqué enojado, se despeinó y se encerró en su habitación, rompiendo allí en sollozos.

No, no había soñado.

Retomo ahora la narración donde la dejamos, cuando, después de ver la muerte de Benedicto, me encontré a bordo del barco donde estaban Rosalinda y su marido. Espectador invisible, seguí la lucha de los piratas y finalmente vi cuando el capitán Nigro saltó a la galera atrapada.

Luchando por controlar el miedo que se apoderó de él, Kurt preguntó, con altivez, cuál sería el precio de su rescate. El capitán Nigro, a su vez, buscó saber qué garantías ofrecía para cumplir su palabra prometida, añadiendo irónicamente que solo él, Kurt o Rosalinda le servirían como rehenes. El conde Rabenau miró asombrado a su alrededor. El enojo que le provocó la frialdad de Rosalinda y los celos que le inspiró el barón Feitsbourg, sugirió la idea de una doble venganza, que golpearía simultáneamente a la esposa y al rival, retrasando o quizás anulando el matrimonio.

- Quédate con ella y fija el precio de nuestro rescate, que te será pagado tan pronto como me encuentre en tierra firme.

Un destello de alegría brilló en los ojos del pirata, mientras los hombres de Kurt se miraron atónitos, sin comprender los motivos de tal actitud indigna de un noble. A un ritmo constante, sin luego de darle una simple mirada, Rosalinda se acercó al pirata y le estrechó la mano. Nadie podría sospechar, incluido Kurt, quien el corazón de la bella Rosalinda latía ansiosamente, pues la mano que se extendía hacia ella era la de Léo de por Lovenberg. También fueron tomados como rehenes un paje y un sirviente, al servicio de la noble.

- Rosalinda - intervino Kurt, furioso de ira -, te vas sin despedirte y espero; sin embargo, que nuestra separación no será por mucho tiempo.

- Bueno, espero que antes sea eterna - respondió ella en tono despreciable -, incluso porque la resolución que acabas de tomar equivale a un divorcio.

El capitán se la llevó consigo; pero, llegando a cubierta, lejos, fuera de la vista de Kurt y el equipo, abrazó a su legítima esposa y, bañado en lágrimas, murmuró:

- Aquí, entre el mar y cielo, puedo resucitar por tu amor.

- Me parece un sueño, Léo... Vives y he aquí, te encuentro, después de diez años de tortura junto a un hombre indigno. Y ahora ¡ay! Dios, ¡estoy escuchando palabras de amor tuyas otra vez, de tus labios, que nunca mintieron! Pero dime: ¿cómo pudiste permanecer en silencio tanto tiempo? Deberías haber sabido que me uniría a ti dondequiera que estuvieras. Ahora me quedo contigo, seré rehén voluntaria de por vida.

- Sí, querida, ahora solo la muerte podría separarnos. Por fin vi a Mauffen con sus siniestros designios; vi a Eulenhof, el enano desagradecido y la pérfida Rosa, compañera de todos estos monstruos. La verdad; sin embargo, es que no podía hacer nada, porque había llegado el momento de todos ellos.

En aquella noche memorable, Rosalinda y Léo subieron a cubierta, abrazados y en silencio, contemplativos, permanecieron apoyados en la barandilla, como olvidándose de sí mismos y de todo lo que los rodeaba, hasta que Rosalinda rompió el silencio, diciendo:

- Cuéntame, querido, cómo escapaste de la muerte y te convertiste en pirata; cuéntame todo lo que pasó desde el momento en que nos separamos. Mira, no me ocultes nada, porque todo lo que a ti concierne es precioso para mí - levantó la cabeza y miró sonriendo el rostro moreno del apuesto marinero -. Mira, eres tan guapo y por aquí, supongo, las mujeres son tan seductoras y apasionadas que, si te conociera vivo, no tendría ni un minuto de paz en mi vida.

Una gran carcajada fue la respuesta de Léo. Toda la satisfacción que le dieron los celos tardíos de su amada esposa se reflejaba en su rostro. Besándola en la boca, habló desde el corazón.

- ¿Encontraste un perfil de mujer aquí a bordo? No, por supuesto, y eso significa que me mantuve fiel a la condesa de Loevenberg. Así entendiendo, escucha la historia de mi vida después que nos separamos:

Cuando la daga del desgraciado Mauffen me atravesó el pecho, perdí la todos los sentidos. Cuando volví en mí, estaba en una choza y una mujer que no reconocí de inmediato, en las sombras, me pensó la herida. Luego supe que esta mujer era una comerciante que, en compañía de un hermano, asistía a ferias y torneos de venta de frutas, refrescos, dulces y también jarabes y ungüentos.

Esta criatura, a quien siempre le compraba algo, se interesó por mí y al ver que me habían llevado a la tienda como muerto, se coló allí furtivamente cuando mis familiares se marchaban, aturdidos y desolados. Al darse cuenta; sin embargo, que mi corazón aun latía, le rogó a su hermano que la ayudara. Y cuando empezó a caer la noche, me metieron en su carro, debajo de la paja, y mientras me buscaban por todos lados, me transportaron a su choza escondida en medio del bosque. Allí, escondido en una pequeña habitación aislada, la bondadosa Lidivina curó mis heridas con un bálsamo realmente maravilloso y poco a poco me fui recuperando por completo. Una vez que estuve sano, necesitaba urgentemente cuidar de mi vida, ya que no podía permanecer escondido allí por el resto de mis días. La verdad; sin embargo, es que me sentí bastante avergonzado, porque no pude ni quise presentarme ante ustedes y la sociedad, privado de mis privilegios y prerrogativas de nobleza.

Mientras luchaba por solucionar el problema, a la providencia le agradó enviar a la cabaña al monje Benedicto, tu amigo padrino. Creo que fue el confesor de mi generosa enfermera y tal vez algo más, porque Lidivina era una mujer hermosa. Al saber de mi estancia allí, Benedicto me mostró mucha amistad y benevolencia. Cuando le dije que quería pasar por muerto y salir del país, me aconsejó que me disfrazara y permaneciera en compañía de un fraile italiano, que había venido por negocios a la Abadía y estaba a punto de regresar a su monasterio, donde - añadió -, podría profesar, si quisiera, o descansar un rato y luego buscar a un viejo pariente residente en Venecia. El plan me agradó. Benedicto me proporcionó una valiosa suma y así acompañé al venerable fray Francisco. Bien recibido en el respectivo convento, el Prior consintió en vivir allí como laico y de hecho allí pasé más de un año, hasta que contacté con el primo de un monje, quien, un pirata profesional, me convenció de las ventajas profesionales. Manteniendo correspondencia con Benedicto, supe más tarde por él que había asumido el priorato. Posteriormente, cuando vino a Roma, tuvimos una entrevista y con la intención de hacerme su agente, me encomendó los planes audaces que tenía en mente, como jefe de una audaz conspiración, en la que participaron varios cardenales, comprados por su peso en oro. Se trataba, ni más ni menos, de eliminar al Papa y elegir a un viejo benedictino, fundador de la Orden de los Celestinos, un hombre ascético y absolutamente carente de experiencia política. Benedicto pretendía ser cardenal para convertirse en secretario de este Papa inepto, y esto con el objetivo de destronarlo más tarde, convirtiéndose en el Sumo Pontífice. Ya me dedicaba a la piratería, pero Benedicto me facilitó los recursos para comprar este soberbio barco. Como apoderado suyo, me corresponde visitar a los cardenales, prelados y demás personajes que tengan relaciones con él. Ahora sé que su plan está a punto de hacerse realidad, ya que su candidato acaba de ser elegido y el nombramiento de cardenal no debe demorarse. En este momento tengo conmigo documentos valiosos, cartas y recibos y grandes sumas, que necesito enviárselas.

Mientras Léo hablaba así, noté que Mauffen se arrastraba hacia él, con la intención de matarlo. Rosalinda también se dio cuenta y se colocó entre los dos. El criminal quiso entonces hacerle daño, pero falló el golpe y la puñalada no fue fatal. Léo, exasperado, con un empujón certero lo clavó en el mástil, por el cuello y Rosalinda se desmayó. Al día siguiente se desató una terrible tormenta. Las olas del Adriático se levantaron en montañas y el barco, como si fuera una simple cáscara de nuez, iba rodando crujiendo en todas sus partes.

Los piratas, tan intrépidos en los conflictos humanos, temblaron ante la furia de los insensibles e invulnerables a la fuerza de sus brazos y al filo de sus armas. La tormenta pareció aumentar, hasta que una ola más grande se estrelló contra la cubierta, arrastrándola de popa a proa. Cuando el barco emergió desordenado y caprichoso en las aguas, no quedaba ningún ser vivo a bordo. Todo había sido tragado por la vorágine de las aguas y lo único que quedaba por ver era un macabro trofeo de resistencia inconcebible: ¡el cadáver de Mauffen clavado en el mástil! Léo flotaba abrazado a Rosalinda.

El desprendimiento de su periespíritu no duró mucho. Unos amigos de este lado, ayudados por mí, cortaron rápidamente el cerebro enroscado, para despertarlo... y la pelea comenzó de nuevo... La muerte de ambos fue; sin embargo, predicha, y pronto sus periespíritus emergerían de las aguas.

- Eres libre, el cuerpo no vale nada - dijimos – y pronto me dirigí hacia Kurt, que había llegado a tierra firme y estaba descansando en un pueblo de la costa.

Por la mañana tras el incidente, el mar arrojó innumerables cadáveres a las playas, incluidos los de Léo y Rosalinda. Dos sobrevivientes simplemente aparecieron para contar cuál fue la terrible catástrofe; eran el paje y 1 doncella de Rosalinda, quienes habían sido dejados como rehenes. Inicialmente, Kurt se conmovió mucho cuando reconoció el cadáver de la mujer, pero no le llevó un tiempo reemplazar esa impresión por una satisfacción íntima y maliciosa. Que ahora ningún barón tendría derecho a reclamarla. Cuando sacaron una pequeña caja de metal del cuello del capitán Nigro, Kurt examinó el contenido y se sorprendió al encontrar no solo pruebas de la identidad del conde de Loevenberg, sino también la correspondencia de Benedicto con los cardenales. Estaba ocupado examinando los papeles cuando el alboroto del pueblo anunció la aparición de un barco hundido, en el que se escondía una figura de aspecto humano. Como si el clima fuera magnífico y el mar tranquilo, Kurt tomó un bote y se acercó al barco, esperando encontrar algo más que aclarara el itinerario y los logros de Loevenberg. No encontró nada más que el cadáver de Mauffen, pero, por otro lado, conoció los planes clandestinos y los documentos relativos a mi origen y posición como jefe de la sociedad secreta. El sirviente consiguió quitar el anillo de Feitsbourg de la mano rígida de Rosalinda, intentando palmearlo; pero Kurt, valiente, le puso embargos. En la ciudad más cercana se encargó de embalsamar el cadáver de su esposa y, sin demora, reanudó su viaje a la patria, con la cabeza llena de mil proyectos dignos de él. Fue directamente al castillo de Rabenau. Siempre hipócrita, fingió profundo dolor, ordenó pomposos funerales; sin embargo, mezquino y vengativo por naturaleza, no podía olvidar al barón y devolvió el anillo de bodas que le había quitado a la muerta. Hecho esto, decidió presentarse en el Convento con los documentos confiscados al capitán Nigro, cuya importancia le había sido subrayada y explicada por el padre Lucas. El nuevo Prior, el Pater Sanctus, poco enérgico y culpable, mala criatura, - le hago justicia -, dotado igualmente de buenos sentimientos, tenía la noción exacta del honor y la dignidad del cargo. El rumor actual, que existió del conde que había entregado a la mujer a un pirata, había llegado a sus oídos. Así, recibió al noble con la mayor frialdad, desconfiando de su narrativa. Sin embargo, no dejó de conmoverse y considerar los caprichos del destino, o del azar, que había convocado en la muerte de la desafortunada pareja. Concluyendo este tema de conversación, Kurt le dio a Sanctus una mirada traviesa y dijo:

- He aquí, Reverendo, algunos documentos muy interesantes, encontrados en posesión de Loevenberg y relativos a su digno antecesor. Sin embargo, antes de enviárselos al duque, decidí mostrárselos y obtener algunas explicaciones. Mire aquí; por ejemplo, la carta de un prior benedictino, italiano, en la que se explica la idea de elevar al trono pontificio a cierto ermitaño absolutamente nulo y se afirma que la victoria no tardará; a continuación, tenemos recibos de grandes sumas pagadas a los cardenales para obtener su sufragio; una lista de los principales candidatos a la tiara, y otro nominado más del pueblo satisfecho de obtener el sombrero rojo para el difunto prior Benedicto.

Finalmente esto es lo que me parece más interesante: una carta del propio Benedicto a Loevenberg, en la que dice palabra por palabra:

- "Por inexperto que sea, en todos los asuntos, salvo los de orden teológico, la verdad es que no necesito un cerebro que me comprenda, sino un cuerpo que me obedezca; y una vez hecho cardenal-Secretario, activaré la cruzada que tenemos a la vista, con la donación de 500.000 escudos de oro. Explica bien este tema a personas interesadas. No falta dinero, afortunadamente, porque tenemos las arcas de la hermandad secreta..."

En este punto, Kurt interrumpió la lectura para decir:

- Permítame saber qué sociedad secreta existió aquí y cuál tenía a mi padre como cabeza, como se puede inferir de otros documentos que no traje conmigo.

Aquellos documentos señalan tesoros que mi padre poseía como jefe y que probablemente se encuentran escondidos en nuestros vastos dominios. Por mi parte, creo que mi padre tenía la costumbre de dirigir una sociedad secreta, que terminó asesinándolo a él, el que retuvo mis bienes. Le pido, reverendo Sanctus, que me dé todo esto en platos limpios y devuélveme lo antes posible lo que me pertenece, de lo contrario entregaré los documentos a nuestro duque y descubriré las oscuras maquinaciones de esta hermandad, en la corte de Roma.

Ante todo él había escuchado, aparentemente tranquilo, pero en el fondo, inquieto.

- Muéstrame los documentos inherentes a los asuntos de Roma - dijo finalmente -. Conozco la letra de las personas que acabas de mencionar y quiero asegurarme que no haya ningún fraude.

Kurt no dudó y le pasó la correspondencia de Benedicto con Loevenberg y los cardenales. Sanctus, con el ceño fruncido, hojeó el papeleo, contó letra por letra y luego, con altivez, arrojó todo a las altas llamas de la estufa. Kurt se levantó y gritó fuera de sí, al mismo tiempo intentando sofocar el fuego:

- ¡¿Qué estás haciendo?!

¿Quieres, entonces, destruir documentos tan preciosos?

Sanctus lo tomó del brazo y a su vez habló con una entonación significativa.

- Hijo, ciertamente eres un gran señor, y ante los hombres vales algo; frente a la iglesia; sin embargo, nada eres. ¿Escuchaste? Tu insolencia en este caso solo puede explicarse por tu ignorancia. Conéctate con esta santa madre y pretender comprometer a cualquiera de sus miembros es lo mismo que condenarse a muerte. Nunca jamás hubo una ley que autorizara la restitución de lo que cae en las arcas de la iglesia, ya que los bienes terrenales atesorados por ella son para beneficio de la humanidad y nadie se atreve a reclamarlos. Entonces, puedes ver que no tienes nada de qué quejarte aquí.

Si tu antepasado, como ferviente creyente, decidió ayudar a la iglesia entregando grandes sumas de dinero, todo lo que tienes que hacer es conformarte. Por otro lado, debes saber que nadie lo asesinó. Vete, pues, en paz y busca en silencio, mediante el ayuno y la oración, expía tu audacia e insolencia. Por el momento estás privado de recibir los sacramentos. En cuanto al padre Lucas, me corresponde advertirle del descuido de su instrucción y de su incomprensión respecto de la disciplina de la iglesia y el respeto debido a sus representantes.

Después de este discurso bien intencionado, el prior despidió a Kurt, quien, además de obtuso y vago, apenas sabía leer y solo sabía de palabra en voz alta los documentos que el padre Lucas había interpretado y comentado. Por lo tanto, regresó muy molesto, pero sin saber qué responder. Poco después acudió a la Corte para proponerle matrimonio a la sobrina del duque, quien lo recibió con la mayor benevolencia. Durante el banquete notó, indignado, que los invitados lo miraban con desdén y evitaron hablar con él. Al final del banquete, el barón Feitsbourg se levantó y pidió la palabra, a lo que el duque se lo concedió de buena gana. Luego dijo que lo acusaba de traición y de cobardía, por haber, contra todas las reglas de nobleza y caballerosidad, comprometido a su esposa con un pirata. El duque estaba furioso y la princesa nerviosa se desmayó.

- Te desafío, Señor de Rabenau, mancha inmunda que eres y vergüenza de nuestra clase; y si sucumbo, aquí hay seis caballeros más dispuestos a corregir tu infamia.

Kurt se levantó, furioso por la ira, mientras el barón le había arrojado el guante a la cara y los otros seis nobles lo insultaban.

- ¡Silencio, señores! - Dijo el duque -. Y usted, conde, explíquese...

- Soy absolutamente inocente - y al decirlo, sus ojos reflejaron una malicia vulpina -; la verdad es que solo hice este viaje para buscar nuestro divorcio. En el mar Adriático el barco fue capturado por el corsario, quien exigió un rehén y este pirata era, nada menos, vasallo de nuestro querido duque; es decir, el mismo Léo de Loevenberg, que todos pensábamos que había muerto en un duelo memorable con el conde de Mauffen.

¿Cómo y por qué sobrevivió y se convirtió en un ladrón de mar? Esto es lo que nunca podré decir. Lo que no sabía; sin embargo, era que como no se había divorciado de Rosalinda, ella le pertenecía de hecho y de derecho; es así que se la entregué, no a un pirata sino a su legítimo marido, quien, de hecho, me agradeció haberla conservado por diez años. Como él está vivo, mi unión con ella es *ipso facto* nula y usted, Señor de Feisburg, es quien tiene menos derecho a pedirme cuentas y tendrás que admitir que me ultrajaste sin motivo.

El duque pareció satisfecho, la princesa recuperó sus colores naturales y los nobles se miraron sorprendidos, pero Rosalinda y yo estábamos muy sufridos en el espacio. Finalmente, el duque dijo:

- Señores, creo que esta explicación probablemente borrará el honor del conde de Rabenau y espero que el incidente se resuelva amistosamente.

Los seis nobles murmuraron algunas excusas que Kurt escuchó de mala gana y con el ceño fruncido. Solo Feisburg no dijo nada y volvió a sentarse de brazos cruzados.

- Bueno, barón: usted que provocó el incidente, ¿no dice nada? Ahora, terminemos con estos malentendidos que perturban nuestra alegría.

Esto dijo el duque. Kurt, lo sabemos, era un cobarde y evitaba provocaciones. Una vez confrontado, aceptó las disculpas. Feisburg; sin embargo, era pendenciero por naturaleza y respondió con ironía:

- Si mi guante no arde en la cara del conde Rabenau, estoy dispuesto a reconciliarme con él.

El duelo es, por tanto, inevitable; fijaron la fecha del encuentro y el duque le declaró a Kurt que si sobrevivía le concedería la mano de la sobrina. Nuestro héroe salió furioso y ya preguntándose si no habría alguna manera de deshacerse de su oponente, quien era, de hecho, un terrible espadachín. Como es el caso de todos los cobardes, Kurt temía a la muerte, sintiendo en ella el fin de la impunidad. Para obtener ayuda del cielo, pasó varios días y noches abrazado al padre Lucas, orando y ayunando, golpeándose el pecho y encareciendo el don de su innoble vida a todos los santos de la corte celestial.

A pesar de piadosa diligencia, también recurrió a factores más positivos y así envió a Tuísco – su alma condenada –, para corromper con el peso del oro a uno de los escuderos del barón, el cual, la mañana del duelo, le administró el mismo veneno al vino que le había servido durante el reencuentro de Waldeck con Edgar de Rouven. Gracias a esta traición, Kurt logró una victoria fácil, matando a su desafortunado oponente, aturdido y vacío de fuerzas. Si Kurt hubiera podido ver las nubes que se estaban condensando más allá de la Tierra; si viera que las fuerzas del bien se alejaban de él, a pesar de los llamamientos que les hicieron hipócritamente, tendrían que temblar por su futuro. Ciego; sin embargo, creía volverse invulnerable en su insolencia.

Con toda pompa se celebró la boda con la princesa Úrsula, quien no era joven, ni bella ni inteligente, pero tosca y sensual, digna de él, en definitiva. A esta fiesta nupcial asistieron toda la nobleza, en atención al soberano, pero en el banquete que días después ofreció Kurt, en su castillo, no estuvieron todos los señores del grano. El propio duque, tal vez previendo esta abstención, pretextó una migraña accidental para justificar la ausencia. De modo que la reunión solo estuvo compuesta por oscuros castellanos y conocidos papales, lo suficientemente pobres y débiles como para no ofender a un vecino poderoso.

Entonces tuve la satisfacción de ver que mi heredero disfrutaba de la felicidad conyugal que merecía. Úrsula, aunque era una princesa, era una criatura mediocre, celosa, maliciosa y no se preocupaba mucho por él. Sin embargo, no le dio tregua y un día lo sorprendió abrazando a una sirvienta, le dio un par de bofetadas y echó a la sirvienta. Se había quemado de la frialdad de Rosalinda, que nunca lo había amenazado ni siquiera con un gesto de su mano - una mano hecha de jaspe setino -, ahora la sentía se enfrentaba al estigma de la brutalidad celosa. Úrsula se encerró y bailó claqué enojada; y cuando miró para disculparse, fue amargamente insultado; pero, una vez superada la crisis, se echó al cuello. Y él, que se mostró tan ofendido por las travesuras de la elegante y mansa Rosalinda, ahora soportó pacientemente las escandalosas peleas de esa mujer fea, golosa y relajada, simplemente porque era… una princesa. Pero, como todo pasa y cansa, incluido el honor de ser sobrino de un duque; y como los celos agresivos de su esposa lo irritaban demasiado, terminó perdiendo los estribos y devolviéndole la bofetada. Ese día, Úrsula, enfurecida, agarró un vaso y se lo arrojó a la cara con tanta fuerza que le hizo gritar ferozmente. Algo sangriento salió de su boca entreabierta: era un incisivo, uno de esos dientes blancos, que valoraba más que la perla más preciosa. Ese horrible agujero la oscuridad le privaría de sonreír para siempre.

Gracias, al plano espiritual, por ser testigo de todas estas bajezas, me sentí cada vez más triste. Si tan solo pudiera expiar en el espacio - conjeturé suspirando, a menudo -, al menos allí, la formidable actividad universal me llevaba a olvidar mi ego; en el torbellino formidable entre los sistemas planetarios, el átomo inteligente olvida sus mezquinas ambiciones; deslumbrado por el trabajo incesante de miles de millones de inteligencias, que manejan con destreza inconcebible las masas nebulosas de la materia primaria se vuelve dócil a las corrientes luminosas de la volición de una inteligencia ya alcanzando este grado de perfección. ¡Cuán mezquino era el poder tras el cual había corrido!

Los hombres que pretendía gobernar eran falsos y mezquinos, sus actividades no hacían más que satisfacer instintos burdos, ningún objetivo elevado activaba su inteligencia. Mi mirada desencarnada vio que el amor se pagaba con oro, que la amistad y la estima se basaban en el interés y; sin embargo, esta convicción, debo confesar, para mi vergüenza, que los intereses terrenales me retenían como si fueran tenazas de hierro.

La miserable multitud que allí se reunía me molestaba y me repugnaba, pero yo no estaba desinteresado y quería involucrarme en sus destinos, para aliviarlo o destruirlo.

Bajé a la habitación del padre Lucas, el fiel amigo de mi Kurt. Lo encontré inmerso en la lectura de los pergaminos acordes con mi identidad y la existencia de opulentos tesoros en el castillo de Mauffen. El rostro apagado y graso del fraile, que había engordado mucho gracias a la buena comida, estaba sonriendo de satisfacción cuando Kurt entró de mal humor y se dejó caer en una silla.

- Hijo mío - dijo Lucas levantando la cabeza -, estos documentos que me confiaste contienen revelaciones muy serias, como verás.

Y empezó a informar de su contenido. ¡Oh! exclamó el codicioso heredero de mi nombre:

- No podemos renunciar a estos tesoros, ya que mi padre descendía de los Mauffen, era un Mauffen. Le revelaré todo a nuestro duque y con él, en secreto, compartiré el hallazgo, ya que sin él no puedo entrar allí sin ofender a los Benedictinos. Sin embargo, aceptarán vender el castillo al soberano, aunque no les reportará ningún beneficio ofrecer esta propiedad. Logrado esto, le haré ver al duque que mi padre era el jefe de la sociedad secreta, ya que quedan algunos documentos que no llevé al prior. Así que ordena todo ese papeleo, escríbelo con claridad sobre lo que debo decirle al duque y sigamos nuestro camino.

Una ira sin sentido casi paralizó mi periespíritu mal contenido. Ese hijo ingrato quiso descubrir el pasado criminal de su padre, olvidando, su rapacidad una estupidez que, si yo fuera un Mauffen, él dejaría de ser un Rabenau. Quería traicionar mi posición de jefe, contaminar mi memoria, borrar el nombre de mi tumba y saquear el tesoro que pudiera encontrar, para disiparlo, inducirlo a cometer nuevos crímenes y libertinaje. ¿Qué podía hacer para detener este plan? Me sentí impotente ante los atrevidos encarnados, para quien no había nada sagrado y que se enfrentaban a mí sin el menor rastro de sentimiento filial.

Desesperadamente atraje a mi guía y protector y le confesé mi deseo de aniquilar a esa criatura. La palidez con la que se me presentó el guía solo puede apreciarse por la exasperación que causa a los espíritus imperfectos.

- Ya sabes – dijo -, que la existencia de la criatura, por culpable que sea, no depende de la voluntad de los demás. Ahí donde se resuelve la encarnación es donde se marcan sus límites; y es necesario que una existencia terrenal sea bastante inútil y defectuosa, para poder cortar el hilo. Nadie escapa a la ley de la desintegración del cuerpo físico y el apuro, en este caso, es un atributo de la imperfección…

- ¡Bien hecho! - Concluí en mi exasperación -, llévenme a ese Juzgado donde regulan los destinos y yo mismo defenderé mi caso contra este ingrato. Mi fuerza de voluntad me puso ante los guías supremos, seres perfectos, muy imparciales y ante cuya majestad me postré.

- ¿Que quieres?

- He oído como por repercusión mental.

- Sabes que la muerte corporal es la puerta inevitable a la Corte de Justicia perfecta. Pides la destrucción de un cuerpo que ha servido para degradar a su dueño, que abusa de la etapa terrenal; Pero, ¿qué derecho tienes para hacer esto? Tiemblas y te indignas al pensar que tu reputación se verá empañada, tal vez, como resultado de un pasado criminal; te sonrojas ante la idea de la humillación, por verte a ti mismo desenmascarado y juzgado por hombres, que pensaban que eras mejor de lo que eras; pero nunca temblaste ni te sonrojaste en la práctica de acciones tan reprobables. Espíritu inteligente, ¿no te da vergüenza esclavizarte así, a ese mismo turba que pretendes despreciar y contra la cual te rebelas? La pequeña fatuidad te hace espumar de rabia y suplicar la muerte de tu hijo, porque se esclaviza a instintos y prejuicios que supone satisfacer con un peso de oro.

Tu petición no está justificada, porque tu existencia terrena no es recomendable por la virtud. ¿Te arrepientes del tesoro que tu hijo quiere desperdiciar y olvidas que si no lo hace, alguien más lo encontrará y abusará de él. Por tanto, no hay nada que pueda justificar la muerte inmediata de Kurt.

Me quedé atónito, no sabía qué decir, pero traté de concentrarme y, pronto, me vino a la mente la idea de qué lado tomar.

- En esta encarnación, Kurt no hizo nada para su propio beneficio, ni para el de nadie más.

Desde un egoísmo endurecido, no ama ni es amado por nadie. No proporciona refugio a los indigentes; no enjuga una lágrima con su dinero; es un ser inútil y parásito que se alimenta del sudor de sus vasallos, sudor que su capacidad y la brutalidad aumenta y envenena. ¡Pues bien! A cambio de esta existencia inútil, que pido que se acorte, propongo encarnar cuando los guías lo determinen, vivir una vida modesta como peregrino y, si se me permite encontrar los tesoros, transformar el castillo de Mauffen en un hospital, cuidando yo mismo a los enfermos. Y, dado que el reencuentro del tesoro me lleve a evadir este compromiso, que se me aplique la misma pena que ahora suplico por el hijo ingrato.

Mi pensamiento evolucionó puro, claro, fuerte, como el deseo de lograrlo. Inmediatamente me sentí envuelto en claridad. Solo una existencia de caridad, de desinterés, de sacrificio, puede rescatar una vida inútil.

- Qué, por tanto, que el tesoro que destinaste a este fin permanezca intacto, y que el hombre ingrato e inútil perezca prematuramente.

Espíritu reflexionado, que haces de tus propias penas un ideal preconcebido, de benevolencia humanitaria, se te responde jubiloso por la concesión obtenida, bajé para reunirme con mis compañeros. Ahora - me dije – el desagradecido no se me escapará. Estábamos en plena temporada de verano, el sol abrasaba la Tierra, deprimía los manantiales, abrasaba el follaje. A lo largo de los largos caminos, el viento cálido levantaba nubes de polvo que asfixiaban a los escasos viajeros, obligados a afrontar el calor. Toda la naturaleza parecía agotada y entumecida. La atmósfera estaba saturada de electricidad. En todas las iglesias y capillas se reunió la gente, rezando ardientes oraciones para que cayera la lluvia.

El efecto beneficioso refrescaría la tierra y evitaría la destrucción total de los cultivos. Por el momento; sin embargo, el cielo estaba indiferente, ni una sola nube se condensaba en la umbela azul, donde el sol triunfante amenazaba con aniquilarlo todo.

Ese día, Kurt se despertó más tarde y estaba almorzando con su esposa y el padre Lucas, ambos bien alimentados y pletórico.

- ¡Oh! - Dijo el fraile secándose la cara, ¿realmente el señor conde se arriesgaría a irse con este clima?
Por mi parte, confieso que me siento congestionado... Y frente al polvo que se levanta hay una temeridad que va más allá

mis fortalezas.

Kurt, que nunca se preocupaba por nada más que por sí mismo, respondió con el mayor descuido:

- He decidido ver al duque hoy y llegaremos allí, porque necesitamos resolver este asunto. Entonces, alístate para que nos reunamos.

- Pero, al fin y al cabo, ¿a qué se debe esa terquedad de viajar con este tiempo? - Preguntó la condesa involucrándose en la conversación y dándole una mirada sospechosa a su marido -. ¿Qué asunto serio puedes tener que discutir con mi tío? En ese caso, yo también iré contigo, determinó en tono provocativo.

Kurt se enojó y lanzó un puñetazo a la mesa que hizo bailar a todos.

- Bueno, no irás y sabrás que, con esta estupidez, todavía me veré obligado a dejarte. Tus celos... volviéndose intolerables... - Y suspirando -. ¡Oh! Rosalinda, ¡quién hubiera pensado que tendría que soportar estas vergüenzas!

¡Ahora sé cuánto valías y nunca jamás te olvidaré!

- ¡Imprudente! ¡Idiota! ¿Aun te atreves a hablar de tu amor Rosalinda? Pero, ¿quién, sino tú, me confesó que te disgustaban su malicia y su debilidad?

¿Y ahora insultas y actúas arrepentido y lamentándote? Pues estás muy equivocado, porque nada me impide acompañarte y mira con quién pretendes engañarme.

Kurt maldijo y empujó violentamente la mesa, maldiciendo.

- Hija – dijo Lucas cruzando las manos en actitud beatífica –, no te dejes llevar tanto por el demonio de los celos; cálmate y quédate, que soy yo quien te aseguro que tu marido está en un negocio de gran importancia. Además, voy en su compañía y prevalece esta circunstancia para disipar cualquier sospecha.

Dicho esto, se levantó y se fue. Úrsula, después de besarle la mano, volvió a sentarse y siguió cenando como si no hubiese pasado nada. Mientras tanto, Kurt se vistió, felizmente recogió los documentos y los escondió en el bolsillo interno de su abrigo. Poco podía imaginar que los conservaría para siempre. Luego ciñó la espada que el paje le presentó y bajó al patio, donde los escuderos tenían, ya ensillados, su caballo y la mula en la montura del fraile.

- Mi noble señor, - advirtió el guardián del castillo -, déjeme decirle que, por mí, hoy no haría este viaje... Mira esas nubes negras que se posan en el horizonte y presta atención a este viento que empieza a soplar.

Esta es una señal que se acerca un tifón...

- En absoluto; antes que estalle la tormenta, estaremos bien alojados en el palacio ducal - dijo, montando la espléndida montura, mientras dos escuderos buscaban para ayudar al gordito padre Lucas, que en su camino resoplaba y luego protestaba:

- ¡Oh! señor. Cuenta, no galopes que entonces, este polvo me ciega y me veo obligado a soltar las riendas...

Kurt ralentizó su carrera. No quería llegar ante su confesor, quien debía leer y explicar los textos documentales al duque.

- ¡Plaga animal que eres pararemos para almorzar en el camino! - gritó Lucas, mientras el pacífico animal, igualmente agotado por el calor, se detuvo junto a un matorral de cardos, insensible a patadas y azotes.

- Acabemos con esto, mi fraile, o nos asaremos aquí - gritó Kurt enojado, acercándose y azotando la cola de la mula con el látigo de su caballo. De repente, la mula parada salió al galope y encontró al fraile en el suelo, despatarrado y jadeando.

Al verlo hablar así en el aire y con su rostro sudoroso cubierto de tierra, Kurt se rio a carcajadas.

Dos escuderos ayudaron al fraile a volver a montar y la comitiva lo siguió. Si pudieran ver lo que estaba pasando en el espacio; ver cómo los espíritus manipulaban las masas nebulosas, combinándolas... Yo también estaba ahí y mirando, a través de mil cables eléctricos, succionando toda la humanidad del cuerpo de Kurt, preparándolo así para el shock decisivo. Bonifácio hizo lo mismo con relación al padre Lucas. Nos dimos cuenta que ambos estaban poseídos por extraña y vaga inquietud.

- Parece que me equivoqué al elegir este día para visitar al duque, ya que nunca sentí ningún calor. Entonces…

No sabía cómo explicar la angustia que lo oprimía, sino que la estaba viviendo. Le ardía la frente. Levantó los ojos y vio la masa negra que comenzaba a invadir todo el firmamento. El fuerte viento azotaba en remolinos, levantando columnas de arena.

- Vámonos - dijo espoleando su caballo, pero el huracán se les adelantó, mareado; el polvo asfixiaba, cegaba a hombres y animales, obstaculizaba su avance; la oscuridad aumentó, las frentes se inclinaban y gemían, azotadas por el vendaval.

- ¡Vamos! repitió Kurt, estamos cerca...

Pero los caballos saltaban de un lado a otro, con las melenas erizadas, oliendo el peligro inminente. Todos los seres vivos buscaban refugio y las cosas inanimadas como que se retiraron. Los trabajadores invisibles seguían pululando en la atmósfera caliginosa.

Me coloqué frente a Kurt, quitando los cables que me conectaban a él y ajustando los que debían llevar el rayo entre dos nubes cargadas de electricidad. De repente, estalló un destello cegador que pareció inundar el mismísimo ambiente extraterrestre e hizo estremecer a los trabajadores del espacio, que estaban haciendo girar la atmósfera con la velocidad del pensamiento para purificarlo. Vi que todo se iba aclarando en la combustión de un brasero y, como se enreda un hilo de cabellos a la llama de una vela, así ardían y crepitaban los ligamentos periespirituales; el fuego celestial cruzó el cuerpo de Kurt y consumió los documentos comprometedores. En un instante, el periespíritu, arrancado de su capullo terrestre, se reconstituyó y lo até a mí. El padre Lucas había corrido la misma suerte y Bonifácio se lo llevó.

Los escuderos, horrorizados, balbucearon un Avemaría al ver a su amo inerte en el camino. Suponiendo que se había desmayado, intentaron ayudarlo, pero pronto vieron que no quedaba nada del noble insolente y autoritario, sino un cadáver con la ropa chamuscada. En el mismo momento, la lluvia torrencial drenaba la tierra reseca. Debido a esta misma tormenta, recordada durante muchos años por sus desastrosas consecuencias, otro rayo cayó sobre el castillo de Mauffen, cuya parte antigua se derrumbó y envolvió entre sus escombros los tesoros reservados para mi curso expiatorio.

Kurt, desconcertado, sin darse cuenta de lo que le había sucedido, tan repentina fue la transición que le tomó algún tiempo asimilarla; pero, cuando volvió en sí, retrocedió asombrado, encontrándonos a mí y a Bonifácio.

- ¡Moriste, ingrato…! Te fuiste de la Tierra del cuerpo en el que te cobijaste, suponiéndote invulnerable. Corazón vacío, me devolviste el amor con calumnias y traición; y ahora no escaparás de mi justa ira. No quiero vengarme infligiéndote un castigo moral, pero lo haré separándome de ti tres siglos. Rompo los lazos que me atan y te dejo con la manada de enemigos que hiciste, gracias a tus crímenes. Parásito desagradecido que con mi amor alimenté y defendí, busca quien te proteja y continúa cosechando la semilla que sembraste.

Dicho esto, retrocedí cortando los filamentos que me unían a él. Lo vi retorcerse de terror ante el negro enjambre de enemigos que lo rodeaban, listos para infligirle todos esos ataques, tormentos ya descritos por Mauffen. Sin embargo, mi presencia todavía los contenía y paralizó sus fluidos vertiginosos y ennegrecidos por pasiones efervescentes.

- ¡"Padre"! Lo escuché decir a través de un aliento agonizante, desde el corazón del ingrato, siempre cobarde ante la evidencia del peligro y del sufrimiento. Recibí un doloroso shock: ese mismo sonido vibrando en el espacio me había esclavizado una vez a ser un desagradecido. Lo había dejado amamantando y cuando regresaba de una larga excursión, me encontré con un niño de tres años, rubio y hermoso como un ángel, que me tendió los bracitos y murmuré ese nombre… Lo único que podía hacer, entonces, era amar al que hablaba ese nombre y concentrarme en él con todas las esperanzas de mi vida. Y siempre esta palabra: Padre, pronunciada por él, tanto en la alegría como en la aflicción, me había exaltado hasta el punto de la ceguera. En ese momento cuando pretendía entregarlo a la furia de sus enemigos, esta palabra sacudió cada fibra de mi ser y despertó el recuerdo del pasado. Entonces, como ahora, yo era fuerte, él débil; de la misma manera que, en su infancia, la cuna que alimentaba su corazón paterno lo había protegido, así también ahora bien, el espíritu estúpido, imperfecto y acobardado ante el sufrimiento, no era nada, no valía nada sin el apoyo de mi voluntad de hierro, que acalló a sus enemigos. Temiendo; sin embargo, mi debilidad y en definitiva, con la velocidad del pensamiento, todos los agravios recibidos, revoqué todas las energías de mi alma y sordo a los lamentos, desesperado por el espíritu de Kurt, me elevé al espacio, mientras mis amigos cortaban el último enlace que me detenía a él.

Una densa columna de espíritus enemigos cayó sobre el ingrato, lanzándole insultos, reprochándole su cobardía. Luego le hicieron un espacio en el interior, para que pudiera ver el sufrimiento que había causado.

- ¿Puedo trabajar en erraticidad? - Le pregunté a mi guía -. La verdad es que sufro mucho bajo la lava de mis ardientes pasiones.

Respondiendo afirmativamente al Guía, me lancé al infinito, dejando que la atmósfera planetaria me sumergiera en el torbellino giratorio de eterna actividad cósmica, donde no había tiempo para pensar en mí mismo. Una fuerza extraña me hizo detenerme repentinamente y me atrajo. Sentí que el periespíritu se espesaba dentro de mí y escuché una voz que decía:

- Todo el mundo ha pasado, ha llegado el momento del juicio. ¡Vamos!

Era la voz del guía: Caminé con dificultad, sensiblemente conmovido por la proximidad del momento solemne, cuya gravedad apenas podía comprender. En el ambiente que me rodeaba, aparecían figuras de todos lados, cada una con su aureola más o menos lúcida o depurada. Siluetas monacales, cabezas tonsuradas, manos desenredando rosarios, cambios pasados y sutilmente. Mi periespíritu tembló, el cuadro me impresionó:

- ¿Por qué?

- ¿No era una canción religiosa que te zumbaron los oídos, aunque no viste ningunos labios entreabiertos que lo justificaran?

Dominé la emoción y concluí que fueron las reminiscencias de sus pensamientos las que produjeron ese sonido, porque en el mundo espiritual toda vibración etérea produce un sonido armonioso. Al verse repentinamente agrupados en una columna cerrada, marchando como si estuvieran encarnados, los hermanos benedictinos habían recordado sus canciones. Frente a ellos flotaban tres entidades: Eulenhof, Benedicto y Sanctus. En silencio, la compacta nube de monjes me precedía. Incliné la cabeza, pensé:

- Sí, yo era el jefe de esa comunidad criminal: ¡Los hermanos Vengadores! En ese momento, una entidad se enfrentó a mí cuya presencia me produjo una gran alegría, no porque viera mi responsabilidad compartida, sino porque volví a ver a un viejo amigo: Antônio, eje y centro de todas las tramas que me habían arrastrado al camino criminal.

Del otro lado se reunieron en silencio, una segunda procesión, a la cabeza de la cual distinguí a Mauffen, Rosalinda, Loevenberg, Kurt, el enano y tantos otros.

Dirigidos por los albos guías, que flotaban en un plano superior, estos espíritus avanzaron hacia el círculo radiante donde se decreta la pena de represalia:

- No hagas a los demás lo que no quieres que te hagan a ti; la clemencia de Dios les permite reparar sus faltas a través de nuevas encarnaciones.

EPÍLOGO

El sol poniente doraba las copas de los árboles y arrojaba reflejos rojizos en el claro de un bosque, donde un hombre pálido y exhausto, descansaba a la sombra de un frondoso roble. Un arpa, al lado, indicó al bardo.

Yo le hice compañía, igualmente agotado, un muchacho frágil, pero de una belleza inusitada. Un repentino ataque de tos sacudió al bardo enfermo y una bocanada de sangre llegó a sus labios.

- ¡Querido hijo! - Murmuró, acariciando su cabello, rodeado de una mano derecha descarnada y temblorosa -. Cuánto me cuesta dejarte solo en este mundo y tal vez sujeto a la muerte del hambre... ¡Oh Dios, ten piedad del pobre huérfano! Dicho esto, cayó de nuevo sobre la hierba, haciendo ruido y cerrando los ojos para siempre... Pronto se escucharon pasos, el chasquido de ramas y un anciano apareció del bosque, largas barbas blancas, vestido de peregrino. Al ver al niño llorando, se acercó y trató de averiguar qué había pasado; y tan pronto como lo supo, se arrodilló y oró por el muerto. Luego, con el cuchillo que llevaba, cavó la tumba y enterró el cuerpo, llevándose al niño consigo y tratando, en la medida de lo posible, de consolarlo. Este adolescente se hizo a sí mismo devoto y fiel compañero del peregrino, que, solo en el mundo, se dedicó a la tarea de ayudar a los pobres, cuidar a los enfermos y enterrar a los muertos. El adolescente creció, se hizo hombre y se le vinculó con el peregrino que, además, había perdido la vista.

Habiendo aprendido a tocar el arpa, lo único que había abandonado a su padre y gracias a su vocación innata extraía del instrumento musical excitantes armonías. Entonces, con los ojos soñadores, guiando y apoyando al anciano, los dos fueron de aterrizaje en aterrizaje, inspirando simpatía y compasión. Más que una belleza se emocionó y se enamoró del joven músico idealista, pero no hubo tentación de separarlo del gran amigo, y todo el dinero ganado fue generosamente distribuido entre los pobres y los enfermos. Entonces, dondequiera que llegaron, sembraron beneficios. Duplicaron sus años, hasta que un día se detuvieron al pie de una roca en cuya cima contaba con un imponente antiguo monasterio rodeado de muros irregulares. Algo lejano, coronando otra roca, otra rosa del convento, no menos imponente.

- ¡Padre! - Exclamó el joven arpista -, que pena que no puedas contemplar este paisaje...

Lo conmovía una tristeza íntima, una tristeza que no podía explicar. Se arrodilló al borde del camino y lloró, imaginando cosas que le parecían quiméricas.

- Hijo de mi alma, ¿qué tienes? - Cuestionó, tanteando, el anciano afligido. Como despertado por la voz de su compañero, el muchacho se levantó, se secó las lágrimas y pareció dirigirse al monasterio y tomando la mano del amigo ciego, continuaron su camino. Días después, muy cansado por la larga caminata y ya al caer la noche buscaban un refugio donde pasar la noche.

- Estamos lejos del pueblo y tú estás muy cansado, padre mío - dijo el chico, caritativamente, mirando el rostro del ciego; pero, pronto mirando a su alrededor, notó, encima de una roca, un antiguo castillo cuyos muros habían sido parcialmente derribados, lo que indicaba que había experimentado acoso riguroso.

- Haz un esfuerzo padre, porque allí cerca tenemos las ruinas de un castillo y seguro que las encontraremos, allí, donde pasaremos esta noche.

Abriéndose paso entre zarzas, espinos y bloques de piedra, subieron a la colina y se encontraron directamente con una torre, en cuyo interior encontraron un espacioso refugio. Después de una comida ligera y frugal, el anciano en una almohada de piedra y, con las manos cruzadas sobre el pecho, se durmió dulcemente. El muchacho continuó sentado en actitud meditativa. La magnífica luz de la luna, que se derramaba sobre aquellos escombros, dibujaba figuras fantásticas en las arruinadas paredes.

El bardo finalmente se levantó, y sin medir el peligro que corría, se metió en una estrecha ventana, desde donde contempló embelesado el panorama que se desarrollaba en la llanura, hasta donde alcanzaba la vista. De nuevo emocionado por la angustia, la tristeza, el calor y las lágrimas abundantes volvieron a él.

- Ah - murmuró -, si pudiera fundar un hospital aquí y cuidar a los enfermos, para que mi padre ya no estuviera buscándolos por todos lados... ¡Qué hermoso lugar! La verdad; sin embargo, los soberbios nobles no vieron cómo elegir en este lugar, y en esta soberbia mansión, un refugio para los desgraciados de la suerte...

Como tomado por una repentina inspiración, fue a tomar el arpa y, sentándose en el alféizar de la ventana, con los ojos fijos en el cielo iluminado por la luna, comenzó a cantar y rasguear melodías tan tristes como el alma misma del que anteriormente se llamaba Lotário de Rabenau. De repente se estremeció y se detuvo. ¡Una figura blanca flotaba, balanceándose entre de los bares! Después de cruzarlos, pasó a su lado casi tocándolo. Esta sombra nebulosa descendió de la torre y se detuvo sobre un montón de escombros. Después de condensarse, adquirió una apariencia femenina. Un susurro de voz en caricias de suave céfiro, le lastimó los tímpanos, diciendo:

- "Cava aquí, levanta la losa grande y baja por la escalera que conduce al tesoro."

La visión se desvaneció. ¿Había soñado? Se frotó los ojos, saltó del alféizar buscando. Tomando una antorcha y fijándola entre dos piedras, comenzó a remover los escombros con fervor febril.

Al principio no encontró más que piedra y arcilla. Cansado, sudoroso, no se dejó desanimar, hasta que se dio cuenta con el pie en un aro de hierro. Lo agarró con fuerza, tratando de levantarlo, y no pasó mucho tiempo antes que un ¡ah! de satisfacción brotó de sus labios al ver una trampilla y una estrecha, pero sólida escalera abierta de par en par. Tomando la antorcha, descendió resuelto y chocó contra una enorme puerta de hierro. Con la punta del cuchillo hizo palanca en la cerradura algo carcomida por el óxido y acabó abriéndola y penetrando intacto bajo tierra. ¡A la luz parpadeante de la antorcha reverberaron, en destellos policromos, los famosos tesoros de los condes de Mauffen! Tiempo después, el joven bardo se enfrentó al prior de los benedictinos, buscando adquirir el antiguo señorío, cuyos cimientos le gustaría aprovechar la oportunidad para construir un hospital. Las ruinas que no beneficiaron en nada al convento fueron, a modo de forma gratuita y voluntaria, transferida al proponente, quien; sin embargo, pidió permiso para compensar la donación, ofreciendo a la comunidad unos saquitels de oro, los cuales colocó sobre la mesa.

- Hijo - dijo el abad -, ¿de dónde se quita una suma tan grande por un simple juglar?

- De nuestros ahorros - los míos y los de mi viejo padre – para realizar el único ideal de toda mi vida. Esa mansión aislada y abandonada fue lo mejor que encontramos, para nuestra felicidad. Descubrimos que era propiedad de esta hermandad y he aquí cómo y por qué me tienes aquí en tu venerable presencia.

- ¡Muy bien! - Concluyó el prior -, la tarea que te impone es grande, y que Dios te ayude.

Entregando el regalo al tesorero, éste pasó el título de propiedad a manos del candidato.

Pronto, el lugar desolado se transformó en un hervidero de trabajo activo: se estaban restaurando paredes y apartamentos, escaleras y galerías, de modo que, desde el vasto hospital, nadie podía imaginar lo que había sido el tradicional castillo.

Tampoco faltaron pacientes, pero el joven fundador estaba triste y preocupado, especialmente después de la muerte de su padre y viejo compañero. La enorme fortuna que disponía le quitó el descanso; se le apareció una lucha íntima y terrible en la cara; la única distracción que todavía lo satisfacía era visitar los alrededores. Un día, montando a caballo, acompañado por un viejo soldado que lo guardaba fuera de su bolsillo, vio una gran jaula de hierro al costado del camino y dentro, encadenado, un hombre de su edad, cuyo rostro estereotipaba una angustia y una tristeza indescriptible. El infortunado, al verlo, se arrojó contra los barrotes de la jaula gritando:

- ¡Padre! ¡Padre mío!

- ¡Vamos! - Dijo el joven filántropo palideciendo -. ¿Quién es ese hombre?

Y su corazón latía violentamente, sin apartar la vista del extraño personaje.

- ¡Señor! - Interrumpió el viejo soldado -, sepa que es un pobre escultor, endemoniado del diablo. Una vez, llamado a restaurar algunas ricas piezas de un castillo que perteneció a la ilustre familia del siglo pasado; es decir, los condes de Rabenau, se desató una gran tormenta y una chispa eléctrica destruyó la puerta del cuarto donde trabajaba; luego comenzó a saltar, tomando el nombre de un Rabenau y queriendo, por la fuerza, apoderarse del castillo. Cada vez más furioso e indomable, quedó así enjaulado y aquí vive de lo que le dan los transeúntes compasivos. A veces se encuentra dando nombres extraños a aquellos a quienes se acercan, y así es como hace poco te llamó padre.

El bardo se sumió en una profunda meditación. En su interior chocaban extraños sentimientos de odio satisfecho y conmiseración ilimitada. Espoleó a su montura y no miró hacia atrás. A partir de ese día; sin embargo, no volvió a tener un minuto más de tranquilidad, atormentado por la imagen del pobre hombre enjaulado. De vez en cuando, lo asaltaba el deseo de liberarlo en secreto, pero pronto experimentaría extraño resentimiento, preguntándose cómo y por qué un paleto así se consideraba un noble ilustre y citaba nombres desconocidos. Una noche con un cielo pesado y una atmósfera sofocante, dos hombres manejando un carro cargado de bolsas que parecían harina salieron discretamente del hospital. Eran ni más ni menos que el bardo y el viejo soldado, que huyó con parte de los tesoros. La tentación del mundo, con la libertad de disfrutarlo, fue muy grande y acabó triunfando. El joven idealista y generoso había sucumbido a la tentación. En la dirección que tomaron, no pudieron evitar pasar por el lugar donde estaba la jaula. Y lo bueno es que pasaron justo en el momento en que el pobre prisionero gemía desgarradamente. El juglar detuvo el carruaje y, saltando al suelo, dijo con voz oprimida, secándose el sudor que le corría por la cara:

- Al menos tengo libertad. Te daré...

Con un esfuerzo sobrehumano dobló uno, dos, tres barrotes de la jaula y sacó al prisionero.

- ¡Toma esta bolsa y sal lo antes posible!

El desgraciado; sin embargo, ocho años enjaulado, no sabía ni podía entender y aprovechar la oferta. La bolsa rodó hasta el suelo y él, abrazado a las rodillas de su libertador, siguió gritando:

- ¡Padre, mi padre!

Al principio, el muchacho intentó repelerlo; pero de pronto se conmovió y se puso a llorar; se inclinó y dijo:

- Entonces vámonos maldito, porque yo también, un día fui liberado y Dios no me abandonó.

Rodeó el cuerpo esquelético con sus brazos, lo colocó en el carro y azotó a los caballos. Horas más tarde llegaron a la costa de un gran lago. Al otro lado, coronando la roca, se alzaba el perfil sombrío del monasterio benedictino. Una barcaza esperaba. Una vez que el cargamento y el loco estuvieron a bordo, los dos hombres comenzaron a remar. Navegando las aguas que la tormenta estaba estallando, a lo lejos se oían los primeros truenos y la luz de los relámpagos.

Las luces intermitentes revelaron, a lo lejos, la silueta negra del castillo de Lotharsee. El loco, muy agitado, se tapó los oídos y sumergió la cabeza entre las rodillas de su libertador, y repitió:

- Padre, una vez él también fue así...

De repente, un rayo rasgó el manto negro de la noche, el barco crujió y el viejo soldado exclamó aterrorizado:

- ¡Nuestra Señora, ahí va el jefe!

El cuerpo, al caer, hizo zozobrar la embarcación, enviándola a aguas profundas con carga y tripulación. El viejo soldado, buen nadador, cogió al loco y consiguió llegar a la orilla, donde unos monjes atraídos por los gritos de auxilio, los recibieron generosamente. El loco; sin embargo, volvió a la jaula, como estaba claro que estaba poseído por el diablo y el viejo soldado incluso juró que esa era la única causa de tal desgracia.

Cuando los rayos del sol naciente iluminaron la tranquila superficie de las aguas, se vio un cuerpo enredado en las cañas de la orilla y las olas plateadas acunaban una hermosa frente de cabello rizado, que parecía pedir limosna a una tumba al fundador del hospital.

ROCHESTER

Grandes Éxitos de Zibia Gasparetto

Con más de 20 millones de títulos vendidos, la autora ha contribuido para el fortalecimiento de la literatura espiritualista en el mercado editorial y para la popularización de la espiritualidad. Conozca más éxitos de la escritora.

Romances Dictados por el Espíritu Lucius

La Fuerza de la Vida
La Verdad de cada uno
La vida sabe lo que hace
Ella confió en la vida
Entre el Amor y la Guerra
Esmeralda
Espinas del Tiempo
Lazos Eternos
Nada es por Casualidad
Nadie es de Nadie
El Abogado de Dios
El Mañana a Dios pertenece
El Amor Venció
Encuentro Inesperado
Al borde del destino
El Astuto
El Morro de las Ilusiones
¿Dónde está Teresa?
Por las puertas del Corazón
Cuando la Vida escoge
Cuando llega la Hora
Cuando es necesario volver
Abriéndose para la Vida

Sin miedo de vivir

Solo el amor lo consigue

Todos Somos Inocentes

Todo tiene su precio

Todo valió la pena

Un amor de verdad

Venciendo el pasado

Otros éxitos de Andrés Luiz Ruiz y Lucius

Trilogía El Amor Jamás te Olvida

La Fuerza de la Bondad

Bajo las Manos de la Misericordia

Despidiéndose de la Tierra

Al Final de la Última Hora

Esculpiendo su Destino

Hay Flores sobre las Piedras

Los Peñascos son de Arena

Otros éxitos de Gilvanize Balbino Pereira

Linternas del Tiempo

Los Ángeles de Jade

El Horizonte de las Alondras

Cetros Partidos

Lágrimas del Sol

Salmos de Redención

Libros de Eliana Machado Coelho y Schellida

Corazones sin Destino

El Brillo de la Verdad

El Derecho de Ser Feliz

El Retorno

En el Silencio de las Pasiones

Fuerza para Recomenzar

La Certeza de la Victoria

La Conquista de la Paz

Lecciones que la Vida Ofrece

Más Fuerte que Nunca

Sin Reglas para Amar

Un Diario en el Tiempo

Un Motivo para Vivir

¡Eliana Machado Coelho y Schellida, Romances que cautivan, enseñan, conmueven y pueden cambiar tu vida!

Romances de Arandi Gomes Texeira y el Conde J.W. Rochester

El Condado de Lancaster

El Poder del Amor

El Proceso

La Pulsera de Cleopatra

La Reencarnación de una Reina

Ustedes son dioses

Libros de Marcelo Cezar y Marco Aurelio

El Amor es para los Fuertes

La Última Oportunidad

Nada es como Parece

Para Siempre Conmigo

Solo Dios lo Sabe

Tú haces el Mañana

Un Soplo de Ternura

Libros de Vera Kryzhanovskaia y JW Rochester

La Venganza del Judío

La Monja de los Casamientos

La Hija del Hechicero

La Flor del Pantano

La Ira Divina

La Leyenda del Castillo de Montignoso

La Muerte del Planeta

La Noche de San Bartolomé

La Venganza del Judío

Bienaventurados los pobres de espíritu

Cobra Capela

Dolores

Trilogía del Reino de las Sombras

De los Cielos a la Tierra

Episodios de la Vida de Tiberius

Hechizo Infernal

Herculanum

En la Frontera

Naema, la Bruja

En el Castillo de Escocia (Trilogía 2)

Nueva Era

El Elixir de la larga vida

El Faraón Mernephtah

Los Legisladores

Los Magos

El Terrible Fantasma

El Paraíso sin Adán
Romance de una Reina
Luminarias Checas
Narraciones Ocultas
La Monja de los Casamientos

Libros de Elisa Masselli
Siempre existe una razón
Nada queda sin respuesta
La vida está hecha de decisiones
La Misión de cada uno
Es necesario algo más
El Pasado no importa
El Destino en sus manos
Dios estaba con él
Cuando el pasado no pasa
Apenas comenzando

**Libros de Vera Lúcia Marinzeck de Carvalho
y Patricia**

Violetas en la Ventana

Viviendo en el Mundo de los Espíritus

La Casa del Escritor

El Vuelo de la Gaviota

**Vera Lúcia Marinzeck de Carvalho
y Antonio Carlos**

Amad a los Enemigos

Esclavo Bernardino

la Roca de los Amantes

Rosa, la tercera víctima fatal

Cautivos y Libertos

Deficiente Mental

Aquellos que Aman

Cabocla

El Ateo

El Difícil camino de las drogas

En Misión de Socorro

La Casa del Acantilado

La Gruta de las Orquídeas

La Última Cena

Morí, ¿y ahora?

Las Flores de María

Nuevamente Juntos

Libros de Mônica de Castro y Leonel

A Pesar de Todo

Con el Amor no se Juega

De Frente con la Verdad

De Todo mi Ser

Deseo

El Precio de Ser Diferente

Gemelas

Giselle, La Amante del Inquisidor

Greta

Hasta que la Vida los Separe

Impulsos del Corazón

Jurema de la Selva

La Actriz

La Fuerza del Destino

Recuerdos que el Viento Trae

Secretos del Alma

Sintiendo en la Propia Piel

World Spiritist Institute

www.ingramcontent.com/pod-product-compliance
Lightning Source LLC
LaVergne TN
LVHW041741060526
838201LV00046B/874